零壹智库出品
01caijing.com

零壹财经书系
主编：柏 亮

从喧嚣到理性

互联网金融全面风险管理手册

陈小辉 陈富节 陈文◎著

電子工業出版社
Publishing House of Electronics Industry
北京•BEIJING

特别感谢

刘仁伍 先生

中国人民银行杭州中心支行原行长

国家外汇管理局浙江省分局原局长

浙江省政府参事

浙江大学互联网金融研究院学术委员

经济学博士

总 序

零壹智库：探索新金融的广度与深度

“零壹财经”是一个专注于互联网金融研究的团队。我们希望“零壹财经”的每一本书都淳朴、大方、谦卑、有力量。

这是三年前我为“零壹财经书系”所写序言的最后一句话。三年来，“零壹财经书系”出版了近 20 本“互联网金融+”专业书籍，很多朋友跟我说，它已经成为金融领域最具吸引力和影响力的阅读品牌之一。

但是，我们变了。

第一，零壹财经作为一家机构，它的业务已经从互联网金融研究升级为“新金融成长服务”（当然，互联网金融研究依然是我们的一项核心工作）。

第二，与之相应，零壹财经的研究范畴，扩大到“新金融”——在技术革新和市场变迁中不断诞生的新型金融业务及其伴生服务。

第三，我们成立了“零壹智库”。在零壹财经自身研究团队基础上，建立了学术委员会、特约研究员、青年学者计划等丰富的学术研究平台，共同打造一流的新金融智库。除了零壹财经研究团队的专业著作以外，我们也出版智库其他学术成员的优秀著作。

我们也没变。我们坚持“01 思维”：

第一，在研究和思考问题时，回归到“无”的状态（0），清零先入之见，用数据、事实描述事物的基本面目；

第二，关注事物的初始状态（1），尽最大努力厘清它的来龙去脉，注重基础、探望前沿。

大脑和心胸就这样敞着，沉浸于新金融世界。求其变、知其不变。

我们现在这样向您介绍：我们是专注于新金融研究，但不仅仅是一个团队，而是智库平台。我们依然希望，零壹智库的每一本书，都淳朴、大方、谦卑、有力量。

零壹财经创始人兼 CEO　柏 亮

推荐序

随着互联网的蓬勃发展及在中国的广泛应用，近年来，中国互联网金融得到了突飞猛进的发展且呈现出引领全球之势态。同时，因法律、监管的天生滞后性，全球宏观经济形势趋紧，以及经济下行压力加大，中国互联网金融风险开始爆发。为规范互联网金融，促进其健康发展，2016 年 3 月 25 日，在党中央、国务院的指导下，国家互联网金融协会正式成立，随之启动了全国范围内的互联网金融风险专项整治行动。

在此背景下，该书作者结合自律工作、研究实践和从业经验，系统分析了互联网金融主要业态的信用风险、操作风险、合规风险、流动性风险、市场风险、洗钱风险、战略风险和声誉风险八大风险，并在此基础上结合实践经验，设计了从业机构全面风险管理体系并阐述了建设过程，在国家层面提出了由“一行三会”等监管机构和行业协会参与的全天候全面风险防控体系，重点探讨了行业协会的自律体系。纵观该书，具有四大创新、五大特点和六大积极影响。

该书的四大创新点：一是首次全面分析研究了网络借贷、股权众筹、互联网支付和互联网小额贷款等主要业态的信用风险等八大风险的定义、特点和事项。二是对于每种风险，在定性分析其影响的基础上，从监管机构、行业协会和从业机构角度提出了综合建议。三是在从业机构层面，首次设计了涵盖其全部业务流程和所有从业人员的全面风险管理体系并结合实战经验给出了建设过程。四是在国家层面，首次设计了涵盖“一行三会”、公安部、工信部、网信办、司法机构和从业机构的全面风险防控体系，并实现全面风险防控体系与全面风险管理体系的无缝对接。

该书的特点在于：一是业态全面。该书全面分析了互联网金融主要业态的风险，重点研究了网络借贷、股权众筹、互联网支付和互联网小额贷款等主要业态的风险事项及风险特性。二是风险全面。该书全面分析了互联网金融主要业态的信用风险、操作风险、合规风险、流动性风险、市场风险、洗钱风险、战略风险和声誉风险八大风险，而非仅仅局限于信用风险、合规风险等个别风险，为全面风险管理和全面风险防控奠定了基础。三是角度全面。该书从监管机构、行业协会和从业机构三个角度构建了全面风险管理体系及全面风险防控体系，理清了监管机构、行业协会和从业机构之间的管理边界及互动机制。四是督扶结合。作者在全面风险防控体系中重点设计了“支撑体系”，扶持从业机构发展，在其他体系中则更加突出监管、督促特性，督扶结合，凸显行业自律诉求。五是理论联系实际。作者结合实务经验，分析了每种风险的风险事项，并据此提出相关建议；在理论角度分析八大风险基础上，结合实践经验，设计全面风险管理体系并阐释建设经验。

该书的出版，将对我国互联网金融健康发展带来积极影响。一是全面认识，避免片面。该书可提高从业人员（尤其是高级管理人员）全面认识所从事业态的各种风险，避免仅关注信用风险、合规风险等单一风险。二是强化风险，敬畏风险。该书全面梳理互联网金融各业态的八大风险，有利于强化从业人员对风险的认识，对部分风险事项进行了实务剖析，有利于从业人员在各业务环节敬畏风险。三是全面管理，提升水平。该书可促进并帮助从业机构开展全面风险管理，提升从业机构风险管理水平，维护从业机构和消费者权益。四是达成共识，促进交流。该书对各种风险给与了统一定义并分析了具体风险事项，可在各业态内达成共识，便于监管机构、行业协会、从业机构和社会各界人士之间沟通交流。五是加强行业自律，规范行业发展。该书在全面风险防控体系部分，对行业协会提出了诸多建议，具有一定参考价值，对于加强行业自律，规范行业发展具有积极作用。六是搭建框架，触发研究。该书对八大风险的风险事项进行了框架性分析，同时搭建了全面风险管理体系和全面风险防控体系框架，可触发各界人士继续从深度和广度方面进行研究。

总之，该书在互联网金融风险专项整治即将结束之际写就出版，希望能对我国互联网金融的健康发展起到积极作用。同时，希望互联网金融在党中央、国务院的指导下，防范风险、守住底线，实现服务小微企业、服务实体经济的远大目标。

是为序。

中国社科院金融所所长助理，研究员

前　言

2016 年是互联网金融行业极不平凡的一年。一方面各路资本继续竞相追逐优秀的互联网金融企业，另一方面部分业态部分从业机构风险事件频发，甚至出现个别业态部分从业机构“跑路”。风险事件频发，既有宏观经济形势方面的原因，更有从业机构风险管理滞后、从业人员风险意识薄弱方面的原因。为防范互联网金融风险，国家和地方层面均启动了互联网金融风险专项整治工作。专项整治对于规范从业机构业务行为，明确从业机构业务边界，理清从业机构业务规则，最终促进行业健康发展具有重要意义。在当前形势下，专项整治不但重要而且必需。在整治工作完成之后，如何巩固整治工作成效、建立健全长效机制促进行业保持健康发展，是又一个不得不思考和解决的重大课题。

为此，我们结合自律、研究和从业相关经验，按督扶结合原则，对网络借贷机构、股权众筹机构、互联网支付机构、互联网小额贷款机构等从业机构面临的信用风险、操作风险、合规风险、流动性风险、市场风险、洗钱风险、战略风险和声誉风险八大风险进行了研究分析，从监管机构、行业协会和从业机构等角度提出了相关应对建议。根据研究分析结果，我们提出构建从业机构全员参与的全面风险管理体系应对八大风险，并结合我们的实务经验，讨论了全面风险管理体系的建设过程。同时，在国家层面，我们提出了监管机构、行业协会和从业机构共同参与的全面风险防控体系，全天候防范八大风险，维护金融稳定，促进行业发展。

本书分为风险各论和风险管理两大部分，风险各论部分共七章，风险管理部分共四章。风险各论部分，第一章讨论了风险的概念及其分类。第二章界定了信用风险的概念，从履行状态、债之原因、债之关系、主体范围和评估基础等方面讨论了风险事项，分析了信用风险的影响并从监管机构、行业协会和从业机构等角度给出了相关建议，最后讨论了信用风险的分业态特点。第三章界定了操作风险的概念，从制度流程、内部人员、信息科技系统和外部事件等方面讨论了操作风险的风险事项，分析了操作风险的影响并从监管机构、行业协会和从业机构等角度给出了相关建议，最后讨论了操作风险的分业态特点。第四章界定了合规风险的概念，从规则层次、资金相关、效力效果和实体程序等方面讨论了合规风险的风险事项，分析了合规风险的影响并从监管机构、行业协会和从业机构等角度给出了相关建议，最后讨论了合规风险的分业态特点。第五章界定了流动性风险的概念，从风险源头、损失情形、时效要求、责任发生和影响范围等方面讨论了流动性风险的风险事项，分析了流动性风险的影响并从监管机构、行业协会和从业机构等角度给出了相关建议，最后讨论了流动性风险的分业态特点。第六章界定了市场风险的概念，从风险因素、主观状态、影响因素等方面讨论了市场风险的风险事项，分析了市场风险的影响并从监管机构、行业协会和从业机构等角度给出了相关建议，最后讨论了市场风险的分业态特点。第七章界定了洗钱风险、战略风险和声誉风险的概念，讨论了三种风险的风险事项，分析了相关影响并给出了相关建议，简要讨论了分业特点。风险管理部分，前三章讨论了从业机构全面风险管理体系，最后一章讨论了国家层面全面风险防控体系。第八章讨论了全面风险管理体系的基础支撑系统、产品系统、事件系统和业务循环系统。第九章讨论了全面风险管理体系的管理制度系统、数据库系统和报告系统。第十章讨论了全面风险管理体系的识别体系、评估体系、应对体系、监察体系和披露体系。第十一章首先讨论了全面风险防控体系的框架，然后分别讨论了研制体系、核验体系、评价体系和支撑体系。研制、核验和评价体系重在监管自律，支撑体系重在扶持发展。其中支撑体系初步讨论了行业协会牵头设立的统一风险数据库、综合名单共享机制、信用风险决策引擎、信息系统集中测试中心、合规研究交流论坛、反不正当竞争机制、资产拆借市场、流动性救助基金、可疑交易共享分析中心、从业机构重整基金、风险事件独立调查机制等支撑机制。

本书在写作过程中，得到了易宝链投网 CEO 晏军先生、天府财富 CEO 李炜先生、天府财富 CTO 陈大鹏先生、中国人民银行高级工程师文佳先生和介直投资合伙人周攀先生的大力支持并提出了诸多宝贵意见，在此深表感谢。

本书写就之时，互联网金融风险专项整治仍在继续，互联网金融创新工作仍在进行，全面风险管理体系和全面风险防控体系仍有待实践检验。鉴于作者能力所限，本书疏漏之处在所难免。若能对互联网金融行业健康发展发挥“抛砖引玉”之效，足矣！

目 录

CONTENTS

上篇

风险各论

第一章 ➤ 风险概述

第一节 • 风险概念 //003

第二节 • 风险分类 //012

第二章 ➤ 信用风险

第一节 • 概念 //017

第二节 • 风险事项 //025

第三节 • 影响与建议 //040

第四节 • 分业特点 //052

第三章 ➤ 操作风险

第一节 • 概念 //061

第二节 • 风险事项 //069

第三节 • 影响与建议 //088

第四节 • 分业特点 //108

第四章 ➤ 合规风险

第一节 • 概念 //114

第二节 • 风险事项 //123

第三节 • 影响与建议 //134

第四节 • 分业特点 //142

第五章 ➤ 流动性风险

第一节 • 概念 //153
第二节 • 风险事项 //160
第三节 • 影响与建议 //173
第四节 • 分业特点 //181

第六章 ➤ 市场风险

第一节 • 概念 //186
第二节 • 风险事项 //195
第三节 • 影响与建议 //214
第四节 • 分业特点 //221

第七章 ➤ 其他风险

第一节 • 洗钱风险 //225
第二节 • 战略风险 //242
第三节 • 声誉风险 //259

下篇 风险管理

第八章 ➤ 全面风险管理体系（一）

第一节 • 基础支撑系统 //275
第二节 • 产品系统 //282
第三节 • 事件系统 //290
第四节 • 业务循环系统 //302

第九章 ➤ 全面风险管理体系（二）

第一节 • 管理制度系统 //332
第二节 • 数据库系统 //354
第三节 • 报告系统 //376

第十章 ➤ 全面风险管理体系（三）

第一节 • 风险识别体系 //382
第二节 • 风险评估体系 //398

第三节 • 风险应对体系 //411
第四节 • 风险监察及披露体系 //425

第十一章 ➤ 全面风险防控体系

第一节 • 概述 //439
第二节 • 研制体系 //448
第三节 • 核验体系 //457
第四节 • 评价体系 //464
第五节 • 支撑体系 //473

主要参考文献 //492

上篇

风险各论

与传统金融机构相比，互联网金融从业机构绝大多数属于轻量级机构；在业务模式、交易结构和资金流向等方面，互联网金融也与传统金融存在较大差异。这样，互联网金融的风险及风险管理，必然有别于传统金融。上篇，我们首先结合互联网金融几种常见业态，较为详尽地讨论互联网金融的信用风险、操作风险、合规风险、流动性风险、市场风险、洗钱风险、战略风险和声誉风险等风险的含义、特征和风险事项等内容。下篇，我们将就轻量级从业机构这一现实基础，讨论全面风险管理和全面风险防控问题。

第一章 风险概述

随着互联网金融在业态、规模和从业机构数量等方面的蓬勃发展，互联网金融相关的风险也在不断增加。在本轮互联网金融整治结束后，行业将逐渐规范，在行业层面和从业机构层面，实施全面风险管理势在必行。为更好地实施全面风险管理，我们从本章开始结合互联网小额贷款、互联网消费金融、互联网支付、网络借贷、股权众筹构、互联网保险和互联网征信等业态，对相关风险进行梳理。在对风险进行梳理的基础上，再讨论全面风险管理相关问题。我们论及的互联网小额贷款机构指获得网络小额贷款业务资质的小额贷款公司；互联网消费金融机构主要指获得消费金融牌照并在互联网上开展消费金融业务的消费金融公司，有时也包括开展赊销等类似业务的公司；互联网支付机构指具有互联网支付牌照的支付机构，鉴于部分获得互联网支付牌照的支付机构同时具有预付卡发行与受理、银行卡收单等业务资质，我们在讨论时也会涉及后两类业务；网络借贷机构主要指开展 P2P 网络借贷业务的公司；股权众筹机构指在互联网上开展股权众筹业务的公司；互联网保险机构具体包括在互联网上开展保险业务的保险公司、保险专业中介机构和与前两者合作开展互联网保险业务的第三方网络平台公司；互联网征信机构主要指通过互联网开展征信业务的具有相关资质的征信公司，有时也包括实质开展类似业务的公司。

第一节 风险概念

一、各种定义

关于什么是风险，可谓众说纷纭。自 19 世纪西方古典经济学派提出风险概念以来，国内外学者和机构对风险的含义进行了大量的探讨。奈特（1921）认为风险是可测定的不确定性；J.S.Rosenbloom（1972）认为风险是损失的不确定性；F. G. Crane（1984）认为风险意味着未来损失的不确定性；C.A. Williams（1985）认为风险是在给定的条件和某一特定的时期，未来结果的变动；March＆Shapira 认为风险是事物可能结果的不确定性，可由收益分布的方差测度；Brnmiley 认为风险是公司收益的不确定性；Markowitz 和 Sharp 等将证券投资的风险定义为该证券资产的各种可能收益率的变动程度，并用收益率的方差来度量证券投资的风险，通过量化风险的概念改变了投资大众对风险的认识。日本学者武井勋（1993）认为风险包括三要素：风险与不确定性有差异；风险是客观存在的；风险可以被测量。

国务院国资委认为：“**企业风险，指未来的不确定性对企业实现其经营目标的影响**。以能否为企业带来赢利等机会为标志，将风险分为纯粹风险（只有带来损失一种可能性）和机会风险（带来损失和赢利的可能性并存）。”国际权威机构 COSO 委员会认为，**风险是一个事项将会发生并给目标实现带来负面影响的可能性**；机会是一个事项将会发生并给目标实现带来正面影响的可能性。

从前述定义可以看出，学者的定义相对比较学术化，而国资委和 COSO 委员会的定义更具有实际操作性和现实指导意义。就国资委和 COSO 委员会对风险的定义而言，两者在本质属性、着力对象、构成要件和消极范围方面具有共通之处，但在积极范围、逻辑严密性和侧重点方面存在细微差别。具体如下：

1．共通之处

（1）本质属性。

不确定性是诸多学者对风险强调的核心要素，可谓是风险的本质属性。国资委认为，风险是一种未来的不确定性；COSO 委员会认为，风险是事项的可能性。可见，国资委和 COSO 委员会均强调风险是一种不确定性。

（2）着力对象。

国资委认为，风险会对企业经营目标的实现产生影响； COSO 委员会认为，风险会给目标实现带来影响。国资委和 COSO 委员会均强调风险对目标的影响，两者的着力对象相同。

（3）构成要件。

国资委的风险定义包含不确定性、影响和经营目标三个要件；COSO 委员会的风险定义包括可能性、影响和目标三个要件。不确定性对应于可能性、经营目标对应于目标。可见，国资委和 COSO 委员会对风险定义的构成要件是相同的。

（4）消极范围。

国资委明确将只带来赢利的情况排除在风险的外延之外；COSO 委员会认为，带来正面影响的事项为机会，将带来正面影响的事项排除在风险的外延之外。两者在风险外延的消极范围上是重叠的。

2．不同点

（1）积极范围。

国资委认为，风险会给企业经营目标的实现带来损失或同时带来损失和收益；COSO 委员会认为，风险会给目标实现带来负面影响。国资委在风险的积极外延方面比 COSO 委员会要广。

（2）逻辑严密性。

国资委明确指出，风险包括仅带来损失的情况、既带来损失又带来赢利的情况等两种情况；但COSO委员会认为，带来负面影响的为风险，带来正面影响的为机会，仅从定义上分析，对于同时带来负面影响和正面影响的情况，未予以明确。国资委的定义在逻辑上比COSO委员会要严密。

（3）侧重点。

尽管国资委和COSO委员会对风险的定义均包含了不确定性/可能性、影响、经营目标/目标等三要件，但国资委的定义，其中心语为"影响"，而COSO委员会的定义，其中心语为"可能性"。显然，两者的侧重点是相异的。

二、我们的定义

鉴于国资委和COSO委员会的权威性，两者对风险定义的可操作性和实践指导意义，我们将后续讨论中的风险定义为：

定义 1-1　风险是不确定事项给企业经营目标带来的不利影响（含损失和收益并存的情况）。

在风险的外延上，我们采用了国资委的意见，包含**损失、损失和收益并存两种情况**（简称**"风险影响"**或**"影响"**）。一是由于目前互联网金融企业在运营过程中面临的不确定事项，除了仅带来损失的事项外，损失和收益并存的情况比较常见；二是互联网金融作为新兴事物，尚处于发展初期，其规范性比较欠缺，明确风险的较大外延，促使互联网金融企业积极应对，有利于整个行业的健康发展；三是《中央企业全面风险管理指引》发布已有十年，已有比较大的影响力，在风险外延上与国资委等同，有利于互联网金融企业积极参考成熟企业的成功经验。

在风险的诱因方面，我们综合了国资委和COSO委员会的意见，将其表述为**不确定性事项（简称"风险事项"）**，既突出不确定性又明确其为事项。一是将其确定为事项，更容易理解，尽量避免过于学术化，从而更符合互联网金融企业从业人员的实际操作需要。二是将其界定为事项，风险识别的过程就是识别、收集事项的过程，因此能更好地引导互联网金融从业人员进行风险识别。

在着力对象方面，我们采用了国资委的意见，将其明确为**经营目标**。一是经营目标的表述更能体现风险的面临主体为企业。二是我国《公司法》等相关法律对经营目标的设定有相关规定，更容易明确制度依据。三是企业治理层和管理层往往都关注经营目标，更符合企业（尤其是互联网金融企业）的治理习惯。

在侧重点方面，我们采用了国资委的意见，中心语为“影响”。一是将风险的中心语确定为“影响”更符合我们中国人的习惯，将其表示为“可能性”过于学术化。二是在互联网金融行业风险频发、影响较大的背景下，强调突出“影响”更符合行业当下实情。三是将其表达为“影响”，我们更希望互联网金融企业“三会一层”（股东（大）会、董事会、监事会和管理层）和所有人员对风险爆发的影响予以密切关注，进而对风险怀有足够的敬畏。

由风险的定义，可以得出关于风险的几个结论。

结论 1-1　过去的事项不是风险事项。

过去的事项，其确定已经发生或确定不会发生，不具有不确定性，不是不确定事项，因此，过去的事项不是风险事项。

例 1-1：某互联网金融企业（甲方）在增资扩股中与投资者（乙方）约定：“甲方在合同签订之日起一年内，加入中国互联网金融协会的，乙方增资金额为人民币 1 亿元，否则增资金额为人民币 5000 万元。”但在签订合同之前 1 日，该互联网金融企业收到了中国互联网金融协会正式入会成为会员的通知。则“在合同签订之日起一年内，加入中国互联网金融协会”这一事项，并非风险事项。

结论 1-2　未来确定不发生的事项也不是风险事项。

未来确定不发生的事项，其确定不会发生，也不具有不确定性，不是不确定事项，因此，未来确定不发生的事项也不是风险事项。

例 1-2：出借人（甲方）向借款人（乙方）出借资金 5000 元，并在借款合同中约定：“本合同成立后，乙方应按甲方要求向甲方提供本人裸体照片 3 张，甲方在收到乙方前述照片后 1 个工作日内向乙方发放借款，同时合同生效。”甲方要求乙方提供裸体照片违反公序良俗，按我国《合同法》等相关法律规定，该约定无效（确定无效、当然无效、自始无效）。合同生效这一事项为未来确定不发生的事项，因此不是风险事项。当然，提供裸照这一事项导致相关方受到不利影响存在不确定性，为风险事项。

结论 1-3　风险事项发生的可能性大于 0 小于 1。

由于确定发生的事项（发生可能性为 1）和确定不发生的事项（发生可能性为 0）均不是不确定事项，也不是风险事项，同时，由于风险事项发生的可能性为一种概率，概率大于等于 0，小于等于 1，所以，风险事项发生的可能性大于 0，小于 1。

结论 1-4　仅带来收益的事项不是风险事项。

给企业实现经营目标带来损失或同时带来损失和收益的事项，才是风险事项，仅带来收益不带来损失的事项不可能是风险事项。

例 1-3：某互联网金融企业（甲方）在增资扩股中与投资者（乙方）约定：“甲乙双方确认，乙方向甲方增资人民币 1 亿元，甲方在本合同签订之日起 1 个月内与银行签订资金存管协议的，乙方在本合同签订之日起 35 日内向甲方支付人民币 1 亿元，否则乙方在本合同签订之日起 35 日内向甲方支付人民币 5000 万元，在本合同签订之日起满 1 年再向甲方支付人民币 5000 万元。”若该互联网金融企业资金比较充足，当年度经营目标为用户数量和交易规模，引入投资者的目的在于长期品牌效应，是否引入该投资者对其**当年度经营目标**并无影响，则“与银行签订资金存管协议”这一事项仅带来收益，因此不是风险事项。当然，若该互联网金融企业将经营目标扩展至战略目标（期限较长），则“与银行签订资金存管协议”这一事项会带来不利影响，该事项为风险事项。

结论 1-5　一个事项是否为风险事项与企业的经营目标高度相关。

一个事项是否为风险事项，取决于其是否会影响企业的经营目标，是否会对企业实现经营目标产生不利影响。因此，经营目标设定得越多，通常情况下风险事项就越多；同时，经营目标涵盖的时间越长，通常情况下风险事项也越多，例 1-3 中便是一例。当下，互联网金融企业在互联网思维的影响下，在企业设立初期大多可能未将赢利作为其经营目标，往往将用户数、有效用户数、交易规模等作为经营目标。显然，这类互联网金融企业的风险事项与传统金融企业的风险事项存在较大差异。同时，由于相关业务规则缺失，加之部分互联网金融企业合规意识欠缺，这类互联网金融企业可能未设定合规相关的经营目标，往往将合规相关的事项排除在风险事项之外，近期互联网金融行业爆发的诸多风险事件或许正是一种例证。

STOPPED
专栏

按目标涵盖期间的长短，可将企业经营目标划分为年度经营目标（年度计划）和战略目标（中长期目标）。年度经营目标的期限为一年，战略目标通常为 3～5 年，甚至更长期限。战略目标包含在公司经营方针中，年度经营目标包含在经营计划中。按《公司法》规定，股东（大）会“决定公司的经营方针”，董事会“决定公司的经营计划”，经理“组织实施公司年度经营计划”。因此，战略目标通常由股东（大）会决定，董事会将其具体细化分解为年度经营目标，形成经营计划。由此可见，风险定义提及的经营目标是由股东（大）会和董事会决定的，因此风险管理必须有股东（大）会和董事会参与，并对相关目标（比如合规目标）承担重要责任。

在实务中，不管是战略目标还是年度经营目标，有的互联网金融企业未必严格按照《公司法》相关规定决定。在集团公司下属子公司开展互联网金融业务的情况下，其子公司的战略目标和年度经营目标可能是集团公司人力资源部牵头拟定，报经集团相关领导批准后下达的。

结论 1-6　带来的损失为 0 的事项视为风险事项。

在极端情况下，一个风险事项可能给企业带来损失，但其损失可能为 0。对于这种情况，出于审慎考虑，我们仍将其视为风险事项。一是损失往往是事后确定的，事前只能估计，估计必然出现偏差。二是事后确定该事项的损失为 0，企业可以在风险应对策略中选择风险承受，仅增加识别等相关工作的成本。当然，是否将其视为风险事项，最终取决于企业治理层的决策。实际工作中，可以将损失小于一定金额的事项视为损失为 0 的事项，该一定金额建议由企业治理层决定。

为更准确描述风险这一概念，我们在此给出形式化定义，在后续章节中结合该形式化定义进行讨论，并且在后续章节中也会视情况给出相关概念的形式化定义，以期提升准确性和逻辑性，不感兴趣的读者可以跳过，不影响后续阅读。

定义 1-2　风险 R 可描述为一个 7 元组的动态系统，即 R=(E，V_t，T_t，P_t，S_t，F_t，G_t)。

其中，E 表示研究的企业实体，这里指互联网金融企业，如网络借贷机构、互联网支付机构、股权众筹机构等。V_t 表示时刻 t 时企业 E 面临的风险事项的集合。T_t 表示时刻 t 时企业 E 治理层设定的经营目标的集合。P_t 表示时刻 t 时企业 E 评估的 V_t 风险事项中每个风险事项发生的概率。S_t 表示时刻 t 时企业 E 评估的 V_t 风险事项中每个风险事项发生后的不利影响的大小。F_t 表示时刻 t 时企业 E 对 V_t 风险事项中每个风险事项发生概率进行估计时采用的方法或模型。G_t 表示时刻 t 时企业 E 对 V_t 风险事项中每个风险事项发生后的不利影响的大小进行估计时采用的方法或模型。

$$V_t=(v_i|v_i \text{ 为 } E \text{ 实现经营目标产生的不利影响，} 1\leqslant i\leqslant N_V)$$

v_i 为企业 E 的第 i 个风险事项。由于风险具有普遍性，任何企业均面临风险，因此 $i\geqslant 1$。另外，企业出于成本效率考虑，不可能应对其面临的所有风险事项，即企业实际应对的风险事项具有上限，因此 $i\leqslant N_V$。风险事项对于不同企业，根据其治理层风险偏好不同，其已识别和应对的风险事项数量不同，因此各个企业的 N_V 的具体值的大小也就不同。就不同企业而言，在治理层经营理念相同的情况下，因其业务性质不同，其风险事项集合的大小也往往不同，比如互联网征信机构的 N_V 值通常小于网络借贷机构的 N_V 值。就同类企业而言，通常情况下，其治理层经营理念越保守，其 N_V 值越大，经营理念越激进，其 N_V 值越小。

$$T_i=(t_i|\ t_i \text{为} E \text{设定的经营目标，} 1 \leqslant i \leqslant N_T)$$

t_i 由企业 E 的董事会或执行董事设定，并由企业 E 的管理层完成。企业通常至少有一个经营目标，故 $i \geqslant 1$。通常情况下，N_T 越大，则影响其实现的事项就可能越多，因此 N_V 也就越大，即 N_T 与 N_V 呈正相关关系。对于互联网金融企业而言，在互联网思维的指导下，在企业成立的前几年通常将用户数和交易量作为其经营目标，而收入、利润等财务类指标最多是次要类经营目标，甚至有的互联网金融企业并不将其作为经营目标。从监管机构和行业协会的角度看，为促进互联网金融行业的健康发展，应当采取正向激励和反向处罚等措施，积极引导互联网金融企业的治理层将用户投诉率、用户资金损失率、不平账发生率、客户备付金规模等与社会公众密切相关的指标列入其经营目标，以便扩大事项集 N_V，并进而促使互联网金融企业应对相关风险，维护公众利益，促进行业健康发展。

$$P_i=(p_i|\ p_i \text{为} v_i \text{发生的概率}\wedge 0<p_i<1，1 \leqslant i \leqslant N_p)$$

P_t 为对经营目标集 T 中某个或某几个经营目标产生不利影响的事项 v_i 发生的概率的集合。在事项 v_i 和事项 v_j 相关时，若事项 v_i 发生可能导致事项 v_j 发生，将增大事项 v_j 对应的 p_i。按风险定义，确定发生和确定不发生的事项均不被视为风险事项，因此 $0<p_i<1$。理想情况下，每个 v_i 均对应一个 p_i，因此有如下等式：

$$N_V=N_p \qquad (1\text{-}1)$$

在实务中，企业出于成本效益考虑，可能只对重要的 v_i 测算其 p_i，对其他 v_i 只进行定性测算或评估其等级。

$$S_t(s_i|\ s_i \text{为} v_i \text{发生后给} E \text{带来的损失}\wedge 0 \leqslant s_i<\infty，1 \leqslant i \leqslant N_S)$$

S_t为事项 v_i发生后给企业 E 带来的损失的大小，其具有单位，通常为货币单位。由于不产生损失的事项不能诱发风险，但我们将损失为 0 的仍视为风险事项，故，$0\leqslant s_i$。不同的事项 v_i，其对应的 s_i可能不相同。理想情况下，每个 v_i均对应一个 S_i，因此有如下等式：

$$N_V=N_P=N_S' \tag{1-2}$$

在实务中，企业出于成本效益考虑，可能只对重要的 v_i测算其 S_i，对其他 v_i只进行定性测算或评估其等级。

$$F_t=(f_i \mid f_i(v_j)=p_j,\ 1\leqslant i\leqslant N_F,\ 1\leqslant j\leqslant N_i)$$

$f_i(v_j)=p_j$为企业在评估风险事项 v_j的发生概率时采用的方法，是各互联网金融企业核心竞争力所在，也是全球众多风险管理公司竞争所在。一个方法可以同时评估多个风险事项发生的概率，所以 $1\leqslant j\leqslant N_t$。同时，企业几乎不可能对每个风险事项采用一种不同的评估方法，因此 $N_F \ll N_V$。当前业界通常采用 logistics 模型、决策树模型、层次分析法等数学模型计算部分 v_i对应的 p_i。同时，基于大数据计量 v_i对应的 p_i正成为当下的热门。就互联网金融企业而言，由于成立时间短、积累的样本少，往往很难借助于 logistics 模型等数学模型计算部分 v_i对应的 p_i，更谈不上基于大数据计量 v_i对应的 p_i。采用层次分析法计算部分 v_i对应的 p_i不失为一种选择。当然，也可在专业公司的支持下，按“别人的数据，我的模型”的原则，构建计量 v_i对应的 p_i的模型，但不免存在偏差。

$$G_t=(g_i|g_i(v_j)=s_j,\ 1\leqslant i\leqslant N_G,\ 1\leqslant j\leqslant N_i)$$

$g_i(v_j)=s_j$为企业在评估风险事项 v_j发生后带来的不利影响大小时采用的方法，基于 f_i同样的道理，$1\leqslant j\leqslant N_i$，$N_F \ll N_V$。实务中，有的事项 v_i对应的 s_i 容易计量：如在网络借贷机构代偿的情况下，网络借贷机构借款人不归还或不按期归还借款事项对应的损失通常容易计量；在互联网支付机构按 T+0 到账规则为客户提供支付服务的情况下，互联网支付机构因客户资金未到账导致客户备付金缺口事项对应的损失通常容易计量；在股权众筹机构代偿的情况下，股权众筹机构因项目公司未按约定分配利润或回购人未按约定履行回购义务事项对应的损失通常容易计量。有的事项 v_i 对应的 s_i 很难计量：如在网络借贷机构不代偿的情况下，网络借贷机构借款人不归还或不按期归还借款事项对应的损失通常为声誉方面的损失，通常很难计量；在互联网支付机构按 T+1 到账规则为客户提供支付服务的情况下，互联网支付机构因客户资金未到账事项对应的损失通常为声誉方面的损失，通常很难计量；在股权众筹机构不代偿的情况下，股权众筹机构因项目公司未按约定分配利润或回购人未按约定履行回购义务事项对应的损失通常为声誉方面的损失，通常很难计量。

结论 1-7　风险具有时间属性，具有可变性。

V_t，T_t，P_t，S_t，F_t，G_t 均带有下标 t，表明风险事项、经营目标、风险事项发生的概率、风险事项发生后带来的不利影响大小、风险事项发生概率评估方法和不利影响评估方法均具有时间属性，具有可变性，进而表明风险 R 是一个动态系统。

第二节　风险分类

一、诱因

按风险发生的诱因不同，可将风险划分为战略风险、信用风险、操作风险、流动性风险、市场风险、合规风险、洗钱风险和声誉风险等风险。

就网络借贷机构而言，严格按《关于促进互联网金融健康发展的指导意见》（银发〔2015〕221 号，简称《指导意见》）规范运营的网络借贷机构通常面临战略风险、操作风险、市场风险、合规风险、洗钱风险和声誉风险。未严格按照《指导意见》规范运营、进行信用转换和期限转换、开展资金池和拆期限业务的网络借贷机构，其自身还面临信用风险和流动性风险。

就互联网支付机构而言，严格按照《非金融机构支付服务管理办法》、《非金融机构支付服务管理办法实施细则》、《支付机构客户备付金存管办法》和《非银行支付机构网络支付业务管理办法》开展业务的互联网支付机构通常面临战略风险、操作风险、市场风险、合规风险、洗钱风险和声誉风险；开展了“宝宝”类业务的互联网支付机构，通常还面临流动性风险；未严格按照前述管理规定开展业务的互联网支付机构通常还面临信用风险。

就股权众筹机构而言，严格按照股权实质开展业务的股权众筹机构，通常面临战略风险、操作风险、市场风险、合规风险、洗钱风险和声誉风险；开展定期支付保底利润和股东到期回购业务的股权众筹机构，通常还面临信用风险和流动性风险；对于开展股权收益权转让业务的股权众筹机构，其合规风险更大。

就互联网征信机构而言，通常面临战略风险、操作风险、市场风险、合规风险和声誉风险，若互联网征信机构以担保形式对外提供数据服务和/或信用评级服务，则还面临信用风险、流动性风险等风险。与传统征信机构相比，由于其业务对互联网的依赖很大，互联网上的安全威胁问题比较突出，互联网信息传播迅速面广。因此，互联网征信机构面临的由信息科技系统诱发的操作风险、技术人员诱发的操作风险和数据存取相关业务流程诱发的操作风险、声誉风险等尤其突出。

就互联网保险机构而言，若其属于《互联网保险业务监督暂行办法》（保监发〔2015〕69 号）所述的“第三方网络平台”，则其通常面临战略风险、操作风险、市场风险、合规风险和声誉风险。若其属于《互联网保险业务监督暂行办法》所述的“保险专业中介机构”，则其通常面临战略风险、操作风险、流动性风险、市场风险、合规风险和声誉风险。与互联网征信机构同样的道理，与传统保险专业中介机构相比，其技术人员和信息科技系统诱发的操作风险、技术系统管理相关的业务流程诱发的操作风险以及声誉风险尤其突出。若其属于《互联网保险业务监督暂行办法》所述的“保险公司”，则其通常面临战略风险、操作风险、信用风险、流动性风险、市场风险、合规风险、洗钱风险和声誉风险。若保险公司开展“万能险”业务，则其流动性风险尤其值得关注。与互联网征信机构同样的道理，与传统保险公司相比，开展互联网保险业务的保险公司，其技术人员和信息科技系统诱发的操作风险、技术系统管理相关的业务流程诱发的操作风险和声誉风险尤其突出。

就互联网消费金融机构和互联网小额贷款机构而言，其通常面临战略风险、信用风险、操作风险、市场风险、合规风险、洗钱风险和声誉风险，流动性风险为其次要风险。与互联网征信机构同样的道理，与传统消费金融公司和传统小额贷款公司相比，开展互联网消费金融业务的消费金融公司和开展网络小额贷款的小额贷款公司，其技术人员和信息科技系统诱发的操作风险、技术系统管理相关的业务流程诱发的操作风险和声誉风险尤其突出。

这样分类的意义在于：一是避免误区。大家在论及风险管理时，往往自觉不自觉地将风险理解为信用风险，将风险管理理解为信用风险管理，我们专门做此分类，并对主要互联网金融企业可能面临的风险进行概述，以期消除误区。二是倡议全面风险管理。我们做此分类，并专门概述主要互联网金融企业可能面临的风险，除消除误区外，另一个目的便是希望互联网金融企业治理层对其企业面临的诸多风险有比较全面的认识，以便开展全面风险管理。三是达成共识，当前关于风险的分类不尽相同，银监会和国资委对风险的分类也存在差异，在此我们先做此分类，以便达成共识，便于后续讨论。

对于各类风险的具体含义和各个互联网金融业态从业机构的具体风险，后续章节将详细叙述。随着分析的深入，我们将注意到，各业态从业机构的风险类型将与前述分析存在一定差异。

二、策略

按照企业对风险采取的应对策略，可将风险划分为规避类风险、降低类风险、分担类风险和承受类风险。

《企业内部控制基本规范》（财会〔2008〕7号）明确界定了规避、降低、分担和承受四类风险应对策略，具体如下：

规避即企业对超出风险承受度的风险，通常放弃或停止与该风险相关的业务活动，以避免和减轻损失的策略。当下，部分网络借贷机构主动采取措施，终止业务或向消费金融转型或向资产端转型，其采取的风险应对策略便是规避策略。

降低即企业在权衡成本效益之后，准备采取适当的控制措施降低风险或者减轻损失，将风险控制在风险承受度范围之内的策略。网络借贷机构、互联网小额贷款机构、互联网消费金融机构要求借款人提供担保或对借款人进行信用评分，其采用的风险应对策略便是降低策略。

分担即企业准备借助他人力量，采取业务分包、购买保险等方式和适当的控制措施，将风险控制在风险承受度之内的策略。网络借贷机构、股权众筹机构等将其 IT 服务器前端部署在外部云服务器上，由云服务提供商对抗网络攻击等网络安全威胁，其采用的风险应对策略便是分担策略。

承受即企业对风险承受度之内的风险，在权衡成本效益之后，不准备采取控制措施降低风险或者减轻损失的策略。

就网络借贷机构而言，最好将部分信用风险、部分流动性风险和部分声誉风险列为规避类风险，将战略风险、绝大多数操作风险、市场风险、合规风险和市场风险列为降低类风险，将部分声誉风险（借款人信用风险诱发的声誉风险）、部分操作风险列为分担类风险，将极少部分操作风险列为承受类风险。

就互联网支付机构而言，最好将部分信用风险、部分流动性风险（如“宝宝”类产品诱发的流动性风险）和部分声誉风险（如 T+0 到账诱发的声誉风险）列为规避类风险，将战略风险、绝大多数操作风险、部分流动性风险、合规风险、洗钱风险列为降低类风险，将部分操作风险（遭受网络攻击）和部分声誉风险（如 T+0 到账诱发的声誉风险）列为分担类风险，将极少部分操作风险列为承受类风险。

就股权众筹机构而言，最好将部分信用风险、部分流动性风险和部分声誉风险列为规避类风险，将战略风险、绝大部分操作风险、市场风险、合规风险和洗钱风险列为降低类风险，将部分操作风险（遭受网络攻击）列为分担类风险，将极少部分操作风险列为承受类风险。

当然，究竟将哪些风险列为规避类风险，哪些风险列为降低类风险，哪些风险列为分担类风险，哪些风险列为承受类风险，最终取决于各个机构治理层确定的风险承受度和风险对应的 P_t、S_t 的大小。对于互联网保险机构、互联网征信机构、互联网消费金融机构和互联网小额贷款机构，不再一一赘述。

这一分类的意义在于：一是提示企业治理层将企业风险划分为四个类别，对不同类别风险做到心中有数，摸清家底，尤其对于降低类风险和分担类风险，须密切关注防范措施落实情况。二是提示企业治理层尤其关注承受类风险，该类风险是企业未采取任何措施应对的风险，属于企业的“剩余风险”，按结论 1-7，风险具有可变性，承受类风险可能向其他类风险转换，企业治理层须密切关注。三是提示企业治理层密切关注类型转换，按结论 1-7，企业四个类别的风险可能转换类型，企业治理层应当定期进行监测，抓住机会，防范风险。

第二章 › 信用风险

第一节 概念

一、定义

关于信用风险的定义，有多种说法。巴塞尔委员会认为：“信用风险，指受信方拒绝或无力按时、全额支付所欠债务时，给信用提供方带来的潜在损失。”百度百科认为：“信用风险（Credit Risk）又称违约风险，是指交易对手未能履行约定契约中的义务而造成经济损失的风险，即受信人不能履行还本付息的责任而使授信人的预期收益与实际收益发生偏离的可能性，它是金融风险的主要类型。”MBA 智库百科认为：“信用风险是银行贷款或投资债券中发生的一种风险，也即为借款者违约的风险。信用风险是借款人因各种原因未能及时、足额偿还债务或银行贷款而违约的可能性。发生违约时，债权人或银行必将因为未能得到预期的收益而承担财务上的损失。”

巴塞尔委员会面向银行机构对信用风险进行定义，并就此给出了相关计量与管理规则，该定义对银行机构传统业务很专业，难以覆盖新近出现的互联网金融机构开展的相关业务。百度百科对信用风险的定义，强调不履行，不够全面。MBA 智库百科也基于银行机构定义信用风险，难以覆盖互联网金融相关业务。互联网金融业务中信用风险的债权人往往不是银行，至少主要不是银行，其产品也不是银行贷款，因此，有必要对互联网金融业务中的信用风险予以特别界定。

定义 2-1 信用风险是指债务人未按约定或法律规定履行还款义务给企业经营目标带来的不利影响。我们将此类信用风险称为自有信用风险。

对于网络借贷机构或股权众筹机构，其信用风险还包括平台借款人或融资人、回购人不按约定或法律规定向平台投资人履行还款或分润、回购义务给投资人带来的不利影响。我们将此类信用风险称为涉他信用风险。

信用风险的通常含义是债务人未按约定或法律规定履行还款义务的给企业经营目标带来的不利影响。按此定义，网络借贷平台或股权众筹平台在不代偿的情况下，即使平台借款人或融资人、回购人不履行还款、分润、回购义务，也不属于网络借贷机构或股权众筹机构的信用风险，本质上属于网络借贷平台或股权众筹平台上投资人的信用风险。但网络借贷机构或股权众筹机构通常会采取相关措施对借款人或融资人、回购人进行事前信用评估，要求借款人或融资人、回购人提供担保（如房屋抵押、车辆抵质押、票据质押、债权质押、担保公司担保、独立第三方回购等）；放款后，部分网络借贷机构或股权众筹机构也会进行贷后、投后管理，实地调查；一旦借款人或融资人、回购人不按约定或法律规定履行还款或分润、回购义务，网络借贷机构或股权众筹机构也会采取各种手段进行催收和风险处置（如拍卖房屋、车辆、行使票据权利等）。网络借贷机构或股权众筹机构在贷前、投前和贷后、投后的相关工作与传统放贷机构的相关工作大同小异。同时，出于保护投资人利益考虑，我们将投资人的信用风险视为网络借贷平台或股权众筹平台的信用风险。

二、特征

（一）信用风险基于债之法律关系

按民法理论，债发生的原因通常有合同、侵权行为、不当得利和无因管理等四种情形。从定义 2-1 可知，信用风险所涉债之发生的原因既包括合同（定义所述“约定”），也包括侵权行为、不当得利和无因管理（定义所述“法律规定”）。可见，合同、侵权行为、不当得利和无因管理产生之债均为信用风险的基础法律关系。

例 2-1：甲企业在业务活动中未经乙企业同意，使用乙企业拥有知识产权的一款手机 APP 软件，侵犯了乙企业的知识产权，甲企业的侵权行为将产生赔偿义务，乙企业有权请求甲企业支付赔偿金，进而在甲乙企业之间产生债，甲企业为债务人，乙企业为债权人。按定义 2-1，若甲企业不按人民法院的生效判决或仲裁机构的仲裁决定向乙企业支付赔偿金，也会产生信用风险。

例 2-2：甲企业在开展支付业务过程中，由于系统故障等原因将本应向用户乙支付的人民币 50 万元错误地先后支付了两次（重复清算问题）。甲企业向用户乙支付的第二个 50 万元人民币缺乏法律上的原因，用户乙为非债清偿型不当得利。甲企业有权请求用户乙支付第二个 50 万元，进而在甲乙之间产生债。按定义 2-1，若用户乙不向甲支付第二个 50 万元，也会产生信用风险。

例 2-3：甲企业与合作伙伴乙合作开展车辆抵押借款网络借贷业务，甲企业运营网络借贷平台，乙企业以其车库内存放的车辆为抵押向甲企业网络借贷平台申请借款。某日，甲企业在对乙企业车库进行巡检过程中，突然遭遇暴雨，车库可能被淹，为此甲企业发动员工将车库内的所有车辆移至高处，移动过程中甲企业支付了费用 5000 元。甲企业代乙企业移动车辆的行为为无因管理，其为此支付的费用 5000 元可以请求乙企业补偿，进而在甲乙之间产生债。按定义 2-1，若乙不向甲支付补偿费 5000 元，也会产生信用风险。

侵权行为、不当得利和无因管理对部分互联网金融企业而言，发生的频率往往很低，但对于部分互联网金融企业而言（例如互联网支付机构），前三者可能是其信用风险的主要基础法律关系之一，所以将其包含在信用风险的考虑范围之内。例如互联网支付机构发生重复清算，如前所述，为典型的"非债清偿型"不当得利。若某企业发生侵权行为、不当得利和无因管理的概率确实很低或企业治理层相对激进，也可以将其排除在信用风险的考虑范围之外。

（二）信用风险基于金钱之债

按民法理论，债的标的为债务人的行为，包括交付财物、转移权利、支付金钱、提供劳务、提交成果、提供资源、不作为等。若债的标的为支付金钱，则该债称为金钱之债。按定义 2-1 提及的"债务人不按约定或法律规定履行还款义务”，即债的标的为支付金钱，因此信用风险基于金钱之债。非金钱之债并非信用风险考虑范围。

例 2-4：甲企业为互联网征信机构，其在开展业务活动中与乙网络借贷机构约定：“未经甲企业书面同意，乙企业不得将其从甲企业获得的借款人的借款信息提供给第三人。”该约定基于合同，在甲乙之间产生合同之债，其中甲企业为债权人、乙企业为债务人，债的标的为乙企业的不作为，即“不得将其从甲企业获得的借款人的借款信息提供给第三人”。按定义 2-1，甲乙之间的债并非金钱之债，若乙企业违反该项约定，并不产生信用风险。

例 2-5：甲企业为互联网小额贷款机构，乙企业为某小微企业，乙企业以其所有的自有房产为抵押，通过互联网向甲企业申请贷款 50 万元，甲乙企业签订了相关借款合同和抵押合同，并至房管部门办理了抵押登记。贷款到期后，乙企业按借款合同归还了本息。甲企业应当按抵押合同约定为乙企业办理解除抵押登记手续，从而在甲乙之间产生债。按定义 2-1，甲乙之间的债并非金钱之债，若甲企业违反抵押合同约定，不按合同约定办理解除抵押手续，并不产生信用风险。

（三）信用风险强调不履行和完全履行

按民法理论和合同法，债务人应当向债权人全面履行、如实履行。从定义 2-1 看，信用风险关注的是债务人不按约定或法律规定履行，即债务人的履行并非全面、如实。债务人的不履行、部分履行、提前履行和延期履行均构成信用风险。不履行即债务人未按合同约定支付任何本金和/或利息。部分履行即债务人未按合同约定全额支付本金和/或利息，仅支付部分本金和/或利息。提前履行即债务人在合同约定的履行期限届满前向债权人支付本金和/或利息。延期履行即债务人在合同约定的履行期限届满后向债权人支付本金和/或利息。值得注意的是，按定义 2-1，提前履行也会导致信用风险，原因在于在市场利率走低的情况下，提前履行可能导致债权人受到损失。

STOPPED

专栏　瑕疵履行构成信用风险吗？

瑕疵履行即债务人的履行侵害债权人合法权益的行为。瑕疵履行时，债的标的通常为转移权利、提供劳务、提交成果、提供资源等场合。对于金钱之债，一种情况可能构成瑕疵履行，即债务人交付的金钱为“黑钱”。按民法理论，货币作为一种特殊物，自交付之时起所有权发生转移，因此，只要债务人按约定或法律规定履行了交付义务，债权人即取得货币的所有权。但在其交付的金钱为“黑钱”的情况下，可能导致债权人产生配合公安部门和/或检察部门侦查等义务，“黑钱”也存在被追回的可能，债权人为配合公安部门和/或检察部门侦查工作，还得付出相当的人力、财力，进而给债权人的经营目标带来不利影响。那么，债务人的瑕疵履行即不按约定或法律规定履行还款义务是否构成信用风险呢？我们认为，若“黑钱”最终未被追回，债权人遭受的损失较小，考虑不将其视为信用风险；但若“黑钱”最终被追回，则债权人遭受的损失较大，应算作信用风险。

（四）信用风险尤其关注给付不能

按民法理论，债的标的为债务人的行为，也称给付。我国台湾地区著名法学家王泽鉴先生认为：按给付不能成立时点为标准，给付不能可分为自始不能和嗣后不能，按是否基于债务人个人事由为标准，给付不能可分为客观不能和主观不能；凡给付于订立契约时已属不能，为自始不能；反之，于订立契约后成为不能，为嗣后不能；凡给付因债务人个人事由而不能者，为主观不能；反之，给付为任何人所不能提出者，为客观不能。我们认为，主观不能按个人事由尚可进一步划分为主观意愿主观不能和非主观意愿主观不能，凡由债务人主观意愿个人事由导致的不能者，为主观意愿主观不能；反之，由债务人非主观意愿个人事由导致的不能者，为非主观意愿主观不能。

在此，我们结合信用风险逐一讨论四种给付不能情况：首先，就自始不能而言，确实存在债务人在订立借款合同之前就不具有按合同履行还本付息义务的情况（骗贷便是其中一例）。这种情况下，债务人在借款合同成立之时，已经确定不会按合同约定履行还本付息义务，“不按约定履行还款义务”事项发生的概率为 1，按定义 1-1，自始不能这一事项不属于风险事项，自始不能之债不是信用风险的基础。在实务中，若出借人风险管理能力足够强大，能够识别出这类借款人，将其排除在信用风险之外，但往往借款人很难全部排除，通常是事后发生不能时才发觉，因此在实务中，自始不能之债也可能为信用风险的基础。其次，就嗣后不能而言，债务人在订立借款合同时具有按合同约定还本付息的能力，但合同订立后，由于各种原因导致其丧失了按合同约定还本付息的能力或改变了按合同约定还本付息的意愿。嗣后不能并非确定发生，也非确定不发生，按定义 1-1，嗣后不能这一事项属于风险事项，嗣后不能之债是信用风险的基础。实务中，嗣后不能最为常见，嗣后不能之债是信用风险管理的重点。再次，就主观不能而言，正如前面所述，信用风险基于金钱之债，货币为种类物而非特定物，不存在给付标的灭失等非个人事由，因此，债务人不按合同约定履行还本付息义务，为其个人事由导致，为主观不能。主观不能通常并非确定发生，也非确定不发生，按定义 1-1，主观不能这一事项为风险事项，主观不能之债是信用风险的基础。最后，就客观不能而言，正如前面所述，信用风险基于金钱之债，金钱之给付不存在“给付为任何人不能提出者”，因此，信用风险基于的债不存在“客观不能”。值得注意的是此处的客观不能，并非客观原因导致的不能，而是对所有人而言均不能。比如甲向乙购买丙画家所画的唯一一幅山水画，甲乙购买合同成立交付前后，该幅山水画在一场火灾中灭失，此时，任何人均无法交付该幅山水画，乙的给付不能为客观不能。

STOPPED

专栏 欺诈属于信用风险的风险事项吗？

不管是互联网小额贷款机构、互联网消费金融机构还是网络借贷机构，在实际运营中通常都会遇到借款人欺诈现象：借款人积极主动采取各种非法手段，逃避出借人或网络借贷平台的防范措施，伪装成具有真实借款需求、适格还款能力和还款意愿的借款人借款，其本身自始便不曾想按合同约定履行还款义务。显然，在借款合同订立之前，借款人就不打算归还借款，其给付不能属于自始不能，理论上，其不属于信用风险的风险事项，但如前所述，实务中往往仍将其视为信用风险进行管理。从另一个角度看，欺诈之给付不能为主观意愿主观不能，为信用风险管理范畴。综上，我们认为，欺诈属于信用风险的风险事项。

定义 2-2 信用风险 CR 可描述为一个 7 元组的动态系统，即 CR=（CE，CV_t，CT_t，CP_t，CS_t，CF_t，CG_t）。

其中，CE 为互联网金融机构（对于网络借贷机构，投资人视为 CE）。CV_t 为信用风险的风险事项集合；CT_t 为信用风险的相关的经营目标集合（如逾期率）；CP_t 为信用风险的概率集合，即每个信用风险事项发生的概率的集合；CS_t 为信用风险的损失集合，即每个信用风险事项发生后的估计损失的集合；CF_t 为评估每个信用风险事项发生的概率的方法集合；CG_t 为评估每个信用风险事项发生后的损失大小的方法集合。

对于同一机构而言，结合定义 1-2，存在如下关系：

$$E=CE \tag{2-1}$$

$$CV_t \subset V_t \tag{2-2}$$

$$CT_t \subset T_t \tag{2-3}$$

$$CP_t \subseteq P_t \quad (2\text{-}4)$$

$$CS_t \subseteq S_t \quad (2\text{-}5)$$

$$CF_t \subset F_t \quad (2\text{-}6)$$

$$CG_t \subset G_t \quad (2\text{-}7)$$

因互联网金融企业不仅仅是信用风险，甚至没有信用风险，但必然存在其他风险，如操作风险，所以式（2-2）成立。正常情况下，互联网金融企业除了设定与信用风险相关的经营目标外，还应当设定其他风险相关的经营目标，因此，我们建议互联网金融企业的治理层务必促使式（2-3）成立，这也是监管机构和行业协会在实施业务监管和行业自律时努力的方向。理论上，信用风险事项发生的概率可以布满 0 ~ 1，与企业面临的所有风险发生的概率完全重叠，因此式（2-4）成立。理论上，信用风险造成的损失大小可以布满 0 到无穷大之间，与企业面临的所有风险发生的损失的范围重叠，故式（2-5）成立。评估信用风险事项发生的概率和发生后损失大小的方法，往往难以用于其他类型的风险，所以式（2-6）和式（2-7）成立。

当前，对互联网金融企业而言：风险事项 CV_t 相对容易构建，但由于从业机构水参差不齐，从业人员素质也各有差异，CV_t 构建的完备性存在较大隐忧。CT_t 的构建取决于互联网金融企业的治理层，在“互联网企业+金融”的互联网金融企业，其治理层往往深谙互联网思维而对信用风险未予以足够重视，CT_t 的构建中可能很难设定信用风险相关的经营目标。CP_t 的构建，即使是传统金融机构也比较困难，往往需要借助于专业公司和专业人员实现，对于互联网金融企业而言，正如信用评分专家兰伟博士所言，大多处于“缺 X 少 Y”阶段（互联网金融企业缺乏训练模型的样本数据），构建难度更大。协助互联网金融企业构建可用的 CP_t 或许是行业协会实施行业自律、促进行业健康发展的方向。不管是互联网金融企业还是传统金融机构，CS_t 的构建相对容易，关键在于投入适格人员。如前所述，CF_t 的构建通常需要借助于专业公司和专业人员，新进出现的大数据方法也不失为一种有益探索。CG_t 的构建也相对容易。

第二节 风险事项

从定义 2-1 可知，信用风险的风险事项即债务人不按约定或法律规定履行还款义务。按履行状态，可将风险事项区分为不履行、部分履行、提前履行、延期履行四种类型。同时，由于信用风险基于的债不可能客观不能，因此，后续讨论中若无特别说明，提及不能均指主观不能。按债之原因，风险事项可区分为合同类风险事项、无因管理类风险事项、不当得利类风险事项和侵权行为类风险事项。按债之关系，可将风险事项区分为主债权类风险事项和从债权类风险事项。按主体范围，可将风险事项区分为宏观风险事项和微观风险事项。按评估基础，可将风险事项区分为模型相关类风险事项和模型无关类风险事项。

一、履行状态

（一）不履行

从另一个角度看，债务人“能与不能”取决于借款人的还款意愿和还款能力。债务人有还款意愿无还款能力且在债权人可接受的未来期限内不可能恢复，给付不能，可称为能力型不能；债务人无还款意愿有还款能力，给付不能，可称为意愿型不能；债务人既无还款意愿也无还款能力且还款能力在债权人可接受的未来期限内不可能恢复，给付不能，可称为混合型不能。

这样，不履行细化为自始意愿型不能（欺诈之一）、自始能力型不能（欺诈之二）、自始混合型不能（欺诈之三）、嗣后意愿型不能、嗣后能力型不能、嗣后混合型不能。区分这六种不能，意义在于对各种不能，其风险管理策略和详细风险管理措施不同。比如，对于自始意愿型不能，应当采取风险规避策略，直接拒绝；对于嗣后意愿型不能，借助信用评分模型根据评分结果采取风险规避、风险分担等策略；对于嗣后能力型不能，则可采用借款人或第三人担保措施等风险降低、风险分担策略。

当然，不履行风险事项细化为6类风险事项，仍然很粗略。

（二）部分履行

债务人按约定或法律规定全额归还应还金额为全面履行，并不产生信用风险损失。债务人根本不按约定或法律规定履行还款义务，为不履行，其产生的信用风险损失最大。债务人既不是根本不按约定或法律规定履行还款义务，也不是全面履行，而是按一定比例履行还款义务，则为典型的部分履行。

根据债务人履行部分是否足以抵偿本金，可将其划分为蚀本型部分履行和非蚀本型部分履行。蚀本型部分履行即债务人部分履行的金额小于出借人实际出借的本金的情况。非蚀本型部分履行即债务人部分履行的金额大于等于出借人实际出借的本金但小于本息和的情况。此处强调实际出借的本金主要考虑出借人采用“砍头息”的情况下，实际出借的本金应为出借本金扣减出借时扣减的利息。

区分蚀本型部分履行和非蚀本型部分履行的意义在于，对出借人尤其是网络借贷平台的投资人而言，首先关注的是本金安全，非蚀本型部分履行对出借人的影响较小（对于网络借贷机构，发生非蚀本型部分履行信用风险事件时，社会影响小得多），而蚀本型部分履行对债权人的影响较大。

（三）提前履行

提前履行即债务人在还款日到来之前，向债权人归还本金和/或利息的情况。总体而言，提前履行给债权人带来的损失较少，甚至可能带来收益。根据提前履行给债权人带来的影响，可将提前履行划分为机会型提前履行和损失型提前履行。**机会型提前履行即**既可能给债权人带来收益，也可能给债务人带来损失的提前履行。机会型提前履行往往发生在利率呈上升趋势的情况下：债务人提前履行，在债权人能及时获得投资机会时，则利率上升给债权人带来收益；若债权人不能及时获得投资机会，则会给债权人带来损失。**损**

失型提前履行即可能给债权人带来损失的提前履行。损失型提前履行往往发生在利率不变甚至利率呈下降趋势的情况下：债务人提前履行，债权人能立即获得投资机会且利率不变，则债权人没有损失；若债权人不能立即获得投资机会或者立即获得投资机会但利率下降，则会给债权人带来损失。

区分机会型提前履行和损失型提前履行的意义在于：一是机会型提前履行为一种典型的损失和收益并存的风险事项；二是互联网金融企业可以根据自身对利率走势的预测和投资机会的掌控程度，有针对性地设计产品，以提升产品竞争能力；三是对于网络借贷机构（尤其是车辆抵质押借款平台，提前履行的发生往往比较频繁），可根据自身平台资产状况、投资人资金情况和平台利率调整政策，制定平台的提前履行规则，提升平台竞争力。

（四）延迟履行

延迟履行债务人在合同约定或法律规定的还款日并未履行还款义务，但其仍有还款意愿，但缺乏还款能力且在债权人可接受的未来期限内还款能力可恢复，这种情况往往是由于债务人发生了流动性风险所致的。在合同约定或法律规定的还款日债务人缺乏还款能力，原因较多，我们可将其简单划分为速动型延迟履行、流动型延迟履行、长期型延迟履行。速动型延迟履行即债务人在合同约定的还款日，债务人的现金不足以偿还应归还款项，但速动资产（包括货币资金、交易性金融资产、应收票据、应收账款、其他应收款）足以偿还归还款项的情况。流动型延迟履行即债务人在合同约定或法律规定的还款日，债务人的速动资产不足以归还应归还款项，但流动资产（包括速动资产、存货、债权人可接受的未来期限内到期的非流动资产以及其他流动资产，不包括待摊费用、预付款项，原因在于其待摊费用无法变现、预付款项变现的可能性较小）足以偿还应归还款项的情况。长期型延迟履行即债务人在合同约定或法律规定的还款日，债务人的流动资产不足以归还应归还款项，但在债权人可接受的未来期限内能变现的其他长期资产（如车辆）和流动资产之和足以偿还应归还款项的情况。

将延迟履行区分为速动型延迟履行、流动型延迟履行和长期型延迟履行，意义在于：一是变现期限和难度不同。速动型延迟履行，债务人具有足够速动资产且变现速动快，债务延迟期限可以较短。流动型延迟履行，债务人可以在债权人可接受的期限内变现资产，其变现难度相对较大，其延迟期限相对较长。长期型延迟履行，在债权人可接受的未来期限内能变现的其他长期资产变现通常对债务人的影响较大，其变现难度也相对较大。二是应对措施不同。对于速动型延迟履行，网络借贷机构和股权众筹机构可以考虑向债务人提供流动性救助，以缓解其信用风险，既可拯救债务人也可保护投资人利益。对于流动型延迟履行，网络借贷机构和股权众筹机构须更谨慎考虑是否提供流动性救助。对于长期型延迟履行，对债务人的影响较大，网络借贷机构和股权众筹机构更应当慎之又慎。三是个人和小微企业涵盖种类不同。对于持有股票、债券和车辆的个人借款人，可能发生速动型延迟履行和长期型延迟履行（在此，我们将个人持有的股票、债券等视为交易性金融资产，个人持有的车辆视为长期资产），但不存在流动型延迟履行。小微企业则三种延迟履行均有可能。

STOPPED

专栏 可接受未来期限

在讨论不履行和延迟履行时，我们提及了“债权人可接受的未来期限”。银行通常有逾期 30 天、60 天和 90 天之说。那么，互联网金融企业应该如何确定可接受未来期限呢？我们认为，期限的长短取决于不同类型的互联网金融企业、同业态不同互联网金融企业、同一互联网金融企业不同时期等。对于互联网小额贷款机构、互联网消费金融机构、承担信用风险的互联网征信机构，因其兑付不涉公众、实力相对雄厚，往往可以确定较长的期限；对于网络借贷机构和股权众筹机构，其兑付涉及公众、实力相对较弱，可能需要确定较短的期限。对于同类型互联网金融企业，特别重视及时兑付的企业，往往得将期限设置较短些，反之，可设置得较长些。对于同一互联网金融企业，在资金比较充裕（对于网络借贷平台和股权众筹平台包括资金站岗）期间，可将期限设置得长些，反之可设置得短些。

二、债之原因

如前所述，按债之原因，信用风险的风险事项可划分为合同之债类风险事项、不当得利类风险事项、无因管理类风险事项和侵权行为类风险事项。

（一）合同之债

按我国《合同法》规定："合同是平等主体的自然人、法人、其他组织之间设立、变更、终止民事权利义务关系的协议。婚姻、收养、监护等有关身份关系的协议，适用其他法律的规定。"按《合同法》对合同的界定，合同的主体包括自然人、法人和其他组织。在实务中，不同业态的互联网金融企业，其合同主体存在较大差异。网络借贷机构和股权众筹机构而言，其业务平台上的融资合同主体，一方为投资人，另一方为融资人。对于投资人，通常情况下为自然人，在《最高人民法院关于审理民间借贷案件适用法律若干问题的规定》（简称《民间借贷司法解释》）发布之前，法人和其他组织作为投资人时，存在较大的限制：当时的通常做法为融资人或投资人中一方必须为自然人，绝大多数两类机构均只接受自然人作为投资人。《民间借贷司法解释》规定："法人之间、其他组织之间以及它们相互之间为生产、经营需要订立的民间借贷合同，除存在合同法第五十二条、本规定第十四条规定的情形外,当事人主张民间借贷合同有效的，人民法院应予支持。"按此规定，出于生产、经营需要发生民间借贷，合同有效。因此，对于确实属于生产、经营需要，而非以借贷为主业的，两类机构业务平台上的投资人可以是法人和其他组织。对于融资人，即使是《民间借贷司法解释》发布之前，两类机构的业务平台通常均接受自然人、法人和其他组织。关于《民间借贷司法解释》的合规风险意义，我们将在合规风险相关章节继续讨论。

合同之债类风险事项指基于合同产生之债，合同有效、无效、效力待定和可变更可撤销等的不确定性，给从业机构带来的不利影响。该类风险事项，我们将在合规风险的效力类风险事项中详细讨论，其意义在于合同有效与其他三种类型情形，存在较大区别，前者债务人应当按照合同约定履行还款义务，后者按法律规定履行还款义务。

（二）不当得利

《民法通则》规定："没有合法根据，取得不当利益，造成他人损失的，应当将取得的不当利益返还受损失的人。"《最高人民法院关于贯彻执行〈中华人民共和国民法通则〉若干问题的意见》（简称《民通意见》）规定："返还的不当利益，应当包括原物和原物所生的孳息。利用不当得利所取得的其他利益，扣除劳务管理费用后，应当予以收缴。"该两项规定即我国法律对不当得利做出的专门规定。在不当得利法律关系中，受到损失的一方为债权人，负返还义务的一方为债务人。就互联网金融企业而言，如前所述，不当得利之债时有发生，除前述互联网支付机构的重复清算外，入金失败仍代为支付也是一种不当得利：互联网支付机构的客户向互联网支付机构充值失败，并委托其向商户付款，互联网支付机构为其实施了委托付款工作，互联网支付机构与客户之间便产生了不当得利之债。对于网络借贷机构和股权众筹机构而言，发生合规风险的效力类风险事件时，其业务平台上的融资合同成为无效合同，此时投资人与融资人之间的融资关系（借贷关系或股权关系）便不能依据融资合同成立，两者之间便产生不当得利之债。

不当得利类风险事项指从业机构与其客户之间、从业机构客户之间发生不当得利的不确定性，给从业机构带来不利影响的情形。不当得利类风险事项的意义在于对于不当得利之债产生较为频繁的从业机构，应当对可能产生不当得利的情形进行详细分析（风险识别），进而确定相应的管理措施，以便不当得利之债产生时，积极主张债权或协助相关方主张债权。

（三）无因管理

《民法通则》规定："没有法定的或者约定的义务，为避免他人利益受损失进行管理或者服务的，有权要求受益人偿付由此而支付的必要费用。"《民通意见》规定："民法通则第九十三条规定的管理人或者服务人可以要求受益人偿付的必要费用，包括在管理或者服务活动中直接支出的费用，以及在该活动中受到的实际损失。"该两项规定即我国法律对无因管理做出的专门规定。在无因管理法律关系中，提供管理或服务的一方为债权人，受益人一方为债务人。就互联网金融各业态从业机构而言，无因管理之债发生较为频繁的便是网络借贷机构、股权众筹机构，除前述关于车辆管理的无因管理外，两类机构的贷后管理和投后管理也可能构成无因管理。两类机构在与投资人的服务协议中，部分机构并不约定其有义务代投资人对融资人实施贷后管理或投后管理，但为保障投资人利益，提升其业务平台的公信力和信誉，两类机构通常会择机开展贷后管理或投后管理工作，以避免投资人遭受损失。这两类机构的贷后管理或投后管理工作，符合前述规定的，便可构成无因管理，进而在投资人与两类机构之间产生无因管理之债，其中投资人为债务人，两类机构为债权人。

无因管理类风险事项指构成无因管理，但受益人不予认可给从业机构带来不利影响的情形。该类风险事项的意义在于，对于可能产生无因管理之债的从业机构，尽量在服务协议等相关协议中对无因管理所生之债做出明确规定，一来避免争议，二来减少损失。

（四）侵权行为

我国《侵权责任法》规定："侵害民事权益，应当依照本法承担侵权责任。民事权益，包括生命权、健康权、姓名权、名誉权、荣誉权、肖像权、隐私权、婚姻自主权、监护权、所有权、用益物权、担保物权、著作权、专利权、商标专用权、发现权、股权、继承权等人身、财产权益。被侵权人有权请求侵权人承担侵权责任。"在被侵权人请求侵权人返还财产（金钱类财产）或赔偿损失时，被侵权人为金钱之债的债权人，侵权人为金钱之债的债务人，侵权人和被侵权人之间便会因侵权之债产生信用风险。

就互联网金融各业态从业机构而言，侵权行为之债可能发生在隐私权、担保物权等权益受到侵犯的场合。就网络借贷机构和股权众筹机构而言，投资人对融资人的信用信息和其他风险信息使用不当，可能侵犯融资人隐私权，进而产生投资人与融资人之间的侵权之债；在融资人抵押质押借款过程中，第三人侵犯融资人抵质押物（例如第三人未经允许，使用尤其是破坏性使用融资人抵押车辆，或第三人损害抵押房屋等），侵犯融资人的所有权等物权，产生侵权之债。

侵权行为类风险事项指投资人或第三人发生侵权行为，产生其与融资人间的侵权之债的不确定性，进而给从业机构带来不利影响的情形。侵权行为类风险事项的意义在于，从业机构应当密切关注可能产生的侵权之债，尽量避免因侵权之债纠纷，尤其是侵权之债产生信用风险，波及从业机构自身。

三、债之关系

如前所述，按债之关系，风险事项可区分为主债权类风险事项和从债权类风险事项。在信用风险基于的债存在担保的情形下，其基于的债的债权为主债权，而基于担保产生的债的债权为从债权。主债权债务关系存在于债权人与债务人之间，从债权债务关系存在于债权人与担保人之间，在从债权债务关系中，担保人为从债务人。

（一）主债权类风险事项

主债权类风险事项即主债权的债务人不按约定或法律规定履行还款义务，给从业机构带来不利影响的情形。关于履行状态的几种风险事项类型，便是主要围绕主债权类风险事项展开讨论的。在论及信用风险时，其基础法律关系通常为主债权债务法律关系，巴塞尔委员会对信用风险的定义，更是直接基于主债权债务关系进行的。

主债权类法律风险事项的意义在于，对于信用风险之债，主债权债务关系必然存在，而从债权债务关系可能存在，可能不存在。因此，相较而言，主债权类风险事项更应当受到重视，在信息披露方面，网络借贷机构等类似从业机构应当将主债务人的相关信息做重点披露，当然对于部分产品，也有例外情况。

（二）从债权类风险事项

从债权类风险事项即从债权的债务人不按约定或法律规定履行还款义务，给从业机构带来不利影响的情形。按从债权的种类不同，可进一步将从债权类风险区分为保证类风险事项、抵押类风险事项、质押类风险事项等常见风险事项。留置和定金等担保方式通常不适合互联网金融从业机构，故略去不论。

1．保证类风险事项

保证类风险事项按其效力，还可划分为有效保证型风险事项和无效保证型风险事项。有效保证型风险事项即保证合同有效的情形下，产生的风险事项。无效保证型风险事项，即保证合同无效导致不利影响的情形。我国《最高人民法院关于适用〈中华人民共和国担保法〉若干问题的解释》（简称《担保法司法解释》）规定，企业法人的职能部门提供保证等情形，保证合同无效。关于无效保证型风险事项，我们将在合规风险的效力类风险事项部分做详细分析，在此暂且不论。有效保证型风险事项，可区分为担保公司类风险事项、小贷公司类风险事项、普通企业类风险事项和自然人类风险事项。

（1）担保公司类风险事项

担保公司类风险事项指在保证合同有效的情形下，因担保公司经营不善等原因，导致其代偿能力不足或丧失，给从业机构带来不利影响的情形。部分网络借贷机构在开展业务过程中，与融资性担保公司合作，由其对融资人进行保前调查，审查通过后向网络借贷机构业务平台推送融资人，出具担保承诺函，向业务平台投资人提供保证担保。在宏观经济形势运行平稳时，融资性担保公司代偿能力强，资金流动性好，与融资人提供的物保相比，能更好地满足投资人的代偿期限要求。但在宏观经济下行、融资人经营普遍恶化的情形下，其代偿能力必然面临巨大挑战，甚至导致其丧失代偿能力。在融资性担保公司代偿能力不足甚至丧失代偿能力的情形下，投资人的信用风险发生的可能性必然加大，甚至成为必然。

（2）小贷公司类风险事项

目前，部分网络借贷机构等从业机构与传统小额贷款公司以接力贷等形式开展业务合作。小贷公司对融资人开展贷前调查，调查通过后，向网络借贷机构推送借款人，供投资人投资，并在投资人与借款人的借款合同中约定，若融资人到期不归还借款，则由小贷公司向借款人发放贷款用于归还投资人。小贷公司这类接力贷业务，为投资人提供了安全保障，降低了投资人的风险，满足了融资人的需求，具有积极意义。另外，也有省份出于扶持中小微企业考虑，允许小额贷款公司以担保人身份为中小微企业提供担保，中小微企业向网络借贷机构上的投资人借款，在中小微企业发生延迟履行等情形时，由小贷公司负责代偿。

小贷公司类风险事项指由于小贷公司资产流动性不足等原因，导致其不能按约定向借款人发放贷款用于归还投资人时，产生不利影响的情形或小贷公司代偿能力不足甚至丧失，不能按约定向投资人履行代偿义务，产生不利影响的情形。与担保公司提供担保类似，小贷公司在接力贷中发挥的作用类似于担保；对于以担保人身份提供担保，则与担保公司相同。在宏观经济下行时，不管是接力贷还是担保，小贷公司原因导致网络借贷机构信用风险（投资人）往往难以避免。

（3）普通企业类风险事项

除融资性担保公司和小贷公司外，普通企业为网络借贷机构和股权众筹机构的融资人提供担保的情形，也比较常见。网络借贷机构业务平台上的借款人，往往由融资人的关联企业或者与网络借贷机构合作的企业为借款人提供担保，成为业务平台上从债权法律关系中的债务人。对于股权众筹机构，则此类情形更加普遍：一是项目公司的大股东（通常为企业）以附条件附期限形式回购投资人股权，提供隐形担保；二是直接以担保人身份为目标企业的分配利润等行为提供担保。

普通企业类风险事项指普通企业的资产流动性不足、代偿能力不够甚至丧失等，不能按约定履行回购或代偿义务，产生不利影响的情形。当然，普通企业提供担保除信用风险外，若其以担保为主业，还涉及合规风险等问题。

（4）自然人类风险事项

除企业等机构外，自然人为网络借贷机构和股权众筹机构业务平台上的融资人提供担保的情形，也时有发生。网络借贷平台上的融资人为企业时，往往会由其自然人股东为其融资行为提供担保；融资人本身为自然人时，也可能由其他自然人为其融资行为提供担保。对于股权众筹机构而言，一是项目公司的自然人股东以附条件、附期限形式回购投资人的股权，提供隐形担保；二是直接以担保人身份为目标企业的分配利润等行为提供担保。

自然人类风险事项指自然人提供担保时，由于其代偿能力不足，不能按约定履行回购或代偿义务，产生不利影响的情形。与普通企业担保一样，还可能涉及合规风险问题。

前述四类风险事项，除网络借贷机构和股权众筹机构外，互联网小额贷款机构和互联网消费金融机构，根据其产品设计情况，也可能涉及，只是其从债权的债权人为机构本身，而非投资人。这四类风险事项的意义在于，由于担保人以保证形式提供担保，为人保而非物保，与物保相比，按物权优于债权的原则，其保障力度相对较低。对于网络借贷机构和股权众筹机构等涉及公众利益的类似机构，担保人的代偿能力、资质等，监管和自律规则应当有所涉及。

2．抵押类风险事项

网络借贷机构、股权众筹机构和互联网小额贷款机构等从业机构，在开展业务过程中，往往由融资人或第三人提供不动产或动产为其融资行为抵押。在抵押过程中，通常会发生抵押权不确定、抵押品估值过高、抵押品价值不足、抵押品急速贬值、抵押品灭失等情形，这些情形均可能导致从债权的债务人无法按约定履行还款义务，给从业机构、投资人和从业机构带来不利影响。

（1）抵押权不确定

按《物权法》等法律规定，不动产抵押以登记为生效要件，车辆等动产抵押以登记为对抗要件。抵押权登记对抗与登记生效问题，我们将在合规风险的效力类风险事项部分再做讨论。抵押权不确定风险事项指抵押权未经登记为生效，或虽然生效但不具有对抗善意第三人效力，给从业机构带来不利影响的情形。

（2）抵押品估值过高

抵押品估值过高指网络借贷机构、股权众筹机构和互联网小额贷款机构等从业机构，对抵押品的价值估值明显高于市场价值，导致部分主债权缺乏足够从债权支撑，从债务人发生“部分履行”，债权人无法全额收回款项的情形。对于互联网小额贷款机构而言，出于自身债权安全考虑，除非发生员工舞弊、误操作等操作风险事件，该风险事项发生的可能性较低。但对于网络借贷机构和股权众筹机构这类债权人非机构自身的情形，则除员工操作风险外，还有可能管理层在经营业绩压力之下，高估抵押品价值，损害从业机构和投资人利益。

（3）抵押品价值不足

与抵押品估值过高不同，抵押品价值不足指抵押品的价值估值合理，但其价值低于主债权金额：一种情况是从业机构管理层受到业绩压力等影响，采取激进经营策略，明知抵押品价值不足以覆盖主债权价值及实现抵押权的相关费用，仍然为融资人提供贷款或将其融资需求推荐给业务平台投资人；另一种情况是在抵押品已经抵押的情形下，从业机构开展第二顺位（甚至第三顺位）抵押融资业务，这种顺位抵押业务由于信息不对称，可能发生员工方面的操作风险，导致第二顺位抵押权价值不足以覆盖主债权价值及实现抵押权的相关费用。

（4）抵押品急速贬值

抵押品急速贬值指抵押权成立后，由于市场行情变动等原因，发生抵押品价值贬值超出从业机构预计范围，导致从债务人“部分履行”，主债权人无法全额收回款项的情形。在抵押品估值、贷款金额审批过程中，从业机构均会对抵押品的贬值进行预估，并将预计的贬值考虑在贷款金额之内。但即使这样，也难以避免抵押品急速贬值的风险。例如宏观经济形势急剧恶化，导致不动产价值迅速下跌。又例如，车辆抵押借款的网络借贷机构，由于人员经验方面的原因，对车辆贬值的速度缺乏足够认识，便很可能发生抵押品急速贬值。

（5）抵押品灭失

抵押品灭失指因人为原因或不可抗力等外部原因，导致抵押品发生损毁或灭失，致使从债务人不能履行还款义务，主债权人无法全额收回款项的情形。在抵押品因第三人等人为原因导致损毁或灭失的情形下，通常会产生“侵权之债”，但由于在发放贷款或推荐融资需求时，并未对侵权之债的债务人的资信状况和还款能力等进行评估，侵权之债的债务人不按法律规定履行还款义务的不确定性较大。若抵押品附加了财产保险等措施，则情况将明显好转，但势必增加融资人的融资成本。在因不可抗力等外部原因（例如地震、水灾导致房产等不动产损毁或灭失）导致抵押品损毁或灭失时，除非附加了财产保险等措施，否则从债务人很难履行还款义务。

抵押类风险事项的意义在于，从业机构务必加强对抵押品的贷前贷后管理。对于网络借贷机构、股权众筹机构这类涉及公众利益的从业机构，除如实向投资人披露抵押品及其估值等情况外，还应当对抵押品状况进行后续持续披露。

3．质押类风险事项

与不动产或动产抵押相似，网络借贷机构、股权众筹机构和互联网小额贷款机构等从业机构，通常会开展质押融资业务：融资人或第三人基于自有动产或权利（股权、债权、票据等）为融资人融资行为提供质押担保。与抵押类风险事项相似，在质押过程中，也会发生质权不确定、质押品估值过高、质押品急速贬值、质押品灭失等情形，这些类型风险事项与抵押类风险事项相同，不再重复。质押品管理不善为一种比较常见且特有的风险事项，在此做简要讨论。

与抵押权不同，动产质押以转移占有为生效要件。因此，互联网小额贷款机构须自行管理质押品，网络借贷机构须代投资人管理质押品。若质押品因从业机构原因发生损毁或灭失，则从业机构须自行承担责任。

质押类风险事项的意义在于，网络借贷机构和股权众筹机构等涉及社会公众的从业机构，除比照抵押权向投资人披露质押品及其估值等情况外，还应当向投资人披露质押品管理情况，并就抵押品的后续情况进行持续披露。另外，为保障质押品因意外原因发生损毁灭失，从业机构有必要根据实际情况，对质押品管理场所等采取购买保险等措施，增强抗风险能力。

四、主体范围

如前所述，按主体范围不同，风险事项可区分为宏观风险事项和微观风险事项。

（一）宏观风险事项

宏观风险事项指因国内外宏观经济形势、产业政策、财政政策、货币政策等影响所有企业或同一行业内企业的因素，导致债务人无法按约定或法律规定履行还款义务，给从业机构带来不利影响的情形。宏观风险事项影响面广，涉及企业众多，无论是从业机构还是债务人均是巨大挑战。本轮互联网金融整治前后，不管是网络借贷机构频频跑路，还是互联网支付机构“二清”商户卷款私逃，除从业机构本身经营管理等因素外，宏观经济下行导致融资人、网络借贷机构和“二清”商户出现资金链断裂，也是重要诱因之一。

（二）微观风险事项

微观风险事项指因融资人或从业机构自身经营管理不善、公司战略出现问题、公司执行力弱化、项目实施发生严重偏差等原因，导致债务人无法按约定或法律规定履行还款义务，给从业机构带来不利影响的情形。与宏观风险事项不同，微观风险事项通常只影响融资人或从业机构个别企业，其本身可以避免或分散。本轮互联网金融整治前后，网络借贷机构频频跑路，除宏观经济下行因素外，部分网络借贷机构对互联网金融风险缺乏足够认识和敬畏，对融资人还款意愿和还款能力缺乏足够的评估，网络借贷机构自融或合作担保公司为关联方担保等，也是重要诱因。对于这些诱因，网络借贷机构采取适当措施即可避免，显然为微观风险事项。

宏观风险事项与微观风险事项的区别在于，从业机构的管控力度和管控方式明显不同。

五、评估基础

如前所述，按评估基础，可将风险事项区分为模型相关类风险事项和模型无关类风险事项。

（一）模型相关类风险事项

模型相关类风险事项指对融资人的还款意愿和还款能力进行量化评估的评估模型在设计和运行过程中发生偏差，对不适格融资人提供贷款或向投资人推荐融资需求，给从业机构带来不利影响的情形。具体分为模型设计不科学、参数配置不恰当、模型结果被误用和模型被穿透等情形。如前所述，信用评分处于“缺 X 少 Y”状态，从业机构对融资人进行信用评估时，评估模型设计很难做到科学合理，基于层次分析法等方法构建的评估模型，总体而言，科学性也有待提升。因此，评估模型不科学便是一种较为常见的模型相关类风险事项。在评估模型设计科学合理的情况下，若管理层受到经营绩效压力影响，可能配置激进参数，提升风险容忍度，导致不适格融资人频现，债务人不按约定履行还款义务的概率剧增，这类风险事项便是参数配置不恰当类风险事项。在模型设计科学、参数配置恰当的情形下，评估模型输出了无偏差结果，若相关人员因舞弊或误操作等错误采集了输出结果，将不适格融资人当做适格融资人时，便会发生模型结果被误用风险事件，该情形便是模型结果被误用风险事项。另外，在模型运行过程中，若模型重要参数（如评分标准）被市场人员等人员获悉，其在经营业绩压力或诱惑下，通过与融资人共谋等修改模型输入数据，使不适格融资人被模型判断为适格融资人，此种情形便是模型被穿透类风险事项。

（二）模型无关类风险事项

模型无关类风险事项是指在对融资人的融资需求进行决策时，非模型方面的原因导致将不适格的融资人当做适格融资人，给从业机构带来不利影响的情形。主要包括决策程序设计不当、决策程序未得到执行、决策程序被凌驾等情形。决策程序设计不当指对融资需求进行决策的内部流程设计不恰当，诱发操作风险事件，进而导致发生不适格融资人被接纳的情形。例如网络借贷机构对合作担保公司推荐的一定金额以内的融资人仅做形式审查，对一定金额以上方进行实质审查，则可能发生担保公司拆分借款需求规避实质审查，以致发生担保公司关联方（不适格融资人）融资未被发现的情形。决策程序未得到执行即对融资需求进行审批的内部流程未得到执行，不适格融资人被接纳的情形。此种情形实际上也是从业机构发生操作风险所致的，例如前例中达到一定金额以上的融资需求未进行实质审查，导致还款能力不足的融资人被接纳。决策程序被凌驾指因管理层受到经营业绩压力影响等原因，使其凌驾于决策程序之上，规避决策程序，直接对不适格融资人予以放行。当然，前述宏观风险事项也是一类更广义的模型无关类风险事项。

第三节　影响与建议

在对信用风险的风险事项进行细化之后，在此，我们对各类风险事项的影响进行逐一定性分析，并就应对措施提出初步意见。

一、履行状态

（一）不履行

如前所述，不履行可细分为六种情况，其影响如下。

1. 自始意愿型不能

这一类信用风险事项不利影响较大。一是其主观恶性较大。债务人在订立融资合同之前就不打算还款，为典型的“骗子”。二是行业破坏性影响较大。这类债务人往往以骗贷为职业，为整个互联网金融行业的“天敌”，对互联网金融行业的破坏性最大。尤其是以团伙形式出现的情况下，更是如此。三是损失率较大。债务人在融资合同成立之前，就笃定不归还借款，若能采取有效措施进行催收，则债权人的损失率（损失金额/应归还金额）可小于100%。

对于该类信用风险事项，需互联网金融从业机构、行业协会和监管机构共同努力进行防范：从业机构加强识别、行业协会构建共享黑名单机制、监管机构监督从业机构识别工作和黑名单报送工作。

2. 自始能力型不能

这类信用风险事项不利影响相对较大。一是主观恶性较小。与意愿型不能相比，债务人缺乏还款能力，有还款意愿。这类债务人可能确实处于走投无路状态。二是行业破坏性影响相对较大。这类债务人往往不以骗贷为职业，对整个互联网金融行业的破坏性相对较大。三是损失率大。由于债务人缺乏还款能力，债权人的损失率往往为100%。

对于这类信用风险事项，也可以比照自始意愿型不能进行应对，但若能进行区分对待，适当宽容这类自始能力型不能的债务人，甚至采取相应措施对其进行救济，对增进整体社会福利不无裨益。同时，可不采用黑名单而采用灰名单。

3. 自始混合型不能

这类信用风险事项不利影响最大。一是主观恶性最大。债务人在订立融资合同之前，既无还款意愿也无还款能力，在主观上不打算还款，在客观上也没有还款能力。二是行业破坏性影响最大。这类债务人以团伙作案、惯常作案为特征，对整个互联网金融行业的破坏性影响最大。三是损失率最大。这类债务人既无还款意愿，也无还款能力，即使催收也于事无补，债权人的损失率通常为100%。

对于这类信用风险事项，须比照自始意愿型不能进行应对。同时，黑名单的“黑度”应当最“黑”。

4. 嗣后意愿型不能

这类信用风险事项的不利影响最小。一是主观恶性较大。债务人在订立融资合同之时有还款意愿，但订立合同后丧失还款意愿，主观恶性较大。二是行业破坏性较小。这类债务人通常不以骗贷为职业，也不以团伙作案、惯常作案形式存在，对整个互联网金融行业的破坏性影响较小。三是损失率较小。这类债务人在融资合同订立后缺乏还款意愿，若能采取有效催收，债权人的损失率通常可以小于100%。

对于这类信用风险事项，可比照自始意愿型不能进行应对。同时，可考虑采用灰名单而不是黑名单。

5. 嗣后能力型不能

这类信用风险事项的不利影响较大。一是主观恶性较小。债务人在订立融资合同前后，均未丧失还款意愿，其主观恶性较小。二是行业破坏性影响较小。这类债务人不以骗贷为职业，也不以团伙作案、惯常作案形式存在，对整个互联网金融行业的破坏性影响较小。三是损失率大。这类债务人在融资合同订立后缺乏还款能力，债权人的损失率通常可达100%。

对于这类信用风险事项，须比照自始意愿型不能进行应对。同时，黑名单的“黑度”可较“灰”。

6. 嗣后混合型不能

这类信用风险事项的不利影响较大。一是主观恶性较小。债务人在订立融资合同之后丧失还款意愿，主观恶性相对较小。二是行业破坏性影响较小。这类债务人通常不以骗贷为职业，也不以团伙作案、惯常作案形式存在，对整个互联网金融行业的破坏性影响较小。三是损失率大。这类债务人在融资合同订立后缺乏还款能力，债权人的损失率通常可达100%。

对于这类信用风险事项，须比照自始意愿型不能进行应对。同时，黑名单的“黑度”应当较“黑”。

（二）部分履行

如前所述，部分履行可划分为非蚀本型部分履行和蚀本型部分履行。

1．非蚀本型部分履行

这类信用风险事项的不利影响相对较小。一是社会不良影响较小。对于网络借贷机构和股权众筹机构等涉及社会公众利益的互联网金融企业而言，非蚀本型部分履行的社会不良影响较小，乃社会公众追求首先保本的心理使然。二是损失金额较小。这类信用风险事项一旦发生，债权人损失的最大金额为所有利息，最小损失为 1 元。总体而言，损失金额较小。三是对打破刚性兑付的意义较大。这类信用风险事项一旦发生，网络借贷机构和股权众筹机构兑付压力较小，可促使这些机构打破刚性兑付，在打破刚性兑付越来越成为社会共识的情况下，这一风险事项不失为一种选择。

这类信用风险事项对于互联网小额贷款机构、互联网消费金融机构和承担信用风险的互联网征信机构而言，由于其不涉及社会公众，不利影响相对较小。当然，若开展了资产证券化相关业务，其不利影响也可能会外部化。

对于这类信用风险事项，我们认为，不管是监管机构还是行业协会，均无须过多干预，当然可通过灰名单机制，形成威慑，促使债务人履行义务，促进行业健康发展。

2．蚀本型部分履行

这类信用风险事项的不利影响很大。一是社会不良影响很大。对于网络借贷机构和股权众筹机构等涉及社会公众利益的互联网金融企业而言，蚀本型部分履行的社会不良影响很人，部分履行金额越小，不良影响越大。二是损失金额很大。这类信用风险事项一旦发生，债权人不但损失利息，而且损失部分本金（若损失全部本金，则为不履行），损失的最小金额为利息+1 元，最大金额为利息+本金-1 元。三是对打破刚性兑付的意义较小。这类信用风险事项一旦发生，网络借贷机构和股权众筹机构兑付压力较大，尤其是债权标的金额巨大的情况下，更是如此。在这种情况下，这些机构出于社会压力，很难打破刚性兑付。比如某综合类平台曾经试图打破这类刚性兑付，最终迫于社会压力，以代偿平息事态。

这类信用风险事项对于互联网小额贷款机构、互联网消费金融机构和承担信用风险的互联网征信机构而言，虽然其往往不涉及社会公众，但对其自身业务发展不利影响较大，在存在外部融资（如资产证券化、银行贷款、股东贷款）情况下，不利影响可能更大。

对于这类信用风险事项，我们认为，不管是监管机构还是行业协会，均需要给予密切关注，比如采用黑名单机制威慑债务人，促使其全面履行还款义务。

（三）提前履行

如前所述，提前履行可划分为机会型提前履行和损失型提前履行。

1. 机会型提前履行

这类信用风险事项的不利影响很小。一是社会不良影响可以忽略。对于网络借贷机构和股权众筹机构等涉及社会公众利益的互联网金融企业，机会型提前履行对社会公众而言，收益和损失并存，在网络借贷机会和股权众筹机构妥善安排之下，可能出现债权人损失为 0 甚至产生收益（比如有的平台约定，提前履行时债务人需另行支付一个月的利息）的情形。因此，社会不良影响可以忽略。二是即使损失，金额也不大。这类信用风险事项既可能产生损失，也可能产生收益，即使损失，其损失的仅是再投资利率下滑带来的损失，金额往往不大。三是行业影响为中性。由于这类信用风险事项带来的影响为收益和损失并存，往往不存在债务人损害债权人利益的情形，对行业的健康发展是中性的。

对于这类信用风险事项，监管机构和行业协会无须关注其负面影响，理论上可以通过白名单机制，共享这类“优质”债务人。

2. 损失型提前履行

这类信用风险事项的不利影响小。一是社会不良影响基本可以忽略。对于网络借贷机构和股权众筹机构等涉及社会公众利益的互联网金融企业而言，损失型提前履行会给社会公众造成一定损失，但该损失通常在社会公众的承受范围之内，因此，其社会不良影响基本可以忽略。二是损失金额也不大。与机会型信用风险事项不同，该类信用风险事项只会带来损失，其金额往往不大。三是行业影响偏负面。这类信用风险事项往往损害债权人利益，在债务人有意为之的情况下，对行业的健康发展呈负面影响。

对于这类信用风险事项，可由行业协会通过灰名单机制，共享这类“次优”债务人。

（四）延迟履行

如前所述，延迟履行可细分为速动型延迟履行、流动型延迟履行和长期型延迟履行。

1. 速动型延迟履行

这类信用风险事项的不利影响较小。一是延迟期限较短。速动型延迟履行的债务人，尽管货币资金不足以还款，但速动资产足以还款，由于速动资产的变现能力很强，因此，其延迟期限通常较短。二是损失金额较小。由于延迟期限较短，债权人的损失金额较小。三是对打破刚性兑付意义较大。就涉及社会公众利益的网络借贷机会和股权众筹机构而言，由于速动资产变现快、债务人延迟履行期限短，可尝试打破刚性兑付，对行业的健康发展不无裨益。

对于这类信用风险事项，监管机构和行业协会通过统计监测足以管控，为打破刚性兑付机制，监管机构和行业协会对这类信用风险事项应给与政策支持，至少持宽容态度。

2. 流动型延迟履行

这类信用风险事项的不利影响较大。一是延迟期限较长。流动型延迟履行的债务人，除变现其速动资产外，尚需变现其其他流动资产，方可全面履行还款义务。由于其他流动资产的变现能力相对较低，因此延迟期限较长，尤其是存货，可能因存货种类不同，其变现期限差异较大。二是损失金额较大。由于延迟期限较长，债权人的损失金额较大。三是对打破刚性兑付意义较小。就涉及社会公众利益的网络借贷机会和股权众筹机构而言，由于其他流动资产变现速度慢，不到万不得已，往往不会尝试打破刚性兑付，因此，对打破刚性兑付、促进行业的健康发展意义较小。

对于这类信用风险事项，监管机构和行业协会往往通过统计监测进行管控，能否以这类信用风险事项为目标打破刚性兑付，着实较难决策。

3. 长期型延迟履行

这类信用风险事项的不利影响最大。一是延迟期限通常很长。长期型延迟履行的债务人，除变现其包含速动资产在内的流动资产外，尚需变现其变现能力较强的长期资产，方可全面履行还款义务。其延迟期限至少不短于流动型延迟履行，当然对于特殊的长期资产（如车辆），其变现期限可能较短，甚至短于除速动资产外的其他流动资产。二是损失金额通常很大。由于延迟期限通常很长，债权人的损失金额通常很大。三是对打破刚性兑付意义通常很小。就涉及社会公众利益的网络借贷机会和股权众筹机构而言，由于长期资产变现速度通常很慢，通常不会尝试打破刚性兑付，因此，对打破刚性兑付、促进行业的健康发展意义通常很小。

对于这类信用风险事项，监管机构和行业协会应当通过统计监测进行管控，我们不建议以这类信用风险事项为目标打破刚性兑付。

二、债之原因

（一）合同之债

合同之债风险事项的不利影响大。一是合同之债为网络借贷机构、股权众筹机构和互联网小额贷款机构等从业机构信用风险的主要基础法律关系，涉及从业机构较多，涉及面较广。二是合同之债通常涉及网络借贷机构和股权众筹机构等机构的客户利益，社会影响较大。三是合同之债涉及的金额通常较大。

对于合同之债风险事项，我们建议：一是行业协会加强对从业机构高级管理人员、风险管理人员等人员的培训，提高其对合同之债的管理意识。二是从业机构制定较为严格的管理制度和业务流程，防止合同之债风险事项的发生。三是行业协会发布相关管理指引，对从业机构合同之债风险事项的风险管理工作进行针对性指导。

（二）不当得利

不当得利风险事项的不利影响较小。一是对于网络借贷机构、股权众筹机构等从业机构而言，发生不当得利的情形较少。二是对于互联网支付机构而言，发生不当得利的情形较多，可能性较大。三是发生不当得利时，其涉及的人员通常较少。

对于不当得利风险事项，我们建议：一是行业协会就网络借贷机构和股权众筹机构等涉及公众利益的从业机构，根据产品交易结构，发布示范合同文本，尽量避免合同无效、被撤销等发生不当得利。二是从业机构加强对不当得利的分析，识别可能产生不当得利的情形，采取针对性措施进行有效管理。三是行业协会设置黑名单机制，将延迟甚至拒绝归还款项的不当得利债务人列入黑名单中，并在全行业范围内共享，以促使该类债务人归还款项。

（三）无因管理

无因管理风险事项的不利影响小。一是无因管理发生的情形较少。二是无因管理发生时，债权人通常为网络借贷机构和股权众筹机构等从业机构，往往不涉及社会公众。三是从业机构的损失往往可以从其他途径获得间接弥补。

对于无因管理风险事项，我们建议：一是如前所述，由从业机构在相关协议文本中予以明确。二是行业协会牵头制定相关指引，在从业机构内部形成行业惯例，提升社会认知度和认可度。

（四）侵权行为

侵权行为风险事项的不利影响较大。 是侵权行为往往涉及社会公众利益，涉及面较广。二是发生侵犯隐私权等侵权行为时，其传播速度极快，传播面极广。例如“裸条”事件，其传播速度和传播面可见一斑。三是侵权行为发生的可能性较小。

对于侵权行为，我们建议：一是行业协会制定相关管理规范或指引，对从业机构信息披露进行规范，尽量避免侵犯隐私权等侵权行为的发生。二是从业机构加强业务系统监测，防止投资人等内外部人员利用其业务平台侵犯融资人、商户等的隐私权。三是行业协会发布管理指引，指导从业机构加强抵质押物管理，尽量发现甚至避免抵质押物侵权行为的发生。

三、债之关系

（一）主债权类风险事项

主债权类风险事项的不利影响大。一是主债权类风险事项避免为信用风险的首要保障，主债务人为第一还款责任人。二是按《担保法》规定，主合同无效，担保合同无效，主债权风险事项具有基础支撑作用。三是网络借贷机构和股权众筹机构等涉及公众利益的从业机构，其信用评估工作主要基于主债务人展开。

对于主债权类风险事项，我们建议：一是行业协会通过构建信用风险决策引擎等机制，为中小型从业机构开展主债务人信用风险评估提供便利。二是行业协会发布信用风险管理指引等类似标准，对从业机构对主债务人的信用风险管理进行规范。同时，行业协会和从业机构等按我们在履行状态部分的讨论，针对主债务人开展信用风险管理工作。

（二）从债权类风险事项

1. 保证类风险事项

（1）担保公司类风险事项

担保公司类风险事项不利影响大。一是担保公司基于杠杆开展业务，其杠杆越大，代偿能力不足或丧失的概率越大。二是从本轮经济下行、部分担保公司几近丧失代偿能力的实际情况看，其代偿能力明显不足。三是担保公司对合作的网络借贷机构和股权众筹机构对融资人的贷后管理，往往持排斥态度，导致融资人融资后的持续跟踪难度较大，信息不对称较严重。

对担保公司类风险事项，我们建议：一是行业协会就网络借贷机构和股权众筹机构与担保公司合作事宜，制定风险管理指引，规定担保公司的担保额度、单笔额度等事宜。二是行业协会通过信息共享机制等，记录担保公司在不同平台上担保的总金额，避免其超杠杆经营。三是行业协会针对网络借贷机构和股权众筹机构制定风险信息披露指引，规范关于担保公司的披露事项。

（2）小贷公司类风险事项

小贷公司类风险事项的不利影响较大。一是小贷公司的杠杆总体偏小，抗风险能力相对较强。二是本轮经济下行过程中，部分小贷公司出现流动性紧缺，资产质量严重下降，表明其总体风险较大。三是以小额分散为经营原则的小贷公司而言，其与网络借贷机构合作具有较好的互补效应。

对于小贷公司类风险事项，我们的建议与担保公司类风险事项相似，不再重复。

（3）普通企业类风险事项

普通企业类风险事项的不利影响较大。一是普通企业通常缺乏信用风险管理经验，难以准确评估和管控融资企业的信用风险。二是普通企业与融资企业存在关联关系情况下，其风险分散能力较弱。三是普通企业不以担保为主业，网络借贷机构合作的普通企业往往较多，增加了网络借贷机构对其进行风险管控的难度和工作量，降低了管控效果。

对于普通企业类风险事项，我们建议：一是行业协会发布从业机构担保主体风险管理指引，对普通企业担保事宜就资质条款、最大额度等做出规定。二是从业机构加强对普通企业的尽职调查，对其担保实力及对风险的分散能力做出评估。三是从业机构充分披露普通企业与融资企业之间的关系，尤其是同一实际控制人的情形。

（4）自然人类风险事项

自然人类风险事项的不利影响较大。一是与普通企业相比，自然人通常更缺乏信用风险管理经验。二是自然人与融资企业之间的高度关联关系，对风险的分散效应极弱。三是自然人本身的代偿能力和抗风险能力总体偏弱。

对于自然人类风险事项，我们的建议与普通企业类风险事项相似，不再重复。

2．抵押类风险事项

抵押类风险事项的不利影响较大。一是与保证相比，抵押权的保障力度更大，债权人具有更强的控制力。二是抵押品的流动性、价值等决定了从债务人履行其担保义务的时效和额度，抵押品价值错误、损毁、灭失对主债权人影响极大。三是从实际情况看，在经济下行期，抵押品流动性和价值贬损的不利影响较大。

对于抵押类风险事项，我们建议：一是行业协会就抵押品管理等事宜发布风险管理指引，规范从业机构抵押品管理义务和行为。二是行业协会发布抵押品相关的风险信息披露指引，从业机构加强对风险信息的披露，供投资人决策参考。三是从业机构配置专门人员，加强抵押品管理，通过内部审计等强化抵押品管理的规范性。

3．质押类风险事项

质押类风险事项的不利影响较大。一是与抵押权相比，主债权人或网络借贷机构等从业机构对质押品的管控力度最大。二是质权人对质押品管控丧失时，其质押权往往随之丧失，质押品管理相关的风险较大。三是部分质押品（如车辆）的贬值速度较快，损失可能性较大。

对于质押类风险事项，我们建议：一是行业协会针对不同质押品，制定管理指引，指导从业机构加强质押品管理，防范质押品丧失、灭失等风险。二是行业协会发布质押品风险信息披露指引，要求从业机构披露质押品的质押场所、估值方法等事宜。三是从业机构就质押品估值、保管和变现等制定管理制度和业务流程，在审计监督下，强化实施，防范操作风险向信用风险传导。

四、主体范围

（一）宏观风险事项

宏观风险事项不利影响大。一是宏观风险事项影响范围广，同行业或全体行业的企业均受到影响。二是宏观风险事项造成的损失较大，其发生时，融资企业经营业绩和流动性等均会受到不同程度的重创。三是宏观风险事项还会影响从债务人履行其担保义务，主债权人往往很难全额收回款项。四是宏观风险事项还会影响网络借贷机构等从业机构，甚至影响其持续经营能力，以致难以履行对投资人的后续义务。

对于宏观风险事项，我们建议：一是行业协会牵头设立从业机构重整基金等机制，对持续经营能力受到严重影响的从业机构进行救助，保护其持续经营能力，维护投资人权益。二是行业协会牵头设立流动性救助基金，对变现速动较慢的抵押权和质押权类债权，提供临时性救助，保护投资人和从业机构合法权益，保护行业度过危险期。三是行业协会加强宏观经济形势研究，对从业机构提供宏观经济方面的风险管理指导。四是从业机构采用“逆周期”风险准备计提机制，经营状况良好时多计提风险准备金。

（二）微观风险事项

微观风险事项的不利影响较大。一是其影响范围通常仅及于个别融资人、从业机构等，范围较小。二是从业机构的微观风险事项发生，往往波及从业机构的所有客户，涉及面较广。三是本轮互联网金融整治前后，部分从业机构跑路，其中不乏微观风险事项所致，影响不可小觑。

对于微观风险事项，我们建议：一是行业协会加强对从业机构董事、监事和高级管理人员的培训，构建风险管理文化。二是行业协会发布全面风险管理指引，指导从业机构对信用风险、操作风险、合规风险、战略风险等风险实施全面风险管理。三是从业机构加强人员培养，提升自身风险管理水平。

五、评估基础

（一）模型相关类风险事项

模型相关类风险事项的不利影响较大。一是模型具有一贯性，其发生异常时影响面较大。二是评估模型专业性极强，其发生异常往往很难发现。三是采用评估模型的从业机构相对较少，对行业影响较小。

对于模型相关类风险事项，我们建议：一是行业协会牵头设立信用决策引擎等机制，为中小型从业机构提供参考模型。二是必要时从业机构通过第三方独立评估和独立模型校准等机制，核验模型的科学性。三是从业机构加强制度建设和流程管理，防范模型被误用甚至被穿透。

（二）模型无关类风险事项

模型无关类风险事项的不利影响大。一是从业机构（包括建立了评估模型的从业机构）均面临该风险事项。二是模型无关类风险事项为一类操作风险事项，其涉及面较广、防范难度较大。三是部分诱因需要董事、监事甚至股东参与方可防范，部分从业机构的董事、监事和股东往往难以胜任。四是宏观因素相关的模型无关类风险事项不利影响大。

对于模型无关类风险事项，我们的建议与宏观风险事项和相关操作风险事项相同，不再重复。

第四节　分业特点

一、网络借贷机构

网络借贷机构的信用风险包括自有信用风险和涉他信用风险两种类型。总体而言，网络借贷机构的信用风险具有如下特点：

（一）信用风险涉他化

当前，网络借贷机构的信用风险具有明显的涉他化特点，即因网络借贷机构实收资本（股本）甚至注册资本均较小，其自身作为债权人的债权标的金额往往很小，由此其自身的债务人诱发的信用风险往往很小。同时，网络借贷平台上的贷款发生额、余额往往很大，一个注册资金1000万元左右的网络借贷平台，其累计贷款余额超过1亿元、10亿元已不足为奇。网络借贷平台上投资人的信用风险（涉他信用风险）远高于网络借贷平台自身的信用风险（自有信用风险），即网络借贷机构的信用风险呈现涉他化特点。

（二）风险事项全面化

信用风险事项包括不履行、部分履行、提前履行和延迟履行等四种类型。对于不履行，自始意愿型不能、自始能力型不能、自始混合型不能、嗣后意愿型不能、嗣后能力型不能、嗣后混合型不能这六种不履行信用风险事项，网络借贷机构均有可能存在。对于部分履行，蚀本型部分履行和非蚀本型部分履行两种部分履行信用风险事项，网络借贷机构均有可能存在。对于提前履行信用风险事项，机会型提前履行和损失型提前履行两种信用风险事项，网络借贷机构均有可能存在。对于延迟履行信用风险事项，速动型延迟履行、流动性延迟履行和长期型延迟履行，网络借贷机构均可能存在。因此，**就网络借贷机构而言，信用风险涵盖了所有信用风险事项**。

（三）债务人多样化

网络借贷机构的自有信用风险，其债务人通常为其直接交易对手，但对于涉他信用风险，则因产品交易结构不同，呈现多样化特点。对于纯信用贷款，债务人为借款人；对于担保机构提供连带保证（通常模式）的贷款，债务人既包括借款人也包括担保机构，其中担保机构既有融资性担保公司、非融资性担保公司，也有非担保公司；对于担保机构提供一般保证的贷款，主要债务人为借款人，担保机构也是债务人之一；对于回购机构提供附条件和附期限回购的贷款，债务人既包括借款人也包括回购人，其中回购人既有小额贷款公司也有经营实业的企业；对于附条件和附期限接力型的贷款，债务人既有借款人也有接力人，其中接力人通常以小额贷款公司等机构为主。

（四）评估方法多样化

在发布借款标的之前，网络借贷机构会采取多种手段对借款人进行评估：一是部分网络借贷机构采用信用评分模型，对借款人的还款意愿进行评估；二是部分网络借贷机构积极探索反欺诈模型，防范自始不能型不履行；三是部分网络借贷机构与大数据公司合作，试图通过大数据对借款人进行信用评估；四是部分网络借贷机构借助社交数据或社交平台，对借款人进行评估。

（五）发生概率分层化

风险事项发生的概率分层化。一是机构分层化。各网络借贷机构之间信用风险事项发生概率差异巨大，部分网络借贷机构涉他信用风险事项高发，甚至出现跑路；部分网络借贷机构运营平稳，对外尚未表现出不履行等风险事项。二是产品分层化。各个产品的风险事项发生概率差异很大，对于需要借款人提供物保的产品而言，三种“自始不能”风险事项发生的概率很小；对于仅要求借款人提供人保（含自然人和部分担保公司）甚至不要求提供担保的产品而言，三种“自始不能”风险事项发生的概率较大。三是债务人分层化。就票据质押借款而言，网络借贷平台往往依靠票据到期承兑作为还款来源，不管是商业承兑汇票还是银行承兑汇票，均比较稳定地呈现部分债务人延迟履行、部分债务人如实履行。

（六）传统措施供给不足

网络借贷机构在应对信用风险方面，进行了诸多积极探索，但对于传统机构惯常使用的一些措施，社会供给明显不足。一是无法接入征信系统。部分网络借贷机构均在其平台公布的借款协议文本中提及有权上传借款人的逾期数据至中国人民银行征信系统，但实际上征信系统尚未向网络借贷机构开放，网络借贷机构无法以上传征信震慑借款人。二是黑名单共享机制缺失。对于“自始不能”等不履行的借款人，在网络借贷机构的业务活动中并不少见，但由于机构之前缺乏共享，导致这类借款人频频得手。

当然，网络借贷机构的信用风险还有风险管理水平参差不齐、损失金额机构间差距大、债务人应归还金额差异明显等特点。

二、股权众筹机构

当前股权众筹平台往往采用项目公司定期定额分配利润，附条件附期限股东方回购的交易结构和项目公司股东方进行股权收益权转让的交易结构。**定期定额分配利润**，即项目公司按预先约定定期定额（通常按投资金额的一定比例）向投资人分配利润，若项目公司利润不足以分配，则由股东方补足。**附条件附期限回购**，即投资人约定投资期限届满或发生了投资合同约定的条件，项目公司的股东方按约定条件回购投资人股权。**股权收益权转让**，即项目公司原股东在不转让股权、不变更工商登记的条件下转让利润分配权，项目公司分配不足，由股东方补足。从股权众筹平台上产品的交易结构看，股权众筹机构的信用风险也包括自有信用风险和涉他信用风险两种类型。

（一）信用风险涉他化

正常情况下，股权众筹机构只存在自有信用风险，但由于股权众筹平台的产品包括了定期定额分配利润、附条件附期限回购和股权收益权转让等属性，导致股权众筹平台上的投资人面临债务人（项目公司、股东方）未按约定履行还款义务的影响，因此股权众筹平台上的投资人承担了信用风险。与网络借贷机构类似，股权众筹平台的涉他风险往往明显大于其自有信用风险，其信用风险表现为涉他化。股权众筹平台信用风险涉他化的启示意义在于行业协会和监管机构应对股权众筹平台的信用风险予以相当关注。

（二）债务人股东化

与网络借贷平台的债务人多样化相比，股权众筹平台的债务人呈现股东化的特点。一是在分配利润环节，项目公司利润分配不足，由股东方补足，债务人为项目公司和股东。二是回购由项目公司的股东方回购，债务人仅为股东方。债务人股东化的启示意义在于不管是投资人、股权众筹平台还是行业协会、监管机构，均须密切关注股东方的相关情况。

（三）持续时间长期化

当前，网络借贷平台上借款标的的期限差异较大，短则一个月，长则一两年，很少有达到四年、五年的。但股权众筹平台则相反，投资人退出期限以四五年为常态，在投资人退出之前，均需要项目公司定期分配利润，均存在信用风险，因此，股权众筹平台涉他信用风险的持续时间呈长期化特点。

除上述特点外，股权众筹机构的信用风险还具有风险事项全面化、传统措施供给不足和评估方法多样化等特点，与网络借贷机构相似，在此不再赘述。

三、互联网支付机构

互联网支付机构在互联网（含移动网）上，为收付款双方提供资金转移服务。互联网支付机构的基本操作为付款和结算两类操作，付款即客户将资金支付给互联网支付机构并委托其向收款方支付的行为，可进一步区分为主动付款和被动付款；结算即互联网支付机构按其与商户（签约商家或个人）的约定或应其要求将客户委托的资金划转给商户的行为，可进一步区分为主动结算和被动结算。付款操作时，资金由客户银行账户通过中间渠道（银行和/银行，未来可能是网联）划转至互联网支付机构按中国人民银行要求在符合条件的银行开立的客户备付金账户。结算操作时，资金由互联网支付机构的客户备付金账户通过中间渠道划转至商户的银行账户。按《非金融机构支付服务管理办法》规定，客户备付金属于客户资金，并不归支付机构所有。显然，若客户备份金诱发信用风险，则为涉他信用风险。互联网支付机构的信用风险特点如下：

（一）风险事项双向化

一是风险事项来源于客户端。这是指互联网支付机构在实施付款和结算操作时，其客户备付金可能会出现短款，从而应当重新向客户收取款项的情况。一旦出现这种情况，互联网支付机构便面临信用风险。比如客户通过中间渠道向互联网支付机构付款，中间渠道反馈客户扣款成功（T 日）并在 T+1

日客户资金转入客户备付金账户，T 日商户结算，T 日资金便从客户备付金账户划出，T+1 日客户资金并未到达客户备付金账户（原因可能是中间渠道系统故障或者互联网支付机构系统故障），此时，客户备付金短款便表现为应向客户重新收取款项。再如**甲用户盗用乙用户的卡支付，导致乙用户应归还甲用户的款项**。二是风险事项来源于商户端。互联网支付机构在实施结算操作时，可能会由于其清结算系统故障，导致同一笔交易向商户进行多次结算（通常为二次）的情况，一旦出现这种情况，应当向商户收款，进而产生信用风险，尤其是存在二次清算（商户转租接口等）或商户信用状况较差时，风险更大。

（二）涉他和自有并重

按《非金融机构支付服务管理办法》规定，互联网支付机构的注册资本（实际到位）至少 1 亿元（只开展省内业务为 5000 万元），互联网支付机构自有资金较大，在开展业务过程中，其自身应收款项较大。同时，客户备付金诱发的涉他信用风险，通常由于系统故障等操作风险诱发，其发生频率相对较低。因此，我们认为，互联网支付机构的自有信用风险与涉他信用风险并重。

（三）风险事项片面化

如前所述，信用风险事项包括不履行、部分履行、提前履行和延迟履行这四种类型。按《客户备付金存管办法》规定，**客户备付金只能存放活期存款、定期存款和协议存款等**，不能用于放贷。正常情况下，不存在自始意愿型不能、自始能力型不能、自始混合型不能、嗣后意愿型不能、嗣后能力型不能、嗣后混合型不能六种不履行信用风险事项。对于部分履行，通常为蚀本型部分履行。不存在提前履行的情形。对于延期履行，则速动型延迟履行、流动型延迟履行和长期型延迟履行三种情况均存在。总体而言，互联网支付机构的风险事项具有片面性。当然，若互联网支付机构违反中国人民银行规定，挪用客户备付金用于放贷，则其风险事项与网络借贷机构一样，具有全面性。

（四）发生的二次性

互联网支付机构的涉他信用风险，正常情况下并非其发放贷款诱发的，大多数情况是由于其他风险事项（如系统故障等操作风险事项）发生诱发的，因此其发生具有二次性。

若互联网支付开展“宝”类业务，将客户备付金转换为货币基金等强流动性的资产，其涉他信用风险会增加，但基于货币基金产品的高安全性，此类风险相对可控。在此不再赘述。

四、互联网征信机构

正常情况下，互联网征信机构在开展业务时，其信用风险仅为自有信用风险，但近年来，部分征信机构在探索增值业务，比如对其向合作机构推介的优质借款人，其可以适当形式提供担保（如连带责任保证），同时收取一定的费用，即推荐&保证。这样，除自有资金诱发的信用风险外，互联网征信机构便面临与业务开展相关的信用风险。其特点如下：

（一）或有发生

一是是否面临该项风险具有或然性。对于不开展推荐&保证业务的互联网征信机构，并不承担与此相关的信用风险，是否面临具有或然性。二是是否成为债务人具有或然性。对于承担连带责任保证的互联网征信机构，尽管缺乏先诉抗辩权，但通常情况下由债务人先行履行，其成为债务人具有或然性；对于承担一般责任保证的互联网征信机构，由于其具有先诉抗辩权，其最终是否承担还款责任、成为债务人更具有或然性。

（二）损失设限

互联网征信机构在开展推荐&保证业务时，通常对其承担的保证责任设置最高限额，其赔偿的金额最多为设定值最高限额，因此，损失具有较小的上限。当然，也不排除随着互联网征信机构业务成熟或创新加大，对保证责任不设置上限。

（三）非涉他性

互联网征信机构均以自有财产承担保证责任，并不涉及他人财产（尤其是资金），因此其信用风险具有非涉他性。当然，也不排除随着业务创新，互联网征信机构开展具有涉他信用风险的业务。

五、互联网小额贷款机构

互联网小额贷款公司在开展网络小额贷款过程中，其面临的信用风险的特点如下：

（一）通常非涉他性

就开展互联网小额贷款试点的情况看，各省市均拒绝小额贷款公司与网络借贷机构合作开展业务（个别省市允许小额贷款公司与网络借贷机构开展债权转让等业务），甚至拒绝网络借贷机构成为互联网小额贷款公司的股东。互联网小额贷款公司以自有资金开展业务，其信用风险具有非涉他性。当然，对于开展资产证券化等资产转让的互联网小额贷款公司，其信用风险具有涉他性。

（二）风险事项全面化

与网络借贷机构一样，互联网小额贷款公司的信用风险事项具有全面化特点。

（三）通常高概率

互联网小额贷款公司的网络小额贷款业务，由于其通常为非物保担保甚至为纯信用，其风险事项发生的概率通常较高。

六、互联网消费金融机构

互联网消费金融机构，其信用风险特征与互联网小额贷款机构类似，不再赘述。

七、互联网保险机构

保险公司利用自有互联网平台开展互联网保险销售业务，其信用风险并未实质性增加。保险专业中介机构和第三方网络平台利用互联网平台销售保险公司的消费类保险产品时，其信用风险并无实质性增加；若销售万能险等非消费类保险产品，则其可能面临涉他信用风险，由于万能险处于保监会的严格监管之下，我们认为，其风险相对可控，不再赘述。

第三章 › 操作风险

第一节 概念

一、定义

关于操作风险的内涵，各种界定相对一致。英国银行家协会（British Banker Association，BBA，1997）最早对操作风险进行了定义：“操作风险与人为失误、不完备的程序控制、欺诈和犯罪活动相联系，它是由技术缺陷和系统崩溃引起的。”1998 年 5 月，IBM（英国）公司设立操作风险论坛，对操作风险进行了更为具体的定义：“操作风险是遭受潜在损失的可能，是指由于客户、设计不当的控制体系、控制系统失灵以及不可控事件导致的各类风险。”在此基础上，巴塞尔委员会进一步将操作风险定义为，**操作风险是指由于不完善或者有问题的内部操作过程、人员、系统或者外部事件而导致的直接或间接损失的风险，这一定义包含了法律风险，但是不包含策略性风险和声誉风险**。我国银监会将操作风险定义为：“**操作风险是指由不完善或有问题的内部程序、员工和信息科技系统，以及外部事件所造成损失的风险。本定义所指操作风险包括法律风险，但不包括策略风险和声誉风险。**”

巴塞尔委员会的定义和银监会的定义，在基本要素、涵盖范围和总体不足等方面相同，在损失、系统和人员等表述上略微不同，具体如下：

一是基本要素相同。巴塞尔委员会和银监会的定义，均包括了内部操作过程/内部程序、人员/员工、系统/信息科技系统和外部事件四个基本要素，也即操作风险的四类风险事项。

二是涵盖范围相同。巴塞尔委员会和银监会的定义，除了从积极方面强调四个基本要素外，均专门指出包括法律风险，并在消极方面排除了策略风险和声誉风险。两者在积极方面和消极方面的范围相同。

三是总体不足相同。巴塞尔委员会和银监会的定义，均存在仅强调内部程序而忽略内外部协作程序之不足，均存在仅强调程序设计的合理性（不完善或有问题的）而**忽略完善且无问题但执行存在偏差之不足**。

四是“损失”表述不同。巴塞尔委员会明确提及操作风险造成的损失包括直接损失，也包括间接损失；而银监会仅提及损失，并未明确表明是否包括间接损失。相比而言，巴塞尔委员会的界定更明确。

五是“系统”表述不同。巴塞尔委员会认为，系统是操作风险事项之一；而银监会认为，信息科技系统是操作风险事项之一。相比而言，银监会的界定更准确。

六是“人员”表述不同。巴塞尔委员会认为，人员是操作风险事项之一；而银监会认为，员工是操作风险事项之一。相比而言，巴塞尔委员会的界定更宽泛。

根据巴塞尔委员会和银监会对操作风险定义的异同，结合互联网金融行业风险现状和特征，以及我们对风险的定义，我们对操作风险的定义如下：

定义 3-1　操作风险指内部人员、制度流程、信息科技系统和外部事件等方面的因素给企业实现其经营目标带来的不利影响，不包括法律风险、策略性风险和声誉风险。

我们采用“内部人员”而非“员工”，主要考虑“人员”的含义更宽泛，足以涵盖自然人股东、董事、监事、高级管理人员和普通员工，而“员工”可能被理解为普通员工。同时，“人员”还包括外部合作伙伴的员工、外部非合作的自然人等人员，对于网络借贷机构、股权众筹机构等涉及公众的互联网金融机构，甚至包括其平台上的投资人（自然人）和融资人（自然人），因此，我们使用“内部人员”，外部人员相关行为归入“外部事件”中。

采用“制度流程”而非“内部操作过程”和“内部程序”，主要基于互联网金融企业的内控现状、业务逻辑考虑。在内控现状方面，互联网金融企业大多不像银行机构那样构建了完备合理的内部控制制度和规范合理的业务流程，我们试图引导互联网金融企业建立完备合理的内部控制制度和规范高效的业务操作流程，故表述为“制度流程”。在业务逻辑方面，互联网金融企业的业务开展往往需要相关合作机构共同配合完成，其业务操作已突破了内部界限，故我们淡化了“内部”，仅将其表示为“制度流程”。

我们采用“信息科技系统”而非“系统”，主要是考虑准确性和习惯性。一是如前所述，我们采用银监会的“信息科技系统”更准确，更符合互联网金融企业基于互联网等科技的特点，而“系统”一词过于宽泛。二是当前诸多银行等金融机构的从业人员纷纷投身互联网金融行业，其对银监会的表述（银监会专门发布了《商业银行信息科技风险管理指引》）早已烂熟于胸，采用银监会的表述更符合从业人员的习惯。

我们将法律风险排除在操作风险之外，后续将会将其并入“合规风险”，主要是基于互联网金融行业现状考虑。目前，互联网金融行业风险较大，且缺乏足够的法律规范，待互联网金融整治结束后，相关法律将陆续出台，互联网金融企业必将迎来合规高峰，将法律风险并入合规风险，一来更突出法律风险，二来更顺理成章。

二、特征

（一）操作风险具有涉他性

操作风险的涉他性表现在损失主体涉他方面，即对于网络借贷机构、股权众筹机构、互联网支付机构等涉及公众的互联网金融企业，操作风险事项发生后，其损失主体既可能是从业机构，也可能是从业机构的客户（投资人、融资人、账户所有人或商户），而且犹如信用风险，对从业机构的客户造成损失的金额可能大于从业机构本身的损失金额。如网络借贷平台、股权众筹平台或互联网支付机构发生用户敏感数据（如用户名、密码或银行账号等）泄露风险事项，可能导致平台的客户受到损失。

（二）操作风险最具损失性

与信用风险等其他风险不同，操作风险的风险事项发生通常只能企业带来损失，不会给企业带来收益。外部人员欺诈，内部员工误操作，业务流程存在缺陷，内控制度存在漏洞，信息科技系统诱发重复清算、系统崩溃，业务服务器受到黑客攻击等，通常均只能给企业带来损失，很少给企业带来收益。当然，犹如"将在外军令有所不受"，操作风险事项的发生，极其特殊的情况下也会给企业带来收益。同时，个别企业甘冒操作风险，减少风险应对成本，另当别论。

（三）操作风险最具普遍性

操作风险的风险事项包括内部人员、制度流程、信息科技系统和外部事件事项，任何企业的运营均离不开内部人员，均需要遵循一定的制度和流程操作，均需要在一定的社会环境和自然环境下经营，因此，任何企业至少具有内部人员、制度流程和外部事件三个风险事项。对于大多数企业，其业务开展还需依赖于信息科技系统（至少其收银系统是信息科技系统），可见，大多数企业还具有信息科技系统风险事项。任何企业均有内部人员、制度流程和外部事件三类操作风险事项，绝大多数企业还具有信息科技系统风险事项，可见操作风险最具普遍性。而信用风险、合规风险、洗钱风险等其他风险，则并非所有企业都会面临。

（四）操作风险评估难

操作风险事项，不管是其发生的概率还是发生后的损失金额，通常难以进行事前估计。对于信用风险，目前国内外有诸多专业公司和专业人员通过数学模型对其发生的概率进行评估且总体效果较好；也可以通过数学模型对其损失的金额进行比较准确的评估。但对于操作风险，由于发生频率低、数据收集难、诱发因素多样化等原因，很难评估其概率和损失金额的大小。

（五）操作风险具有强传导性

操作风险的强传导性表现在对内传导和对外传导两个方面。对内方面，操作风险发生后往往向信用风险等风险传导。比如互联网支付机构的信息科技系统故障导致重复清算会向信用风险传导，网络借贷平台和股权众筹平台满标放款错误会向信用风险传导。对外方面，互联网金融企业与合作机构之间的操作风险可能相互传导。比如资金存管方的技术系统故障导致网络借贷平台出现不平账，中间渠道技术系统故障导致互联网支付机构单边账。

（六）操作风险具有外部化倾向

当前互联网金融企业信息科技系统往往由第三方服务商批量开发，部分甚至全部运营在第三方软硬件平台之上，且信息科技系统往往容易受到网络攻击。第三方服务商批量开发导致一旦该服务商软件被攻破，则诸多购买同一软件的互联网金融企业均暴露在攻击之下，“承受”负外部性。信息科技系统运营在第三方软硬件平台上，则该第三方软硬件平台上的某一企业受到攻击时，其他互联网金融企业也会受到不同程度的影响，同样“承受”负外部性。同时，网络攻击本身绝大多数来自于互联网金融企业外部，该类风险事项即具有外部性。

定义 3-2　操作风险 OR 可描述为一个 7 元组的动态系统，即 OR=（OE，OV_t，OT_t，OP_t，OS_t，OF_t，OG_t）。

其中，OE 为互联网金融机构（对于网络借贷机构等具有涉他操作风险的机构，投资人视为 OE）。OV_t 为操作风险的风险事项集合；OT_t 为操作风险的相关的经营目标集合（如平均无故障时间、不平账发生率）；OP_t 为操作风险的等级的集合，由于操作风险事项发生的概率难以评估，故对风险事项发生可能性以发生等级的形式进行定性评估；OS_t 为操作风险的损失集合，即每个操作风险事项发生后的估计损失的集合；OF_t 为评估每个操作风险事项发生的等级的方法集合；OG_t 为评估每个操作风险事项发生后的损失大小的方法集合。

当前，对互联网金融企业而言：风险事项 OV_t 相对较难构建，一来要构建比较完备的操作风险事项，需要从业人员同时具备技术、法律、财务和审计等方面的知识，适格人才相对缺乏；二来从业机构水平参差不齐，大多数从业人员均缺乏系统性培训，即使是银行风控人员，也需要专门培训方可胜任。OT_t的构建取决于互联网金融企业的治理层，这就需要治理层人员对操作风险比较熟悉，但当前互联网金融企业大多对操作风险重视程度不够，更谈不上治理层人员研究操作风险并为管理层设定操作风险相关经营目标。OP_t、OS_t的构建，不但“缺 X 少 Y”，甚至缺乏专业公司和专业人员，同时互联网金融企业绝大多数尚未开展 OP_t、OS_t的构建。OF_t、OG_t的构建难度很大，新进出现的大数据方法或许是一种选择。

对于同一机构而言，操作风险 *OR* 也存在式（2-1）到式（2-7）类似的关系，不再赘述，在此，我们将信用风险和操作风险做一简单对比，具体如下：

$$|CV_t|<|OV_t| \tag{3-1}$$

$$|CT_t|<|OT_t| \tag{3-2}$$

$$|OP_t|<|CP_t| \tag{3-3}$$

$$\text{Max}(CS_t)<\text{Max}(OS_t) \tag{3-4}$$

操作风险的风险事项种类多，同时涉及企业运营的所有人员和所有业务操作，我们曾就支付机构和网络借贷机构进行过系统性的操作风险事项识别，一个支付机构的操作风险事项达到 600 多个，一个网络借贷机构的操作风险事项也将近 600 个。另外，信用风险的风险事项相对较小，就信用评分而言，其 *X* 变量通常就十多个（当然大数据情况下可以到达成百上千个，但剔除重复性和相似性变量后，通常表征不同特性的变量就几十个）。因此，我们认为式（3-1）是成立的。由于操作风险的风险事项众多，正常情况下，互联网金融企业就操作风险设置的经营目标相应增多，我们希望互联网金融企业的治理层尽量识别操作风险事项，促使式（3-2）成立。操作风险事项评估难，往往对操作风险事项进行定性评估，划分等级，很难用精确的数据进行量化，这样操作风险的发生等级为数量很有限的元素构成的集合，因此式（3-3）成立。就信用风险而言，风险事项发生后的最坏情况就是 100%损失债权金额，但对于操作风险事项，其发生后的损失金额没有预定上限，甚至没有上限，最典型的例子便是巴林银行，因为一起操作风险事项的发生直接导致其破产。

因此我们认为，式（3-4）成立。

STOPPED

专栏　部分操作风险事项

OV_1消费数据未按时上传：消费数据未及时上传至支付机构，导致清算延迟或纠纷，影响支付机构和商户利益。OV_2消费数据完整性受损：消费数据上传后不完整，导致清算对账不平、延迟清算等。OV_3消费数据真实性受损：消费数据被伪造，导致支付机构受到损失，客户备付金出现短款。OV_4充值确认报文丢失：终端（含虚拟终端）返回的充值成功确认报文丢失，将导致支付机构无法确认充值是否成功。OV_5充值请求响应报文丢失：充值成功响应报文丢失，导致充值渠道与支付机构不平账，产生争议。OV_6保护密钥受损：支付机构与商户之间的保护密钥被破坏、泄露等，将导致支付机构与商户之间通信的保密性、不可抵赖性受损。OV_7交易数据上传进程发生内存泄露：交易数据上传程序由支付机构开发，上传进出存在内存泄露，导致上传进程运行异常，影响交易数据上传。OV_8交易数据上传进程发生段错（segment fault）：交易数据上传进程发生断错，导致上传进程意外终止，交易数据上传失败。OV_9交易数据上传进程其他异常：交易数据上传进程除发生内存泄露和段错外，可能发生其他异常，导致无法正常上传数据。OV_{10}交易数据接收进程未按时收到数据：支付机构未按时收到商户的消费数据，导致清算延迟或纠纷，影响支付机构和商户的利益。OV_{11}交易数据接收进程发生内存泄露：交易数据接收进程发生内存泄露，导致交易数据无法正常接收，甚至导致系统无法登录。OV_{12}交易数据接收进程发生段错（segment fault）：交易数据接收进程发生段错，导致接收进程立即意外终止，无法接受交易数据。OV_{13}交易数据接收进程其他异常：交易数据接收进程除发生内存泄露和段错外，可能发生其他异常，导致无法正常接收数据。OV_{14} 数据入库超时：入库数据量过大或数据库系统异常，可能导致入库时间过长，进而影响清算和对账时间。OV_{15} 数据入库失败：数据入库失败导致清算、对账滞后，商户无法及时、准确获取款项。OV_{16} 清分超时：待清分数据量过大等原因导致清分时间过长，影响对账、划账时间，商户无法及时获得款项。OV_{17} 清分异常挂起或终止：清分进程异常挂起或终止，客户端陷入“死等”状态，清分无法进行，商户无法按时获得款项。OV_{18} 清算报表无法正常生成（含超时）：清算报表无法正常生成，导致与商户对账无法正常进行，影响支付机构与商户直接的合作关系。OV_{19} 电子对账后双方不予认可：电子对账取代纸质对账，可提高工作效率、降低交易成本，但可能出现嗣后双方对对账结果不予认可。OV_{20} 后台服务器被未经授权访问：后台服务器被非法访问，导致敏感数据被非法访问，客户信息等商业秘密被泄露，支付机构、商户和客户利益受到损害。OV_{21} 信息科技系统试运行方案实施存在重大瑕疵：信息科技系统试运行方案存在重大瑕疵，影响支付机构和合作伙伴业务开展。OV_{22} 合作伙伴未就试运行做好准备：影响试运行效果，影响公司业务开展，影响客户正常消费。OV_{23} 旧设备未按要求销毁：包含涉密信息的旧设备未按要求消耗，导致泄密。OV_{24} 试运行期间出现系统崩溃等重大问题：影响支付机构和合作伙伴业务开展。OV_{25} 试运行期间敏感信息未经授权被访问：侵害公司、合作伙伴或客户的合法权益。OV_{26} 试运行期间敏感信息被泄露：侵害公司、合作伙伴或客户的合法权益。OV_{27} 合同审查人员对项目内容缺乏足够了解：合同审查人员对项目及其背景缺乏充足了解，出具意见不恰当，延长项目推进。OV_{28} 缔约过失：在合同签订前，支付机构经办人员泄露合同谈判过程中获知的商业秘密；经办人员未经授权进行商务谈判构成恶意磋商；合同事项需经报批，商定事项被审批机关否决；其他违背诚实信用的事项。

第二节　风险事项

一、制度流程

企业在运营过程中，均须制定制度和流程，两者的区别在于制度定原则、分工，提要求和标准；流程则落实制度的具体规定。按规定内容的重要程度，制度进一步区分为基本制度和具体制度，按《公司法》规定基本制度由董事会制定，具体制度由总经理制定。按制度约束的对象，可以区分为治理层制度、管理层制度和其他制度。治理层制度主要规定企业的治理结构，股东（大）会、董事会、监事会的议事规则、产生机制和权限划分等事项；管理层制度主要规定管理层的议事规则、权限细分、产生机制等事项；其他制度则指适用于所有人员（股东、董事、监事、高管和普通员工）的制度。

对于流程，则通常由总经理、副总经理甚至部门经理确定后即可实行。将制度流程进行区分，通过制度的原则性、标准性规定结合制定机构的高层级，可以很好地控制操作风险。同时，由管理层甚至中层决定流程，又可提高具体业务操作的灵活性。在维护制度刚性、控制操作风险的同时，提升业务操作的灵活性对于互联网金融企业尤其重要。故我们建议，互联网金融企业区分制度和流程。

（一）按制定机构

制度流程风险事项，按制定机构不同，可分为区分为制度类风险事项和流程类风险事项。

制度类风险事项即因互联网金融企业制度方面存在问题产生的风险事项，具体包括制度供给不足、制度设计不合理、制度未得到执行、制度未得到 贯执行、制度间存在冲突、制度与流程存在冲突等。**制度供给不足**即互联网金融企业应当制定制度的事项未制定制度，比如应当按《公司法》等相关法律规定制定《股东（大）会议事规则》、《董事会议事规则》和《监事会议事规则》等制度未制定，应按中国互联网金融协会相关规定制定《信息披露管理办法》而未制定，制度供给不足表现为制度体系不完备。**制度设计不合理**即即使按照《公司法》等相关法律、监管机构相关规定和中国互联网金融协会等行业协会相关制度等制定了完备的制度体系，但制度设计存在违法、违反内控要求、制度制定机构越权、影响效率等不合理之处：比如某作为拟上市股份有限公司的互联网金融企业规定，公司上市前风险管理人员应将其持有的公司的股权质押给公司以作为风险保证金，该规定与《公司法》相悖；某互联网金融企业规定其发布宣传软文必须经过集团公司行政部门审批，存在效率低下之不足；某互联网金融企业的清分结算工作由企业自身的会计和出纳实施，则存在客户资金与自有资金管理未隔离之不足，违反内部控制要求；某互联网金融企业的风险管理制度由管理层制定，则违反基本制度应由董事会制定的规定，管理层越权行使董事会职权。**制度未得到执行**即互联网金融企业已经制定的制度并未得到执行。如已制定了三会一层议事规则但未按相关规则实施决策；已制定了风险管理相关制度但未按制度开展业务；已按中国人民银行要求制定了反洗钱管理制度但未按制度开展反洗钱工作等。此外，制度未得到执行还包括未按照制度规定的时间要求开展业务工作。对于制度未得到执行这一风险事项，也可将其归入“合规风险”事项，我们将其划入操作风险事项。**制度未得到一贯执行**即互联网金融企业已经制定的制度有时得到执行，有时未得到执行。对于依靠信息科技系统执行的制度，由于信息科技系统具有一贯性，往往要么得到一贯执行，要么未得到执行。但对于由人员实施的制度规定，则可能存在有时得到执行、有时未得到执行的情况。**制度间存在冲突**即互联网金融企业制定的制度之间存在不一致的规定。企业的相关制度往往由具体部门负责起草，各起草部门从其对业务的理解出发拟定制度，各相关制度单独看均不存在问题，但若将其放在一起时往往会出现不一致。在制度制定过程中，若无统一机构进行把关，很容易出现制度间存在冲突问题。**制度流程间冲突**即企业制定的制度和实施制度的相关流程之间存在冲突。这种现象的发生既有可能是制度本身规定不尽合理，也有可能是拟定流程的部门或人员有意逃避制度约束，当然也存在无意为之的可能。比如某网络借贷平台的制度规定，满标复审由清算会计负责，满标放款由清算出纳负责，但清结算流程则为满标复审和满标放款具有清算出纳实施。

流程类风险事项指因互联网金融企业流程方面存在问题产生的风险事项，与制度类风险事项类似，流程类风险事项具体包括流程供给不足、流程设计不合理、流程未得到执行、流程未得到一贯执行、流程间存在冲突等。**流程供给不足**指企业已经制定了制度或已有业务事项，缺乏流程予以支撑的情况。相关制度在通过董事会或总经理办公会后正式生效，此时需要制度涉及的相关部门及时拟定流程予以落实，若无独立机构监督，容易出现缺乏流程支撑。同时，实务中也可能出现发生了相关业务同时缺乏制度规定问题，即前面提及的制度供给不足。此时，往往需要相关部门拟定流程先行处理，然后再择机制定制度。**流程设计不合理**指流程设计违反制度规定、违反内控要求、流程制定机构越权、影响效率等不合理之处。其中流程违反制度规定即前面提及的制度流程冲突问题；流程违反内控要求则可能是制度未做出相关规定或者制度默认了内控基本要求，但流程制定者未予以重视，也有可能故意所为，无论如何，这种情况的危害很大；流程制定机构越权主要是涉及跨部门的流程往往需要副总经理以上确认而未经其确认，部门内部流程需要分管副总经理确认而未经其确认等情形；影响效率则通常是流程规定的具体操作步骤时间过短或过长等问题。**流程未得到执行**即相关部门和相关岗位，未按照流程规定的步骤和时效开展业务，这种情况也可划入“合规风险”范畴，在此，我们将其归入操作风险事项范畴。流程未得到一贯执行、流程间存在冲突与制度未得到一贯执行、制度间存在冲突类似，不再赘述。

（二）按人工参与度

按制度流程执行中人工参与的程度不同，可将制度流程风险事项划分为自动型风险事项、人工型风险事项和混合型风险事项。**自动型风险事项**即由互联网金融企业信息科技系统自动完成且无须人工干预的制度和流程相关的风险事项。比如互联网支付机构交易数据入库、清分结算、不平账初判等，通常均可由信息科技系统自动完成，无须人工干预。**人工型风险事项**即完全由互联网金融企业的人员执行且无信息科技系统参与的制度和流程相关的风险事项。比如网络借贷平台和股权众筹平台对融资人的现场调查相关的制度和流程，通常完全由人员完成，不由信息科技系统参与。**混合型风险事项**由互联网金融企业信息科技系统和人员共同实施的制度和流程相关的风险事项。比如网络借贷平台对借款人进行信用评分，既需要人员核实借款人信息的真实性、准确性和一致性，又需要信息科技系统根据借款人的相关信息进行自动评分处理。

对于自动型风险事项，其应对主要依靠技术部门和业务部门通力配合进行充分测试，其风险控制的阶段更偏重于α测试和β测试阶段，正式运行阶段更多的是关注和跟踪；同时，鉴于信息科技系统的一贯性，自动型风险事项一旦发生，往往损失较大。对于人工型风险事项，除了依赖于制度和流程的设计科学性外，更应加强后续审计，并采取强化培训的措施，控制风险。对于混合型风险事项，则兼具自动型和人工型的特点，不再赘述。

（三）按时间要求

制度和流程对执行时间和启动时点的要求不同，制度流程风险事项可区分为强时间型风险事项、弱时间型风险事项和无时间型风险事项。**强时间型风险事项**即具有硬性时间要求的制度和流程相关的风险事项，一旦不按时间要求实施，则必然发生不利影响。比如某网络借贷平台规定，平台借款人必须在还款日当日 15:00 之前将款项归还至投资人存管账户。这一规定便是强时间型，若 15:00 后借款人未完成还款操作，则必然发生平台借款人逾期不良影响。又如某企业制度规定，股东（大）会召开之前，董事会应当提前 15 日通知所有股东，向其提交议案材料。这一规定也是强时间型，若董事会违反时间约束，则股东可以股东（大）会召集程序违反法律规定为由，撤销股东（大）会决议，进而产生不利影响。**弱时间型风险事项**即具有柔性时间要求的制度和流程相关的风险事项，即使未按时间要求实施，并不必然发生不利影响。比如企业规定，合同承办部门领取合同编号后未签订合同的，应当在领取之日起 15 日内向法律事务部门申请撤销该合同编号。15 日这一时间要求便是柔性时间要求，因为即使合同承办部门未在 15 日内申请撤销，也不必然导致不利影响。当然，若在后续审计过程中被内外部审计单位发现，则表明企业的内部控制执行存在瑕疵，不利影响相对而言极小。**无时间型风险事项**即不具有时间要求的制度和流程相关的风险事项。由于制度多从原则、分工、要求和标准方面进行规定，无时间型风险事项相对较多，而流程涉及具体操作，操作大多需明确具体时间，因此无时间型风险事项相对较少。

对于强时间型风险事项，由于一旦发生必然带来不利影响，因此互联网金融企业务必全面识别、高度关注并尽量借助于采用信息科技系统实施；对于弱时间型风险事项，互联网金融企业也需尽量识别并予以关注；对于无时间型风险事项，则应将工作重点放在识别之上。

（四）按资金相关

按制度和流程约束的事宜是否涉及资金为标准，可将制度流程风险事项划分为资金型风险事项和非资金型风险事项。**资金型风险事项**即操作、管理资金的制度和流程相关的风险事项。例如网络借贷平台的借款标的发布流程、满标复审放款流程，股权众筹平台的项目发布流程、项目放款流程，互联网支付机构的交易数据入库流程、商户资金划转流程等均操作和管理资金，与这些流程相关的风险事项，即资金型风险事项。又如网络借贷平台的客户存管资金管理办法、股权众筹平台的项目资金管理办法、互联网支付机构的客户备付金管理办法等制度均操作和管理资金，与这些制度相关的风险事项，也是资金型风险事项。非资金型风险事项即不操作或管理资金的制度和流程相关的风险事项。例如网络借贷平台的档案管理流程、质押品入库流程，股权众筹平台的项目审查流程、项目公司非现场监控流程，互联网支付机构的商户拓展流程、客户身份信息保存流程等均不操作和管理资金，与这些流程相关的风险事项，即非资金型风险事项。又如网络借贷平台的抵质押物管理办法、股权众筹平台的全面风险管理办法、互联网支付机构的商户检查办法等制度通常均不操作和管理资金，与这些制度相关的风险事项，为非资金型风险事项。

资金型风险事项操作和管理资金，其一旦发生往往容易造成资金损失，同时损失往往容易评估；非资金型风险事项则恰好相反。对资金型风险事项，互联网金融企业应当全面识别，密切关注，尽量自动化相关操作；对于非资金型风险事项，则可根据资源情况安排自动化相关操作。

（五）按参与者

按制度和流程实施是否需要外部人员或单位的参与，可将制度流程划分为内部型风险事项和外部型风险事项。**内部型风险事项**指仅在企业内部（股东、董事、监事、高管和普通员工均为内部人员）实施的制度和流程相关的风险事项。比如网络借贷平台的资金检查流程、股权众筹平台的项目合同绑定流程、互联网支付机构的清算报表生成流程等流程，均仅在企业内部实施，这些流程相关的风险事项即内部型风险事项。又如网络借贷平台的财务报销制度、股权众筹平台的合同管理制度和互联网支付机构的收入确认制度等，均仅在企业内部实施，这些制度相关的风险事项也是内部型风险事项。**外部型风险事项**指由外部人员和单位参与的制度和流程相关的风险事项。比如网络借贷平台的债权对账流程、股权众筹平台的不平账处理流程、互联网支付机构的清结算流程等流程，分别需要融资人、资金存管方、商户等外部人员和单位参与，这些流程相关的风险事项即外部型风险事项。又如网络借贷平台的贷后管理制度、股权众筹平台的反洗钱管理制度和互联网支付机构的商户管理制度等，分别需要融资人、投资人和商户等配合实施，这些制度相关的风险事项也是外部型风险事项。

内部型风险事项的风险控制措施通常仅需内部人员参与、配合即可实施，外部型风险事项的风险控制措施则通常需要外部人员和单位共同配合才能有效实施；内部型风险事项发生可能向外部（如合作伙伴）传导，而外部型风险事项发生向外部传导的可能性极高；内部型风险事项的发生相对不容易诱发声誉风险，外部型风险事项的发生更容易诱发声誉风险。

二、内部人员

如前所述，内部人员包括自然人股东、董事、监事、高级管理人员和普通员工。根据其角色不同，可划分治理层人员、执行层人员。根据其意识状态，可划分为故意行为和过失行为。根据其行为状态，可划分为作为和不作为。

（一）依角色

根据内部人员在企业运转过程中的地位和角色，可将内部人员风险事项划分为治理层人员风险事项和执行层人员风险事项。由股东、股东（大）会、董事、董事会、监事、监事会等履职过程蕴含的风险事项为治理层人员风险事项。

治理层人员风险事项通常表现为治理结构失当、治理层错位、治理层缺位、治理层能力欠缺等几种情况。总体而言，互联网金融企业存续时间较短，在公司治理方面监管机构尚未给予强制性要求，甚至尚未进行要求，导致互联网金融企业的治理结构失当，通常表现为部分互联网金融企业股东（大）会、董事会和监事会职责划分不明确、行使职权流于形式，部分互联网金融企业未就风险管理方面设置年度经营目标，尚未在董事会设置风险管理委员会、审计委员会等专门委员会开展风险管理工作等，监事会尚未对高级管理人员和董事履行职责情况进行监督，尤其是风险管理方面的履职情况进行监督。治理层错位主要表现为股东（大）会、董事会和监事会履行职责错位，董事会履行股东（大）会职责，股东履行监事会职责，甚至监事行使董事职责现象时有发生。治理层缺位则为另一个极端，即股东（大）会、董事会和监事会的部分甚至大部分职责由管理层行使，这样治理层在风险管理中的监督作用几近丧失，比如前面提及的风险管理制度由总经理制定，内部审计部门对总经理负责等。**治理层能力欠缺**指治理层人员不具备互联网金融企业的治理能力，对互联网金融的行业发展规律缺乏足够的认识和了解。互联网金融为新型行业，既需要具有专业能力的高级管理人员，也需要深谙行业发展规律的治理层人员。在创业类互联网金融企业，其治理层人员多比较熟悉互联网金融行业的发展规律，但部分互联网金融企业和传统行业背景的集团企业，其治理层人员往往很难熟悉互联网金融行业的发展规律，进而容易发生治理层人员能力欠缺问题。治理层人员能力欠缺往往发生治理层不作为或者治理层乱作为，最终影响互联网金融企业的健康发展。

执行层人员风险事项主要表现为产品设计人才缺乏、市场推广人才匮乏、风险管理人员奇缺、金融意识不强等几种情况。互联网金融特别强调用户体念，良好的用户体念在很大程度上取决于产品设计人员的水平，传统金融机构的产品设计更偏重于交易结构和交易流程等方面的设计，对用户体念关注度不高，互联网从业人员对用户体念相当了解，但对金融缺乏足够的专业水准，这就造就了既懂互联网又懂金融的产品设计人才缺乏。随着互联网金融的蓬勃发展，网络推广成本急剧攀升（数据显示，如今网络借贷平台在互联网端的获客成本已上升到每个注册用户 400 元以上，一个投资用户 1000 元以上），在互联网端推广成本飙升的情况下如何进行有效推广，成为互联网金融企业的一大难题，也突出了市场推广人才匮乏问题。就风险管理人员而言，传统金融机构的重量型风险管理技术和措施往往很难适应互联网金融的要求，传统金融机构的风控人员转战互联网金融未必适合，造成互联网金融人才奇缺。比如某网络借贷平台招聘银行风控人员作为其风控总监，该网络借贷平台拟与车贷渠道合作开展车辆质押借款时，风控总监要求车贷渠道的实缴资本须在 1 亿元人民币以上，纵观该网络借贷平台所在省，全省无一车贷渠道实缴资本达 1 亿元人民币，最终该网络借贷平台车贷业务不了了之。其实，由于车辆的高变现能力，车辆质押借款的风险主要不在车贷渠道的资金实力，而在车辆估值的准确性和流动性。又如某互联网支付机构从银行零售业务条线招聘风控总监，其实互联网支付机构的主要风险是操作风险，而非信用风险。金融意识不强，缺乏对风险的足够敬畏，往往表现在互联网企业涉足金融的互联网金融企业或者是缺乏金融人才的创业型互联网金融企业，当下的网络借贷平台风险频发，除了经济下行原因之外，从业人员对风险缺乏足够的敬畏也是重要原因之一。

（二）依意识状态

按内部从业人员的主观心理状态，内部人员风险事项可划分为故意行为和过失行为。

故意行为即内部人员在主观故意的心理状态下实施带来不利影响行为的一类风险事项。故意行为表现为内部欺诈、违规操作等情况。对于网络借贷机构、股权众筹机构、互联网小额贷款机构和互联网消费金融机构，若内部人员与外部融资人协同欺诈，则应将其归入信用风险事项中的自始不能，反之则将其归入操作风险事项。比如某网络借贷平台内部人员与借款人通谋，提升其信用评分获取借款，应将其归为信用风险事项；又如某股权众筹平台清结算人员篡改客户银行账号，盗取客户资金，则为操作风险事项。互联网支付机构、互联网征信机构、互联网保险机构而言，内部欺诈以及内部人员与外部人员共同欺诈，通常均归为操作风险事项。比如某互联网支付机构内部人员冒用客户身份信息和银行卡信息，盗用客户资金的行为，即内部欺诈；某互联网支付机构内部人员与商户合谋伪造交易数据的行为，可归为操作风险事项。违规操作则通常表现为内部人员未按照互联网金融企业的操作规范实施业务操作，即前面所述制度流程未得到执行的情况。

过失行为即内部人员在主观过失的心理状态下实施带来不利影响行为的一类风险事项。过失行为往往由于内部人员缺乏培训所致。比如互联网支付机构系统切换后，清结算人员按旧系统操作习惯实施清分结算，而新系统对业务规则进行了调整，便可能发生清结算人员过失行为（比如商户编码由 12 位升至 14 位后，不足 14 位的头部补 0，清结算人员操作为尾部补 0）。

另外，依据内部员工的行为状态，可划分为作为和不作为。作为即内部人员积极实施给企业带来不利影响的行为，不作为则是内部人员应当实施业务操作而不实施业务操作。作为类内部人员风险事项如前面所述的内部欺诈行为，不作为类内部人员风险事项如互联网支付机构的数据库维护人员未按规定及时清理数据库空间，导致交易数据入库失败。

三、信息科技系统

信息科技系统包括软硬件系统，通常情况下，软件系统包括相关文档及数据。鉴于数据的重要性，在此，我们将数据独立出来，将信息科技系统区分为数据、非数据软件系统、硬件系统。与数据相关的风险事项，我们称之为“数据型风险事项”；与非数据软件系统相关的风险事项，我们称之为“软件型风险事项”；与硬件系统相关的风险事项，我们称之为“硬件型风险事项”；与三者中两者相关、与三者均相关的风险事项，我们称之为“混合型风险事项”。

（一）数据型风险事项

数据型风险事项具体包括唯一性风险事项、一致性风险事项、保密性风险事项、完整性风险事项、安全性风险事项和抵赖性风险事项。**唯一性风险事项**指具有唯一性要求的数据重复存入同一数据库同一张表的一类风险事项。比如网络借贷平台以手机号码作为区分客户的标识，则用户手机号码具有唯一性要求，若在存储用户手机号码的用户表（User_table）中出现了两个相同的手机号码，则数据唯一性受到了破坏，发生了唯一性风险事项。又如互联网支付平台按“交易记录”逐条校验汇总，并根据校验汇总结果向商户结算资金，则交易记录应当具有唯一性，即一笔交易仅能在交易表（Transaction_table）中出现一次，否则发生重复清算，发生唯一性风险事项。**一致性风险事项**指破坏数据之间的钩稽关系的一类风险事项，钩稽关系包括同一数据指标的同一版本的多个副本的指标值应当相同等情况。比如网络借贷平台业务系统记录的客户资金余额应当等于资金存管方记录的客户资金余额；股权众筹平台记录的项目公司融资金额应当等于项目公司记录的融资金额；互联网支付机构业务处理系统记录的客户备付金余额应当等于备份金银行记录的备付金余额；网络借贷平台项目部门记录的借款人融资金额应当等于清分结算部门记录的满标复审放款金额，项目部门和清分结算部门记录的融资明细之和应当等于总账金额。**保密性风险事项**指诱发敏感信息被泄露的一类风险事项。敏感信息包括客户身份信息、交易信息、互联网金融企业相关保密信息等。客户身份信息包括自然人（如投资人、融资人）的身份证号码、电话号码、银行账号、平台密码、姓名和家庭住址等信息以及记载这些信息的资料，法人和其他组织（如融资人、商户）的银行账号、平台密码、联系电话、机构名称、住所等信息以及记载这些信息的资料。交易信息通常包括交易时间、交易地点、交易金额、交易类型、交易前金额、交易后金额等信息。保密信息则包括商户、融资人、担保人等名单，信息科技系统的拓扑图、配置文件、配置参数等信息以及加密设备相关信息。**完整性风险事项**指诱发重要数据被篡改的一类风险事项。重要数据包括前述敏感信息和交易数据。客户平台密码被篡改，轻则使得客户登录失败，重则使客户资金受到损失；交易数据被篡改包括交易金额、交易类型等被篡改，交易数据一旦被篡改，轻则清结算出现差错，导致不平账和单边账等问题，重则发生资金损失。重要数据被篡改既可能是外部人员所为，也可能来自内部人员，既可能是有意所为，也可能是无意所为，既可能是人工所为，也可能是系统所为。**安全性风险事项**指诱发数据丢失的一类风险事项。数据发生丢失，往往源于存储设备故障，也可能由于软件系统故障，极端情况下甚至有可能是人为因素所致（如某互联网企业业务系统瘫痪，用户无法登录，源于内部人员人为清除用户数据导致用户数据丢失所致）。数据丢失包括永久性丢失和临时性丢失两种情况，永久性丢失通常由于缺乏数据备份机制或者备份数据被破坏等原因。**抵赖性风险事项**指业务数据产生后相关方予以抵赖的一类风险事项。互联网金融企业在互联网环境下开展业务，常常面临各种安全威胁。不法分子冒充客户（投资人、融资人、商户等）与互联网金融企业进行交易，便是一种常见的安全威胁。若冒充成功，则会发生被冒充者否认其交易的现象。银行、证券等传统金融机构，往往采用电子签名等方式防止假冒、实现抗抵赖性，互联网金融企业则可能出于用户体念或成本效益考虑，尚未采取相应技术手段。这样，业务数据可能产生被客户否认的不利影响。比如网络借贷平台或股权众筹平台在与资金存管方开展资金存管业务中，可能发生不法分子冒充平台与资金存管方进行交易，也可能发生不法分子冒充资金存管方与平台进行交易的现象。发生前述冒充现象时，由于所涉业务操作产生的数据为冒充者操作产生的，必然会被冒充者否认。不法分子冒充平台向资金存管方发送满标放款指令，便是其中一例。

（二）软件型风险事项

1. 按生命周期

按软件生命周期划分，可将软件型风险事项划分为需求类风险事项、设计类风险事项、代码类风险事项、测试类风险事项、切换类风险事项、试运行类风险事项、文档类风险事项、维护类风险事项和项目管理类风险事项等风险事项。

需求类风险事项指软件需求不准确、不完善、不合理、错误等问题导致软件上线运行后发生不利影响的一类风险事项。软件项目启动后，系统分析师借助于专门工具（如 UML），在具体业务部门的共同参与下，将现有系统（含物理系统）转换为逻辑系统，进而提取出软件需求。在逻辑系统构建过程中，往往由于系统分析师、业务部门等方面的原因，逻辑系统与物理系统之间存在差异，出现软件需求不准确、不完善、不合理甚至错误等问题。比如某网络借贷平台的软件需求提及"用户提现支持 T+0 和 T+1 两种到账方式"，仅将 T 日界定为用户提交提现申请的当日，未准确到时分秒，则为需求不准确；若软件需求对 T 日缺乏界定，则为需求不完善，需求不完善更常见的情况为缺乏性能指标和异常处理机制，尤其是异常处理机制，对于控制操作风险相当重要；若将 T 日界定为用户提交提现申请当日的 23:59:59，则为需求不合理，因为即使用户在当日 22:00 提交提现申请，也很难做到 T+0 到账；若将 T 日界定为用户提交提现申请的次日，则为需求错误。

设计类风险事项指软件设计存在缺陷导致软件上线后发生不利影响的一类风险事项。软件项目在系统分析师完成需求分析之后，由软件设计师进行具体软件设计，在软件设计过程中，由于软件设计师、系统分析师、数据库设计师和业务人员等方面的原因，可能会发生软件需求遗漏、性能指标未分解、性能指标超标、设计不合理、设计错误等问题。软件需求遗漏即部分软件需求在软件设计阶段被遗漏，待软件上线后发现缺乏相应功能或用例（Use Case）。在需求分析阶段，系统分析师往往尽量多地提取软件需求，但在软件设计阶段，软件设计师往往有意无意遗漏一些软件需求，在软件外包情况下，发生的可能性更大。在需求分析阶段，往往从总体上提出性能指标，需要设计阶段对性能指标进行分解，软件设计师和数据库设计师往往容易忽略性能指标的分解。另一种情况是软件设计阶段对性能进行了分解，但分解后发现性能指标超标。比如某互联网支付机构与某地铁公司合作，实现移动支付在地铁闸机应用，地铁公司要求支付时间不能超过 350 毫秒。350 毫秒即性能指标，在设计阶段可能出现未对其进行进一步分解的情况，也可能出现进行分解后需要 450 毫秒才能完成支付的情况。设计不合理包括架构不合理、性能分配不合理等诸多情况，难以列举。比如网络借贷机构、股权众筹机构的交易系统和清结算系统未分离，即架构不合理。设计错误即软件设计覆盖了相关软件需求，但未能正确实现其功能或者设计本身存在逻辑错误等。比如某互联网支付机构的软件需求提及“所有交易数据均须进行唯一性校验”，软件设计师确实进行了唯一性校验设计，但以商户号+用户账户作为唯一性依据，则为功能错误，若在入库后才进行唯一性校验则为逻辑错误。

代码类风险事项指软件代码存在缺陷（广义软件缺陷）导致软件上线后发生不利影响的一类风险事项。软件系统体现为一行行软件代码，由程序员逐行编写（部分代码可由软件自动生成、部分代码可外购开发包）。不管是程序员编写的代码还是软件自动生成的软件代码，均可能存在缺陷。为降低软件存在的缺陷，开发过程中通常需进行多种、多轮测试。在计算机科学领域，软件正确性证明一直以来都是一个世界级难题，迄今无人解决，甚至软件的正确性能不能从数学上证明，也无人解决。按软件测试理论，软件测试仅能尽量发现软件缺陷，不能证明软件不存在缺陷。可见，软件缺陷发生具有必然性。

测试类风险事项指软件测试方案的设计、实施和反馈等方面的原因导致软件上线后发生不利影响或者测试过程控制不当发生不利影响的一类风险事项。如前所述，软件测试的目的在于尽可能多地发现软件缺陷，因此软件测试方案的设计相当重要。软件测试方案设计方面的原因包括测试方案遗漏软件功能需求（如 Use Case）、遗漏性能需求、测试用例过少、测试用例未涵盖极端情况、测试人员不足、测试投入不足等多种因素。测试方案实施方面，主要表现为未按测试方案全面、如实实施，测试不充分甚至流于形式。反馈方面主要表现为测试结果记录不充分、问题未进行回馈等。测试过程控制不当最典型的两种表现为敏感数据测试和生产环境下测试。在测试过程中，往往面临基础数据等不足问题，迫于无奈，企业可能会将生产环境中的部分数据用于测试，若生产环境数据未经脱敏处理用于测试，便会发生敏感数据测试问题，容易导致敏感数据泄露（曾有互联网企业泄露了用户信用卡卡号等信息，对外声称测试人员将生产数据用于测试引起泄露）。同样，在测试实施过程中，可能由于测试设备不足或者测试组织者疏忽等原因，在生产环境下进行α测试，当然也可能合作方缺乏测试环境，迫于无奈，只能在生产环境中进行α测试，这样产生生产环境测试问题。在生产环境下进行α测试，一来容易影响生产系统的正常运行，二来可能破坏生产环境的数据。

切换类风险事项指软件系统由测试环境切换到生产环境过程中可能产生不利影响的一类风险事项。大致包括切换策略选择不当、测试数据残留、数据不一致、相关方通告不当、切换时间选择不当、切换预案缺失等情况。**切换策略选择不当**即切换策略选择不适合互联网金融企业业务特性，以致发生不利影响。信息科技系统的切换有直接切换、平行切换和分批分期切换三种策略。直接切换为切换开始前全部停止旧信息科技系统运行，切换后启动新系统运行。平行切换为新旧信息科技系统平行运行，待新系统比较稳定后再停止旧系统运行。分批分期切换为分阶段分批停止部分旧系统运行，同时分阶段分批启动新系统运行。比如网络借贷平台和股权众筹平台的资金存管系统切换，对于多存管方的机构，因为其业务系统本身支持多存管方，其选择平行切换是恰当的，但对单存管方的机构，其业务系统支持多存管方未经检验，选择平行切换可能导致不平账剧增等不利影响。对于互联网支付机构而言，其清分结算系统相对复杂且涉及面较广，可能采用交易系统和清算系统分别切换更为适宜，若采用直接切换则发生不平账和单边账时，定位错误工作量较大且容易引起用户和商户纠纷。**测试数据残留**即新旧信息科技系统切换后，测试期间的数据未被彻底清除的现象。测试数据残留，轻则影响企业形象，重则被监管机构处罚。比如某网络借贷平台的业务处理系统上线前，发布了部分金额 10 元左右、期限 3 天左右、利率 15%左右的项目标，系统切换后测试数据残留，前述项目标便暴露在用户眼前，影响企业形象。又如某互联网支付机构的业务处理系统上线前，为进行压力测试，虚设了数以万计的商户，系统切换后测试数据残留，在监管部门执法检查时，无法提供虚设商户的实名制信息，致使监管机构怀疑其未落实商户实名制，可能面临行政处罚。**数据不一致**即新旧系统切换后，新旧系统的数据出现不一致的现象。系统切换往往伴随着数据迁移，若数据迁移方案存在不足或实施存在偏差，则很容易导致数据不一致。比如互联网支付机构在进行清算系统切换时，为加快切换速度关闭了交易数据入库校验（唯一性、完整性等校验），而清算人员对交易数据进行了二次入库，则会发生数据不一致问题，此时，很容易发生重复清算。**相关方通告不当**即新旧系统切换前，未提前通知相关方甚至未通知相关方的现象。互联网金融企业的信息科技系统往往涉及诸多相关方（商户、C 端用户、融资人和投资人），系统切换未提前通知甚至遗漏通知相关方，轻则影响合作关系，重则造成资金损失。比如某互联网金融企业与地铁公司合作开展移动支付闸机应用，系统切换时调整了服务器 IP 地址但未通知地铁公司，系统切换后地铁公司全线闸机无法受理支付交易，诱发操作风险。**切换时间选择不当**即新旧系统切换的时间安排不符合用户使用时间习惯的现象，最典型的便是在用户访问高峰期进行系统切换。正常情况下，互联网金融企业均能妥善选择切换时间。**切换预案缺失**指未就切换失败制订应急预案或者应急预案不全面、不可行的问题。通常情况下，互联网金融企业均会制定切换应急预案，但应急预案的全面性和可行性则取决于管理人员的要求。

试运行类风险事项指软件系统在试运行过程中可能产生不利影响的一类风险事项。大致包括数据保护不足、开发商离场过早、跟踪监测不全、问题整改不到位等情况。**数据保护不足**即信息科技系统试运行过程中，开发商等外部供应商接触敏感数据且未予保护的现象。在信息科技系统外包开发的情况下，即使采取专门措施，也往往很难避免开发商接触敏感数据，尤其是新系统发生运行故障时更是如此。**开发商离场过早**即信息科技系统试运行一段时间后，往往获得大部分支付款项，开发商可能撤离大部分技术人员，若撤离后发生新系统运行发生故障，则可能很难得以及时解决。**跟踪监测不全**即信息科技系统试运行后，互联网金融企业未予以全面全天候监控，部分已暴露问题未被及时发现，导致系统带病进入正式运行。**问题整改不到位**即信息科技系统试运行期间暴露出的问题，未得以全面有效改进，系统正式运行后问题频发。

文档类风险事项指诱发软件系统相关文档出现不齐备、不一致和被泄露的一类风险事项。信息科技系统的相关文档大致包括《可行性研究报告》、《总体技术方案》、《需求分析说明书》、《概要设计说明书》、《详细设计说明书》、《数据库设计说明书》、《测试方案》、《测试报告》、《试运行方案》和《试运行报告》等文档。实务中，往往出现文档不齐备、不一致现象，尤其是发生文档与程序代码不一致的可能性最大。

维护类风险事项指软件系统在正式上线后，运行维护过程蕴含的诱发不利影响的一类风险事项。软件系统的维护包括完善性维护、适应性维护、纠错性维护和预防性维护四个类型。就互联网金融企业而言，完善性维护和纠错性维护更为常见。为提升用户体念、配合宣传推广，互联网金融企业往往需要比较频繁地进行完善性维护；由于互联网金融行业发展迅猛，软件系统迭代较快，生产系统未被发现的错误较多，因此纠错性维护工作量也相对较大。完善性维护和纠错性维护频繁，加之软件系统运行往往涉及多个相关方，由维护产生的操作风险往往较大。比如某互联网支付机构进行增加出入金通道的完善性维护，若完善性维护结束后测试不充分（往往很难做到充分），则很可能波及其合作商户，对于与其合作的网络借贷平台和股权众筹平台等涉及公众的合作商户，发生差异账时往往涉及面广，差异账处理成本较高。对于软件系统的维护，我们建议，将维护划分为前台页面维护和后台系统维护，前台页面通常涉及用户体念但不涉及资金，因此可考虑相对“民主”和宽松的上线步骤，后台系统往往涉及资金但不涉及用户体念，得设计“官僚”和严格的上线步骤。

项目管理类风险事项指信息科技系统的相关项目实施过程中诱发项目失败的一类风险事项。这类风险事项通常不波及互联网金融企业的合作机构，不再赘述。

2．按影响方面

按影响发生在功能方面还是性能方面，软件型风险事项可划分为功能类风险事项、性能类风险事项。**功能类风险事项**指诱发软件系统无法正常发挥功能的一类风险事项。这类风险事项一旦发生，往往损失较大。比如互联网支付机构的入金功能异常导致用户无法充值、清结算系统功能异常导致商户无法按时获得款项；网络借贷平台标的满标复审功能异常，导致借款人无法及时收到融资款项；股权众筹平台项目公司日常监测功能异常，导致无法监测项目公司日常运营情况。**性能类风险事项**指软件系统功能正常，但无法按预定性能指标发挥功能的一类风险事项。这类风险事项的发生，往往影响用户的体念，损失不易估计。比如互联网支付机构的充值响应时间过长，导致合作商户交易变慢；网络借贷平台网站访问速度变慢，影响用户体念；股权众筹平台项目公司日常监测系统变慢，影响项目监测效果。

（三）硬件型风险事项

硬件型风险事项指诱发硬件系统功能异常或性能异常的一类风险事项。功能异常即硬件系统无法按预定功能发挥作用，如存储设备物理损坏、电源损坏等。性能异常即硬件系统无法按预定性能指标发挥作用，如存储速度变慢、电源电压不稳等。硬件型风险事项往往需要互联网金融企业加强设备巡检、定期设备保养等予以解决，同时采取购置备用设备、购买设备服务等措施予以应对。总体而言，硬件型风险事项发生的概率较低，但发生的影响往往较大。

对于数据、软件和硬件混合产生的风险事项，可参照前述分析，不再赘述。信息科技系统的各类风险事项之间也往往会相互传导，比如硬件型风险事项的发生，可能导致数据丢失，从而诱发安全性数据风险事项；需求类风险事项的发生，可能产生完善性维护需求，进而诱发完善性风险事项的发生；测试类风险事项的发生，可能产生纠错性维护需求，进而导致纠错性风险事项的发生。可见，风险不但可以在不同种类之间传导，还可以在同种风险内部传导，尤其是操作风险涵盖面广，内部传导的可能性更大，情况更复杂。

总体而言，信息科技系统诱发操作风险的概率，服从浴盆曲线分布，即系统的失效率呈浴盆状，系统上线后失效率呈下降趋势，然后趋于平稳，之后失效率呈上升趋势。

四、外部事件

作为操作风险四大类型之一的外部事件，指企业外部的人的行为或自然事实的发生给企业实现经营目标带来不利影响的一类事项。按是否为人的有意识行为，可将其划分为行为类和事实类两类风险事项。按发生起源，可将其划分为原发性外部事件和次生性外部事件。

（一）按意识行为

1. 行为类外部事件

行为类风险事项即由外部人的有意识的行为产生的一类风险事项，若外部人在无意识状态下的行为给企业带来不利影响的，应将其视为事实。人的有意识行为按其主观心理状态，可划分为故意和过失两种行为。

故意性行为，对于互联网金融企业而言，典型的故意行为即网络攻击、欺诈等。网络攻击发生的概率较高，尤其是互联网金融企业的影响力越大，其被攻击的可能性越大。对于欺诈，如前所述，对于网络借贷机构、股权众筹机构、互联网消费金融机构、互联网小额贷款机构而言，若融资人和担保人欺诈，将其归入信用风险事项范畴；若非融资人和担保人欺诈，仍将其视为行为类外部事件。对于互联网支付机构、互联网征信机构的欺诈，通常将其归为行为类外部事件。比如某不法分子通过在网络借贷平台绑定第三人的银行账号充值、投资，然后进行债权转让后提现，这一欺诈行为为故意性的行为类外部事件。又如某不法分子盗取第三人的账号和密码，向某互联网支付机构的账户充值，划转到其他支付账户后提现，这一欺诈行为为故意性的行为类外部事件。某不法机构冒充合作机构向互联网征信机构查询借款人相关信息，也是一种故意性的行为类外部事件。

过失性行为，即人的有意识的过失行为导致的外部事件。对于互联网金融企业而言，这类外部事件发生的概率较低，但也不能排除。比如曾经发生的某地光纤被无意挖断，导致部分互联网金融企业的业务中断事件，便是过失性行为类外部事件。又如某互联网金融企业机房供电发生故障，电力维修人员为排除故障，直接关闭电源总闸，导致生产服务器宕机，也为过失性行为类外部事件。

2. 事实类外部事件

事实类外部事件即人的无意识行为、自然事件等产生不利影响的一类风险事项。比如互联网支付机构在合作商户（如酒吧）处的受理终端，被醉酒的客户破坏，以致商户无法受理支付，醉酒客户的行为通常可确认为人的无意识行为。自然事件包括自然灾害（如台风、地震、洪水、冰雹）、政府行为（如征收、征用）和社会异常事件（如罢工、骚乱等）等不可抗力事件和时间经过两个方面。比如互联网支付机构的合作商户设定每天 23:30 与互联网支付机构进行自动批量对账，仅当 23:30 经过时，自动批量对账才可能发生，若因某种原因 23:30 经过后，未启动自动批量对账或发生大量商户同时启动自动批量对账，则可能发生不利影响，此时，时间的经过便是诱因之一，乃一种事实类外部事件。

（二）按起源

按外部事件发生的起源不同，外部事件可分为原发性外部事件和次生性外部事件。

1. 原发性外部事件

原发性外部事件即事件发生源直接诱发的外部事件，比如某网络借贷平台受到不法分子的 DDOS 攻击、某股权众筹平台受到不法分子的非法入侵、某互联网支付机构的账户系统被外部不法分子篡改、某互联网征信机构的数据库被外部不法分子泄露等。

2．次生性外部事件

次生性外部事件即事件发生源通过中间实体诱发的外部事件。比如某网络借贷平台受到不法分子通过“肉鸡”的攻击，某不法分子通过在第三方网站嵌入不良代码收集互联网支付机构用户的敏感信息等，均为次生性外部事件。

总体而言，次生性外部事件更隐蔽，其危害性更大。

第三节　影响与建议

一、制度流程

（一）按制定机构

1．制度类风险事项

如前所述，制度类风险事项具体包括制度供给不足、制度设计不合理、制度未得到执行、制度未得到一贯执行、制度间存在冲突、制度与流程存在冲突等风险事项，在此，我们对其影响做简要定性分析。

（1）制度供给不足

制度供给不足的不利影响最大。首先，通常表明该互联网金融企业的内部控制存在重大缺陷，其业务操作往往很难具有一贯性。其次，表明该互联网金融企业的治理层和管理层重视程度不足，主观意识不强。再次，表明该互联网金融企业在管理方面还处于规章制度有待健全阶段，待规范事项较多。最后，对外管理制度（比如互联网支付机构的商户、用户实名制管理制度，网络借贷平台的借款人贷后检查制度，股权众筹平台的投后日常监控和现场检查制度等）供给不足，行业的不利影响最大。

互联网金融并未脱离金融本质，须有严格的制度作为基础保障，因此，我们建议，监管机构和/或行业协会可从行业标准等层面出台相关制度建设的指引，引导互联网金融企业建立健全制度体系，尽量避免存在制度空白。

（2）制度设计不合理

制度设计不合理的不利影响大。首先，互联网金融企业就相关事项建立的制度，表明其治理层或者管理层具有相关规范意识。其次，其制度设计不合理表明其治理层或管理层的相关能力有待提高。再次，不合理的制度设计很难真正发挥作用，甚至可能发挥反作用。最后，对外管理制度设计不合理，对行业的不利影响大。

我们建议，对于制度设计不合理问题，监管机构和/或行业协会在出台制度建设指引的基础上，对相关制度的内容及原则做出进一步要求，尤其是容易导致制度设计不合理的关键点，做出比较详细的规定，指导互联网金融企业设计出规范合理的制度体系。

（3）制度未得到执行

制度未得到执行的不利影响大。首先，制度未得到执行表明互联网金融企业的执行力不足，制度流于形式。其次，制度未得到执行表明互联网金融企业的管理层重视程度不够。再次，制度未得到执行表明互联网金融企业相关风险并未得到真正控制。最后，对外管理制度未得到执行，对行业的不利影响很大。比如商户实名制未得到执行、二次清算频繁发生、备付金管制度未得到严格执行等导致互联网支付行业风险高发，不良商户卷款私逃。

我们建议，对于制度未得到执行问题，监管机构和/或行业协会出台相关指引，引导互联网金融企业配备足够的人员（尤其是内部审计人员）监督制度的落实执行，对于规模较大的互联网金融企业，要求外部审计师定期出具制度审计报告，同时，行业协会定期或不定期抽取规模较大的互联网金融企业，抽查其制度落实和执行情况。另外，行业协会可加强对高级管理人员的培训，提高其对制度执行重要性的认识，使其加大对制度执行的资源投入。

（4）制度未得到一贯执行

制度未得到一贯执行的不利影响较大。首先，制度得到了执行，但一贯性不足，表明制度发挥了一定的作用。其次，制度未得到一贯执行表明互联网金融企业的执行力有待进一步提升。再次，制度执行缺乏一贯性表明互联网金融企业的内部控制存在较大缺陷，操作风险依然较大。最后，制度执行缺乏一贯性，对行业的不利影响较大。

我们建议，对于制度未得到一贯执行问题，行业协会可设定正向激励机制，鼓励互联网金融企业将其制度予以科技信息系统化，通过科技信息系统的一贯性提高制度执行的一贯性。与制度未得到执行类似，也可要求规模较大的互联网金融企业聘请外部审计师对其制度执行的一贯性进行审计，行业协会定期或不定期地对其制度执行的一贯性进行抽查。

（5）制度间存在冲突

制度间存在冲突的不利影响大。首先，制度间存在冲突表明互联网金融企业的制度制定缺乏严格的规范。其次，制度间存在冲突会进一步传导到制度执行，以致制度规定无法执行。再次，制度间存在冲突表明互联网金融企业的治理层和管理层重视程度不够或者能力欠缺，以致由其审定的制度出现矛盾。最后，制度冲突对行业的不利影响较大。比如互联网支付机构的商户管理制度与反洗钱管理制度冲突，放松对商户的反洗钱要求，短期内互联网支付机构可能获益，若行业内机构竞相效仿，将可能使得整个行业成为洗钱重灾区。

我们建议，对于制度间存在冲突问题，行业协会可出台互联网金融企业建章建制指引，明确制度制定应当遵循的原则、分工以及制度制定应当遵循的内部流程，同时提示互联网金融企业在制度制定中由专门部门统一进行制度审查，审核制度草案是否与《公司法》相关规定、反洗钱相关规定，《公司章程》、《企业内部控制基本规范》、《企业内部控制应用指引》和企业已有的制度相悖，以便尽量消除制度冲突问题。

（6）制度与流程存在冲突

制度与流程存在冲突的不利影响大。首先，制度流程冲突表明治理层与管理层可能缺乏足够共识，治理层制定的制度脱离实际，管理层无法严格执行，只能在流程上变通予以落实。其次，制度流程冲突表明管理层可能凌驾于治理层，管理层对治理层制定的制度置若罔闻，凌驾于治理层之上，治理层监督的有效性缺失，企业的操作风险极大。最后，治理层和管理层的能力欠缺，制度制定时考虑不够周全，导致制度难以执行，只能在制定流程时予以变通。

我们建议，对于制度流程冲突问题，一是行业协会可在充分调研会员单位相关制度流程设计、执行的基础上，出台相关符合互联网企业运营实际、可操作性强的制度示范文本，供会员单位参考；二是行业协会组织会员单位治理层和管理层人员内部交流，就制度执行过程中的问题进行充分交流，相互取长补短；三是要求前述外部审计单位和抽查人员在检查制度执行过程中，关注制度流程的冲突，在给予被检查单位切实可行的修订意见的同时，发送相关会员单位供其参考，并就发现的同类问题抽检其他会员单位。

2．流程类风险事项

如前所述，流程类风险事项包括流程供给不足、流程设计不合理、流程未得到执行、流程未得到一贯执行、流程间存在冲突等类型。

（1）流程供给不足

流程供给不足的不利影响最大。第一，流程供给不足表明互联网金融企业可能缺乏制度，其制度体系不健全。第二，流程供给不足表明互联网金融企业可能存在制度未得到执行或者未得到一贯执行。第三，流程供给不足表明互联网金融企业管理层对按制度流程开展业务的认识不足、重视程度不够。第四，流程供给不足表明互联网金融企业普通员工缺乏流程意识。第五，流程供给不足表明企业办理业务随意性很大，操作风险大。第六，流程供给不足对外不利影响最大。比如网络借贷平台缺乏自动批量对账流程，容易导致用户资金出现差额未被发现；互联网支付机构与备付金银行之间的明细账户对账流程缺失，导致备付金出现缺口难以发现等。

我们建议，对于流程供给不足问题，一是行业协会可在充分调研各类机构的情况下，出台核心流程（比如网络借贷机构的满标放款业务流程、股权众筹机构的项目公司日常监控流程）的示范文本。二是行业协会可就互联网金融企业的核心制度（如互联网支付机构的清结算制度、备付金管理制度）列示比较完备的示范流程集。三是行业协会组织会员单位部门经理层级的内部交流会，相互取长补短，以求尽量健全流程体系。

（2）流程设计不合理

流程设计不合理的不利影响大。第一，流程不合理表明互联网金融企业管理层重视程度不够，流程控制意识不强。第二，流程不合理表明互联网金融企业的中层干部和其他普通员工能力比较欠缺。第三，流程不合理容易导致业务办理混乱，操作风险爆发的可能性很大。第四，不合理的流程很难控制操作风险，甚至放大操作风险。第五，不合理流程可能向外传导，波及合作伙伴。比如某互联网支付机构信息科技系统上线流程设计不合理（如技术接口参数调整未通知合作方），导致合作方信息科技系统无法正常运行。

我们建议，对于流程设计不合理，一是如前所述，由行业协会出台规范合理的核心流程示范文本；二是互联网金融企业加强内部培训，务求管理层、中层干部和其他普通员工掌握相关法律、行业规定、内控规范和公司规定；三是行业协会对重点单位（规模较大的互联网金融企业）的流程合理性进行检查（如外部审计师审计和行业协会抽查）；四是加强会员单位之间的交流沟通，务求探索规范合理的业务流程。

（3）流程未得到执行

流程未得到执行的不利影响大。第一，流程未得到执行表明企业的管理层、中层干部和其他普通员工按流程开展业务的意识不足甚至缺失。第二，流程未得到执行表明企业的业务开展处于不可控状态。第三，流程未得到执行往往导致制度未得到执行。第四，流程未得到执行表明企业的内部控制存在较大缺陷。第五，流程未得到执行，对外不利影响较大。比如互联网支付机构的差异账处理流程未得到执行，可能导致合作商户取消合作。

我们建议，对于流程未得到执行，一是行业协会对治理层人员进行培训，促使互联网金融企业治理层督促管理层严格执行流程；二是行业协会和治理层强化对管理层人员执行流程的正向激励和负向激励（比如将核心流程执行情况纳入从业人员考核之中，向管理层下达流程执行相关年度经营指标）；三是行业协会对重点单位的核心流程执行情况进行检查（含外部审计师审计和行业协会抽查）；四是对未按流程执行业务操作诱发重大风险的责任人员，建立黑名单，督促从业人员执行流程。

（4）流程未得到一贯执行

流程未得到一贯执行的不利影响较大。第一，相关业务流程得到了执行，但执行缺乏一贯性，流程发挥了一定作用。第二，业务流程执行缺乏一贯性表明企业的内部控制依然存在不足，业务开展具有较大的随意性。第三，业务流程缺乏一贯性表明企业中层干部和其他普通员工的流程控制意识有待提升，操作风险依然较大。第四，流程未得到一贯执行，导致合作伙伴等无所适从，对外不利影响很大。

我们建议，与制度执行缺乏一贯性类似，行业协会也可设定正向激励机制，鼓励互联网金融企业将其流程（尤其是核心流程）予以科技信息系统化，对核心流程执行的一贯性进行外部审计和协会抽查。

（5）流程间存在冲突

流程间存在冲突的不利影响大。第一，流程冲突表明企业的制度间可能存在冲突。第二，流程冲突表明中层干部和其他普通员工能力欠缺、流程意识不强，甚至部门之间存在推诿现象。第三，流程冲突往往直接影响业务开展，甚至向外部传导，诱发互联网金融企业间的操作风险发生连锁反应。第四，流程冲突的对外不利影响较大，往往导致合作伙伴难以开展合作，影响企业的对外形象。比如某互联网支付机构的商户管理流程存在冲突（反洗钱部门要求准入时进行实名制核验，市场拓展部门要求商户正式上线时进行实名制核验），合作商户此时往往无所适从。

我们建议，对于流程冲突问题，主要依靠互联网金融企业管理层和中层干部解决，行业协会可在行业抽查中予以关注，发现类似问题，对其他会员单位给予提示。

（二）按人工参与度

如前所述，按人工参与的程度，制定流程风险事项可分为自动型风险事项、人工型风险事项和混合型风险事项。

1．自动型风险事项

自动型风险事项的不利影响通常较大。一是自动型风险事项所述操作由信息科技系统实施，往往涉及诸多用户，一旦发生涉及用户面往往很广。二是自动型风险事项由信息科技系统诱发，信息科技系统的一贯性使得业务操作“一错全错”，损失具有批量性。三是自动型风险事项往往波及合作机构，比如互联网支付机构发生重复清算。

我们建议，对于自动型风险事项，一是需要互联网金融企业在进行信息科技系统开发时，专门进行自动型风险事项识别（比如要求开发商按 UML 要求，设计异常处理机制)。二是需要互联网金融企业专门针对信息科技系统进行系统容错性设计，尽量避免自动型风险事项的发生。三是行业协会定期或不定期收集会员单位发生的自动型风险事项，以适当形式提示其他会员单位，尽量降低自动型风险事项的发生。四是行业协会在条件成熟时发布各业态自动型风险事项集，供会员单位参考对照。

2．人工型风险事项

人工型风险事项的不利影响通常很大。一是人工型风险事项所涉操作由人员执行，主观因素大，比较难控制。二是人工型风险事项中所涉操作，若由操作人员有意所为，往往很难避免。三是部分人工型风险事项涉及的操作很难留下痕迹，较难发现。

我们建议，对于人工型风险事项，一是需要互联网金融企业科学合理设计流程，做到职责分离，同一业务由两个以上人员执行。二是互联网金融企业指派专门人员进行风险识别，设置相关防范措施。三是业务操作尽量信息化，减少纯人工操作。四是行业协会建立从业人员黑名单机制，对发生人工型风险事项承担重大责任的具有主观故意的人员，将其列入黑名单。

3. 混合型风险事项

对混合型风险事项，兼有自动型风险事项和人工型风险事项的特征，不再赘述。

（三）按时间要求

如前所述，制度流程风险事项可区分为强时间型风险事项、弱时间型风险事项和无时间型风险事项。

1. 强时间型风险事项

强时间型风险事项的不利影响往往较大。一是强时间型风险事项具有强时间约束，相关各方具有确定时间要求，一旦发生，波及面往往比较广。二是由科技信息系统实施的具有强时间型的业务操作，一旦发生强时间型风险事项，往往涉及系列操作，影响范围较广。三是由人工实施的强时间型的业务操作，具有人工型风险事项的不利影响大的特征。

我们建议，对于强时间型风险事项，一是需要互联网金融企业认真研究分析业务操作的时间约束，科学合理的时间要求（比如充值到账时间间隔，充值失败应答时间等）。二是互联网金融企业就相关时间与相关方达成一致，减少误解时间发生强时间型风险事件。三是对于部分强时间要求，由行业协会统一发布规范，比如网络借贷平台借款用户还款最晚时间。

2. 弱时间型风险事项

弱时间型风险事项的不利影响相对较小。一是弱时间型风险事项的时间为软约束，并未给予相关方确定的时间预期，相关方可以做相对柔性安排。二是弱时间型风险事项所涉及的操作在约定时间内未实施，也可事后予以弥补。三是对外业务中，弱时间型风险事项所涉及的操作较少，向外传导较少。

我们建议，对于弱时间型风险事项，主要由互联网金融企业尽量识别、应对，无论是行业协会还是监管机构，均无涉入必要。

3. 无时间型风险事项

无时间型风险事项的不利影响大小难以评估。需要互联网金融企业逐一分析，不再赘述。

（四）按资金相关

如前所述，制度流程风险事项划分为资金型风险事项和非资金型风险事项。

1．资金型风险事项

资金型风险事项的不利影响往往较大。一是资金型风险事项所涉操作涉及资金，其发生往往造成资金损失。二是互联网金融企业大多数业态均经营资金，资金型风险事项在互联网金融企业比较常见，且所涉操作占比较大。三是资金型风险事项往往具有对外不利影响。

我们建议，对于资金型风险事项，一是行业协会就资金相关制度流程出台示范性文本。二是互联网金融企业按职责分离原则，合理设置岗位，设计资金相关的制度流程，尽量避免操作风险。三是涉及机构间的资金相关业务操作，由行业协会出台相关标准，降低行业风险。

2．非资金型风险事项

非资金型风险事项的不利影响较难定性，需要互联网金融企业配备专门人员识别应对。同时，对于非资金型风险事项，通常也无须监管机构和行业协会介入。

（五）按参与者

如前所述，制度流程可划分为内部型风险事项和外部型风险事项。

1．内部型风险事项

内部型风险事项的对外不利影响通常较小，也可能较大，但对内不利影响则难以定性分析。一是内部型风险事项所涉制度流程由内部人员实施，其结果往往内部化，对外不利影响通常较小。二是内部型风险事项所涉制度流程无须外部人员参与，对外不利影响相对容易控制。三是部分内部型风险事项所涉制度流程的实施结果可能外部化，其不利影响又往往巨大，比如互联网支付机构的清分结算流程由内部人员实施，但其结果通常涉及外部商户，清分结算发生大面积差异账时，影响通常是巨大的。四是部分内部型风险事项的对内不利影响较小，比如企业部门内部会议制度及相关流程。五是部分内部风险事项的对内不利影响可能很大。比如互联网支付机构的股东（大）会制度及会议流程、网络借贷平台的清分结算部门与项目管理部门对账流程、股权众筹平台的项目评审制度及评审流程。

我们建议，对于内部型风险事项，一是仅产生内部不利影响的风险事项，主要依靠互联网金融企业自身予以解决，对于内部不利影响较大的，可由行业协会组织会员单位研究讨论解决。二是产生外部不利影响的风险事项，应由互联网金融企业和行业协会共同解决，尤其是涉及资金的内部型风险事项，行业协会可在充分调研基础上出台规范性指引，提升会员单位应对内部型风险事项的能力。

2．外部型风险事项

外部型风险事项的不利影响通常较大。一是外部型风险事项具有外部传导性，比如网络借贷平台的借款人对账制度和流程所涉风险事项，往往会向投资人和担保人传导，股权众筹平台的担保物管理制度和流程所涉风险事项，往往向融资人和投资人传导。二是外部型风险不利影响传播较广，诱发声誉风险较大。比如互联网支付机构的入金渠道相关流程发生风险事项，网络借贷平台的还款制度和流程发生风险事项，往往很快便在互联网迅速传播。三是外部风险事项所涉制度和操作往往涉及公众，比如互联网支付机构的用户提现制度和流程所涉风险事项，网络借贷平台的抵押物处置制度及流程所涉风险事项，股权众筹平台的回购制度和流程所涉风险事项，均涉及社会公众，容易产生群体性事件。

我们建议，对于外部型风险事项，一是波及公众利益的，由行业协会出台相关强制性指引，不涉及公众利益的，可由行业协会组织会员单位研究讨论，尽量形成行业标准。二是互联网金融企业配备专人识别外部型风险事项，提前制定相关应急预案。三是涉及外部的制度和流程，尽量与相关方达成一致，并严格实施，形成稳定预期。

二、内部人员

（一）依角色

如前所述，根据内部人员在企业运转过程中的地位和角色，可将内部人员风险事项划分为治理层人员风险事项和执行层人员风险事项。

1. 治理层人员风险事项

治理层人员风险事项的不利影响大。一是治理层人员在互联网金融企业中所应当发挥和实际发挥的作用往往很大，比如近期发生的网络借贷平台"跑路"现象频发，多因治理层原因所致。二是治理层人员风险事项的影响范围大，不仅影响管理层、中层干部和其他普通员工，还往往影响外部单位和外部企业，比如近期的万科股权之争。三是治理层人员风险事项往往直接影响互联网金融企业的风险治理和管理水平，比如经营目标设定是否合理、是否包含相关风险管理指标、监督是否到位等。四是治理层风险事项的对外影响很大，比如治理层监督缺位或者目标设置不合理，可能导致管理层开展业务过于激进甚至违规经营（比如互联网支付机构开展二清业务，网络借贷平台开展资金池业务），进而产生重大对外不利影响。

我们建议，对于治理层人员风险事项，一是监管机构出台相关强制性规定，明确互联网金融企业的治理层分别应当承担的职责以及违反职责应当承担的不利后果。二是行业协会就互联网金融企业的治理结构、职责权限等出台示范性指引，指导互联网金融企业完善治理结构。三是行业协会对治理层人员进行培训，提升其对互联网金融企业治理结构的认识，增强其治理能力。四是行业协会对重点单位治理运行情况进行抽查，核实治理层履职情况。五是互联网金融企业积极主动建立健全治理结构，治理层人员积极履行治理职责。

2. 执行层人员风险事项

执行层人员风险事项的不利影响较大。一是执行层人员在互联网金融企业中所处地位相对较低，其影响相对较小。二是治理层的决策通常均由执行层执行，其影响又往往较大。三是执行层人员执行的结果直接关系到企业的生存和发展。四是目前执行层人员风险事项相对比较普遍。五是执行层人员风险事项对外影响往往较大，尤其是产品、市场和风控人员。

我们建议，对于执行层人员风险事项，一是监管机构出台相关强制性规定，规定执行层人员应当具备的专业知识和专门技能，规定从业资格条件。二是行业协会加强对互联网金融企业的产品、市场、风控等人员的培训和指导，不断提升其水平。三是行业协会构建资产拆借平台，解决网络借贷平台、股权众筹平台、互联网小额贷款机构、互联网消费金融机构之间的资产与资金错配问题，缓解互联网金融企业的市场推广压力。

（二）依意识状态

如前所述，内部人员风险事项可划分为故意行为和过失行为。

1. 故意行为

故意行为的不利影响大。一是故意行为乃内部人员在主观故意支配下所为，其主观恶性大。二是故意行为在主观故意支配下，往往具有较大的隐蔽性，其发现难度较大。三是故意行为往往以造成某种损失为目的，其发生损失的可能性很大。四是内外通谋的故意行为，很容易向外部传导，容易产生声誉风险。

我们建议，对于故意行为：一是互联网金融企业加强企业文化建设，形成积极向上、凝聚力强的企业文化氛围。二是加强对员工的培训和教育，降低发生故意行为的概率。三是互联网金融企业合理设计业务流程，严格职责分离、强化复核，尽量避免发生故意行为。四是行业协会设立黑名单机制，对于故意行为造成重大不利影响的内部人员，将其列入黑名单中，以期震慑不良分子。

2. 过失行为

过失行为的不利影响较大。一是过失行为乃内部人员在过失之心理状态下所为，其主观恶性较小。二是过失行为的内部员工并不追求损失发生，其隐蔽性较小。三是过失行为可能产生很大的不利影响，比如互联网支付机构技术维护人员因过失未检查数据库表空间导致清算数据无法入库，直接导致合作商户无法按期收到货款。

我们建议，对于过失行为：一是互联网金融企业合理设计业务流程，形成制约机制，避免一项业务仅由一个岗位完成。二是互联网金融企业加强制度流程的培训，提升内部人员对业务操作的熟悉程度。三是互联网金融企业安排人员进行系统性风险点识别，对识别出的可能发生过失行为的风险事项，设置防范措施。

三、信息科技系统

如前所述，信息科技系统相关的风险事项可划分为数据型风险事项、软件型风险事项和硬件型风险事项，在此，我们逐一对其影响进行定性分析。

（一）数据型风险事项

如前所述，数据型风险事项具体包括唯一性风险事项、一致性风险事项、保密性风险事项、完整性风险事项、安全性风险事项和抵赖性风险事项。

1．唯一性风险事项

唯一性风险事项的不利影响大。一是客户身份等数据的唯一性受到破坏，轻则用户无法正常登录，重则导致客户资金受到损失。二是银行账户等敏感数据的唯一性受到破坏，轻则影响客户使用资金的时效（如提现失败），重则威胁客户资金安全。三是交易数据等业务数据的唯一性受到破坏，轻则出现业务账和资金账不平（比如网络借贷平台的融资人债权金额与资金金额不平）、数据缺乏准确性（比如互联网征信机构的客户数据重复入库导致同一数据被重复计算），重则发生重复清算（比如互联网支付机构的交易数据二次入库导致重复清算、重复划款）。四是唯一性风险事项的发生往往具有对外不利影响，有时涉及面很广，纠正的成本极高（比如互联网支付机构的重复清算）。

我们建议，对于唯一性风险事项：一是互联网金融企业务必认真分析研究具有唯一性要求的数据项，设置唯一性保障机制和核验机制。二是互联网金融企业定期或不定期检查数据唯一性保障机制和核验机制是否正常发挥作用。三是互联网金融企业对数据唯一性保障机制的关闭设置极高的权限，比如副总经理以上人员方可关闭数据唯一性保障机制。四是行业协会在总结会员单位经验的基础上，发布数据唯一性指引，供会员单位参考。

2．一致性风险事项

一致性风险事项的不利影响大。一是客户身份等数据的数据一致性受到破坏时，轻则影响客户操作（如客户手机号码与客户身份证号码不一致），重则导致客户受到损失（如客户银行账号与客户用户名不一致）。二是客户资金等数据不一致往往表明发生了风险事项（比如互联网支付机构的业务处理系统记录的客户备付金金额与备付金银行记录的金额不一致），由于涉及客户资金安全，其不利影响很大。三是业务数据出现不一致，往往具有外部传导性，并容易诱发纠纷。比如网络借贷平台记录的融资人的未还款金额与融资人记录的还款金额不一致。

我们建议，对于一致性风险事项：一是监管机构发布相关强制性规定，要求互联网金融企业务必保证相关核心数据的一致性（比如互联网支付机构信息科技系统记录的客户备付金收付余金额与备付金银行记录的收付余金额，网络借贷平台和股权众筹平台记录的客户资金出入余金额和存管银行记录的出入余金额，互联网小额贷款机构和互联网消费金融机构记录的客户借款金额与客户记录的借款金额）。二是行业协会发布相关强制性规定，要求会员单位保证相关重要数据的一致性，并就监管机构发布的核心数据一致性出台指引，帮助会员单位实现核心数据一致性。三是行业协会定期或不定期对重点单位的数据一致性进行检查，对非重点单位的数据一致性实施情况进行抽查。四是互联网金融企业着实落实数据一致性核验机制和保障机制。

3．保密性风险事项

保密性风险事项的不利影响大。一是客户身份信息的保密性受到破坏往往给客户带来严重不利影响，甚至严重的经济损失，尤其是客户身份证号码、银行账号和平台密码等。二是交易信息往往涉及商户、融资人、担保人和投资人等相关主体的商业秘密和个人隐私，其泄露容易侵犯其商业秘密和人身权利。三是商户、融资人、担保人和投资人等名单信息的保密性受到破坏，通常侵犯互联网金融企业的商业秘密，损害其合法权益。四是信息科技系统的拓扑图、配置文件、配置参数等信息以及加密设备相关信息的保密性受到破坏，往往危及互联网支付机构、网络借贷机构、股权众筹机构、互联网小额贷款机构、互联网消费金融机构、互联网保险机构、互联网征信机构等相关机构的信息科技系统安全，影响极其严重。

我们建议，对于保密性风险事项：一是监管机构对客户身份信息等涉及公众利益的信息，发布强制性规定，要求互联网金融企业采取强保密措施（如硬件加密）加强信息的保密性。二是对于不涉及公众利益的需要保密的信息，由行业协会发布强制性规定，要求会员单位采取保密措施，强化信息的保密性；并就监管机构的强制性保密要求，发布实施指引，指导会员单位实施。三是行业协会加强对会员单位保密性保护机制的检查，督查会员单位落实。四是互联网金融企业投入相关设备和人员，加强保密信息的保护。五是对保密性措施实施不力，造成不利影响的会员单位予以惩戒。

4. 完整性风险事项

完整性风险事项不利影响大。一是客户身份信息的完整性受到破坏往往给客户带来严重不利影响，导致客户操作异常，严重则造成客户资金损失，如银行账号和平台密码被篡改等。二是交易信息被篡改，轻则导致出现单边账或不平账，重则产生资金损失。比如互联网支付机构的客户交易记录的交易类型被篡改（由充值篡改为提现）会产生单边账，互联网支付机构客户交易记录的交易金额被篡改则可能产生资金损失。三是信息科技系统的拓扑图、配置文件、配置参数等信息以及加密设备相关信息被篡改，将严重影响互联网金融企业信息科技系统维护工作，甚至危及信息科技系统安全，影响极其严重，比如网络借贷机构的加密机密钥索引被篡改。

5. 安全性风险事项

安全性风险事项不利影响大。一是客户身份信息的丢失会导致客户无法获得金融服务，比如客户登录名、手机号码等的丢失，将导致客户无法登录互联网金融企业。二是交易数据丢失，轻则影响客户查询历史交易记录，重则导致客户资金损失。比如互联网支付机构的交易数据在入库清结算后发生丢失，通常影响客户查询历史交易记录，在入库前发生丢失，则导致商户无法获得结算资金。三是业务数据丢失，导致互联网金融企业无法正常开展业务。比如互联网征信机构征信数据丢失，导致其无法对外提供征信数据查询服务。四是商户、融资人、担保人和投资人等账户信息丢失，诱发不平账，在处理不平账过程中容易诱发纠纷。五是信息科技系统的拓扑图、配置文件、配置参数等信息以及加密设备相关信息的丢失，则增加科技信息系统维护难度，提高维护成本。总体而言，安全性风险事项的不利影响向外传导性强。

我们建议，对于安全性风险事项：一是监管机构制定强制性规定，要求互联网金融企业必须建立灾备系统。二是行业协会就灾备系统的运行管理发布相关指引，指导灾备系统平稳健康运行。三是互联网金融企业投入相当人力、财力和物力，保障灾备系统的平稳运行。四是必要时，由行业协会构建集中灾备机制，向会员单位提供统一灾备服务。

6. 抵赖性风险事项

抵赖性风险事项的不利影响大。一是被假冒的交易涉及资金的，往往给客户造成资金损失。比如互联网支付机构的客户被假冒支付，可能导致客户资金损失，最终使得客户备付金出现缺口；网络借贷平台的客户提现操作被假冒，轻则使得客户损失充值费，重则客户损失被提现的资金。二是被假冒的交易不直接涉及资金的，也可能给客户造成损失。比如网络借贷平台的客户被假冒投资，可能导致客户丧失其他投资机会。三是抵赖性风险事项往往具有对外传导性，容易产生传播效应。

我们建议，对于抵赖性风险事项：一是行业协会发布相关指引，指导会员单位采取防抵赖措施，防止操作假冒。二是互联网金融企业对业务进行全面梳理，对容易被假冒的操作进行识别，实施应对策略。三是行业协会构建统一机制，向会员单位提供抗抵赖技术支持。

（二）软件型风险事项

1．按生命周期

如前所述，按软件生命周期划分，软件型风险事项划分为需求类风险事项、设计类风险事项、代码类风险事项、测试类风险事项、切换类风险事项、试运行类风险事项、文档类风险事项、维护类风险事项和项目管理类风险事项等风险事项。就互联网金融企业而言，软件系统通常由外部开发商完成，因此需求类、设计类、代码类和项目管理类风险事项，主要依靠外部服务商应对，在此将其合并为开发类风险事项予以分析；将测试类风险事项、切换类风险事项和试运行类风险事项合并为运行类风险事项予以分析；将文档类风险事项、维护类风险事项合并为运维类风险事项予以分析。

（1）开发类风险事项

开发类风险事项的不利影响较大。一是资金成本较高。不管是需求类、设计类还是代码类风险事项，其一旦发生，往往需要付出较大的资金成本予以纠正。二是时间成本较大。信息科技系统上线后发现需求存在问题，设计存在不足，代码存在缺陷，需要修订错误，往往需要消耗较长的时间。三是往往向外传导。开发类风险事项的发生，通常会向互联网金融企业的客户传导。比如互联网支付机构的入金渠道存在缺陷，会直接向网络借贷机构传导（在支付机构资金存管的情况下）。

我们建议，对于开发类风险事项：一是行业协会就信息科技系统的功能、性能和设计等发表相关技术标准，以供开发者参考，尽量避免需求类风险事项和设计类风险事项。二是行业协会设立信息科技系统检测机制，对会员单位提供压力测试、异常测试等检测服务，降低代码类风险事项。三是互联网金融企业配备专人参与项目开发，并在开发合同中做出检测通过方为合格等约定。

（2）运行类风险事项

运行类风险事项的不利影响大。一是敏感数据用于测试容易诱发保密性风险事项，敏感数据泄露，损害公众利益。二是生产环境下进行测试，除了影响业务正常运行外，还可能导致数据泄露。三是切换策略选择不当，可能导致数据不一致、唯一性被破坏等风险，更严重者出现系统瘫痪。四是切换未通知相关方，风险直接向外传导。五是数据保护不足可能导致敏感数据泄露。

我们建议，对于运行类风险事项：一是监管机构强制规定，互联网金融企业敏感数据未经脱敏，不得用于测试，互联网金融企业不得在生产环境下进行 α 测试。二是行业协会构建测试平台，向会员收集脱敏后的数据，供会员单位测试之用。三是互联网金融企业在进行系统切换时，对切换方案进行认真讨论，制定相关应急预案，提前做好数据备份。四是互联网金融企业梳理业务流程，将通知相关合作方作为测试和切换的必备条件。五是互联网金融企业与开发商及技术人员签订保密协议，保护敏感数据。

（3）运维类风险事项

运维类风险事项的不利影响大。一是文档不齐备、不一致，导致后续维护工作难度加大，尤其是在开发外包的情况下，系统正式上线后，开发商技术人员绝大部分甚至全部撤离，后续维护难度更大。维护难度加大后，维护的时间成本增加、维护的经济成本加大、影响合作方的业务正常开展。二是如前所述，完善性维护和纠错性维护频繁，加之软件系统运行往往涉及多个相关方，由维护产生的操作风险往往较大。

我们建议，对于运维类风险事项，主要由互联网金融企业加强对开发商的管理，设计严格的维护流程（尤其是完善性维护和纠错性维护），予以控制。

2．按影响方面

如前所述，软件型风险事项可划分为功能类风险事项、性能类风险事项。

（1）功能类风险事项

功能类风险事项的不利影响大。一是对于涉及资金的功能性风险事项可能导致客户资金损失，比如网络借贷平台的客户提现功能未对提现银行卡进行真实性核验，可能导致不法分子修改客户提现银行卡号提现，盗取客户资金。二是不涉及客户资金的功能性风险事项，也可能导致损失。比如网络借贷平台的借款标的功能异常，发生重复发标，客户投资后流标导致客户失去其他投资机会。三是不涉及客户资金的功能性风险事项，可能影响用户体念，降低互联网金融企业的竞争力。

我们建议，对于功能类风险事项：一是对于涉及资金的，由行业协会发布相关指引，由互联网金融企业管理层按指引开展系统上线前检查。二是对于可能导致用户损失的和影响用户体念的，由互联网金融企业配备专门人员把控。

（2）性能类风险事项

性能类风险事项的不利影响较难确定。一是对于前台功能而言，性能类风险事项的发生，通常影响客户体念，不会造成资金损失。二是对于后台功能，性能类风险事项的发生，轻则致使业务处理速度变慢，重则波及合作机构业务系统，甚至影响资金安全。比如互联网支付机构的系统性能下降，支付超时后向合作商户反馈支付失败，实际上支付成功，进而产生不平账。

我们建议，对于性能类风险事项：一是对于涉及外部接口的性能指标，由行业协会在充分调研的基础上发布统一技术标准，降低技术复杂度和接口切换成本。二是互联网金融企业配备专人监控系统性能，一旦出现系统性能严重下滑，立即启动应急措施。三是互联网金融企业与合作伙伴构建容错机制，防止性能类风险事项的发生导致资金损失。

（三）硬件型风险事项

硬件型风险事项的不利影响大。一是硬件型风险事项的影响范围大，既可能造成数据丢失，也可能导致信息科技系统运行异常，既可能是软件系统功能异常，也可能导致软件系统性能下降。二是硬件型风险事项损失往往较大。硬件型风险事项通常不会发生，一旦发生，往往需要较长的时间修复，时间成本和资金成本往往较大。三是硬件型风险事项的发生，往往会向外传导。比如网络借贷平台的加密机故障，会导致交易失败，影响融资人和投资人在平台上的交易。

我们建议，对于硬件型风险事项：一是互联网金融企业加强硬件系统的巡检和监测。二是互联网金融企业对重要设备采用双热等模式运行。三是行业协会在必要时发布重要设备的预警指标供会员参考。

四、外部事件

如前所述，外部事件可划分为行为类和事实类两类风险事项，也可划分为原发性外部事件和次生性外部事件。

（一）按意识行为

1. 行为类外部事件

（1）故意性行为

与内部人员的故意行为类似，故意性行为的不利影响大。一是故意行为主观恶性大。二是故意行为往往以造成某种损失为目的，其发生损失的可能性很大。三是故意性行为的外部事件本身就具有外部性，外部不利影响大。

我们建议，对于故意性行为：一是行业协会组织会员单位构建外部人员不良行为黑名单机制，实现共享互通，共同打击不良分子。二是行业协会牵头与公安、法院等部门沟通交流，与司法部门共享黑名单，并共同打击不良分子。三是行业协会组织开发数学模型，会员单位据此识别外部不良分子。

（2）过失性行为

与内部人员的过失行为类似，过失行为的不利影响较大。一是过失行为主观恶性较小。二是过失行为不追求损失发生，其隐蔽性较小。三是过失行为可能产生很大的不利影响。

我们建议，对于过失性行为主要依靠互联网金融企业设计良好的制度流程予以防范。

2．事实类外部事件

事实类外部事件的不利影响大。一是事实类外部事件的影响面通常较广。二是事实类外部事件往往难以防备。三是事实类外部事件外部传播较快，容易产生声誉风险。

我们建议，对于事实类外部事件，主要依靠互联网金融企业设计相应的体制机制予以防范。

（二）按起源

如前所述，外部事件可分为原发性外部事件和次生性外部事件。

1．原发性外部事件

原发性外部事件的不利影响较大。一是原发性外部事件造成的损失往往较大。二是原发性外部事件的针对性强。三是原发性外部事件处置成本较高。

我们建议，对于原发性外部事件，除前述措施外，互联网金融企业可与专业公司合作，应对故意性原发外部事件。

2．次生性外部事件

次生性外部事件的不利影响大。一是次生性外部事件隐蔽性强。二是次生性外部事件处置成本高。三是次生性外部事件针对性极强。

我们建议，可采取原发性外部事件类似措施，应对次生性外部事件。

第四节　分业特点

一、网络借贷机构

网络借贷机构的操作风险具有涉他性、严重性、强传导性、不平衡性和业务差异性等特点。

（一）涉他性

如前所述，与信用风险类似，网络借贷机构的操作风险具有涉他性。一是制度流程通常涉及投资人、融资人、担保人和资金存管方。二是部分网络借贷机构的信息科技系统搭建于外部服务提供商的软硬件平台之上，科技信息系统的运行和维护涉及第三人。三是网络借贷平台面临的外部安全威胁较大，受到外部攻击等类似事件常有发生。

（二）严重性

网络借贷机构的操作风险比较严重。一是部分网络借贷平台的制度流程供给不足，制度流程设计不尽合理（比如公司财务人员兼管客户资金）。二是部分网络借贷机构治理结构失当、治理层错位和缺位等现象比较突出。三是部分网络借贷机构的信息科技系统安全保密措施不到位，数据型风险事项问题比较严重。四是外部欺诈和网络攻击等故意性外部事件常有发生。

（三）强传导性

网络借贷机构的操作风险具有强传导性。一是网络借贷平台的操作风险容易向信用风险等其他风险传导。比如开展车辆质押借款业务的网络借贷平台，车辆评估失误可能导致车辆处置还款不足，诱发信用风险。二是网络借贷平台的操作风险容易向客户传导。比如网络借贷平台的发标流程错误导致借款主体错误，操作风险便向投资人传导。三是网络借贷平台的操作风险容易向合作机构传导。比如网络借贷平台的信息科技系统故障，可能向资金存管方传导。

（四）不平衡性

网络借贷平台的操作风险具有不平衡性。一是不同网络借贷平台之间操作风险差异较大。有的网络借贷平台建立了较好的操作风险管理体系，有的网络借贷平台风险管理体系建设尚未起步。二是不同网络借贷平台，四大类不同类型的风险事项也呈现出不平衡性。有的网络借贷平台制度流程比较规范，有的网络借贷平台信息科技系统运营管理比较规范，有的网络借贷平台外部事件控制得较好。三是不同网络借贷平台在同一大类风险事项下也呈现出不平衡性。有的网络借贷平台使用硬件加密机基于硬件加密、交易校验等机制对数据进行了很好的保护，有的网络借贷平台尚未启用相应措施。

（五）业务差异性

网络借贷平台的操作风险存在较大的业务差异性。尽管网络借贷平台具有制度流程、内部人员、信息科技系统和外部事件四大类风险因素，并且大部分风险因素相同。但因各网络借贷平台的业务不尽相同，网络借贷平台之间的操作风险具有一定的业务差异性。比如车辆抵质押借款平台，其车辆抵质押相关的制度流程具有独特性；票据质押借款平台，其票据托管和兑付相关的制度流程具有独特性；与小额贷款公司合作开展接力贷业务的网络借贷平台，其小额贷款公司合作相关的制度流程具有独特性；与担保公司开展合作的网络借贷平台，其担保公司合作相关的制度流程具有独特性。制度流程的独特性必然带来操作风险事项的独特性。

二、股权众筹机构

股权众筹平台的操作风险与网络借贷平台相似，也具有涉他性、严重性、强传导性、不平衡性和业务差异性等特点。其涉他性、强传导性和不平衡性三个特点与网络借贷平台类似，不再赘述。

（一）严重性

与网络借贷平台相比，股权众筹平台的操作风险的严重性程度相对较低，原因在于：一是股权众筹发展相对缓慢，影响力相对较小，受到外部事件威胁较小；二是股权众筹平台机构数量相对较少，相关平台风险管理水平相对较高；三是股权众筹平台项目吸引力比较有限，投资人数较少，影响范围较小。

（二）业务差异性

就业务差异性而言，与网络借贷平台相比相对较小，原因在于：一是股权众筹平台的业务类型相对集中，主要是“股权投资，股东附条件附期限回购”和“附期限股权收益权转让”两种类型，平台间的差异主要体现在抵质押品方面，但总体而言种类有限。

三、互联网支付机构

互联网支付机构的操作风险具有涉他性、独特性、强传导性、相对平衡性和业务相似性等特点。

（一）涉他性

如前所述，与信用风险类似，互联网支付机构的操作风险具有涉他性。一是制度流程通常涉及商户、个人客户、银行和其他中间渠道。二是与资金相关的制度流程（如客户备付金管理制度和流程）涉及他人的资金。三是损失涉他性，操作风险事项的发生容易导致客户备付金出现缺口，往往损害商户、个人客户的利益。

（二）独特性

与网络借贷平台和股权众筹平台相比，互联网支付机构的操作风险具有独特性。一是客户备付金相关的风险备受关注。互联网支付机构的客户备付金涉及公众利益，历来是监管机构关注的重点，从近期暴露出的支付机构风险事件看，导致支付机构倒闭的最大诱因也是备付金管理出现严重风险。二是清结算风险较大。在互联网支付机构合法管理客户备付金的情况下，互联网支付机构的清结算风险依然是第一大操作风险。曾有支付机构发生重复清算，导致重划账金额达到亿元级，也曾有支付机构中间渠道出现故障，提前清算导致客户备付金短款千万级。

（三）强传导性

互联网支付机构的操作风险具有强传导性。一是互联网支付机构的操作风险容易向信用风险等其他风险传导。比如互联网支付机构入金中间渠道出现故障情况下提前清算，极易诱发对个人客户的信用风险。二是互联网支付机构的操作风险容易向客户传导。比如互联网支付机构的信息科技系统故障，容易导致客户操作失败。三是互联网支付机构的操作风险容易向合作机构传导。比如互联网支付机构的清算系统故障，可能向合作商户传导。

（四）相对平衡性

互联网支付机构的操作风险具有相对平衡性，即机构之间的操作风险差异较小，原因在于：一是互联网支付机构历经 5 年以上，从业人员经过了监管机构和行业协会的多年培训和考核。二是互联网支付机构的业务处理系统上线前已经监管机构认可的检测机构检测。三是互联网支付机构的业务处理系统多为自主开发且部署于自身机房。四是互联网支付机构面临的外部事件大同小异。

（五）业务相似性

互联网支付机构的操作风险具有业务相似性，即互联网支付机构开展的支付类型大同小异，业务种类明显不如网络借贷平台多样化。因此，互联网支付机构之间的操作风险具有较大的相似性。

四、互联网征信机构

互联网征信机构的操作风险具有涉他性、片面性、传导性、相对平衡性和业务相似性等。其中，传导性、相对平衡性和业务相似性与互联网支付机构类似，不再赘述。

（一）涉他性

互联网征信机构操作风险的涉他性主要表现为：一是数据涉他性。互联网征信机构以经营数据为基础且其数据多为他人相关的数据，一旦发生数据型风险事项，往往造成他人损失。二是业务涉他性。互联网征信机构对外提供数据和征信服务，其操作风险容易传导到合作机构。

（二）片面性

互联网征信机构操作风险的片面性主要表现在：一是主要风险集中在数据上而不是资金上，数据型风险事项尤为重要。二是互联网征信机构不涉及他人资金，无与他人资金相关的风险事项。三是互联网征信机构的外部事件相对较少，比如外部欺诈，明显少于互联网支付机构。

五、互联网小额贷款机构

互联网小额贷款公司的操作风险具有内部性、相对平衡性、弱传导性和业务相似性等特点。相对平衡性与互联网支付机构类似，不再赘述。

（一）内部性

互联网小额贷款机构操作风险仅少部分会向借款人传导，大多数操作风险影响内部，表现出较强的内部性。

（二）业务相似性

由于互联网小额贷款机构的网络小额贷款产品交易结构、参与主体、交易流程等大同小异，且通常抵质押品的类型也差别不大。因此，各机构之间业务相似度较高，与业务相关的操作风险相对雷同。

六、互联网消费金融机构

互联网消费金融机构的操作风险与互联网小额贷款机构相似，具有较强的内部性、相对平衡性、弱传导性，不再赘述。其操作风险具有较强的业务差异性。其业务差异表现为不同机构的消费金融支持的产品或服务不同，其交易结构和交易流程往往不同，进而与产品相关的操作风险也就存在较大的差异。比如以消费电子为主打产品的互联网消费金融机构与以旅游服务为主打产品的互联网消费金融机构，其产品相关的操作风险存在很大的差异。

七、互联网保险机构

保险公司和保险专业中介机构利用自有互联网平台开展互联网保险销售业务，其操作风险具有较强的内部性、弱传导性、相对平衡性、业务相似性等特性，这些特性不再赘述。第三方网络平台利用互联网平台与持牌机构合作销售保险公司的消费类保险产品时，其操作风险具有较强的内部性、弱传导性、业务相似性和不平衡性，这些特性不再赘述。

第四章 ➤ 合规风险

第一节　概念

一、定义

关于合规风险，巴塞尔委员会和银监会均分别给予了定义。巴塞尔委员会认为:“合规风险是银行因未能遵循法律法规、监管要求、规则、自律性组织制定的有关准则，以及适用于银行自身业务活动的行为准则，而可能遭受法律制裁或监管处罚、重大财务损失或声誉损失的风险。”银监会认为：“合规风险商业银行因没有遵循法律、规则和准则可能遭受法律制裁、监管处罚、重大财务损失和声誉损失的风险。法律、规则和准则，是指适用于银行业经营活动的法律、行政法规、部门规章及其他规范性文件、经营规则、自律性组织的行业准则、行为守则和职业操守。”巴塞尔委员会和银监会对合规风险的定义，在合规主体、损失类型和发生后果方面相同，在规则范围、概念内涵等方面存在差异：第一，在合规主体方面，巴塞尔委员会和银监会均强调合规的主体是银行，并不涉及银行的客户以及银行的合作机构。比如互联网支付机构与银行合作开展备付金存管业务，从两者的定义看，合规主体仅为银行，而不含与之合作的互联网支付机构。第二，在损失类型方面，巴塞尔委员会和银监会均认为合规风险可能发生法律制裁、监管处罚、重大财务损失和声誉损失四大类损失，类型完全相同。第三，发生后果方面，巴塞尔委员会和银监会均认为合规风险发生的后果是产生损失，并不产生收益，即合规风险不存在收益和损失并存的情况。第四，在规则范围方面，巴塞尔委员会认为，“适用于银行自身业务活动的行为准则”也是规则范围，即银行未遵守自身制定的规则制度，也会发生合规风险。而银监会将银行自身制定的规则制度排除在外。第五，巴塞尔委员会的合规风险内涵大于银监会。银监会排除了银行自身制定的规则制度，而银行自身制定的规则制度在银行日常运行中发挥着重要作用。显然，巴塞尔委员会的合规风险内涵更大。

参照巴塞尔委员会和银监会对合规风险的定义，结合我国互联网金融发展实际，我们对合规风险做如下界定：

定义 4-1 合规风险指互联网金融企业未遵守法律、法规、规章、行业协会强制性自律规范和其他规范性文件可能遭受法律制裁或监管处罚、财务损失或声誉损失，给企业实现经营目标带来的不利影响。

在我们论及法律时，“法律”通常具有狭义和广义两层含义，狭义的法律仅指全国人民代表大会及其常务委员会制定的规范性文件；广义的法律除了狭义法律外，还包括国务院制定的行政法规、有权的地方人民代表大会及其常务委员会制定的地方性法规、国务院组成部门及直属单位制定的部门规章、有权的地方人民政府制定的政府规章，以及前述机构和其他行政机关发布的其他规范性文件。

第一，在规则范围方面，我们将互联网金融企业自身制定的制度流程排除在合规风险的规则范围之外，一是如前所述，对于企业未按照自身制定的制度流程开展业务，制度流程未得到执行或未得到一贯执行，属于操作风险范畴。二是与银监会界定保持一致，减少误解，以便凝聚更多的共识。如无特别说明，后续讨论提及的规则统指“法律、法规、规章、行业协会强制性自律规范和其他规范性文件”。第二，在规则表述方面，我们参照了银监会的界定，具体表述为法律、法规、规章等，主要在于银监会的规则表述更符合我国的立法实际，更符合合规人员的思维习惯。第三，在损失类型上，我们沿用了巴塞尔委员会和银监会的四大损失类型，主要在于互联网金融企业发生合规风险时，四种类型的损失均有可能发生。比如近期个别 P2P 平台面临刑事法律制裁进而遭受声誉损失，个别互联网支付机构受到监管处罚进而遭受财务损失。第四，在损失方面，我们并不强调财务损失是否重大，只强调发生财务损失。原因在于：一是互联网金融企业整体实力有限，即使一般财产损失也对其具有较大影响，其很难像银行承受上亿元的损失。二是重大损失缺乏明确标准，往往难以界定。三是部门规章规定的经济处罚不超过 3 万元，很难界定为重大，而部门规章又是监管机构自主管理互联网金融企业的最高法律手段。第五，除了银监会提及的行政法规外，我们将规则范围扩大到了地方性法规，主要考虑互联网金融业态繁多，除国务院将来可能制定行政法规外，适格的地方人民代表大会及其常务委员会也可能出台地方性法规，故表述为“法规”。第六，除了银监会提及的“部门规章”外，我们将规则范围扩大到政府规章，主要考虑现在部分互联网金融业态由部门规章管理，比如互联网支付机构由中国人民银行发布的部门规章管理(《非金融机构支付服务管理办法》(中国人民银行令〔2010〕第 2 号))，部分互联网金融业态可能会由政府规章管理（比如互联网小额贷款机构），故我们统一表述为“规章”。第七，关于行业自律规范，我们特意强调了强制性规定，主要考虑行业协会的自律规范通常有强制性规范和任意性规范，违反任意性规范不会导致法律制裁、监管处罚、重大财产损失或声誉风险，比如中国互联网金融协会发布的《互联网金融信息披露标准——个体网络借贷》规定，“从业机构可披露的基本信息”，该项规定便是任意性规定。第八，我们保留了其他规范性文件，原因在于：一是中央部委层级的监管机构，除了部门规章外，其他规范性文件是其实施互联网金融监管的常用手段，甚至比部门规章还频繁。比如就支付机构而言，除了一个部门规章外，中国人民银行先后发布了《非金融机构支付服务管理办法实施细则》、《支付机构客户备付金存管办法》、《支付机构预付卡业务管理办法》和《非银行支付机构网络支付业务管理办法》等多个其他规范性文件。二是地方层面，除政府规章外，其他规范性文件也是其实施互联网金融监管的常用手段。比如省市金融办发布的互联网小额贷款机构相关的业务管理办法，便是其他规范性文件。

二、特征

（一）规则具有层次性

根据我国《立法法》等相关规定，我国的法律体系由位阶不同的各层次法律组成，具体包括宪法、法律、行政法规、地方性法规、部门规章、政府规章以及自治条例和单行条例等法律以及其他规范性文件。宪法位阶最高，其次是法律（全国人大及其常委会制定的法律），再次是行政法规和地方性法规，又次是部门规章和政府规章，最后是其他规范性文件。自治条例和单行条例，互联网金融很难涉及，不做讨论。就互联网金融企业而言，其合规范畴主要是法律、部门规章和其他规范性文件。比如互联网支付机构的规则范畴主要涉及《中国人民银行法》等法律、《非金融机构支付服务管理办法》等部门规章以及前述诸多其他规范性文件。

（二）规则层级总体较低

互联网金融的规则层级总体较低，主要表现在：一是专门规制互联网支付机构的法律最高为部门规章，具体情况如前所述。二是网络借贷机构和股权众筹机构缺乏明确法律支持，截至目前，除最高人民法院《关于审理民间借贷案件适用法律若干问题的规定》（法释〔2015〕18 号）对网络借贷进行了零星解释外，股权众筹机构业务规则的征求意见稿尚未正式发布，其最高为部门规章；《网络借贷信息中介机构业务活动管理暂行办法》为联合部门规章。两类机构的反向规制主要涉及《刑法》、《最高人民法院关于审理非法集资刑事案件具体应用法律若干问题的解释》（法释〔2010〕18 号）等法律。三是对互联网小额贷款机构而言，其业务规制由各省市政府负责，各省市政府多以办公厅发文形式发布规则，其法律层级甚至不到政府规章，其具体业务细则更多以省市政府金融办名义发布，为层级更低的其他规范性文件。四是对互联网保险机构而言，保监会发布了《互联网保险管理暂行办法》，法律层级仅为其他规范性文件。

（三）自律规则不足

如前所述，在国家法律体系层面，互联网金融的法律供给不足，在行业自律规则层面，也同样存在自律规则供给不足。一是互联网支付机构的行业协会之一中国支付清算协会截至目前，其发布的自律规则比较有限，尤其是业务规则，明显不足。二是全国小额贷款协会的成立时间也较短，尚未针对互联网小额贷款机构发布自律规则。三是中国互联网金融协会成立伊始，尽管发布了多项自律规则，但总体而言，业务规则供给仍然不足。

（四）规则变动性强

如前所述，互联网金融的规则层级相对较低、规则供给不足，将导致未来规则层级提升、规则逐步供给，进而使得合规风险所涉及的规则存在较大的变动性。一是与互联网支付机构相关的《非金融机构支付服务管理办法》可能提升为行政法规，据悉相关工作已在计划之中；同时，随着网联平台的建立，中国支付清算协会必然就此推出互联网支付相关的业务规则。二是股权众筹平台的业务规则已完成征求意见，正式发布只是时间问题。

（五）责任多样性

互联网金融的法律制度供给不足，业务规则不明，互联网金融的创新特性往往对现行规则有所突破，加之少数不法分子乘虚而入，使得合规风险事项发生后，责任呈现多样化特性。一是责任形式多样性，刑事责任、民事责任和行政责任均有体现。刑事责任以网络借贷平台最为突出，民事责任在互联网支付机构、网络借贷平台、股权众筹平台均有体现，就行政责任而言，互联网支付机构尤为突出，近期中国人民银行对个别互联网支付机构的行政处罚便是一例。二是责任主体多样化，企业本身、高管甚至普通员工均有所涉及。网络借贷平台的主体多样化最突出，企业、高管和普通员工均有涉及的案例；互联网支付机构的责任主体主要是企业和高管，近期中国人民银行的行政处罚可见一斑。

（六）因果内部化倾向

与操作风险的外部化倾向相比，合规风险具有明显的内部化倾向。一是诱因具有内部性。信用风险的诱因主要来源于债务人、担保人和回购人等外部人员，操作风险的信息科技系统、外部事件等也往往具有外部因素，但合规风险的诱因则主要在于互联网金融企业内部。二是责任的内部性。合规风险事项发生后，其产生的责任由企业、高管和普通员工承受，更多由企业自身承受，不像网络借贷平台和股权众筹平台的信用风险，可能由外部人员承受。

（七）损失外部化倾向

损失外部化倾向，即互联网金融企业若不按相关法律开展业务，其产生的损失往往波及外部人员。比如互联网支付机构不按中国人民银行规定存管客户备付金，甚至挪用客户备付金，其损失直接向其客户传导，同为支付机构的个别预付卡支付机构挪用客户备付金导致备付金缺口重大，便是一例。又如网络借贷平台不按规定进行资金存管，开办资金池，甚至挪用客户资金，其损失也直接向投资人传导。

（八）规制单边性

如前所述，互联网金融的合规风险规则范畴常以规章和其他规范性文件形式出现，通常仅对互联网金融企业课以义务，实施管理，即使对消费者有所提及，也多是对其进行保护，也不会对互联网金融企业的合作伙伴课以义务。其对互联网金融企业合作伙伴的管理，也是通过互联网金融企业完成，比如《预付卡业务管理办法》规定“特约商户有下列情形之一的，中国人民银行及其分支机构责令支付机构取消其特约商户资格”。单边性决定了互联网金融企业须将监管部门涉及合作伙伴的要求写入合作伙伴的合作协议之中，以便更好地执行监管部门的规定，避免合规风险。

STOPPED

专栏 如何区分规章和其他规范性文件？

如前所述，互联网金融的规则范畴中，其他规范性文件往往多于规章（部门规章和政府规章），如何区分规章和其他规范性文件呢？按《立法法》和《规章制定程序条例 》(中华人民共和国国务院令第 322 号，简称《规章条例》) 规定，我们认为，可以从如下方面区分。

一是规范名称。《规章条例》规定，“规章的名称一般称‘规定’、‘办法’”。因此，若规范性文件的名称为“规定”或“办法”，则可能是规章，之所以可能是因为有的其他规范性文件也称为“办法”，比如《非银行支付机构网络支付业务管理办法》。

二是决定机构。《立法法》和《规章条例》规定，部门规章应当经部务会议或者委员会会议决定，地方政府规章应当经政府常务会议或者全体会议决定。决定机构是判断一项规范性文件是不是部门规章或政府规章的关键，若一项规范性文件并非部务会议或委员会会议决定，则不是部门规章，例如由地方政府的金融办或办公厅决定，则并非政府规章。

三是发布形式。《立法法》和《规章条例》规定，部门规章由部门首长签署命令予以公布，地方政府规章由省长、自治区主席、市长或者自治州州长签署命令予以公布。若一项规范性文件并未经部门首长或省长、市长等签署命令发布，则非部门规章或政府规章。

四是行政级别。《立法法》规定，国务院各部、委员会、中国人民银行、审计署和具有行政管理职能的直属机构，可以制定部门规章；省、自治区、直辖市和设区的市、自治州的人民政府，可以制定政府规章。因此，部委行署等的内设司局以及分支机构无权制定部门规章，省、自治区、直辖市和设区的市、自治州人民政府的内设部门也无权制定政府规章。

《非金融机构支付服务管理办法》为部门规章。一是规范名称为办法；二是经 2010 年 5 月 19 日第 7 次行长办公会议通过，即经部务会议决定；三是由中国人民银行行长周小川签署命令发布《中国人民银行令〔2010〕第 2 号》；四是中国人民银行具有规章制定权。《非银行支付机构网络支付业务管理办法》为其他规范性文件。一是中国人民银行发布时并未提及经行长办公会通过；二是并未经中国人民银行行长签署命令发布而是以人民银行公告形式发布。

《重庆市小额贷款公司试点管理暂行办法》为其他规范性文件，并非政府规章。一是发布时并未提及经重庆市政府常务会议或者全体会议决定；二是办法以通知形式下发并非以命令形式发布且无市长签署；三是发布机构为重庆市政府办公厅，并非重庆市人民政府。

2015 年 7 月 18 日，中国人民银行联合工业和信息化部等九部委发布了《关于促进互联网金融健康发展的指导意见》（银发〔2015〕221 号，简称《指导意见》），社会各界将其视为中国互联网金融的基本法，那么按《立法法》和《规章条例》，其究竟属于什么层级的法律呢？下面我们以专题形式，做简要分析。

STOPPED

专栏 《关于促进互联网金融健康发展的指导意见》是什么层级的法律？

我们认为，《指导意见》是实际效力极高的其他规范性文件。实际效力极高，原因在于《指导意见》经过了政治局常委会和国务院审议，《指导意见》专门提及经党中央、国务院同意，政治局常委会为党的日常最高决策机关，国务院为最高行政机关，经两大最高决策机构审议通过，必然在党内外和行政体系内外具有统领全局的作用，进而被各界视为互联网金融的基本法。因此，其实际效力极高。同时，从《立法法》和《规章条例》角度分析，其又仅仅属于其他规范性文件。理由如下：第一，《指导意见》不是行政法规和法律，其以中国人民银行联合其他九部委发布，发布机关为国务院部委，并非国务院，不属于行政法规，当然更谈不上全国人大或其常委会制定的法律。第二，《指导意见》也不属于部门规章。一是《指导意见》的名称不符合《规章条例》规定。如前所述，规章的名称一般为“规定”或“办法”，《指导意见》的名称为“意见”。二是决定机构不符合规章要求。《指导意见》并未经中国人民银行行长办公会审议，也未经其他联合发文部委的部务会议或者委员会会议决定，决定机构不符合《立法法》和《规章条例》的要求。三是发布形式不符合规章要求。《指导意见》并未以牵头部委中国人民银行行长令的名义发布，而是以通知形式发布，且无中国人民银行行长签署，也无其他联合部委首长的联合署名，发布形式不符合《立法法》和《规章条例》要求。综上，从法律层次上讲，《指导意见》只能是其他规范性文件。

定义 4-2　合规风险 MR 可描述为一个 7 元组的动态系统，即 $MR=(E, MV_t, MT_t, MP_t, MS_t, MF_t, MG_t)$。

其中，E 为互联网金融机构。MV_t 为合规风险的风险事项集合；MT_t 为合规风险的相关经营目标集合（如一般性违规不超过 3 次、重大违规 0 次）；MP_t 为合规风险的等级的集合，由于合规风险事项发生的概率缺乏足够数据支撑予以估计，故对风险事项发生可能性以发生等级的形式进行定性评估；MS_t 为合规风险的损失集合；MF_t 为评估每个合规风险事项发生的等级的方法集合；MG_t 为评估每个合规风险事项发生后的损失大小的方法集合。

当前，对互联网金融企业而言：风险事项 MV_t，对于网络借贷机构、互联网支付机构、互联网保险机构、互联网小额贷款机构和互联网消费金融机构而言相对容易构建。监管机构已经出台了相应的监管政策和业务规则，从业机构的具体业务和产品设计等应当从哪些方面入手判断合规性，相对清晰明了。对于股权众筹机构等从业机构，由于业务本身对现行规则有所突破，新的业务规则尚未发布，从业机构的具体业务和产品的合规性判断缺乏合理规则供给，构建相对较难。MT_t 的构建取决于互联网金融企业的管理层，主要取决于管理层的合规意识。从当前部分互联网支付机构被监管部门处罚、牌照续期延后等情况看，互联网支付机构治理层的合规意识的确有待加强。对网络借贷机构而言，治理层的合规意识也亟待提升，部分网络借贷平台被经侦追责，可见一斑。对于股权众筹机构，在历经此轮互联网金融整治之后，其管理层合规意识应当明显提升。我们期待在不久的将来，互联网金融企业治理层能将 MT_t 的构建放在首要地位。MP_t 的构建，与操作风险相似，相对较难。对于 MS_t，网络借贷机构、互联网支付机构、互联网保险机构、互联网小额贷款机构和互联网消费金融机构等已具有明晰监管规则的从业机构，按照规则条文通常容易构建，对于股权众筹机构等从业机构，除极端情况外，尚缺乏明晰条文支撑，构建相对较难。与操作风险相似，MF_t 的构建难度很大，相反 MG_t 的构建相对容易，对照规则条文便是一种常用方法。

对于同一机构而言，合规风险 MR 也存在式（2-1）到式（2-7）类似的关系，不再赘述。

第二节　风险事项

对于合规风险的风险事项，我们拟从规则层次、资金相关、效力相关、实体程序等角度进行研究分析。

一、规则层次

如前所述，根据规则的位阶，规则包括法律、法规、规章、行业协会强制性自律规范和其他规范性文件等。相应地，风险事项可划分为法律类风险事项、法规类风险事项、规章类风险事项、自律类风险事项和其他规范类风险事项。

（一）法律类风险事项

法律类风险事项指互联网金融企业违反法律相关规定给企业带来不利影响的事项。与互联网金融企业关系最为紧密的法律包括《刑法》、《刑事诉讼法》、《民法通则》、《民事诉讼法》、《物权法》、《合同法》、《公司法》、《担保法》以及这些法律的司法解释，《中国人民银行法》、《银行业监督管理法》、《反洗钱法》、《企业所得税法》、《个人所得税法》、《税收征收管理法》、《行政处罚法》、《行政许可法》、《行政复议法》和《行政诉讼法》等法律。首先，刑法方面，就目前而言，网络借贷机构和股权众筹机构与《刑法》关系最为紧密，因缺乏具体业务规则和许可资质，难免存在非法集资之嫌。相对而言，互联网小额贷款机构、互联网支付机构和互联网保险机构与《刑法》关系不大。互联网金融企业未遵循《刑事诉讼法》相关规定维护权益，可能招致本可避免的财产损失，甚至产生新的损失。其次，民法方面，互联网金融企业未依照《民法通则》及其司法解释开展业务，也存在遭受损失的可能。发生民事纠纷后，未按照《民事诉讼法》及相关司法解释处理，可能使损失扩大，或产生新的损失，故我们将其列入其中。《物权法》、《担保法》、《公司法》和《合同法》及相关司法解释而言，若互联网金融企业未按其效力性强制规定开展业务，可能导致相关法律行为无效，进而遭受损失。尤其是网络借贷机构、股权众筹机构、互联网小额贷款机构等从业机构，一是签订的合同违反《合同法》关于合同无效的相关规定，将导致投资人与融资人之间的融资合同无效或者自身与融资人之间的融资合同无效；二是对于《物权法》规定登记生效的抵押权，未办理登记，将导致抵押权不生效，对于《物权法》规定登记对抗的抵押权，未办理登记，将不能对抗善意第三人，从而可能给投资人或自身带来不利影响；三是担保人为公司的，未按照《公司法》相关规定履行内部决策程序，按《担保法》及司法解释，可能导致担保无效。最后，行政方面，中国人民银行和银监会在实施行政处罚时，通常会分别以《中国人民银行法》和《银行业监督管理法》为依据；《反洗钱法》我们将在洗钱风险部分专门讨论；按《行政许可法》应当取得许可或续期的互联网金融企业（比如互联网支付机构）未取得许可或未取得续期，将招致不利影响；互联网金融企业可能遭受行政处罚时，未按照《行政处罚法》、《行政复议法》和《行政诉讼法》维护自身权益时，也可能带来不利影响；互联网金融企业未按照《企业所得税法》、《个人所得税法》、《税收征收管理法》等缴纳和代扣代缴企业所得税和个人所得税以及其他税收时，也可能带来不利影响。

（二）法规类风险事项

法规类风险事项指互联网金融企业违反法规相关规定给企业带来不利影响的事项。在法规方面，我们主要从行政法规角度进行分析。如前所述，互联网金融合规风险所涉及的业务规则尚无行政法规，在此，我们仅列示与互联网金融企业运营密切相关的几个行政法规：《税收征收管理法实施细则》、《增值税暂行条例》、《企业所得税法实施条例》、《个人所得税法实施条例》和《行政复议法实施条例》等。互联网金融企业未按前四项行政法规缴纳相关税收，可能带来不利影响，税收相关的其他行政法规不再一一列示。同时，互联网金融企业未按《行政复议法实施条例》开展行政复议，也可能面临不利影响。

（三）规章类风险事项

规章类风险事项指互联网金融企业违反规章相关规定给企业带来不利影响的事项。目前，互联网金融企业的业务规则最高由规章规定，就整个互联网金融而言，规章也比较鲜见，如前所述《关于促进互联网金融健康发展的指导意见》仅为其他规范性文件，并非规章。就互联网支付机构而言，中国人民银行发布了《非金融机构支付服务管理办法》一个部门规章；就网络借贷机构而言，银监会联合工信部等部委发布了《网络借贷信息中介机构业务活动管理暂行办法》，最终以部门规章形式发布；就股权众筹机构而言，证监会发布了《私募股权众筹融资管理办法（试行）（征求意见稿）》，究竟以部门规章形式还是其他规范性文件形式发布，有待观察；就互联网保险机构而言，保监会发布了《互联网保险业务监管暂行办法》，并非部门规章，仅是其他规范性文件。就互联网消费金融机构而言，银监会发布了《消费金融公司试点管理办法》为部门规章，但尚未专门出台互联网消费金融方面的部门规章。

互联网小额贷款机构方面，地方政府尚未专门出台政府规章，甚至连小额贷款公司的业务管理办法，也并非政府规章，在中央政府层面，中国人民银行和银监会以通知形式发布了关于小额贷款公司的有关政策，也并非部门规章。

（四）自律类风险事项

自律类风险事项指互联网金融企业违反行业协会自律规范相关规定给企业带来不利影响的事项。互联网金融行业相关的行业协会主要有中国互联网金融协会、中国支付清算协会、中国小额贷款协会、中国证券业协会等行业自律组织。其中，中国互联网金融协会为专注互联网金融行业的自律组织，其会员单位除了传统金融机构外，还包括或将包括互联网金融行业的新生力量互联网支付机构、网络借贷机构、互联网消费金融机构等从业机构，从其近期发布的信息披露管理规范看，其会员单位还可能包括股权众筹机构、互联网理财机构以及从事类似业务的机构。总体而言，中国互联网金融协会涵盖的互联网金融业态范围最广。其次是中国支付清算协会，其会员单位除传统银行等金融机构外，以支付机构为主，其中包括互联网支付机构。再次是中国小额贷款公司协会，会员以小额贷款机构为主，其中包括涉及互联网小额贷款业务的互联网小额贷款机构。最后是中国证券业协会，其会员以证券机构为主，股权众筹机构可能为其潜在会员。

截至目前，中国互联网金融协会发布了《中国互联网金融协会自律惩戒管理办法》、《中国互联网金融协会互联网金融信息披露自律管理规范》和《互联网金融信息披露标准——个体网络借贷》等相关自律规范，其他协会尚未专门针对互联网金融业务发布相应的自律规范，在市场为主、行业自律的大背景下，行业协会的自律规范略显不足。同时，随着互联网金融的进一步发展，行业协会的自律规范将逐渐增加，互联网金融企业的自律类风险事项的数量在未来将成爆发增长态势。值得注意的是，行业主管部门发布的行业标准（比如技术标准），通常为推荐性标准而非强制性标准，尽管相关从业机构并无遵守的义务，但若从业机构未按相关标准开展业务，往往容易产生不利影响。为此，我们将行业主管部门发布的推荐性行业标准归入自律类规范，相应的风险事项为自律风险事项。截至目前，中国人民银行发布了《中国金融移动支付标准（2012）》等行业标准。

（五）其他规范类风险事项

其他规范类风险事项指互联网金融企业违反其他规范性文件相关规定给企业带来不利影响的事项。由于法律、法规和规章要求规则相对稳定、审议决定机构较多、制定流程较长，相反其他规范性文件变化性较强、审议决定机构较少、制定流程较短，能很好地适应监管部门实施行业监管的需要。因此，互联网金融行业监管部门往往多以其他规范性文件实施监管。作为支付机构的监管部门，中国人民银行先后发布了《非金融机构支付服务管理办法实施细则》、《支付机构客户备付金存管暂行办法》、《预付卡业务管理办法》、《非银行支付机构网络支付业务管理办法》等主要的其他规范性文件。近期，中国人民银行联合相关部委发布了《互联网金融风险专项整治工作实施方案》（简称《互金整治方案》）和《非银行支付机构风险专项整治工作实施方案》等其他规范性文件。如前所述，保监会发布了《互联网保险业务监管暂行办法》等其他规范性文件。公开资料显示，银监会向银行机构发布了《中国银监会办公厅关于人人贷有关风险提示的通知》等其他规范性文件。证监会发布了《私募股权众筹融资管理办法（试行）（征求意见稿）》，最终也可能以其他规范性文件形式发布。互联网小额贷款机构方面，如前所述，地方政府尚未以政府规章形式对小额贷款机构实施监管，最高级别为省级政府办公厅以其他规范性文件形式发布相关管理规定，更多情况下为各级金融办以其他规范性文件形式对辖区内小额贷款机构进行行政管理。

将合规风险事项区分为法律类风险事项、法规类风险事项、规章类风险事项、自律类风险事项和其他规范类风险事项，意义在于：一是规则层次不同，对互联网金融企业的影响范围（刑事、民事和行政）往往不同；二是规则层次不同，对互联网金融企业的影响频率也不同，进而适用频率也不同；三是规则层次不同，对互联网金融企业的不利影响大小也不同；四是规则层次不同，对互联网金融企业的后果往往不同。

二、资金相关

按规则调整的内容是否与互联网金融企业的资金或客户资金相关，可将合规风险事项划分为资金类风险事项和非资金类风险事项。

（一）资金类风险事项

资金类风险事项指互联网金融企业违反与资金相关的规则，给其带来不利影响的事项。对于所有互联网金融企业而言，《现金管理暂行条例》、《支付结算办法》等均为资金相关的规则，其规制的资金为互联网金融企业自身的资金。同时，对于涉及公众的互联网金融企业，监管机构需要就客户资金制定相关规则。目前，中国人民银行针对支付机构，专门制定了《支付机构客户备付金存管暂行办法》，《非银行支付机构网络支付业务管理办法》也有资金相关的部分规定。对于网络借贷机构和股权众筹机构等，《指导意见》对客户资金存管提出了明确要求，但具体存管细则尚待出台。对于互联网保险机构，《互联网保险业务监管暂行办法》专门就客户投保资金做出了明确规定。

（二）非资金类风险事项

非资金类风险事项指互联网金融企业违反与资金无关的规则，给其带来不利影响的事项。与资金无关的规则，具体包括推广规则、产品规则、运营规则等业务规则。这类规则尽管不涉及资金，但可能对互联网金融企业产品设计、市场推广，甚至战略发展产生重大影响。

比如《互金整治方案》要求“禁止债权转让”，若禁止一切债权转让，则对车辆抵质押借款和房屋抵押借款的网络借贷机构影响很大。实际业务中，车辆抵质押借款的特点为周期短（通常为一个月）、需求急切（一般从借款人开车到网络借贷机构到借款人获得借款资金在 3 个小时左右）。为满足借款人的时间要求，网络借贷机构往往线下由合作机构先放款形成债权，然后再到网络借贷平台上做债权转让。相反，若借款人直接到网络借贷平台借款，很难满足借款人的要求：车辆收购公司（借款人违约后由其收购质押车辆）评估车辆需要 2 个小时左右，网络借贷平台内部审核发布借款标 1～2 个小时，满标提现 T+1 到账，时间明显过长，T+0 到账手续费过高（0.05%～0.2%，年化后新增成本18%～72%)。对于房屋抵押借款，目前多数省市房屋管理部门均不支持电子合同办理抵押登记，若借款人直接到网络借贷平台借款，必将面临投资人的抵押权不能登记，进而不能生效。为此，网络借贷机构往往由合作的线下机构先行放贷，形成债权办理抵押登记，然后再到网络借贷平台做债权转让。若这类债权转让被禁止，必将对此类网络借贷平台产生直接重大影响。

区分资金类风险事项和非资金类风险事项的意义在于：资金类风险事项直接关系到互联网金融企业甚至公众资金安全，其规制应当更趋严格；对于非资金类风险事项，可区分不同情况，进行分级分类规制。

三、效力相关

按规则调整的内容是否涉及互联网金融企业或其客户民事行为的效力，可将合规风险事项划分为效力类风险事项和非效力类风险事项。

（一）效力类风险事项

效力类风险事项指互联网金融企业违反相关规则将导致其自身或客户的民事行为无效或不生效，给其带来不利影响的事项。与互联网金融企业密切相关的效力相关的规则主要包含在《合同法》、《物权法》、《担保法》和《公司法》及其相关司法解释中。

1. 合同效力

按《合同法》等法律规定，依据合同效力状态，合同可区分为有效合同、效力待定合同、可变更可撤销合同和无效合同等情况。**第一，效力待定。**效力待定合同包括：限制民事行为能力人签订的合同，在法定代理人追认前，效力待定（纯获利益或与其年龄、智力、精神健康状况相适应而订立的除外）；无权代理人以被代理人名义签订的合同，被代理人追认前，效力待定（表见代理除外）；无权处分人处分他人财产，权利人追认或无权处分人取得处分权之前，效力待定（按梁慧星教授观点，夫妻一方未经另一方同意以共有房屋抵押借款，并非无权处分）。三类效力待定合同在互联网支付机构、网络借贷机构、股权众筹机构、互联网小额贷款机构和互联网消费金融机构均有可能出现。比如未满 18 周岁的学生使用互联网支付机构的支付服务，与互联网支付机构签订相关服务协议，并进行较大金额的资金支付，在未经其法定代理人追认前，很可能为效力待定合同。网络借贷机构的小微企业客户的员工，未经小微企业主授权办理借款业务，则为无权代理，借款合同很可能效力待定。**第二，可变更可撤销**。可变更可撤销合同：一是因重大误解订立的合同；二是在订立时显失公平的合同；三是一方以欺诈、胁迫的手段或者乘人之危，使对方在违背真实意思的情况下订立的合同。互联网金融企业在开展业务、市场推广过程中，若所做的宣传推广导致客户存在重大误解，则可能导致合同可变更可撤销。比如股权众筹平台在市场推广过程中，将股权产品包装为债权产品，导致投资人误解为债权产品进行投资，则可能因存在重大误解使得投资合同成为可变更可撤销合同。又如网络借贷平台以奇高的综合利率撮合借款人与投资人之间的借贷交易，并将绝大部分综合收益以居间服务费名义收取，则借款人与网络借贷平台之间的居间服务合同可能因显示公平成为可变更可撤销合同。再如股权众筹机构或网络借贷机构，在宣传推广过程中，对投资人进行欺诈，进而促使投资人投资，机构收取居间费用，则其居间合同可能因为欺诈成为可变更可撤销合同。**第三，无效**。无效合同包括：一是一方以欺诈、胁迫的手段订立的损害国家利益的合同；二是恶意串通，损害国家、集体或者第三人利益的合同；三是以合法形式掩盖非法目的的合同；四是损害社会公共利益的合同；五是违反法律、行政法规的强制性规定（效力性强制规定）的合同。互联网金融企业在开展业务过程中，后四类无效合同均有可能出现：网络借贷平台与借款人恶意串通，损害投资人利益，其签订的合同可能为无效合同；以借款人裸照作为合同条款的合同，因有违善良风俗，损害社会公共利益，其合同可能无效。

2. 担保效力

股权众筹机构、网络借贷机构、互联网小额贷款机构等互联网金融企业在开展业务过程中，往往要求融资人提供担保，在担保过程中可能因为种种原因导致担保无效。依据《担保法》及司法解释，大致可以分为主体无效和约定无效等情形。**第一，主体无效**。即因担保人不适当导致担保合同无效，具体包括：一是企业法人的分支机构未经法人书面授权或者超出授权范围与债权人订立的保证合同，该合同无效或者超出授权范围的部分无效；二是董事、经理违反《公司法》规定，以公司资产为本公司的股东或者其他个人债务提供担保签订的担保合同无效；三是企业法人的职能部门提供保证签订的保证合同无效；四是国家机关和以公益为目的的事业单位、社会团体违反法律规定提供担保签订的担保合同无效。对于股权众筹机构，网络借贷平台、互联网小额贷款机构等互联网金融企业，前三类主体无效发生的可能性较大。**第二，约定无效**。约定无效指担保人与债权人的抵押或质押存在流押或流质使相关条款无效（尽管学者在《物权法》起草中竭力主张有条件承认其有效，最终未获通过）：担保合同约定，债务履行期届满抵质押权人未受清偿时，抵质押物的所有权转移为债权人所有的条款无效。对于股权众筹机构、网络借贷机构、互联网小额贷款机构等互联网金融企业，两类约定无效均有可能。

3. 担保物权效力

股权众筹机构、网络借贷机构、互联网小额贷款机构等互联网金融企业在开展业务过程中，往往要求融资人提供不动产抵押、动产质押和权利质押。按《物权法》及司法解释，各种担保物权的生效规则有所差异，总的原则为不动产担保物权以登记作为生效要件，动产担保物权以交付为生效要件，权利担保物权以登记或交付为生效要件。具体情况如下：一是登记生效。建筑物和其他土地附着物、建设用地使用权，以招标、拍卖、公开协商等方式取得的荒地等土地承包经营权，正在建造的建筑物等不动产上设立的抵押权，需办理登记方可生效。二是登记对抗。生产设备、原材料、半成品、产品、正在建造的船舶和航空器、交通运输工具，企业、个体工商户、农业生产经营者现有的以及将有的生产设备、原材料、半成品、产品的抵押权，自抵押合同生效时设立，未经登记不得对抗善意第三人。三是交付生效。以动产质押的，质权自出质人交付质押财产时生效。四是交付或登记时生效。汇票、支票、本票、债券、存款单、仓单、提单，质权自权利凭证交付质权人时生效，没有权利凭证的，登记生效；基金份额和股权出质的，质权登记时生效；

注册商标专用权、专利权、著作权等知识产权中的财产权出质，登记时生效；应收账款出质，质权登记生效。

对于以房产为抵押物的网络借贷平台，房产若未办理抵押登记，抵押权并不生效。因此，我们认为，网络借贷平台应当在办妥房产抵押手续后，方可发布借款标的，供投资人投资。对于车辆抵押借款的网络借贷平台，如前所述，抵押权自抵押合同生效时设立，未经登记不得对抗善意第三人。因此，我们认为，网络借贷平台在抵押合同生效前，不应发布借款标的，并尽量办理抵押登记，以便对抗善意第三人。对于票据质押借款的网络借贷平台，如前所述，质权自交付时设立，我们认为，网络借贷平台在收到票据之后，方可发布借款标的，供投资人投资。

（二）非效力类风险事项

非效力类风险事项指互联网金融企业违反相关规则，并不导致其自身或客户的民事行为无效或不生效，但会给其带来不利影响的事项。非效力类风险事项所涉规则，往往以管理性规则为主，通常涉及互联网金融企业的业务合规性。尽管不影响相关民事行为的效力，但对业务能否正常开展往往具有较大甚至极大影响。比如互联网支付机构应将客户备付金存入备付金银行，若其将客户备付金挪用做投资，尽管不影响其投资行为的效力，但因违反管理性规则，必然招致监管机构的严厉处罚。

四、实体程序

按风险事项所涉及的规则是实体性规则还是程序性规则，可将合规风险事项划分为实体类风险事项和程序类风险事项。实体性规则指直接规定权利义务的规则，程序性规则为规定行使权利、履行义务应当遵循的程序的规则。

（一）实体类风险事项

实体类风险事项指互联网金融企业违反实体性规则，给其带来不利影响的事项。实体性规则可区分为授予权利的规则和课以义务的规则。比如《物权法》规定：“担保物权人在债务人不履行到期债务或者发生当事人约定的实现担保物权的情形，依法享有就担保财产优先受偿的权利。”该项规则即授予权利的规则，其授予了担保物权人优先受偿的权利。又如《物权法》规定：“质权人负有妥善保管质押财产的义务；因保管不善致使质押财产毁损、灭失的，应当承担赔偿责任。”该项规则即课以义务的规则，其对质权人课以了“妥善保管质押财产”的义务。对于授予权利的规则，权利人可以放弃规则赋予的权利，而对于课以义务的规则，义务人必须履行义务。对于互联网支付机构、网络借贷机构和股权众筹机构等涉及公众资金的互联网金融企业，在开展业务过程中，其产品的交易结构往往涉及客户（支付账户所有人、商户、投资人、融资人等）、机构自身和第三人，按法律规定，可能涉及法律对客户授予权利或课以义务。我们认为，对于授予权利的规则，互联网金融企业应当给予密切关注，若放弃权利的行使，必须给客户以充分提示；对于课以义务的规则，互联网金融企业应当逐一分析，并以产品说明书等形式对客户予以充分说明，以免客户未履行义务遭受不利后果。

（二）程序类风险事项

程序类风险事项指互联网金融企业违反程序性规则，给其带来不利影响的事项。程序性规则可区分为时效性规则和非时效性规则，时效性规则又可区分为诉讼时效规则和除斥期间规则，非时效性规则可区分为时间性规则和非时间性规则。诉讼时效规则，即权利人未在法律规定的期间内向义务人主张权利，期间届满后不再受法律保护的规则，该期间即诉讼时效。关于诉讼时效的实质，有起诉权消灭说和胜诉权消灭说等学说，起诉权消灭说认为诉讼时效届满，权利人丧失起诉权；胜诉权消灭说认为，诉讼时效届满，权利人仅丧失胜诉权，其并未丧失起诉权。目前，以胜诉权消灭说为通说。除斥期间规则，即权利人未在法律规定的期间内行使权利，其权利归于消灭的规则，该期间即除斥期间。对于网络借贷机构、股权众筹机构、互联网小额贷款机构和互联网消费信贷机构等互联网金融企业而言，两类时效性规则均存在，尤其是股权众筹机构和网络借贷机构，应当高度重视两类时效性规则对投资人利益的影响，避免投资人因未及时主张权利招致损失。时间性规则即规定互联网金融企业必须在规定期间内履行义务，否则将招致不利的规则，该类规则最常见于监管机构的监管规则中。比如《支付机构客户备付金存管暂行办法》规定，支付机构拟变更备付金存管银行并撤销全部备付金存管账户的，应当提前 5 个工作日向所在地中国人民银行分支机构报告变更理由、时间安排、变更后的备付金存管银行以及承接账户信息等事项。该项规则即时间性规则，支付机构应当在规定期间向中国人民银行履行报告义务，否则可能招致不利（比如中国人民银行的评估等级降低等）。非时间性规则即规定互联网金融企业开展业务、行使权利和履行义务过程中，需遵循的其他程序性事项。比如《非金融机构支付服务管理办法》规定，支付机构重大股权变更，必须报经中国人民银行同意，这一规则便是非时间性规则。

第三节　影响与建议

一、规则层次

如前所述，根据所涉规则的位阶，风险事项可划分为法律类风险事项、法规类风险事项、规章类风险事项、其他规范类风险事项和自律类风险事项。

（一）法律类风险事项

法律类风险事项的不利影响最大。一是责任形式最多。从《立法法》看，法律可以设置刑事、民事和行政等法律责任，其责任形式最多。从前述分析看，互联网金融企业相关的法律，三种法律责任形式均存在。从实际情况看，近期个别网络借贷机构被公安机关依据《刑法》和《刑事诉讼法》等法律，以非法吸收公众存款罪、集资诈骗罪等罪名追究刑事责任；个别互联网支付机构被中国人民银行依据《中国人民银行法》和《反洗钱法》等法律，给予了警告、罚款等行政处罚，被追究了行政责任。二是处罚程度最重。按《立法法》规定，法律可以规定刑事和行政等多种处罚方式，包括限制人身自由，但行政法规不得规定限制人身自由的处罚，规章只能规定警告和一定数额的罚款。三是追责机关最全。法律类风险事项发生后，追责机关可能是公安机关等司法机构，也可能是行政机关。

法律类风险事项尽管不利影响最大，但发生的概率相对较低。法律类风险事项的发生，既有从业机构过度创新越过法律红线的原因，也有法律相对滞后、模糊和供给不足制约互联网金融发展的原因。因此，我们建议，应对法律类风险事项：一是行业协会牵头组织公安部、最高人民法院、一行三会、从业机构和业内专家，组成课题组，对相关法律问题进行深入研究，形成一定共识，在此基础上，可通过司法解释予以解决的，由最高人民法院做出有利于行业健康发展的司法解释，不能通过司法解释予以解决的，按《立法法》规定向立法机关提出立法修法建议。二是从业机构在进行产品设计、业务拓展过程中，掌握好尺度，守住法律底线，避免违反法律，尤其是刑事法律。

（二）法规类风险事项

法规类风险事项的不利影响大。一是责任形式较多。从《立法法》看，法规可以设置民事和行政等法律责任，其责任形式较多。从前述分析看，与互联网金融企业相关的法规，民事和行政法律责任形式均存在。二是处罚程度比较重。按《立法法》规定，法规可以规定刑事和行政等多种处罚方式，但不得规定限制人身自由的处罚。三是追责机关最全。与法律类风险事项类似，法规类风险事项发生后，追责机关可能是公安机关等司法机构，也可能是行政机关。

如前所述，整个互联网金融行业，法规的供给严重不足，除适用于征信机构的《征信管理条例》外，尚无互联网金融各业态相关的法规，更无专门的法规。我们建议，一是行业协会牵头，组织一行三会、国务院法制办、业内专家和从业机构，加强对各业态的业务规则、市场需求等方面的研究，对于已经存在规章的业态，在总结经验和行业需求的基础上，按《立法法》相关规定，将规章上升为法规，尤其是将部门规章上升为行政法规；对于尚不存在规章的业态，可依法提出法规制定建议，尤其是行政法规制定建议。二是各互联网金融企业在业务拓展过程中，加强法规研究，在进行产品设计和业务拓展中，加强与一行三会、行业协会的沟通交流，尽量避免违法。

（三）规章类风险事项

规章类风险事项的不利影响较小。一是责任形式较少。从《立法法》看，规章很少规定民事责任，多为行政法律责任，其责任形式较少。从前述分析可知，互联网金融行业相关的部门规章《非金融机构支付服务管理办法》和《网络借贷信息中介机构业务活动管理暂行办法》，仅规定了行政责任。二是处罚程度较轻。按《立法法》和《行政处罚法》相关规定，规章仅能设定警告和一定金额的罚款。三是追责机关单一。与法规类风险事项不同，规章类风险事项发生后，追责机关为行政机关。

如前所述，整个互联网金融行业，规章的供给也严重不足，除适用于支付机构的《非金融机构支付服务管理办法》和适用于网络借贷机构的《网络借贷信息中介机构业务活动管理暂行办法》外，尚无互联网金融各业态相关的规章。我们建议，一是行业协会牵头，组织一行三会、业内专家和从业机构，加强对各业态的业务规则、交易结构、交易模型和交易流程等方面的研究，对于已经存在其他规范性文件的业态，在总结经验、从业机构健康发展需求的基础上，按《立法法》和《规章条例》相关规定，将其他规范性文件上升为规章，尤其是将国务院部委发布的其他规范性文件上升为部门规章。二是各互联网金融企业在业务拓展过程中，在产品设计和业务拓展中，就交易结构、交易流程和资金流向等问题，与一行三会、行业协会沟通交流，杜绝违法。

（四）其他规范类风险事项

其他规范类风险事项的不利影响较小。一是责任形式较少。其他规范性文件直接设定法律责任，但常常对规章所规定的处罚进行解释性规定，其责任形式通常为行政责任。二是处罚程度较轻。由于其他规范性文件往往对规章涉及的处罚情形进行细化，其处罚程度较轻。三是追责机关单一。与规章相似，其他规范类风险事项发生后，追责机关为行政机关。四是对业务发展至关重要。其他规范性文件往往在规章的指导下，对互联网金融企业的具体业务规则进行细化，明确业务开展的政策底线，因此，其他规范性文件对互联网金融企业业务具有重大影响。

如前所述，整个互联网金融行业，尽管制度供给严重不足，但主要业态正在以其他规范性文件的形式对业务发展进行规制。我们建议，一是行业协会牵头，在业内专家和从业机构的共同参与下，加强对各业态业务发展中存在的问题及解决措施的研究，对于尚未出台其他规范性文件的业态，积极向监管机构提出建议措施，以便监管机构能制定出高质量的政策措施。二是对于已经存在其他规范性文件的业态，积极总结经验，力促将其转换为规章以上法律。三是各从业机构在业务开展过程中，积极与行业协会沟通交流，以便形成行业共识，让监管机构能如实、全面、客观和公正地听取行业的建议。

（五）自律类风险事项

自律类风险事项的不利影响较小。一是责任形式通常为违约责任。行业协会无立法权，其通常通过协议形式约定其与会员单位之间的权利义务。因此，自律类规则通常通过协会与会员单位之间的协议约定会员单位的遵守义务，其违反行业协会的责任形式为常见的民事责任之一，即违约责任。二是不利后果最轻。尽管违约责任形式多样，但就会员单位违背自律类规则的处罚程度而言，最严重的不利后果为撤销会员资格，并不涉及行政责任和刑事责任。三是对业务发展极为重要。尽管会员单位违反行业协会的自律规则不利后果轻，但行业协会的自律规则本身具有行业标杆作用，其业务规则容易形成行业惯例，进而可能成为《民法》（尤其是《合同法》）的渊源之一，因此，对从业机构的业务发展极为重要。

如前所述，整个互联网金融行业，自律规则比较不足，行业惯例有待形成。我们建议，一是行业协会牵头，在业内专家和从业机构的共同参与下，组织相关课题组，对各业态中重要的核心问题进行专题研究，发布行业标准，供会员单位积极执行。二是行业协会积极与最高人民法院等司法部门沟通，促使行业标准被人民法院认可为行业惯例，进而作为法律渊源之一。三是各从业机构，尤其是行业协会的会员单位积极执行行业标准，共同促进互联网金融行业的健康发展。

二、资金相关

如前所述，按规则调整的内容是否与互联网金融企业的资金或客户资金相关，可将合规风险事项划分为资金类风险事项和非资金类风险事项。

（一）资金类风险事项

资金类风险事项的不利影响大。一是资金类风险事项与从业机构或客户的资金相关，一旦发生极易给从业机构或其客户造成资金方面的损失。二是资金类风险事项所涉资金，通常是监管机构关注的重点。三是对于涉及公众的从业机构，资金类风险事项所涉资金通常比较巨大，从业机构的合规风险较大。

鉴于资金类风险事项的不利影响大，且往往涉及公众资金安全，我们建议：一是对于资金类风险事项所涉规则，由行业协会牵头，在组织从业机构充分研究基础上，与一行三会等监管机构积极沟通，由监管机构出台其他规范性文件甚至部门规章，对涉及公众的资金进行规制。二是在监管机构出台公众资金管理规范的基础上，行业协会以自律规范、行业标准等形式组织会员单位积极落实，并对会员单位落实执行情况进行独立监督，向监管机构报告执行情况和改进建议。三是从业机构配备专门人才，审核资金相关规则的执行情况，尤其是涉及公众资金的从业机构。

（二）非资金类风险事项

非资金类风险事项的不利影响大。一是如前所述，非资金类风险事项所涉规则尽管不涉及资金，但往往与从业机构业务发展密切相关，进而直接关系着从业机构的发展前景，甚至生死存亡。二是非资金类风险事项发生，也可能发生资金损失，尤其是公众资金损失。比如《非银行支付机构网络支付业务管理办法》规定，互联网支付机构应当制定有效的客户信息保护措施和风险控制机制，履行客户信息保护责任。若互联网支付机构违背该项规则，造成客户银行账号信息和身份信息泄露，则可能给客户造成财产损失。

非资金类风险事项对从业机构业务发展极其重要，部分可能造成自身或客户资金损失，同时，也有相对次要的规则内容。因此，我们建议，对于非资金类风险事项，由监管机构、行业协会和从业机构三者构建分级管理体系，以防范相关风险的发生：首先，对于一旦发生容易造成客户资金损失的业务规则（比如客户身份信息、银行账户信息、交易数据信息等敏感信息的管理），由行业协会研究规则建议稿，由监管机构采纳为其他规范性文件甚至部门规章。其次，对于发生后不易造成资金损失，但会带来较大社会影响的事项（如业务拓展中的宣传真实性、产品交易结构的合法性等），由行业协会制定行业自理规范，在会员单位内部实施，并鼓励非会员单位实施，以期形成行业惯例。最后，对于其他相关业务规则，由从业机构制定相关管理制度，行业协会可择其优者，向会员单位和非会员单位推广。

三、效力相关

如前所述，按规则调整的内容是否涉及互联网金融企业或其客户民事行为的效力，可将合规风险事项划分为效力类风险事项和非效力类风险事项。

（一）效力类风险事项

效力类风险事项的不利影响最大。一是效力类风险事项直接关系着民事行为或民事权利的效力，一旦发生风险事项，直接损害从业机构或其客户的合法权益。二是效力类风险事项涵盖了从业机构的主要业务领域，发生的可能性较大。比如网络借贷机构和股权众筹机构的合同效力风险事项（尤其是合同无效事项），可能导致投资人的投资行为无效，担保效力风险事项可能导致投资人的债权缺乏足够的保障措施，尤其是担保物权不生效的情况，对投资人债权保障影响更加直接。三是效力类风险事项不容易被发现。由于效力类风险事项专业性较强，从业机构或其客户往往不容易发现，加之投资人与从业机构之间信息不对称，效力类风险事项被提前发现的可能性更小。

效力类风险事项不利影响大，专业性强。我们建议，可从如下几个方面予以应对：一是行业协会根据不同业态和不同产品制定具体风险管理指引和信息披露指引，要求从业机构按风险管理指引和信息披露指引开展合规风险防范工作，同时对重点机构实施风险管理和信息披露的情况进行检查，对非重点机构实施抽查。二是从业机构结合自身产品实际，落实行业协会的风险管理指引和信息披露指引，定期进行复核和自查。三是行业协会加强对从业机构风险管理人员的培训和考核，加强对从业机构内部业务流程的合规检查，做好事前防范工作。

（二）非效力类风险事项

非效力类风险事项的不利影响大。一是非效力类风险事项不涉及从业机构和其客户的民事行为或民事权利的效力，与效力类风险事项相比，不利影响小。二是非效力类风险事项的发生，可能导致客户资金损失，其不利影响仍然可能较大。三是非效力类风险事项所涉规则若涉及监管机构业务规则，则其发生可能导致从业机构遭受行政处罚，甚至刑事处罚，不利影响可能性极大。

非效力类风险事项专业性较强，与从业机构业务发展关系较大，我们认为可从如下方面应对：一是行业协会牵头组织从业机构加强研究梳理，出台相关风险管理指引。二是从业机构加强与行业协会的沟通，就所涉规则对业务发展的影响及正确解释进行交流。三是行业协会就从业机构反馈的情况，形成政策建议，报送一行三会、最高人民法院等机构，促进行业健康发展。

四、实体程序

如前所述，按风险事项所涉及的规则是实体性规则还是程序性规则，可将合规风险事项划分为实体类风险事项和程序类风险事项。

（一）实体类风险事项

实体类风险事项的不利影响大。一是实体类风险事项所涉规则授予从业机构或其客户权利或赋予其义务，授予权利者，直接涉及从业机构或其客户的利益，赋予义务者，违反将承担相应法律责任。二是对于互联网支付机构、网络借贷机构和股权众筹机构而言，实体类风险事项所涉规则，往往对其客户具有重大影响，对客户权益保障至关重要。三是对从业机构课以义务的规则，对从业机构及其高级管理人员往往规定较重的行政责任甚至是刑事责任，责任形式往往很重。

区分实体类规则的不同位阶，对于不同规制对象，刑事类实体规则对从业机构高级管理人员尤其重要，民事类实体规则往往对从业机构及其客户的影响很大，行政类实体规则则通常对从业机构及其高级管理人员均有重大影响。因此，我们建议，可采取如下措施应对实体类风险事项：一是对于刑事类实体规则，前已提及，由行业协会组织最高人民法院、公安部门等司法部门，从业机构和业内专家，对实体规则进行认真研究和宣导，以避免从业机构触及底线；同时，在研究从业机构实体性需求的基础上，力争最高人民法院对相关实体规则作出有利于促进行业健康发展的司法解释，公安部门掌握统一、公正和合理的尺度，共同促进行业发展。二是对于民事类实体规则，由行业协会邀请最高人民法院、公安部门专家，结合案例对从业机构高级管理人员和风险管理人员进行培训，提升行业的合规风险管理水平。三是对于行政类实体规则，由行业协会邀请一行三会专家，就规则的立法目的、预期目标和行业案例对从业机构高级管理人员和风险管理人员进行培训讲解，务求提高适用规则的主动性和积极性，同时听取行业反馈意见，提升立法的针对性和实用性。四是对涉及公众利益的实体类规则，由行业协会进行统一梳理，就此制定行业风险管理指引，对从业机构风险管理人员进行集中培训，提升行业风险管理水平，保护社会公众利益，最终促进行业健康发展。五是从业机构梳理内部业务流程中，务必在相关业务操作所应达到的标准中，将实体性规则要求贯穿其中，务求保护自身和客户的合法权益。

（二）程序类风险事项

程序类风险事项的不利影响较大。一是诉讼时效届满，会导致从业机构或其客户丧失胜诉权，直接影响其权益。二是除斥期间届满，将导致从业机构或其客户实体权利消灭，且除斥期间不可变更，影响更甚。三是时间性规则的违反，容易招致监管机构的行政处罚。四是非时间性规则的违反，可能导致从业机构或其客户资金受到损失。

鉴于程序类风险事项所涉规则种类较多，对从业机构或其客户的影响各异，我们建议，可从以下方面予以应对：一是对于诉讼时效规则，由行业协会聘请最高人民法院等机构专家，就互联网金融相关业态常用诉讼时效长度、起算点、中断、终止和延长等问题进行研究分析，结合从业机构业务实际情况，出台相关风险管理指引，并对相关风险管理人员进行统一培训。二是对于除斥期间规则，与诉讼时效规则相似，由行业协会聘请最高人民法院等机构专家，就互联网金融相关业态常见除斥期间的长度、起算时点、终止时点和法律后果等问题进行研究，结合从业机构业务需要，出台相关风险管理指引，并对风险管理人员进行统一培训。三是对于时间性规则，行业协会邀请一行三会相关人员和从业机构，就时间性规则进行沟通交流，尤其是从业机构频发突破时间性的规则，研究个中原因，以期在管控风险与行业发展之间达成平衡，共同促进行业健康发展。四是对于非时间性规则，由行业协会组织一行三会相关司局领导就规则目的、规则要求等事项对从业机构高级管理人员和相关风险管理人员进行培训，以便提升适用规则的自觉性和主动性。五是从业机构根据相关程序性规则，制定内部管理制度、梳理内部业务流程，严格按照程序性规则开展业务，防范风险，保护自身及客户合法权益。

第四节　分业特点

一、网络借贷机构

网络借贷机构所涉规则从规则层次看，主要为法律、部门规章、其他规范性文件和自律规则等类型，尚无行政法规、地方性法规和政府规章；从资金相关看，除《指导意见》和《网络借贷信息中介机构业务活动管理暂行办法》要求网络借贷机构做到客户资金银行存管外，尚无具体存管细则；从效力相关看，网络借贷平台在合同效力、担保效力和担保物权效力方面均有涉及，担保效力和担保物权效力方面的合规风险事项，尤为重要。另外非效力类风险事项方面，非效力类风险事项所涉规则供给严重不足。从实体程序看，网络借贷平台在实体法方面的风险事项主要集中在《刑法》及其司法解释中关于非法集资罪方面，《民法通则》、《合同法》、《物权法》和《担保法》及其司法解释方面，行政法方面的实体法相对不足。网络借贷平台在程序法方面更为稀缺，诉讼时效和除斥期间等时效性规则的适用情况较少，时间性规则和非时间性规则均无正式法律规则。

总体而言，网络借贷平台的合规风险呈现出责任形式畸形、强传导性、规则体系繁杂等特点。

（一）责任形式畸形

由于缺乏足够的部门规章甚至其他规范性文件对网络借贷平台的具体业务进行规制，从业机构在市场强烈需求下过度创新，导致其产品和业务要么合法合规，要么直接违反《刑法》，构成集资诈骗罪或非法吸收公众存款罪，而本应扮演规制主要角色的行政责任严重缺位。责任形式畸形对网络借贷行业的健康发展极为不利，一方面网络借贷平台要大力创新，助力中小微企业发展，另一方面由于缺乏具体业务规则，一旦中小微企业出现经营困难，网络借贷平台又容易被打为非法集资，在经济下行压力之下，情况更为严重。长此下去，最终必然挫伤从业机构创新积极性，最终有违《指导意见》的初衷。我们认为，任何一个行业，刑事责任应当是最后一道防线，而不应当成第一道防线。为此我们建议，一是行业协会积极与银监会、公安部和最高人民法院等部门沟通，尽快厘清非法集资与网络借贷平台正常经营之间的界限，出台并细化网络借贷平台业务规则，而不仅仅是停留在“不得非法集资”这一模糊概念之上，凡按网络借贷平台业务规则开展业务的，均不会被视为非法集资。二是实行牌照制管理。行业协会加强网络借贷平台牌照管理方面的研究，并积极与银监会等部门沟通，争取尽快推出网络借贷牌照，通过准入门槛、从业资格等措施，提升网络借贷平台的管理能力和风险防控水平，促进网络借贷行业的健康发展。

（二）强传导性

网络借贷平台爆发合规风险事件，极易向其他风险、社会公众和其他从业机构传导。一是网络借贷平台发生效力类风险事项时，会直接向投资人等社会公众传导，直接损害投资人的合法权益。二是网络借贷平台发生合规风险（比如担保物权无效）时，往往向信用风险传导，发生严重信用风险事件的，还会向资金存管方（如互联网支付机构）传导，投资人因不清楚资金存管方仅承担资金存管责任，要求资金存管方赔偿损失，进而诱发资金存管方的声誉风险。合规风险的强传导性乃风险的传染性本质决定的，我们认为，应对其强传导性的措施还是在于防范合规风险事项的发生，关于如何防范，前面已论及，不再赘述。关于网络借贷平台合规风险向资金存管方传导，我们建议，一是由行业协会等机构牵头，加强对投资人的教育，一方面让投资人明白投资存在风险，另一方面让投资人理解资金存管方仅承担资金存管责任；二是从业机构明确向投资人提示风险，尤其提示其债务人为借款人，而非资金存管方；三是在资金存管细则中，进一步明确资金存管方的责任，划清责任边界，以便资金存管方大胆开展资金存管业务，进而防范资金相关的操作风险，最终促进网络借贷行业的健康发展。

（三）规则体系繁杂

一方面，网络借贷平台缺乏专门的业务规则；另一方面，网络借贷平台开展业务所涉及的现行规则又相当繁杂，《刑法》、《民法通则》、《合同法》、《物权法》和《担保法》等均有涉及，而且实务中民事法律频繁适用。在依法治国、建设法治国家的大背景下，网络借贷平台因其业务具有传统金融产品的特性，必然涉及诸多法律。关于如何应对，前已论及，不再赘述。对于效力类法律规则，我们认为，行业协会可根据网络借贷平台开展业务的具体情况，分别出台披露规则，强制网络借贷平台披露涉及担保效力和担保物权效力的相关事项，一来督促网络借贷平台按法律规定履行相关效力手续，二来让投资人明确相关民事行为和民事权利的效力状态。比如，对于车辆抵质押借款平台，对于抵押借款的借款标，要求网络借贷平台披露抵押合同签订时间，是否办理抵押登记，进而让投资者明确抵押权生效时间以及抵押权是否可以对抗善意第三人；对于质押借款的借款标，要求网络借贷平台披露质押车辆的交付时间以及现存地点，让投资者明确质权的设立时间，必要时，投资人可现场查看质押车辆。

二、股权众筹机构

股权众筹机构所涉规则从规则层次看，主要为法律、其他规范性文件规则等类型，尚无行政法规、地方性法规、部门规章、政府规章**和自律规则**；从资金相关看，除《指导意见》要求股权众筹机构做到客户资金银行存管外，也无具体存管细则；从效力相关看，股权众筹平台在合同效力、担保效力和担保物权效力方面均有涉及，其中股权类担保物权为常见风险事项。从实体程序看，股权众筹平台在实体法方面的风险事项主要集中在《刑法》、《民法通则》、《合同法》、《物权法》和《担保法》及其司法解释方面，行政法方面的实体法相对不足。

股权众筹机构的产品与网络借贷平台的产品具有较大的相似性，因此，其合规风险同样具有责任形式畸形、不利影响的传导性强和规则体系繁杂等特点，另外股权众筹机构的合规风险还具有行政责任大、规则独特性等特点。

（一）行政责任大

当前，部分股权众筹机构设计了股权收益权转让产品，如前所述，该产品的投资人不具有股东身份，不进行工商变更登记，仅由现有股东转让其对项目公司的股权收益权。我们认为，按民法理论，股权收益权完全符合债权的内涵和特性，实际上是一种期待债权。股权收益权转让产品实际上是以债权为交易标的的产品。按股权众筹平台定位为股权众筹，网络借贷平台定位为债权众筹的思路，股权收益权转让产品属于网络借贷类产品。按《私募股权众筹融资管理办法（试行）（征求意见稿）》的规定："兼营个体网络借贷（P2P 网络借贷）或网络小额贷款业务。"显然，股权众筹平台的股权收益权转让产品存在违反前述规定之嫌，其潜在行政责任大。我们建议，为促进股权众筹行业的健康发展，可对股权收益权这类产品进行特殊处理，采取有限制允许的监管思路：一是规定股权众筹平台的股权收益权转让产品的累计金额不得超过其全部产品累计金额的一定比例，防止股权众筹平台沦为纯网络借贷平台。二是规定股权众筹平台的投资人投资股权收益权转让产品的比例不得超过一定比例，以便提示投资人，股权众筹平台的风险特性有别于网络借贷平台，防止投资人误解。

（二）规则独特性

股权众筹平台的私募股权产品，由投资人设立有限合伙企业，由有限合伙企业入股项目公司，并由项目公司的股东对其回购行为和定期定额分配利润等提供担保。在法律规则适用上，除了网络借贷平台常用的《民法通则》、《合同法》、《物权法》、《担保法》及其司法解释外，还有《合伙企业法》以及工商变更登记相关法律。我们认为，对于项目公司股东或其他第三人提供的担保，与网络借贷平台相似，也应当由股权众筹平台进行充分披露。尤其是项目公司股东通常以其持有的项目公司或其他公司的股权作为质押。股权众筹平台应当披露股权出质的登记机关和登记时间，以便投资人明确掌握质权是否生效以及生效的时间。

三、互联网支付机构

互联网支付机构所涉规则，从规则层次看，主要为法律、部门规章、其他规范性文件和自律规则等类型，尚无行政法规、地方性法规和政府规章；从资金相关看，除《指导意见》外，中国人民银行专门发布了其他规范性文件《支付机构客户备付金存管办法》，《非银行支付机构网络支付业务管理办法》中也有资金管理相关规定；从效力相关看，互联网支付机构通常仅在合同效力方面有所涉及，担保效力和担保物权效力方面的合规风险事项较少。另外非效力类风险事项方面，中国人民银行已发布了相关业务操作规范，包括《非银行支付机构网络支付业务管理办法》、《非金融机构支付服务业务系统检测认证管理规定》和《非金融机构支付服务业务系统检测规范 第1部分：互联网支付》，中国支付清算协会专门针对互联网支付机构发布了《支付机构互联网支付业务风险防范指引》。从实体程序看，互联网支付机构在实体法方面的风险事项通常不涉及《刑法》及其司法解释中关于非法集资罪相关规定，行政法方面的实体法相对充足。互联网支付机构在程序法方面，中国人民银行也做了比较充分和详尽的规定。

总体而言，互联网支付机构的合规风险具有资金风险比较突出、责任形式趋于合理和规制体系简洁健全等特点。

（一）资金风险比较突出

由于互联网支付机构实行客户备付金存管机制，由其以自身名义在适格银行开立备付金账户，客户资金的入金和出金均通过备付金账户实施，在入金和出金过程中，备付金银行并不逐笔核实客户的资金操作指令，加之互联网支付机构的资金流量巨大，少则数百亿多则数千亿甚至上万亿，因此，总体而言，互联网支付机构的资金风险比较突出。从实际风险事件看，目前已被中国人民银行注销支付牌照的几家支付机构，其问题均在于客户备付金管理不合规，导致客户备付金出现重大缺口。个别互联网支付机构被中国人民银行处于千万元级的罚款，其问题也在于客户备付金管理不规范。互联网支付机构的客户备付金风险比较突出，一方面在于互联网支付要求良好的用户体念，很难像银行机构的网上银行那样实施强风险管理；另一方面在于互联网支付机构的合规意识有待提高，在配合监管方面有待增强。就银行机构而言，中国人民银行一旦发布相关规范，其落实行动相当迅捷高效，而支付机构在这方面行动相对迟缓，合规意识明显不足。曾发生中国人民银行某分支行要求某支付机构报送业务数据，该支付机构超过规定时限多日仍不报送的事件，其不配合监管的态度可见一斑。我们认为，改善资金风险突出问题，一方面提高互联网支付机构的合规意识和配合监管意识；另一方面可考虑改变存管账户总账模式，在总账户下设分级子账户，进而建立互联网支付机构业务系统子账户与存管银行子账户的一一对应关系，并定期对账。当然，中国支付清算协会牵头设立的网联平台，对互联网支付机构的客户备付金规范管理，也有重大促进作用。

（二）责任形式趋于合理

互联网支付机构的责任形式中，在监管方面，行政责任居于主导地位，刑事责任居于次要地位。《非金融机构支付服务管理办法》规定了限期改正、警告、罚款和注销《支付业务许可证》等行政责任，刑事责任方面尚无专门针对互联网支付机构及其从业人员的“口袋罪”。从实务看，中国人民银行对个别互联网支付机构违规行为，实施了限期改正、警告和罚款等行政处罚，对严重违规的支付机构，给予了注销《支付业务许可证》处罚，但尚未见公安机关对支付机构及其从业人员追究刑事责任的公开报道。当前，互联网支付机构合规风险所涉及的责任形式趋于合理，但从《非银行支付机构风险专项整治工作实施方案》看，包括互联网支付在内的整个非银行支付行业合规风险依然突出。因此，互联网支付机构的合规问题主要在于规则的落地执行。若行政方面的规则执行不到位，风险事项发生后的不利影响波及面过大，社会危害性达到一定程度，将可能促使公安机关采取行动追究互联网支付机构及其从业人员的刑事责任。作为互联网支付机构的从业人员，尤其是高级管理人员，务必保持清醒认识，对合规风险管理务必保持高度警惕，在积极拓展业务的同时，务必珍惜中国人民银行出台的业务规则对自身的保护机制。另外，中国人民银行对包括互联网支付机构在内的支付机构的监管，在人力和物力方面均有严重的不足。我们建议，充分发挥行业协会的自律作用，不失为解决监管资源不足的一种选择，对涉及客户资金安全的部分，由中国人民银行做出原则性规定，具体实施细则和其他业务规则，可由行业协会制定。在执行效果方面，可采用中国人民银行重点抽查、独立机构和行业协会定期检查的模式，督促实施。

（三）规制体系简洁健全

在规则体系方面，如前所述，中国人民银行专门制定了部门规章和一系列的其他规范性文件，形成了较为健全的规则体系。与网络借贷机构和股权众筹机构相比，规则体系相对简洁。总体而言，规则体系较为简洁健全。但尽管互联网支付机构的规则体系简洁健全，仍存在规则位阶过低问题：行政诉讼法规定，法院在审理行政案件时，对规章只是参照适用。按王汉斌同志

《关于<中华人民共和国行政诉讼法（草案）>的说明》中的阐述："对符合法律、行政法规规定的规章，法院要参照审理，对不符合或不完全符合法律、行政法规原则精神的规章，法院可以有灵活处理的余地。"对于中国人民银行制定的其他规范性文件，其效力就更低了。因此，我们建议，在充分实施、总结经验的基础上，可尽快将《非金融机构支付服务管理办法》上升为行政法规，将客户备付金管理等涉及公众利益的其他规范性文件至少上升为部门规章，以便提升规则体系的效力，充分保障监管机构的监管权限，提升监管权威，维持监管规则的稳定和效力，防止劣币驱逐良币，最终促进整个支付行业的健康发展。

四、互联网小额贷款机构

互联网小额贷款所涉规则，从规则层次看，主要为法律和其他规范性文件等类型，尚无行政法规、地方性法规、政府规章和自律规范；从资金相关看，由于互联网小额贷款机构并不涉及公众资金，《指导意见》并未就资金存管进行特别规定，地方政府也未出台专门的资金相关的其他规范性文件；从效力相关看，互联网小额贷款机构通常在合同效力、担保效力和担保物权效力方面均有所涉及。另外非效力类风险事项方面，部分省市金融办专门就网络小额贷款业务制定了监管指引，如重庆市金融办发布了《重庆市小额贷款公司开展网络贷款业务监管指引（试行）》（渝金发〔2015〕13 号）。从实体程序看，互联网小额贷款机构在实体法方面的风险事项通常不涉及《刑法》及其司法解释中关于非法集资罪相关规定，行政法方面的实体法相对充足。在互联网小额贷款机构在程序法方面，部分省市金融办也做了比较充分和详尽的规定。

互联网小额贷款机构在合规风险方面，与网络借贷机构不同，其责任形式趋于合理，不利影响具有较强传导性，其显著特点在于规则位阶过低。责任形式趋于合理与互联网支付机构相似，不再赘述。

（一）不利影响具有较强传导性

较强传导性主要体现在合规风险事项发生，可能向信用风险传导，但与网络借贷机构和股权众筹机构不同，其通常不会向社会公众和其他机构传导。互联网小额贷款机构通常具有比较丰富的线下小额贷款业务经验，均配备了风险管理部门和适格的风控人员，其合规风险相对较低，尤其是效力类风险事项，通常控制得比较严格。我们认为，互联网小额贷款机构的合规风险，主要集中非效力类风险事项方面，尤其是监管部门对相关业务指标，往往做了比较严格明确的规定，违反相关规定，可能面临行政处罚，但这类风险事项的发生，通常不会向信用风险传导。因此，我们认为，互联网小额贷款机构合规风险较强传导性依靠其自身风险管理可以防范。

（二）规则体系位阶过低

如前所述，互联网小额贷款行业，在中央政府层面为中国人民银行和银监会发布的其他规范性文件和《指导意见》这一其他规范性文件。在地方政府层面，最高层级的法律为省市政府办公厅发布的其他规范性文件，更多的监管规范为省市政府金融办出台的其他规范性文件。与互联网支付机构相比，互联网小额贷款机构的法律位阶较低。

五、互联网消费金融机构

互联网消费金融所涉规则，从规则层次看，主要为法律、部门规章等类型，尚无行政法规、地方性法规、政府规章和自律规范；从资金相关看，与互联网小额贷款机构相同，《指导意见》并未就资金存管进行特别规定，银监会也未出台专门的资金相关的其他规范性文件；从效力相关看，互联网消费金融机构通常在合同效力方面有所涉及，从业务实践看，担保效力和担保物权效力方面涉及较少。另外非效力类风险事项方面，银监会发布的《消费金融公司试点管理办法》部门规章中，对消费金融公司业务规则有所规定。从实体程序看，与互联网小额贷款机构相同，在实体法方面的风险事项通常不涉及《刑法》及其司法解释中关于非法集资罪的相关规定。

互联网消费金融机构的合规风险也具有责任形式趋于合理、不利影响较强传导性、资金风险并不突出等特点，与互联网小额贷款机构相比，其特点在于规则层级较高。即银监会专门针对消费金融公司发布了部门规章，而不像小额贷款公司，仅为其他规范性文件。

六、互联网征信机构

互联网征信所涉规则，从规则层次看，主要为法律、行政法规、部门规章和他规范性文件等类型，无地方性法规、政府规章和自律规范；从资金相关看，由于互联网征信并不涉及公众资金，并无资金相关规则。从效力相关看，互联网征信机构通常在合同效力（比如信息主体同意）方面有所涉及，担保效力和担保物权效力方面并不涉及。非效力类风险事项方面，国务院《征信业管理条例》对个人征信和企业征信的业务规则做了专门规定；中国人民银行专门制定了《征信机构管理办法》，对征信机构业务规则进行了细化。

总体而言，互联网征信机构的合规风险也具有责任形式趋于合理、不利影响较强传导性、并无资金风险等特点，在整个互联网金融行业中，互联网征信机构的规则层次最高。国务院专门针对征信业发布了行政法规《征信业管理条例》，中国人民银行发布了部门规章《征信机构管理办法》，其他规范性文件《指导意见》对互联网金融从业机构申请征信牌照给予了鼓励。

七、互联网保险机构

互联网保险所涉规则，从规则层次看，主要为法律、其他规范性文件章等类型，尚无行政法规、地方性法规、部门规章、政府规章和自律规范；从资金相关看，保监会《互联网保险业务监管暂行办法》专门要求“投保人交付的保险费应直接转账支付至保险机构的保费收入专用账户，第三方网络平台不得代收保险费并进行转支付。保费收入专用账户包括保险机构依法在第三方支付平台开设的专用账户”。从效力相关看，互联网保险机构通常在合同效力方面有所涉及，担保效力和担保物权效力方面并不涉及。非效力类风险事项方面，保监会《互联网保险业务监管暂行办法》对各类机构的业务规则做了专门规定。

总体而言，互联网保险机构合规风险具有责任形式趋于合理、不利影响不具有传导性、资金风险不突出等特点，与互联网小额贷款机构相似，专门管理规则仅为其他规范性文件，法律位阶过低。

第五章 ➤ 流动性风险

第一节 概念

一、定义

巴塞尔委员会于 2008 年发布了《稳健的流动性风险管理与监管原则》，于 2010 年 4 月发布了《第三版巴塞尔协议：流动性风险计量、标准和监测的国际框架》，就银行机构提出了流动性覆盖率和净稳定资金比率等两个流动性监管指标，将流动性风险监管提到了与资本监管同等重要的位置。2013 年 1 月，巴塞尔委员会发布《第三版巴塞尔协议：流动性覆盖率和流动性风险监测标准》，对 2010 年公布的流动性覆盖率标准进行了修订完善。2009 年，银监会发布了《商业银行流动性风险管理指引》，2014 年银监会借鉴巴塞尔协议III对其进行了修订，2014 年 3 月起正式实施《商业银行流动性风险管理办法（试行）》，2015 年 9 月，银监会根据《全国人民代表大会常务委员会关于修改〈中华人民共和国商业银行法〉的决定》对《商业银行流动性风险管理办法（试行）》进行了相应修改，2015 年 10 月 1 日起实施。由此可见，流动性风险的重要性可见一斑。

就流动性风险（liquidity risk）的定义而言，MBA 智库百科认为："流动性风险是指因市场成交量不足或缺乏愿意交易的对手，导致未能在理想的时点完成买卖的风险。"银监会认为："流动性风险，是指商业银行无法以合理成本及时获得充足资金，用于偿付到期债务、履行其他支付义务和满足正常业务开展的其他资金需求的风险。”

互联网金融行业的流动性风险不如银行机构的流动性风险重大，在监管工具、监管指标方面也与银行具有本质区别，因此，我们参照银监会对流动性风险的定义，结合我国互联网金融行业发展现状，对流动性风险做如下定义：

定义 5-1　流动性风险指互联网金融企业资金供求在金额、时间等方面失配，给其实现经营目标带来的不利影响。

流动性主要包括以下三种情形：

A 型：互联网金融企业无法以合理成本及时获得充足资金，用于偿付到期债务、履行其他支付义务或者满足正常业务开展的其他资金需求，或互联网金融企业资金过于充裕，无法匹配适格资产，给企业实现经营目标带来的不利影响。

B 型：互联网金融企业业务平台上的资金与资产数量失配或期限失配，给企业实现经营目标带来的不利影响。

C 型：互联网金融企业无法获得合作资金渠道或无法获得充足资金，履行其代付义务所需资金，给企业实现经营目标带来的不利影响。

A 型流动性风险包括了两种类型，一种类型我们完全借鉴了银监会的定义，即互联网金融企业资金不足以偿付债务（简称“A1 型”）。总体来看，与操作风险类似，A1 型流动性风险为任何企业均可能面临的风险，所有互联网金融从业机构均面临 A1 型流动性风险。A1 型流动性风险的特征在于互联网金融企业本身作为债务人，其与信用风险中互联网金融企业作为债权人恰好相反，因此 A1 型流动性风险与信用风险为一对方向相反的风险，同时，两者业务往往会相互传导。A1 型流动性风险中的合理成本为一个不确定性概念，我们认为，何为合理成本确实很难统一界定，但可确定一个原则，即合理成本不应高于互联网金融企业的净经营资产净利率，即互联网金融企业负债经营后，不会降低其净资产收益率，不会侵蚀股东权益。至于净经营资产净利率的计算，互联网金融企业可将财务报表转换为管理用财务报表进行计算，当然对于经营资产和金融资产的划分，可因互联网金融企业各业态的不同而不同。另一种类型的流动性风险表现为互联网金融企业负债而来的资金过于充裕，无法找到优质资产，导致资金闲置，但必须支付固定资金成本，进而给互联网金融企业带来不利影响（简称“A2 型”）。A2 型流动性风险在开展资产证券化等外部融资较为通畅的互联网小额贷款机构和互联网消费金融机构等从业机构有所体现，主要源于资产证券化等外部渠道的资金往往批量达到，且承担固定成本，而两类机构往往需要逐步放贷，在经济下行的情况下，优质资产匮乏，导致流动性过剩，给从业机构带来不利影响。

B 型流动性风险，是我们根据网络借贷机构和股权众筹机构业务实际情况界定。两类机构在开展业务过程中，往往出现投资人的资金数量与适格资产数量失配问题（简称“B1 型”），部分机构资金数量充裕而资产数量不足，部分机构资产数量充裕而资金数量不足，甚至同一机构部分时期资金数量大于资产数量，部分时期资产数量大于资金数量。资金数量和资产数量失配，要么导致投资人资金“站岗”，使其损失收益，长期将导致平台客户流失；要么导致融资人需求“站岗”，增加其时间成本，影响其正常业务开展，长期将导致平台优质融资人流失。同时，两类机构或者融资人自身可能对融资期限进行了拆分，导致投资人的投资期限与融资期限错配，投资人的投资期限届满时，融资期限尚未届满，若无后续资金接续，则立即爆发流动性风险（简称“B2 型”）。

C 型流动性风险，是我们根据互联网支付机构的业务实际情况给出的定义。互联网支付机构在开展支付业务过程中，一种情况是互联网支付机构已确定收到客户入金指令，但实际资金尚未到达其客户备付金账户，另外客户立即发出出金指令且互联网支付机构支持 T+0 出金到账，此时互联网支付机构的客户备付金可能出现暂时性缺口。为提升用户体念，互联网支付机构通常寻求合作资金渠道，提供超短期资金并收取手续费，若互联网支付机构无法获得合作资金渠道，则会发生流动性风险（简称“C1 型”）。另一种情况是由于操作风险和/或信用风险或者擅自挪用客户备付金等导致客户备付金出现缺口（零时性缺口和永久性缺口）且无法获得充足资金填平缺口，进而出现互联网支付机构无法履行代付义务的情形（简称“C2 型”）。对于 C2 型流动性风险，我们并未强调“合理成本”，原因在于此时备付金出现缺口要么是永久性缺口，要么是违规导致的缺口，不管何种缺口，互联网支付机构均应采取一切措施立即弥补，而不应当考虑资金成本是否合理，故不强调“合理成本”。

二、特征

互联网金融行业的流动性风险具有如下特点：

（一）表现形式多样性

如上所述，流动性风险包括了 ABC 三个大类，6 个子类。而传统银行机构的客户存款，在确认为其负债的同时，增加其自身资产，其履行还款义务等也是自身义务，因此其流动性风险仅为一个类型。互联网金融行业流动性风险形式的多样化决定了行业协会和监管机构必须采取有别于银监会的监管措施和监管指标，分业态对其实施监管，方可取得较好的效果，同时，也决定了互联网金融企业不能生搬硬套银行机构的风险管理技术和风险管理措施，必须根据自身业态的流动性风险特性，有针对性地设计风险管理措施。

（二）承受主体多重性

对于 A 型流动性风险，其承受主体为互联网金融企业自身；B1 型流动性风险，其承受主体为融资人或投资人；B2 型流动性风险，其承受主体为融资人；C1 型流动性风险，其承受主体为互联网支付机构的客户；C2 型流动性风险的承受主体为互联网支付机构自身。其中，B1 型、B2 型和 C1 型流动性风险，互联网金融企业为间接受损者。互联网金融行业流动性风险承受主体多重性，决定了监管机构和行业协会应当区分不同承受主体，采取不同强度的监管措施：对于公众作为承受主体的流动性风险，原则上应当给予较强的监管；对于互联网金融企业自身作为承受主体的流动性风险，则需区分是否影响其持续经营能力，凡影响其持续经营能力的，应当给予较强的监管，对于不影响其持续经营能力的，可以给予较弱的监管。

（三）诱发因素多维性

对于 A1 型流动性风险，其诱发因素可能是互联网金融企业的资产流动性不足或资产变现能力不强，也可能是其债务人的信用风险或流动性风险所致。对于 A2 型流动性风险，其诱发因素往往是宏观经济形势恶化或者互联网金融企业风险偏好趋严或市场推广不足等。对于 B1 型流动性风险，通常为网络借贷平台和股权众筹机构的资产开发能力不足或市场推广能力不足，也可能是资产开发速度与市场推广速度不匹配。对于 B2 型流动性风险，通常为融资人或网络借贷机构或股权众筹机构拆分期限所致，实质为融资人和投资人期限需求失配。对于 C1 型流动性风险，诱因为互联网支付机构客户资金到账需求的急迫性，该等需求本身具有合理性，主要在于互联网支付机构是否能控制好操作风险，保证资金按时足额到账，避免资金渠道方的信用风险。对于 C2 型流动性风险，其诱因可能是互联网支付机构的业务系统故障，也可能是入金渠道的业务系统故障，当然还可能是互联网支付机构违规操作所致。诱因多重性决定了监管机构和行业协会须针对不同诱因，设计不同监管措施，采取不同监管态度。

（四）行业分布不平衡性

A1 型流动性风险，互联网金融从业机构自身作为债务人，均会面临该风险，但因各自业务方向不同，表现出极大的不平性：一是 A1 型流动性风险以互联网小额贷款机构和互联网消费金融机构为主。互联网小额贷款机构和互联网消费金融机构，其一方面对外有限度地开展负债业务、融入资金，其另一方面以自有资金和负债资金对外开展资产业务，资产负债期限错配等原因容易诱发 A 型流动性风险。相反，网络借贷机构、股权众筹机构、互联网保险机构、互联网征信机构等从业机构，由于其自身不能融入资金对外开展资产类业务，其自身作为债务人的情形相对较少，A 型流动性风险相对较小。二是对于 A2 型流动性风险，以开展了资产证券化或准资产证券化等具有优质外部融资通道的互联网小额贷款机构和互联网消费金融机构为主。三是 B 型流动性风险以网络借贷机构和股权众筹机构为主。四是对于 C 型流动性风险，为互联网支付机构特有的流动性风险，其他互联网金融从业机构并不面临该类风险。显然，三类流动性风险在互联网金融从业机构之间的分布具有明显的不平衡性。行业分布的不平衡性决定了监管机构和行业协会须针对不同行业设计不同的监管措施。

（五）传导路径多极性

流动性风险传导的多极性表现在几个方面：一是流动性风险向其他风险传导，比如互联网支付机构在发生 A1 型流动性风险事项时，挪用客户备付金解决流动性问题，便会发生流动性风险向合规风险传导。二是其他风险向流动性风险传导。比较典型的便是信用风险向流动性风险传导，例如互联网金融从业机构发生信用风险，其债务人不能按约定时间还款，将导致其流动资金出现缺口，则可能导致从业机构出现 A 型流动性风险。又如网络借贷机构的融资人发生信用风险，在从业机构拆分期限的情况下，很容易诱发 B2 型流动性风险。另外，操作风险也可能向流动性风险传导，例如互联网支付机构业务处理系统故障，导致备付金出现缺口，将可能导致 C2 型流动性风险。最后，合规风险也会向流动性风险传导，例如互联网支付机构违规挪用客户备付金，则可能导致 C2 型流动性风险。三是由外部向互联网金融从业机构传导。债务人信用风险向流动性风险的传导，便是由外部向从业机构传导的一个例证。同时，互联网支付机构的入金渠道发生操作风险，导致客户备付金出现缺口，进而诱发 C2 型流动性风险，也是由外部向从业机构传导的案例。四是互联网金融机构向外部机构传导。互联网金融从业机构的流动性风险向外传导最典型的便是向外部机构的信用风险传导，即从业机构不能按约定支付款项，诱发外部机构的信用风险。传导路径的多极性决定了监管机构和行业协会务必认真研究相关传导路径，有针对性地实施监管。

（六）产品种类强相关性

流动性风险的产品种类强相关性，即流动性风险通常与互联网金融从业机构的产品存在强相关性。一是互联网小额贷款机构和互联网消费金融机构等从事专业放贷的机构，其信贷产品的期限与融入资金的匹配度在很大程度上决定了其 A 型流动性风险发生的概率；其信贷产品目标客户群的还款意愿和还款能力决定其信用风险发生的概率，进而决定A型流动性风险发生的概率。二是网络借贷机构和股权众筹机构等信息中介类从业机构，其产品是否拆分期限，决定了是否发生B2型流动性风险；同样，其产品的目标群体的还款意愿和还款能力，也对B1型流动性风险有很大影响。同时，产品的期限与投资人期望的期限是否匹配，也对B1型流动性风险具有较大的影响。三是互联网支付机构是否提供T+0到账产品，决定了是否面临C1型流动性风险，甚至决定其C2型流动性风险的大小。同时，互联网支付机构的支付产品赢利能力的强弱，也会影响其客户备付金管理的规范性，也在一定程度上决定其C2型流动性风险的发生概率及大小。

定义5-2　流动性风险 LR 可描述为一个7元组的动态系统，即 LR=(E，LV_t，LT_t，LP_t，LS_t，LF_t，LG_t)。

其中，E 为互联网金融机构。LV_t 为流动性风险的风险事项集合；LT_t 为流动性风险的相关的经营目标集合（如流动性风险事项发生的次数不得超过3次，金额不得超过 a 万元）；LP_t 为流动性风险发生概率的集合，当前流动性风险计量已经相对成熟，工具相对完善适用，互联网金融企业可以积累相应数据，进行评估；LS_t 为流动性风险的损失集合；LF_t 为评估每个流动性风险事项发生概率的方法集合；LG_t 为评估每个流动性风险事项发生后的损失大小的方法集合。

当前，对互联网金融企业而言：风险事项 LV_t，对于互联网金融从业机构，构建相对容易，须注意的是，不同从业机构，其流动性风险的类型可能不同，因此，LV_t 在不同业态之间可能存在较大差异。LT_t 的构建取决于互联网金融企业的治理层，主要取决于治理层的风险意识。从当前网络借贷平台爆发的风险事项看，网络借贷平台的治理层流动性风险控制意识不足，其产品设计过于激进。部分支付机构备付金出现缺口，甚至导致倒闭，表明支付机构合规风险导致的流动性风险较高，这与其治理层流动性风险意识不强存在较大关系。LP_t 构建，如前所述，主要在于互联网金融从业机构积累数据，选好工具。LS_t 的构建，对于直接损失而言相对容易，但对于由此诱发的声誉风险损失，则评估相对较难，其构建也相对较难。与操作风险不同，LF_t 的构建相对容易，LG_t 的构建也相对容易。

对于同一机构而言，流动性风险 LR 也存在式（2-1）到式（2-7）类似的关系，不再赘述。

第二节 风险事项

对于流动性风险的风险事项，我们拟从风险源头、损失情形、时效要求、责任发生、影响范围等角度进行研究分析。

一、风险源头

按风险源头，流动性风险的风险事项可区分为资产类风险事项、负债类风险事项、操作类风险事项和渠道类风险事项。

（一）资产类风险事项

资产类风险事项即互联网金融企业资产方面原因导致其流动性不足或过裕，给其带来不利影响的事项，具体包括资产质量、资产不足、资产过裕、变现能力不足、期限失配等情形。**第一，资产质量。**即互联网金融企业相关资产的债务人未按约定支付款项，导致互联网金融企业或其业务平台资金不足或资金过裕的情形。债务人提前归还款项，可能导致资金过裕，出现流动性过剩，债务人延期还款，可能导致流动性短缺，两者均可能分别诱发流动性风险。资产质量，对互联网小额贷款机构和互联网消费金融机构而言，可能诱发 A1 型和 A2 型流动性风险；对于网络借贷机构和股权众筹机构而言，可能诱发 B1 型和 B2 型流动性风险。对于合规管理客户备付金的互联网支付机构，通常不会出现资产质量导致的流动性风险，若其将客户备付金用作投资，则可能面临 C2 型流动性风险。对于互联网保险机构、互联网征信机构，通常不会发生资产质量诱发的流动性风险。**第二，资产不足。**即互联网金融企业因适格资产不足导致流动性过剩。就互联网小额贷款机构和互联网消费金融机构而言，流动性过剩往往诱发其 A2 型流动性风险。对网络借贷机构和股权众筹机构而言，流动性过剩导致平台资金站岗，会诱发 B1 型流动性风险。对于互联网支付机构而言，不应当出现因资产不足诱发的流动性风险（以其自有资金开展委托贷款除外）。就互联网保险机构、互联网征信机构而言，由于其不开展放贷业务（以其自有资金偶尔开展委托贷款除外），也不应当出现因资产不足导致的流动性风险。**第三，资产过裕**。即互联网金融企业的适格资产过剩，但缺乏足额资金匹配，损失收益机会的情形。就互联网小额贷款机构和互联网消费金融机构而言，资产过裕可能诱发 A1 型流动性风险，即其无法以合理成本获得充裕资金满足正常业务需求。对于股权众筹机构和网络借贷机构，资产过裕将诱发 B1 型流动性风险。对于互联网支付机构而言，资产过剩可以理解为客户 T+0 到账需求诱发的短拆资产，因而，资产过裕也可能诱发互联网支付机构的 C1 型流动性风险。对于互联网征信机构和互联网保险机构，由于其并非放贷机构，不会因为资产过剩导致流动性风险。**第四，变现能力不足**。即互联网金融企业的资产变现能力不足，导致其无法在约定时间内履行支付义务的情形。对于互联网小额贷款机构和互联网消费金融机构，可能因其资产流动性不强，变现能力不足导致其发生 A1 型流动性风险。目前，两类机构的信贷资产变现通常为资产证券化、金融资产交易所交易或第三方收购，若出售过程出现异常，变现能力受到影响，很可能发生 A1 型流动性风险。对于网络借贷机构和股权众筹机构，债务人的资产变现能力不足，将可能导致平台流动性短缺，进而诱发 B2 型流动性风险。对于互联网支付机构，若其违规将客户备付金对外投资，资产变现能力不足，将会诱发 C2 型流动性风险。同时，若其自有资金进行了委托贷款等投资，资产变现能力不足也会诱发 A1 型流动性风险。对于互联网征信机构和互联网保险机构，资产变现能力不足可能诱发 A1 型流动性风险。**第五，期限失配**。即互联网金融企业的资产期限与资金需求期限失配，给其带来不利影响的情况。对于互联网小额贷款机构和互联网消费金融机构而言，期限失配可能出现流动性不足或流动性过剩，进而诱发 A1 型流动性风险或 A2 型流动性风险。对于互联网支付机构，若其违规将客户备付金用于投资，则可能因期限失配导致 C2 型流动性风险；若其合作资金渠道的资金期限与客户资金需求期限失配，则将诱发 C1 型流动性风险。对于股权众筹机构和网络借贷机构，资产期限与资金需求期限失配，则可能出现资金站岗，诱发 B1 型流动性风险。对于互联网征信机构和互联网保险机构，通常不会因期限失配诱发流动性风险。

（二）负债类风险事项

负债类风险事项即互联网金融企业开展负债业务方面原因导致其流动性不足或过裕，给其带来不利影响的事项，具体包括负债质量、负债不足、负债过剩、负债期限等情形。**第一，负债质量**。即互联网金融企业从事负债融资的债权人要求提前还款、未按期支付款项、未支付款项等导致流动性不足或者业务平台投资人数和资金不足以支撑资产需求，给其带来不利影响的事项。按监管规定，互联网小额贷款机构和互联网消费金融机构可以从外部融资，包括向银行等金融机构融入资金，在实际业务中，出于风险控制需要（尤其是经济下行期），银行等金融机构不时会要求两类机构提前归还贷款，或者不按双方约定按期发放贷款甚至不按约定发放贷款，导致两类机构流动性不足，进而出现 A1 型流动性风险。对于网络借贷机构和股权众筹机构，由于投资人转换成本低，加之两类机构的产品缺乏足够的奇异性，投资人逃逸较快，其投资资金稳定性较差，两类机构比较容易出现 B1 型流动性风险。对于互联网支付机构、互联网保险机构和互联网征信机构，其自身开展业务过程中，可能因放贷方原因出现 A1 型流动性风险。**第二，负债不足**。即互联网金融企业在开展业务过程中，因经济形势下行、银行收紧信达或自身征信等原因，无法筹集或无法以合理成本筹集资金，导致其流动性短缺的情形。对于互联网小额贷款机构而言，全国小额贷款行业均面临负债不足的问题，小额贷款公司从银行等机构获得的外部融资很有限，尤其是经济下行期，互联网小额贷款机构因负债不足导致流动性短缺，必然诱发 A1 型流动性风险。互联网消费金融机构，也可能因负债不足导致流动性短缺，出现 A1 型流动性风险。对于网络借贷机构和股权众筹机构，在网络推广费用剧增、获客成本飙升的情况下，往往容易出现业务平台有效投资人不足、投资资金不足等现象，以致出现 B1 型流动性风险。对于互联网支付机构、互联网保险机构和互联网征信机构，其自身开展业务过程中，可能因无法获得债务融资诱发 A1 型流动性风险。**第三，负债过剩**。负债过剩与资产不足恰好相反，互联网小额贷款机构和互联网消费金融机构在开展外部融资过程中，可能因外部融资到达的批量性，短期甚至较长期限出现流动性过剩，导致 A2 型流动性风险。对于网络借贷机构和股权众筹机构，也可能因为资产供给不足、平台信誉良好等原因，出现投资资金过剩，发生 B1 型流动性风险。对于互联网支付机构、互联网保险机构和互联网征信机构，通常不会因为负债过剩出现流动性风险。**第四，负债期限**。即互联网金融企业希望的负债期限与放款方确定的期限不一致、负债期限与资产期限不一致、业务平台资金提供方和资金需求方期限不一致等情形。后两种类型前面已论及，不再赘述。期待负债期限与实际期限之间的失配，对于各类互联网金融从业机构均有可能出现，若实际期限与待支付义务期限失配，则会诱发 A1 型流动性风险。

（三）操作类风险事项

操作类风险事项即互联网金融企业发生操作风险事项导致其流动性不足，给其带来不利影响的事项，具体可划分为违规操作、系统故障、内部欺诈、外部攻击等。**第一，违规操作**。即互联网金融企业从业人员未按法律、企业自身业务规范操作，导致企业或其业务平台出现流动性短缺的情形。互联网小额贷款机构和互联网消费金融机构放款人员有意或无意违规操作，发生大量重复放款，导致其出现流动性短缺，诱发 A1 型流动性风险。互联网支付机构清算人员违规操作，发生大量重复划款，导致客户备付金出现缺口，诱发 C2 型流动性风险。对于实行了客户独立账户资金存管的网络借贷机构和股权众筹机构，通常不会因清结算人员违规操作发生流动性风险，但对于尚未实行独立账户资金存管的两类机构，则可能因为清结算人员违规操作，发生大金额重复放款，出现流动性风险。同时，对于部分以借款标的到期抵质押品（如车辆和票据）变现作为还款来源的网络借贷机构，则可能因为业务人员违规操作，导致抵质押品灭失或变现不及时等原因诱发流动性风险。保险专业中介机构开展互联网保险业务，其清结算人员向保险公司重复划款，可能发生流动性风险。保险公司利用第三方网络平台开展保险业务，严格按照保监会规定的，不会因人员违规操作发生流动性风险，但若第三方网络平台代收保费，则第三方网络平台可能因重复划款发生流动性风险，保险公司则可能因未及时收到保费发生流动性风险。**第二，系统故障**。即互联网金融企业的业务处理系统发生故障，以致发生重复划款等，进而出现流动性短缺，诱发流动性风险的情形。互联网小额贷款机构和互联网消费金融机构，其清分结算相对简单，系统故障导致流动性风险的可能性较小。互联网支付机构，由于交易笔数多、交易总金额大、数据传输路径广等原因，其业务系统故障导致流动性风险的可能性较大，比较典型的便是交易数据唯一性受到破坏导致重复清算，交易数据完整性受到破坏导致虚假清算，以致出现备付金缺口，诱发 C2 型流动性风险。网络借贷机构和股权众筹机构，若实施了客户资金独立账户存管，则系统故障通常不会导致流动性风险，否则，可能因系统故障出现流动性风险。互联网征信机构和互联网保险机构，通常不会因系统故障导致流动性风险。**第三，内部欺诈**。即互联网金融企业由于内部欺诈导致流动性短缺，进而诱发流动性风险的情形。对于互联网小额贷款机构和互联网消费金融机构，其交易速度和交易频次相对较低，交易环节较少，内部欺诈导致流动性短缺的可能性很小。互联网支付机构而言，由于交易环节较多、交易速度和交易频次较高，内部欺诈导致客户备付金出现缺口的可能性较大。例如伪造入金数据或伪造交易数据，在相关数据校验被有意或无意关闭的情况下，均可能导致客户备付金出现缺口。对于网络借贷机构和股权众筹机构而言，若其实施了客户资金独立账户存管，则内部欺诈导致客户资金短缺的可能性很小，反之，内部欺诈导致客户资金短缺的可能性较大。因此，内部欺诈是否导致流动性风险，主要取决于其资金存管模式。对于互联网征信机构，内部欺诈导致流动性风险的可能性很小。保险专业中介机构开展互联网保险业务，内部欺诈可能导致保费出现缺口，诱发流动性风险。保险公司利用第三方网络平台开展保险业务，严格按照保监会规定的，一般不会因内部欺诈发生流动性风险，但若第三方网络平台代收保费，则第三方网络平台可能因内部欺诈发生流动性风险，保险公司则可能因未及时收到保费发生流动性风险。**第四，外部攻击**。即互联网金融企业的业务处理系统因受到外部恶意攻击或外部人员欺诈，导致流动性短缺，进而诱发流动性风险的情形。对于互联网小额贷款机构和互联网消费金融机构，基于内部欺诈相似的原因，其业务处理系统受到攻击的可能性相对较低，同时，外部人员伪造的交易数据很难进入其业务处理系统，因此外部攻击导致其发生流动性风险的可能性很小。对于互联网支付机构，由于其业务处理系统和交易数据与互联网紧密结合，其业务处理系统受到外部攻击的可能性较大，外部人员伪造的交易数据也相对容易进入其业务处理系统。因此外部攻击导致其流动性风险的可能性较大。对于网络借贷机构和股权众筹机构，与内部欺诈相似，实施了客户资金独立账户存管的，外部攻击导致其流动性风险的可能性很小，反之较大。对于互联网征信机构和互联网保险机构，通常不会因为外部攻击导致流动性风险。

（四）渠道类风险事项

渠道类风险事项，即互联网金融企业非资产和负债类合作伙伴方面的原因导致其流动性不足，给其带来不利影响的事项，具体包括入金渠道、存管渠道、客户渠道等类型。**第一，入金渠道**。即互联网金融企业客户资金转入渠道未按时足额转入资金诱发流动性风险的情形。互联网小额贷款机构和互联网消费金融机构在对外融资过程中，其资金通常由融资方直接转入，通常不存在入金渠道诱发流动性风险问题。对于互联网支付机构，一来入金渠道较多，二来入金较为频繁，并且跨行入金环节较多，很可能因入金渠道业务处理系统等方面的原因导致客户转入资金不能及时到账，甚至不能到账，进而使客户备付金出现临时性或永久性短缺，诱发流动性风险。对于网络借贷机构和股权众筹机构，其客户资金的入金渠道取决于资金存管机构的入金渠道，资金存管机构的入金渠道发生故障，必然波及两类机构，诱发两类机构的平台资金不足，产生流动性风险。对于互联网征信机构、互联网保险机构，通常不会发生入金渠道导致流动性风险的情况。**第二，存管渠道**。即客户资金存管渠道方存管功能发生异常或支付金额限制，导致互联网金融企业不能按时支付的情形。对于互联网小额贷款机构和互联网消费金融机构，其资金存放于其自身银行账户，两类机构单笔金额较小，通常未达到银行单笔限额，因此，资金存管诱发流动性不足的可能性较小。对于互联网支付机构，其客户备付金存放于备付金存管银行，在实行了银行存管系统与支付机构业务系统直连的情况下，可能由于银行存管系统故障，导致互联网支付机构无法按时履行代付义务；也可能发生支付金额超过银行单笔限额导致支付机构无法按时履行代付义务；还可能发生收款银行通道故障，导致客户无法提现至其银行账号的情形。因此，互联网支付机构资金存管诱发流动性风险的可能性较大。对于网络借贷机构和股权众筹机构，可能由于资金存管方系统故障等原因，导致客户投资时客户资金冻结失败，出现平台真实流动性不足，诱发流动性风险；同时，也会发生收款银行通道故障，致使客户提现失败等情绪。两类机构均可能因资金存管诱发流动性风险。对于互联网征信机构和互联网保险机构发生资金存管流动性风险可能性很小。**第三，客户渠道**。即互联网金融企业因客户引流渠道方面的原因导致流动性不足或流动性过剩的情形。互联网金融企业通常选择合作渠道拓展客户，尤其是线上渠道，以迅速提升客户量。在拓展合作渠道的过程中，可能发生渠道成本飙升、有效渠道不足、渠道突发中断合作等情形。互联网小额贷款机构和互联网消费金融机构，均面临如何通过有效渠道获得优质贷款客户的问题。除了传统的搜索引擎等引流获客外，两类机构还会根据其目标客群选择流量较大的渠道进行引流。在渠道引流的过程中，通常会面临有效渠道不足，导致优质贷款客户不足，进而导致其资产不足，诱发流动性过剩风险。对于互联网支付机构，往往选定具有互联网支付需求的商户，作为其客户引流渠道，目前该类机构的客户引流渠道竞争已经相当激烈，呈现出线上线下同步白热化竞争的态势，但互联网支付机构不会因为客户引流渠道不足、成本过高或突发中断导致流动性风险。对于网络借贷机构和股权众筹机构，两类机构的线上渠道竞争已经相当激烈，数据显示，互联网端一个有效投资客户的获客成本已经突破 1000 元；同时，随着竞争加剧，有效获客渠道越来越不足；另外，随着行业风险事件爆发，已出现部分引流渠道突发中断两类机构的合作。总之，两类机构在客户渠道方面，因成本过高、渠道不足或突发中断，很容易导致其业务平台资金不足，诱发流动性风险。对于互联网征信机构，其通常与机构合作开展业务，几乎不存在客户渠道诱发流动性风险。对于互联网保险机构，会因获客成本过高等原因诱发客户流量不足，但通常不发生流动性风险。

区分四类风险事项的意义在于互联网金融企业可基于各自业务特点，从四个维度进一步细化识别风险事项，并根据不同风险源头，采取不同应对措施。

二、损失情形

按风险事项发生后损失的确定程度，流动性风险的风险事项可区分为损失确定类风险事项、机会损失类风险事项。

（一）损失确定类风险事项

对于互联网小额贷款机构和互联网消费金融机构，出现流动性不足时，其超过合理成本融入资金必然招致合理成本之上的损失，若其不融入资金，则将可能因违约招致损失；当前出现流动性过剩时，对于融入资金，仍需支付成本，必然招致资金成本带来的损失。对于互联网支付机构而言，其自有资金开展业务过程中出现流动性不足时，不履行支付义务将招致损失，不能以合理成本融入资金，也会招致损失。同时，若因入金渠道或重复清算等原因，导致客户备付金出现永久性缺口，其必然招致损失。对于网络借贷机构、股权众筹机构、互联网征信机构和互联网保险机构，与互联网支付机构自己资金开展业务相似，流动性风险事项发生必然遭受损失。导致几类机构出现前述情形的事项，即为损失确定类风险事项。损失确定类风险事项的特点在于风险事项一旦发生，企业必然遭受损失。当然，因业态不同，其损失的大小往往不同。通常情况下，互联网支付机构客户备付金出现永久性缺口时，由于信息系统的一贯性，其损失往往很大。

（二）机会损失类风险事项

对于互联网小额贷款机构和互联网消费金融机构，出现流动性不足时，在无确定合同义务情况下，其可能选择不融入资金，此时两类机构损失的是业务发展的机会，并未实际损失。对于互联网支付机构而言，若其并未就 T+0 到账做出义务性承诺，则即使发生 C1 型流动性风险，也不会招致实际损失，但其可能丢失客户，丧失未来获利机会，影响其竞争能力。对于网络借贷机构和股权众筹机构，当发生业务平台资金站岗或者资产站岗时，并不会招致实际损失，但必然导致投资客户或融资客户流失，最终丧失获利机会，影响其竞争能力甚至生存能力。对于互联网征信机构和互联网保险机构通常面向机构拓展业务，发生流动性风险导致损失机会的情况极少。同理，导致几类机构出现前述情形的事项，即为机会损失类风险事项。机会损失类风险事项的特点在于风险事项发生，企业损失的是未来获利机会。同理，各业态之间机会损失的大小各异。在当前竞争白热化的条件下，网络借贷机构和股权众筹机构的机会损失最大，其次是互联网支付机构。

区分损失确定类风险事项和机会损失类风险事项的意义在于，互联网金融企业应当采取不同措施应对两类风险事项，对确定类风险事项应当尽量识别逐一应对，对于机会损失类风险事项，毕竟不至于遭受确定损失，可以有选择地识别应对。

三、时效要求

按资金供求双方对延迟支付的承受度，风险事项可区分为强约束类风险事项和弱约束类风险事项。

（一）强约束类风险事项

互联网金融企业在业务拓展过程中，可能发生资金供给方或资金需求方对资金收付时间要求极强（一般不超过 3 个工作日），一旦突破该时限，必然招致损失（含损失机会），客户的这类资金需求我们称为强约束需求，导致互联网金融企业无法满足客户强约束需求，给其带来不利影响的事项，即为强约束类风险事项。对于互联网小额贷款机构和互联网消费金融机构而言，其互联网端贷款产品目标客户群通常要求申请手续便捷、放款速度较快，其贷款客户的资金需求通常具有强约束性，这类需求因流动性短缺无法满足，必然使其产品失去竞争力，因此互联网小额贷款机构和互联网消费金融机构通常具有强约束类风险事项。对于互联网支付机构而言，其 C 端客户的资金到账需求具有更强的时效性（T+0 到账），该等需求显然属于强约束需求，该等需求因流动性短缺导致无法满足，必然给其带来不利影响，诱发此等流动性短缺的风险事项，即为强约束类风险事项。对于网络借贷机构和股权众筹机构，部分投资客户的资金站岗时间超过一定时限将会逃逸，部分融资客户（比如车辆抵押借款和票据质押借款网络借贷机构的借款客户）融资期限为 1 个月，其融资需求站岗时限极短，两类机构的这两类客户，诱发资金站岗或资产站岗的事项即为强约束类风险事项。互联网征信机构和互联网保险机构通常不会发生强约束类风险事项。

（二）弱约束类风险事项

与强约束需求相反，互联网金融企业在业务拓展过程中，可能发生资金供给方或资金需求方对资金收付时间要求并不刚性，即使突破约定时限，损失很小（含损失机会），我们称这类需求为弱约束需求，导致互联网金融企业无法满足客户弱约束需求，给其带来不利影响的事项，即为弱约束类风险事项。对于互联网小额贷款机构和互联网消费金融机构而言，若其贷款产品面向 B 端设计（赊销模式），与 B 端用户结算周期较长，即使其流动性出现暂时性短缺，处于相对弱势地位的 B 端用户尚不至于追究其责任，当然对其信誉存在一定的损失，此时，我们称诱发流动性短缺的事项为两类机构的弱约束风险事项。对于互联网支付机构而言，其 B 端客户的资金到账需求通常具有较强的柔性，且结算周期可能较长（1 个月也比较正常），该等需求属于弱约束需求，该等需求因流动性短缺导致无法满足，通常遭受的损失较小，诱发此等流动性短缺的风险事项，即为互联网支付机构的弱约束类风险事项。对于网络借贷机构和股权众筹机构，部分投资客户对资金站岗时间容忍较长，部分融资客户（比如房屋抵押借款网络借贷机构的借款客户）融资期限较长（如 6 个月、1 年），其融资需求站岗容忍时限可能较长，此时，诱发资金站岗或资产站岗的事项即为弱约束类风险事项。互联网征信机构和互联网保险机构通常可能发生弱约束类风险事项。

区分强约束类风险事项和弱约束类风险事项的意义在于，互联网金融企业应当逐一梳理强约束需求和弱约束需求，一旦发生流动性短缺时，优先满足强约束需求。同时，在产品设计和业务推广时，互联网金融企业需密切关注自身流动性问题，避免强约束需求未被满足，导致损失。实务中，强约束类风险事项和弱约束类风险事项除与产品设计和市场推广有关外，还往往与互联网金融企业与客户的合同约定存在极大的关系，合同约定的结算周期相对较长，柔性较大，则弱约束越多。因此，强约束类风险事项与弱约束类风险事项可以加入合同结算周期予以区分。例如某网络借贷机构借款需求的满标时间通常不超过1小时，但与融资客户约定1～3个工作日，在客户可容忍限度内弱化时间的刚性。

四、责任发生

按风险事项发生时，是否必然产生民事责任和行政责任，风险事项可区分为刚性风险事项和柔性风险事项。与强约束类风险事项和弱约束类风险事项类似，刚性风险事项与柔性风险事项也通常与合同约定相关，若合同约定出现流动性不足和流动性过剩必然承担民事责任，则通常为刚性风险事项，否则可能为柔性风险事项。当然，除与合同约定有关外，还可能与法律规定有关，若出现流动性不足或流动性过剩时，会承担行政责任，也属于刚性风险事项，反之可能为柔性风险事项。

（一）刚性风险事项

刚性风险事项即其一旦发生必然导致互联网金融企业承担民事法律责任或行政法律责任的风险事项。流动性风险的发生很少导致企业承担刑事责任，故在此略去。互联网小额贷款机构和互联网消费金融机构，若其贷款产品合同约定未按期足额支付相应款项，其将承担违约责任，则发生流动性短缺的风险事项，便是刚性风险事项；另外，若两类机构出现流动性短缺时，若融入资金将越过监管红线，则其将面临行政责任，此时诱发流动性短缺的风险事项也是刚性风险事项。对于互联网支付机构，若其违反中国人民银行客户备付金管理规定(如挪用备付金投资),导致备付金出现临时性或永久性短缺,则其将面临行政责任,导致备付金出现短缺的风险事项便是刚性风险事项;另外,其按规定管理客户备付金的情况下,若因其他原因导致客户备付金出现永久性缺口,按中国人民银行规定,客户备付金属于客户所有,其也必须承担民事责任,此种情况下,导致备付金出现永久性缺口的风险事项也是刚性风险事项。对于网络借贷机构和股权众筹机构,若两类机构设计了拆分期限的产品,该类产品容易诱发流动性风险,因其可能违反监管机构要求,一旦发生将承担行政责任。该类拆分期限的产品本身即为刚性风险事项。互联网征信机构在开展业务过程中,若与支付相关的合同约定了违约责任,则其也会面临刚性风险事项。另外,第三方网络平台与保险公司合作开展互联网保险业务,若未按保监会规定账户模式收取保费,其爆发流动性风险时,必将面临行政责任,与之相关的风险事项,则为刚性风险事项。

（二）柔性风险事项

柔性风险事项即其发生并不导致互联网金融企业承担民事法律责任和行政责任的事项。互联网小额贷款机构和互联网消费金融机构,若其贷款产品合同约定未按期足额支付相应款项,其计息日和计息金额以实际发放为准,并不承担违约责任,则发生流动性短缺时,其损失的仅是获利机会和信誉,此时的风险事项即为柔性风险事项;另外,若两类机构出现流动性短缺时,若融入资金尚未越过监管红线,则其也不会面临行政责任,此时诱发流动性短缺的风险事项也是柔性风险事项;最后两类机构融入资金过多导致流动性过剩时,其并不承担违约责任等民事责任,此时诱发流动性过剩风险事项,也是柔性风险事项。互联网支付机构客户备付金出现临时性短缺时,若其并未对客户做出提现或结算及时到账的硬性承诺,并不因此承担违约责任,则此时诱发流动性短缺的风险事项即为柔性风险事项。网络借贷机构和股权众筹机构,两类机构通常并不对投资人和融资人资金站岗和融资需求站岗的承担违约责任等民事责任,也不会因此承担行政责任,因此,诱发两类机构业务平台资产过剩或流动性过剩的风险事项也属于柔性风险事项。对于互联网征信机构和互联网保险机构,通常很少具有柔性风险事项。

五、影响范围

按影响范围，流动性风险的风险事项可区分为系统性风险事项和非系统性风险事项。

（一）系统性风险事项

系统性风险事项即对所有同业态互联网金融企业的流动性均会产生影响的风险事项。我们并未强调所有互联网金融企业而是同业态互联网金融企业，原因在于不同业态的互联网金融企业，其影响因素差异较大，对某类业态所有企业产生影响的未必对其他业态产生影响。对于互联网小额贷款机构和互联网消费金融机构而言，宏观经济形势、货币政策、监管政策等均可能对所有同类机构的流动性产生影响。例如经济下行，不良贷款攀升，优质借款资源紧缺，两种类型的从业机构均可能面临流动性不足和资产不足；货币政策收紧，银行等金融机构收缩信贷，甚至提前收回贷款，两种类型的从业机构均可能面临流动性短缺；监管机构放宽两类机构的外部融资比例或鼓励资产证券化，两类机构的从业机构均可能从外部获得更多融资，其流动性均可能比较充裕。显然，前述宏观经济形势、货币政策和监管政策等均为两类机构的系统性风险事项，当然财政政策等宏观经济政策以及国家对两类机构的支持鼓励政策也会对两类机构的流动性产生影响，也属于系统性风险事项。对于互联网支付机构而言，宏观经济形势、货币政策和财政政策等对客户备付金的临时性短缺影响较大，但不会导致永久性短缺。但监管政策和监管力度对互联网支付机构的客户备付金短缺影响极大，中国人民银行加大对支付机构客户备付金管理的监管力度，实施客户备付金集中管理，甚至将客户备付金存入中国人民银行，将会使客户备付金出现永久性短缺的可能性大为降低，同时通过网联平台实时监控客户资金流向，也将在一定程度上提升客户备付金的管理透明性，降低其永久性短缺的可能性。宏观经济形势越好，经济交易越活跃，互联网支付机构的支付需求越大，其客户备付金出现临时性短缺的可能性也就越大。货币政策和财政政策则通过影响宏观经济影响其客户备付金是否出现临时性短缺。就网络借贷机构和股权众筹机构而言，宏观经济形势、货币政策、监管政策和监管力度均可能影响其投资人资金或客户资产站岗，这些因素均为两类机构的从业机构面临的系统性风险事项。经济下行，优质资产严重缺失，两类机构均面临投资人资金站岗，长此以往，又会导致资金逃逸，可能出现投资人资金不足。中国人民银行调整基准利率，市场利率下降，两类机构同样承受利率下调的压力，下调则可能导致投资人资金流失，不调则可能导致融资人流失，两者均可能使两类机构出现投资人资金不足或资产不足。监管政策与监管力度对两类机构流动性的影响，本轮整顿中表现非常突出，整顿启动开始，投资人对整个行业信心受到较大影响，在尚缺乏明确法定身份的情况下，投资人资金逃逸比较明显，进而两类平台均面临投资人资金短缺风险。对互联网征信机构和互联网保险而言，宏观经济形势、货币政策、监管政策和监管力度通常不会影响其流动性，两类机构系统性风险事项较少。

（二）非系统性风险事项

非系统性风险事项即并非对所有同业态互联网金融企业的流动性均会产生影响的风险事项。非系统性风险事项表现形势各异。各类互联网金融从业机构均会在不同程度上具备，且同业态互联网金融从业机构也千差万别。我们在此不再一一分析。区分系统性风险事项和非系统性风险事项的意义在于，系统性风险事项具有行业共性，监管机构和行业协会对其管理的把控性更强，而非系统性风险事项则需要逐一分析，监管机构和行业协会可选择重点单位予以监控。

第三节　影响与建议

一、风险源头

如前所述，按风险源头，流动性风险的风险事项可区分为资产类风险事项、负债类风险事项、操作类风险事项和渠道类风险事项，其不利影响定性分析如下：

（一）资产类风险事项

资产类风险事项的不利影响大。一是对于经营信贷业务的互联网小额贷款机构和互联网消费金融机构而言，其资产质量、资产充足程度等对其生存和发展至关重要，资产类风险事项的发生轻则影响其赢利能力，重则直接影响其可持续经营能力。二是对于网络借贷机构和股权众筹机构而言，长期资产不足和资产过裕将严重影响其生存能力，期限失配对其业务发展存在较大不利影响。三是对于互联网支付机构而言，短拆资金不足将直接影响支付产品的竞争力，利用客户备付金违规投资的，还将严重影响其生存能力。

我们认为，对于资产类风险事项应区别对待，对于资产质量问题，主要依靠从业机构自身能力予以解决，并且应严禁互联网支付机构违规挪用客户备付金投资；对于资产不足、资产过裕和资产期限问题，可由行业协会面向网络借贷机构或股权众筹机构组建全国范围内的资产拆借市场，在对会员单位进行考核的基础上，优选适格的会员单位，其可在资产拆借市场供给多余的资产需求，由其他资产不足的会员单位引导投资人投资，投资客户相关信息均保留在资产拆借市场，除非发生违约，否则投资客户信息不向资产信息供给方披露，这样，既解决了资产不足会员单位的客户资金站岗问题，又解决了资产过裕会员单位的融资需求站岗问题，同时也保护了资金站岗会员单位的投资人资源。互联网小额贷款机构和互联网消费金融机构，也可组建类似拆借市场。对于互联网支付机构而言，可由行业协会牵头，在实施严格考核评级基础上，集合适格的会员单位，与资金渠道商谈短拆资金，一来集合商谈议价能力较强，二来集合商谈具有规模效应，可选择更加优质的资金渠道。对于变现能力问题，可由行业协会牵头组织竞拍市场，对相关债权的抵押品进行竞拍，一来提升资产的变现能力，二来保护债务人的合法权益。

（二）负债类风险事项

负债类风险事项不利影响较大。一是对互联网小额贷款机构和互联网消费金融机构而言，监管机构对其规定了较低的外部融资比例，其最大负债比例受限，不利影响总体较小，但若债权人提前收回贷款或不按期发放贷款，则对两类机构的不利影响很大，同时，若债权人资金批量到达，在缺乏适格资产的情况下，其固定成本开支压力较大。二是对于网络借贷机构和股权众筹机构而言，投资资金逃逸，投资资金不足，对两类机构的生存和发展具有较大挑战，尤其是在拆分期限的情况下，极易引起连锁反应。

我们认为，对于负债质量问题，主要由从业机构与债权人协商解决。负债不足、负债过剩和负债期限问题，可借助于前述资产拆借市场予以缓和。同时，行业协会可组建流动性救助基金，在对资产变现能力、资产抵质押品变现能力等进行综合评估的基础上，按照分级管理原则，对适格会员单位的流动性短缺给予短期救助，适格会员单位可涵盖互联网小额贷款机构、互联网消费金融机构、网络借贷机构、股权众筹机构以及互联网支付机构。

（三）操作类风险事项

操作类风险事项的不利影响较大。一是互联网金融从业机构因违规操作导致流动性风险的概率较低，但网络借贷机构和股权众筹机构违规操作导致流动性风险的概率较大。二是互联网支付机构因系统故障导致重复清算，以致发生流动性短缺的现象时有发生，并且涉及资金量较大。三是互联网支付机构因内部欺诈导致客户备付金短缺可能性较小，但损失可能较大。四是互联网支付机构因外部攻击导致客户备付金短缺的可能性较大，损失也可能较大。

我们认为，对于操作类风险事项，也遵循区别对待原则进行应对，对于违规操作类风险事项，主要由互联网金融从业机构应对，监管机构加强对重点单位的执法检查，力促从业机构遵循监管规定，行业协会可通过建立风险事件共享机制，在会员单位之间共享相关风险事项发生的原因、场景和应对措施建议，提升同业态机构的风险管理水平。对于系统故障类风险事项，一是从业机构建立规范合理的系统上线流程，二是如前所述，由行业协会建立信息科技系统测试系统，从业机构业务系统上线前，在该等测试系统中模拟各种故障现象，进行充分测试，降低发生概率。对于内部欺诈类和外部攻击类风险事项，如前所述，可通过构建从业人员黑名单机制形成威慑力，降低发生的可能性。

（四）渠道类风险事项

渠道类风险事项的不利影响较大。一是入金渠道通常影响互联网支付机构、网络借贷机构和股权众筹机构，对其他业态的从业机构影响极小，但入金渠道除可能造成客户资金临时短缺，还可能导致永久性短缺，因此，不利影响大。二是存管渠道既可能影响互联网支付机构，还可能影响网络借贷机构和股权众筹机构，其影响范围较大，存管渠道系统故障可能导致客户资金出现永久性短缺，其不利影响大，存管渠道出金限额则可能影响三类机构的市场推广和业务拓展，不利影响较大。三是客户渠道影响的从业机构较多，其影响轻则导致从业机构业务发展缓慢，重则严重影响从业机构的持续经营能力，甚至导致从业机构终止相关业务。

我们认为，对于渠道类风险事项：一是对于入金渠道，可由行业协会牵头组建同一入金渠道（中国支付清算协会牵头组建的网联平台便是一例），并构建合理高效的备份机制，在充分测试的基础上向会员单位推广，一来降低从业机构信息科技系统复杂度、提升其信息科技系统的抗风险能力，二来行业协会统一银行端的技术接口，降低银行端信息科技系统发生故障的概率，三来行业协会牵头组建同一入金渠道，可以获取规模效应，降低社会成本。二是对于存管通道，可由监管机构分业态出台存管规则对客户资金存管做出原则性和方向性的规定，由行业协会再制定存管细则，并根据存管规则和存管细则，对资金存管方的信息科技系统进行严格验收测试，降低客户资金存管信息科技系统故障诱发流动性风险等相关风险。三是对于客户渠道，可借助前述资产拆借市场予以缓解。

二、损失情形

如前所述，按风险事项发生后损失的确定程度，流动性风险的风险事项可区分为损失确定类风险事项、机会损失类风险事项，其不利影响定性分析如下：

（一）损失确定类风险事项

损失确定类风险事项的不利影响较大。一是各类从业机构均可能受到损失确定类风险事项的影响，影响的范围大。二是该类风险事项一旦发生，损失具有实在性。三是互联网支付机构客户备付金发生永久性短缺时，其损失可能很大且通常涉及公众利益。

对于损失确定类风险事项，我们建议：一是对于不涉及公众资金安全的，由从业机构为主逐一识别应对，监管机构和行业协会主要通过风险事件共享机制提升其风险管理水平。二是对于涉及公众资金安全的，行业协会在充分研究各种案例的基础上，总结出应对措施，报经监管机构同意后，由全行业从业机构执行，也可以先行在会员单位内部实行，在总结经验基础上由监管机构发全行业执行。三是监管机构和行业协会定期不定期对重点单位进行检查，对非重点单位进行抽查，促进从业机构落实应对措施。

（二）机会损失类风险事项

机会损失类风险事项不利影响较小。一是互联网小额贷款机构和互联网消费金融机构仅损失获利机会，并无实际损失。二是网络借贷机构和股权众筹机构，尽管无实际损失，但却影响其竞争能力，轻则客户流失，重则导致平台业务终止。

我们建议，机会损失类风险事项，一是由从业机构尽量识别予以应对，二是借助于前述资产拆借市场进行缓解。

三、时效要求

如前所述，按资金供求双方对延迟支付的承受度，风险事项可区分为强约束类风险事项和弱约束类风险事项。

（一）强约束类风险事项

强约束类风险事项的不利影响大。一是其发生通常会波及从业机构的合作伙伴，外部传导性较强。二是一旦发生，必然遭受损失。三是客户的强约束需求往往是从业机构构建核心竞争力的关键。

我们建议：对于强约束类风险事项，一是不涉及消费者权益的，由从业机构根据自身业务定位，结合产品设计予以应对。二是对于涉及消费者权益的，由监管机构出台强制性规定，从业机构遵照实施，涉及相关方较多的，可由行业协会集合会员单位通过规模效应，增强业务的时效性，维护消费者权益。

（二）弱约束类风险事项

弱约束类风险事项的不利影响较大。一是其发生通常也会波及从业机构的合作伙伴，具有一定外部传导性，由于合作伙伴对时间的预期并非刚性，其不利影响相对较小。二是即使发生，通常不会遭受实际损失。三是客户的弱约束需求也可能是从业机构核心竞争力的来源。

我们建议，对于弱约束类风险事项，一是不涉及消费者权益的，由从业机构与合作伙伴或客户共同协商应对。二是对于涉及消费者权益的，监管机构或行业协会需小心应对，防止从业机构以霸王条款形式将消费者的强约束需求弱化为弱约束需求，损害消费者合法权益，最终损害整个行业的健康发展。

四、责任发生

如前所述，按风险事项发生时是否必然产生民事责任和行政责任，风险事项可区分为刚性风险事项和柔性风险事项，其不利影响定性分析如下：

（一）刚性风险事项

刚性风险事项的不利影响大。一是其发生必然导致民事责任和行政责任，极端情况下，还可能因此诱发公安机关追究刑事责任。二是其发生导致行政责任时，从业机构必然违反了监管规定，其主观恶心较大，尤其是对于涉及公众利益的从业机构，其对行业的冲击力更大。三是其具有较强的外部传导性，对金融稳定具有较大的影响。例如互联网支付机构违规挪用客户备付金导致其临时性或永久性短缺，其同时对外向网络借贷机构和股权众筹机构开展资金存管业务时，其流动性短缺极易向两类机构传导，若缺口巨大，容易产生群体性事件，甚至影响区域性金融稳定。

我们建议，对于刚性风险事项，一是若其发生会导致行政责任的，监管机构根据行业发展需要，在控制整体风险的基础上，及时修订相关监管政策。二是行业协会加大对导致行政责任的风险事项的分析研究，制定切实可行的管理指引和监督措施，对重点单位进行定期不定期检查，对非重点单位进行抽查。三是若其发生会导致民事责任的，比照强约束类风险事项办法，按是否涉及消费者权益区别处理。

（二）柔性风险事项

柔性风险事项的不利影响小。一是其发生并不必然导致民事责任和行政责任。二是其发生通常会影响从业机构的声誉或获利机会。三是不像刚性风险事项，其发生通常不会影响金融稳定。

我们认为，对于弱性风险事项，可比照弱约束类风险事项办法，按是否涉及消费者权益区别处理。

五、影响范围

如前所述，按影响范围，流动性风险的风险事项可区分为系统性风险事项和非系统性风险事项，其不利影响定性分析如下：

（一）系统性风险事项

系统性风险事项不利影响大。一是影响范围广，至少会影响互联网金融的一个业态。二是一旦发生，轻则影响从业机构的赢利能力，重则导致整个行业风险剧增，当前经济下行，网络借贷机构、股权众筹机构和互联网支付机构的经营状况便是一例。三是由于其涉及面广，一旦发生，容易诱发全国性金融稳定。

我们建议，对于系统性风险事项，一是对于经济形势、货币政策等宏观因素，可由行业协会牵头，设立互联网金融重整基金，由会员单位和非会员作为基金的出资方，按自愿原则出资，由行业协会牵头负责基金的保值增值，发生系统性风险事项时，如出资方的持续经营能力受到严重威胁，其可按其出资金额的一定比例（超过 100%）获得无息贷款救助，以维持其日常经营，改善其经营状况，提升其持续经营能力。与前述流动性救助基金不同：第一，互联网金融重整基金主要解决出资方的持续经营能力问题，尤其是网络借贷机构、股权众筹机构和互联网支付机构，其持续经营能力对社会公众具有重大意义；第二，基金出资方可以是互联网金融协会的非会员，而流动性救助基金面向的是会员单位；第三，获得的是无息贷款，而流动性救助基金是临时性抵质借款。二是对于监管政策和监管力度等宏观因素，一方面依赖从业机构严格遵守监管政策，合法合规经营，另一方面监管机构掌握好监管力度，尽量避免松紧不一。

（二）非系统性风险事项

非系统性风险事项不利影响较大。一是其影响范围小，通常只影响一个业态的一个从业机构。二是一旦发生，轻则影响该从业机构的赢利能力，重则影响其持续经营能力。三是对于业务规模特别巨大的从业机构，其发生风险事项时，不利影响可能波及整个行业。

我们建议，对于非系统性风险事项：一是对重点单位，由行业协会牵头进行逐一分析，识别出其可能诱发群体性事件、影响金融稳定的事项，加强监测防控。二是对于非重点单位，主要依靠其自律，同时可根据重点单位分析结果，适当进行抽样监测防控。三是从业机构配备专门人员，进行系统性的分析和识别，涉及其持续经营能力的事项，应及时提交董事会以上机构决策。

第四节　分业特点

一、网络借贷机构

总体而言，由于网络借贷机构的业务具有经营信贷业务的特征，又广泛涉及社会公众，加之监管政策不明，监管力度趋紧，流动性风险较大，呈现出风险事项丰富、风险传导性强、系统性风险大等特点。

（一）风险事项丰富

在风险源头方面，资产质量、资产不足、资产过裕、变现能力、资产期限等资产类风险事项均存在，负债质量、负债不足、负债过剩、负债期限等负债类风险事项均有所体现，违规操作、系统故障、内部欺诈、外部攻击等操作类风险事项均有可能，入金渠道、存管渠道、客户渠道等渠道类风险事项均有涉及。其他角度不再赘述。

（二）风险传导性强

风险传导性强主要表现在三个方面，一是资金存管机构（目前多为互联网支付机构）的流动性风险容易向网络借贷机构传导，包括客户备付金临时性短缺和永久性短缺两种类型，均会向网络借贷机构传导。二是网络借贷平台的投资资金盈缺情况，受外部影响较大，尤其是本轮整治过程中，表现尤为明显，即外部事件容易向其传导。三是资产需求盈缺也具有较强的外部传导性，尤其是其资产主要来源于合作渠道的网络借贷平台，合作渠道的业务状况会向网络借贷平台传导。

（三）系统性风险大

尽管监管机构将网络借贷机构定位为信息中介机构，但具体业务规则尚显粗略，如前所述，监管政策和监管力度对整个行业均具有极强的冲击力，以至于对其平台资金盈缺和资产需求盈缺产生强大的震动效应。在本轮整治中，很大部分投资人撤离网贷行业对整个行业带来很大影响。另外，诸多网贷平台频发跑路和歇业，也表明网贷行业流动性方面的系统性风险大。

二、股权众筹机构

与网络借贷机构类似，股权众筹机构实质上也具有信贷业务特征，也广泛涉及社会公众，其也具有风险事项丰富、风险传导性强和系统性风险大等特性，但鉴于其产品通常具有期限较长、利润分配压力较小、回购周期较长等特性，其流动性风险具有潜伏周期长、可能集中爆发、可防范性强等特点。

（一）潜伏周期长

股权众筹机构的产品，项目公司原有股东通常在目标公司融资成功后较长期限内（如 5 年）并不承担回购义务，在回购期限届满前，项目公司通常按月度甚至季度分配利润，利润不足由项目公司原有股东补足，同时项目公司尚有可供投资人消费的产品作为利润分配替代品。另外，即使股权众筹机构违规拆分期限，其期限间隔通常较长。因此，在回购日期到来前，股权众筹机构因融资人信用风险导致流动性风险的可能性小，回购日期到来，才可能发生回购人信用风险诱发流动性风险，其潜伏周期较长。

（二）可能集中爆发

由于股权众筹机构产品周期较长，同时回购人信用风险诱发的流动性风险的潜伏周期长，且近年来股权众筹机构数量呈突发增长态势，导致诸多股权众筹机构上诸多融资项目的回购日期在未来某一时期内集中到期，若在该时期内宏观经济形势尚未好转，大部分项目公司及其回购人的赢利能力和流动性出现严重不足，则可能会发生整个行业集中爆发流动性风险。当然，对于股权收益权转让产品而言，由于其利润分配具有分散性，其导致集中爆发流动性风险的可能性较小。

（三）可防范性强

本轮互联网金融整治，一来使得监管机构更进一步摸清了整个行业发展的现状和风险特性，二来也为股权众筹机构及从业人员敲响了警钟，加之其潜伏周期长，在风险爆发之前，监管机构具有较长的时间研究制定监管规则，释放风险，从业机构和从业人员也具有较长时间应对风险，加之随着各方面改革的积极推进，宏观经济形势在风险爆发之前向好的可能性越来越大。因此，整个股权众筹行业的流动性风险防范性较强。

三、互联网支付机构

与网络借贷机构不同，互联网支付机构并不开展信贷业务，当然，其业务也广泛涉及社会公众，也具有风险传导性强和系统性风险大等特性，但由于其主营业务以流动性为核心基础，其流动性风险具有核心重要性、较高损失性和合规相关性等特点。

（一）核心重要性

互联网支付机构的流动性是其开展主营业务的核心，客户备付金出现临时性短缺或永久性短缺均会影响其业务开展，轻则影响用户体念，重则影响其核心竞争力和持续经营能力。因此，互联网支付机构的流动性风险对其自身而言具有核心重要性，同时，对于社会公众也具有相当重要性。

（二）较高损失性

互联网支付机构客户备付金出现临时性短缺，尚不至于造成太大实际损失，但若因入金渠道、出金渠道、自身清分结算等因信息科技系统故障导致客户备付金出现永久性缺口时，由于其交易频繁、资金量大，其损失金额往往较大。按中国人民银行要求提取的风险准备金通常难以覆盖其损失。

（三）合规相关性

互联网支付机构客户备付金临时性短缺和永久性短缺，除由于信息科技系统故障导致外，其违反《支付机构客户备付金存管暂行办法》规定，存放非活期存款超过12个月，客户备付金日终余额合计数超过规定比例，甚至挪用客户备付金投向高风险行业等，均有可能导致客户备付金临时性短缺和永久性短缺。从近期被处罚的个别互联网支付机构违规情况看，其客户备付金未全数存入备付金银行，也表明确实存在这种可能。因此，互联网支付机构的流动性风险还与其是否合规存放客户备付金具有极强的相关关系。

对照前述分析，不难发现互联网支付机构的流动性风险还具有风险事项片面性，不再赘述。

四、互联网小额贷款机构

互联网小额贷款机构以经营信贷业务为主业，并且以其自有资金为主，其负债业务通常不具有社会广泛性，因此，其传导性相对较弱，风险事项在资产类、负债类和渠道类方面表现较为突出，而在操作类方面相对弱化。其流动性风险具有影响内部化、渠道问题突出和合规相关性弱等特点。

（一）影响内部化

互联网小额贷款机构以自有资金为主开展业务，当出现流动性不足或流动性过剩时，其不利影响由其直接承担，并非像网络借贷机构和股权众筹机构，其不利影响由投资人或融资人承担。另外，由于外部融资比例较小，杠杆比例低，即使流动性风险导致经营失败，其损失仍主要由其自身承担。影响内部化决定了对于互联网小额贷款机构的流动性风险以自身应对为主，监管为辅。

（二）渠道问题突出

渠道问题突出表现在两个方面，一是互联网小额贷款机构的获客渠道相对重要，传统小额贷款公司开展互联网小额贷款业务，往往受限于获客渠道；二是按监管部门规定，尽管互联网小额贷款机构可以面向全国范围开展放贷业务，但其本地放贷比例不得低于规定比例，导致其获客渠道进一步受限。对于后一因素导致的获客渠道受限，前面提及的行业协会资产拆借市场不但不能予以解决，而且应当严格遵守，防止其突破监管机构的这一规定。

（三）合规相关性弱

与互联网支付机构不同，互联网小额贷款机构流动性风险与合规性关系较弱，当流动性不足时，可能突破外部融资比例，但从全国数据看，均表现出外部融资不足。当然，在本轮互联网金融创新浪潮中，部分小额贷款公司与互联网企业合作，试图拓展外部融资通道，这种尝试能否获得监管机构的认可尚待观察。

五、互联网消费金融机构

与互联网小额贷款机构相同，互联网消费金融机构也是以经营信贷业务为主业，但其外部融资比例相对较高，但其负债业务也通常不具有社会广泛性，因此，其传导性相对较弱，在风险事项方面，也与互联网小额贷款机构相似，不再赘述。其流动性风险也具有影响内部化、渠道问题突出和合规相关弱等特点。但由于监管机构对消费金融机构并无本地放款比例限制，其获客渠道受限程度相对较小。

六、互联网保险机构

互联网保险机构的流动性风险，在风险事项方面表现出更强的片面性，总体而言，风险较小，在此仅就保险公司与第三方网络平台合作开展互联网保险所涉流动性风险做一简单分析，其他情形不再赘述。

第三方网络平台与保险公司合作开展互联网保险业务，其流动性风险具有极强的合规相关性和传导性。若两者按照保监会规定收取保费，则通常不会发生流动性风险，若第三方网络平台经手保费，则可能发生流动性风险。另一方面，若两者通过互联网支付机构收取保费，则互联网支付机构发生客户备付金短缺，诱发流动性风险时，将向保险公司传导其不利影响。

互联网征信机构流动性风险小，不再赘述。

第六章 › 市场风险

第一节 概念

一、定义

巴塞尔委员会认为，市场风险是指由于市场价格（包括金融资产价格和商品价格）波动而导致商业银行表内、表外头寸遭受损失的风险。银监会认为："市场风险是指因市场价格（利率、汇率、股票价格和商品价格）的不利变动而使银行表内和表外业务发生损失的风险。市场风险存在于银行的交易和非交易业务中。市场风险可以分为利率风险、汇率风险（包括黄金）、股票价格风险和商品价格风险，分别是指由于利率、汇率、股票价格和商品价格的不利变动所带来的风险。利率风险按照来源的不同，可以分为重新定价风险、收益率曲线风险、基准风险和期权性风险。商品是指可以在二级市场上交易的某些实物产品，如农产品、矿产品（包括石油）和贵金属（不包括黄金）等。"巴塞尔委员会和银监会两者的定义本质上相同：第一，均强调市场价格对商业银行造成损失；第二，两者锁定的风险承受主体均为商业银行；第三，两者均强调市场价格通过对表内和表外业务对商业银行产生影响；第四，基于商业银行全球化发展趋势，两者对市场价格并未限定国别，即并未明确表明利率为某一国家的利率、汇率为哪些币种的汇率、股票价格和商品价格所在的国家等。同时，两者也有细微差别，主要表现在市场价格、波动的表述方面：巴塞尔委员会将市场价格划分为金融资产价格和商品资产价格，而银监会则将其具体化为利率、汇率、股票价格和商品价格；对于市场价格的波动，巴塞尔委员会并未突出“不利”二字，而银监会专门强调波动为不利波动。

巴塞尔委员会和银监会对市场风险的定义，均针对以信贷业务和金融资产为主业的商业银行，就互联网金融而言，既有从事信贷业务为主业的互联网小额贷款机构和互联网消费金融机构，也有从事准信贷业务的网络借贷机构和股权众筹机构，还有不从事信贷业务的互联网支付机构、互联网征信机构和互联网保险机构，因此，两个权威机构对市场风险的界定需做适当修订方可适用。参照两个权威机构的定义，结合互联网金融各业态产品实际情况，我们对市场风险的定义如下：

定义 6-1　市场风险指利率、汇率、股票价格、商品价格和费率的大小及其波动或市场开拓中的不确定性等影响市场份额的其他因素，给互联网金融企业实现经营目标带来的不利影响。

对此定义，几点说明如下：

第一，我们并未强调利率、汇率、股票价格、商品价格和费率的“不利”波动，原因在于：不管波动如何，只要其带来不利影响，均为市场风险；另外，商品价格即使不发生波动也可能给互联网金融企业带来市场风险，这点我们将在后续分析中看到。第二，我们特别强调了市场开拓中的不确定性，主要在于互联网金融为新兴行业，一方面市场接受度存在一个逐渐提升的过程，在逐渐提升的过程中，不管是机构客户还是个人客户，对其接受度可能较差，导致其市场开拓难度极大，来自市场开拓方面的压力对互联网金融从业机构的持续经营能力影响颇大；另一方面正如前面分析提及，流动性风险的渠道类风险事项会对互联网金融企业流动性产生影响，这同时也表明，与商业银行相比，互联网金融企业市场拓展难具有普遍性，故我们将市场开拓中的不确定性纳入市场风险进行分析。第三，对于利率，与两个权威机构相同，既包括互联网企业所在国的本币利率，也包括外币利率，就我国互联网金融企业而言，本币利率即为人民币利率，其他币种的利率为外币利率。原因在于互联网小额贷款机构和互联网消费金融机构可能融入外币资金，外币利率的波动必然影响其融资的难易程度和融资成本；其他互联网金融企业也可能受外币利率的影响，我们将在后续进行简要分析。当然，有的互联网金融企业更偏重于人民币利率。第四，对于汇率，也与两类权威机构相同，并未强调汇率币种，原因在于互联网支付机构开展跨境支付时，理论上其支持的币种并非仅有一种，对于部分互联网支付机构业务拓展全球化以后，其支持的币种更多，仅就其收取外币手续费面临的汇率便可能不止一种汇率。第五，对于股票价格，我们认为，尽管我们论及的互联网金融企业均不以股票投资为主营业务之一，但不能排除部分机构违反规定挪用客户资金投资股票，同时未来基于股票的互联网金融业态不排除存在合理合法空间，股票价格波动也会向互联网金融企业进行间接传导，故我们保留了股票价格这一风险因素。第六，对于商品价格，关于商品与银监会强调的“可以在二级市场上交易的某些实物产品，如农产品、矿产品（包括石油）和贵金属（不包括黄金）等” 不同，这里的商品主要指互联网支付机构的受理机具等商品（也包括抵质押品等商品），鉴于互联网支付机构除开展互联网支付外，还可能开展银行卡收单、预付卡发行与受理等业务，这些业务通常涉及受理机具等商品。这里商品本身价格高低及其价格波动会对互联网支付机构产生较大的影响，故将其专列其中。同时，我们排除了银监会提及的二级市场上交易的实物商品，主要在于互联网金融企业的业务通常并不涉及这类商品。第七，对于费率，指互联网金融企业在开展业务过程中对外支付或收取的服务费率，为部分互联网金融企业开展业务的主营业务成本和主营业务收入，其重要程度类似于商业银行的存款利率和贷款利率，故我们将其专门列入定义之中。从后续分析可知，费率已经成为部分互联网支付机构发展的核心因素，甚至直接影响其持续经营能力。

就互联网小额贷款机构和互联网消费金融机构而言，其经营的产品为贷款产品，其首要因素为利率，与之相关的风险包括重新定价风险、收益率曲线风险、基准风险，通常不包括期权性风险。部分两类机构融入外币资金，汇率会成为其风险因素之一。两类机构通常不涉及股票投资，但若两类机构在资本市场高涨时期进行股票投资，则股票价格将会是其风险因素之一，因此股票价格是否是其风险因素有待分析和观察。由于两类机构通常不会在二级市场进行商品及商品相关衍生品投资，故商品价格并非其风险因素之一。在开展资产证券化等外部融资业务中，通常必须借助于律师事务所、会计师事务所、担保机构和信托公司等金融中介机构完成，这些中介机构收取的服务费率将构成其融资成本，显然，费率也是两类机构的风险因素之一。同时，如前所述，两类机构均面临业务拓展渠道问题，获客渠道及获客成本（实际上也是费率）以及贷款产品的市场接受度均对其具有相当重要性，故市场拓展的不确定性也是两类机构的风险因素之一。据此，我们可知，两类机构的市场风险因素包括利率、汇率、股票价格、费率和市场拓展的不确定性。

就互联网支付机构而言，其经营的产品为支付工具，主营业务可能包括银行卡收单、预付卡发行和受理、互联网支付等。就当前情况下，利率高低可决定其客户备付金收益大小，部分支付机构甚至将做大客户备付金规模作为其首要目标，所有业务开展均围绕该目标展开，客户备付金利息收入为其主要收入来源之一，显然利率（存款利率）便是互联网支付机构的市场风险因素之一。当然，中国人民银行在本轮整治中要求客户备付金不计付利息，甚至要求客户备付金存入中国人民银行，因此利率是否会继续成为其市场风险因素之一，尚有待观察。如前所述，汇率也可能成为互联网支付机构的市场风险因素之一。如前所述，商品价格也是互联网支付机构的市场风险因素之一。股票价格通常不是其市场风险因素，但若其违规利用客户备付金购买股票，则可能成为其风险因素之一。如前所述，费率对互联网支付机构而言，尤为重要，既包括向客户收取的提现费等客户费率，也包括入金方收取的成本费率。同时，市场开拓的不确定性也是互联网支付机构市场风险的重要因素，甚至关系到其持续经营能力，后面我们将做简要分析。显然，互联网支付机构的市场风险因素包括汇率、商品价格、费率和市场开拓不确定性，利率和股票价格有待分析和观察。

网络借贷机构和股权众筹机构，其产品与互联网小额贷款机构和互联网消费金融机构相似，利率（存款利率和贷款利率）均是其重要风险因素，另外同行业同产品的利率也是其重要风险因素。就目前而言，两类机构尚不涉及外币资产，因此汇率通常不是其风险因素，当然随着行业进一步规范，在行业整体风险管理水平提高、整体资产质量上升的情况下，海外投资人的外币资金以某种形式投资国内两类机构资产不无可能。因此，汇率是否会成为两类机构的市场风险有待观察和时间检验。商品价格也可能成为两类机构的市场风险因素，对于以房产、车辆或其他某类型商品为抵质押品的两类机构而言，抵质押品价格上升，融资者的融资需求被批准的可能性增大，融资额度相应也会提升，反之亦然，因此，抵质押品这类商品的价格波动，必然影响两类机构的产品市场需求，进而影响其经营目标实现。股票价格能否成为两类机构的市场风险因素，需要具体分析，对于以股票为质押品的两类机构，与房产等实物商品类似，股票价格必然成为其市场风险因素，对于股权众筹平台，与项目公司相同行业的类似公司的股票价格对投资者也会有一定影响，同时股权众筹机构也会参照该等公司对目标公司进行估值，因此股票价格也会成为股权众筹机构的市场风险因素。费率对两类机构而言，均为市场风险因素之一，费率的具体构成有待我们后续简要分析。与互联网支付机构相似，市场开拓的不确定性也是两类机构的市场风险因素之一。综上可知，网络借贷机构和股权众筹机构而言，利率、商品价格、费率和市场开拓不确定性为其市场风险因素，汇率有待观察，股票价格有待具体分析。

互联网征信机构而言，利率是否为其市场风险因素，有待分析，若其对服务对象提供前面提及的类担保服务，则利率通常为其市场风险因素，否则，利率对其影响比较间接，通常通过合作机构向其间接传导。汇率通常不会直接成为互联网征信机构的市场风险因素，即使对其有影响，也通常是通过合作机构间接传导。商品价格和股票价格也通常不会直接对互联网征信机构产生影响。费率和市场开拓的不确定性则为互联网征信机构的主要市场风险因素，具体构成我们将在后续讨论。当然，若互联网征信机构承担外币负债或持有外币资产，利率汇率将是其市场风险因素之一，另当别论。总之，费率和市场开拓不确定性为互联网征信机构的市场风险因素，对利率、汇率、商品价格和股票价格的影响比较间接。

互联网保险机构而言，利率、汇率、商品价格和股票价格等并未因其互联网因素与线下业务有所区别，互联网保险实际上拓展了保险公司和保险专业中介机构的市场渠道，市场开拓不确定性为其市场风险因素，费率明显为其市场风险因素，一方面互联网上销售保险可以降低其原有费率，另一方面可能因相互竞争优质渠道导致费率波动。因此，互联网保险机构的市场风险主要来源于费率和市场开拓的不确定性。

二、特征

互联网金融行业市场风险与商业银行市场风险相比，具有差异性大、变动性强、市场开拓尤为重要、地位日渐突出等特征，大致如下：

（一）差异性大

市场风险的差异性表现在几个方面：一是不同业态之间风险因素具有较大的差异性，如前所述，互联网小额贷款机构和互联网消费金融机构，其市场风险因素包括利率、汇率、股票价格、费率和市场拓展的不确定性；互联网支付机构主要为汇率、商品价格、费率和市场开拓的不确定性；网络借贷机构和股权众筹机构主要为利率、商品价格、费率和市场开拓不确定性；互联网征信机构和互联网保险机构主要为费率和市场开拓不确定性。二是即使是同一风险因素，不同业态的表现形式也不一样。例如，利率这一风险因素，对于互联网小额贷款机构和互联网消费金融机构而言，既包括存款利率，也包括贷款利率；而对于互联网支付机构而言，则仅指存款利率。又如费率，对于互联网支付机构而言，通常指入金费率、支付手续费率，还包括分润比例（银行卡收单的 721 分润比例），但对于互联网小额贷款机构和互联网消费金融机构而言，可能指资产证券化过程中的中介费率。三是即使是相同业态，因业务范围和业务架构不同，同一风险因素的表现形式也存在差异。例如就费率而言，互联网支付机构若未开展银行卡收单业务，则其费率通常不包括银行卡收单扣率和分润比例；同时，直连银行与非直连银行的互联网支付机构，其入金费率波动情况也存在较大差异。

（二）变动性强

整个互联网金融行业尚处于迅速扩张阶段，在与传统类似机构争抢市场份额的同时，也在不断开拓新市场。从风险角度看，其市场风险因素变动性强。一是利率是否会继续成为互联网支付机构的风险因素有待观察，具有极大的变动性。若强制互联网支付机构的客户备付金存入中国人民银行，则利率不再会成为其风险因素（自有资金存款除外），若允许继续存入符合条件的商业银行，即使不计付利息，只要存在竞争，利率必然以某种形式间接成为其市场风险因素之一。二是股票价格是否会成为网络借贷机构、股权众筹机构和互联网支付机构等从业机构的市场风险因素有待观察，未来变动性强。支付机构挪用客户备付金投资股票，为监管机构明确禁止，但从近期个别互联网支付机构违规绕开客户备付金账户的情况看，该禁止性规定是否得到实施，尚需仰仗监管机构的监管力度。从支付机构首批牌照续展情况看，监管机构打击此类违规行为决心大、力度强，加之中国支付清算协会牵头成立的网联平台的强势介入，支付机构挪用客户备付金必将大有缓解，具体实效尚需网联、银联、银行等多方的通力配合。对于股权众筹机构和网络借贷机构，则更多取决于整个行业发展的态势，监管加码、行业规范后，融资人以非上市公司股权和上市公司股票作为质押融资，也不失为一种趋势。彼时，股票价格成为两类机构的风险因素便是理所当然之事。

（三）市场开拓尤为重要

如前分析，市场开拓的不确定性对各类从业机构均具有相当重要性，一来互联网金融发展时间毕竟较短，社会大众和合作企业等均有一个逐步认可的过程；二来随着各路资本竞相追逐，互联网金融企业在较短时间内在互联网端的竞争迅速进入白热化阶段。如前所述，各类从业机构渠道类风险事项可能诱发流动性风险，同样，渠道类风险事项也是市场风险因素之一。市场拓展不确定性的另一个因素来源于互联网金融企业相关合作伙伴所受监管政策的约束以及管理层的理念。例如某互联网金融企业与某大型保险公司合作开展保险产品销售业务，该互联网金融企业与互联网支付机构合作实施客户资金存管，保险公司需到合作互联网支付机构开立存管账户，在开立存管账户过程中，保险公司总公司相关职能部门和高级管理人员均对互联网支付机构缺乏足够的认可度，最终在各方努力之下，历时将近 4 个月，存管账户开立也仅仅取得些许进展。又如某致力于电视金融业务的互联网金融企业，在业务创新过程中，基于家庭场景在电视大屏上开展旅游和家庭财产相关的保险产品信息服务，该互联网金融企业作为《互联网保险业务监管暂行办法》提及的第三方网络平台提供信息技术服务，交易由保险公司和投保人达成，互联网金融企业仅提供信息技术通道服务，在保险产品上线过程中，广电方面相关律师竟以互联网金融企业须取得保险销售资质为由，出具了相关否决意见。

（四）地位日渐突出

互联网金融企业面临诸多风险，因业态差异，各从业机构相关风险的重要性必然存在差异，例如互联网支付机构的操作风险尤为重要，网络借贷机构的信用风险尤为重要。但在各业态从业机构的各类风险之中，实际上市场风险一直处于相当重要的地位。第一，互联网小额贷款机构和互联网消费金融机构，其市场风险决定其获客成本和获客能力，进而决定其获利能力，甚至持续经营能力。第二，互联网支付机构而言，行业普遍现象为“支付不挣钱”，其原因第一方面在于竞争加剧，从业机构之间的价格战导致费率下降，以至于有统计数据显示，1000 亿元人民币交易量才是互联网支付机构的盈亏平衡点，甚至有 5000 亿元之说；第二方面在于优质商户缺乏，大商户议价能力强，小商户单位推广成本高，以至于部分支付机构获得支付牌照以来，尚未实质开展支付业务；第三方面 C 端客户被行业龙头企业垄断。费率和市场拓展的不确定性对互联网支付机构的重要性可见一斑。第三，网络借贷机构和股权众筹机构而言，部分网络借贷平台跑路，经济下行，信用风险大规模爆发是原因之一，获客成本飙升、有效投资人短缺，也是部分平台跑路的重要原因，即使尚在正常运营的网络借贷平台，大部分也面临有效投资人不足的压力。第四，对于互联网征信机构，其业务以从事信贷或准信贷业务的从业机构为主，在缺乏信贷数据支撑的情况下，“缺 X 少 Y”短板也会导致其市场开拓具有较大的不确定性，如何迅速拓展其市场份额，乃是互联网征信机构的当务之急，市场开拓不确定性必然成为其重要市场风险因素。第五，对于互联网保险机构而言，与其他互联网企业类似，也存在获客渠道的“苦恼”，市场风险也具有相当重要性。

定义 6-2　市场风险 KR 可描述为一个 7 元组的动态系统，即

$$KR=(E, KV_t, KT_t, KP_t, KS_t, KF_t, KG_t)$$

其中，E 为互联网金融机构。KV_t 为市场风险的风险事项集合；KT_t 为市场风险的相关的经营目标集合（如年度收入达到 2 亿元、年度成本控制在 1 亿元以内、客户渠道增加 30%等）；KP_t 为市场风险发生概率的集合（当前利率、汇率和股票价格等相关风险事项的评估技术相对成熟，评估工具相对完善，但通常并非按照如下分析的风险事项逐一进行评估，互联网金融企业可适当借鉴。对于商品价格、市场开拓的不确定性，传统机构的评估技术和评估工具往往并不适合）；KS_t 为市场风险的损失集合；KF_t 为评估每个市场风险事项发生概率的方法集合；KG_t 为评估每个市场风险事项发生后的损失大小的方法集合。

当前，对互联网金融企业而言：风险事项 KV_t 对于互联网金融从业机构，构建相对容易，只是不同从业机构，具体风险事项差别可能较大，需要从业机构仔细识别。KT_t 的构建取决于互联网金融企业的治理层，在互联网金融企业的所有风险中，唯有市场风险的目标治理层通常均相当关注，因为其关系着互联网金融企业自身的赢利能力，当然，也存在着目标设置未必合理的问题。KP_t 构建，如前所述，一方面借鉴传统金融机构做法，另一方面则需要从业机构积极探索。KS_t 的构建，通常容易。KF_t 和 KG_t 的构建总体而言，相对容易。

对于同一机构而言，市场风险 KR 也存在式（2-1）到式（2-7）类似的关系，不再赘述。

第二节　风险事项

在前面分析中，我们已对市场风险的风险事项进行了简要分析，本节我们将分业态、多角度对风险事项进行尽量详细的分析。按风险因素，风险事项可划分为利率、汇率、商品价格、股票价格、费率和市场开拓。按主观状态，风险事项可划分为恶意风险事项和非恶意风险事项。按影响因素，风险事项可划分为技术类风险事项和非技术类风险事项。按影响范围，风险事项可划分为系统性风险事项和非系统性风险事项，与流动性风险事项分析相似，对同业态互联网金融从业机构均产生不利影响的事项为系统性风险事项，否则为非系统性风险事项，具体分析参照流动性风险，不再赘述。

一、风险因素

（一）利率

广义上讲，利率对所有互联网金融企业均有影响，在现代金融体系下，任何企业均难免借入资金、贷出资金，一旦发生借贷，必然受利率大小及波动的影响。为增强讨论的针对性，我们主要针对各互联网金融企业的主营业务讨论利率及其波动的影响。众所周知，利率可划分为基准利率和市场利率、名义利率和实际利率、存款利率和贷款利率、固定利率和浮动利率、长期利率和短期利率、止规金融利率和民间借贷利率、国内利率和国外利率、单利利率和复利利率。在此，我们仅选择部分形态的利率，分析其对互联网金融企业的影响。

1. 基准利率和市场利率

基准利率在我国利率体系中具有核心重要地位，其大小及其波动不仅对传统金融机构具有重大影响，而且对人部分互联网金融企业而言，其影响也绝不可小觑。基准利率对互联网金融企业的影响主要是通过市场利率和相关管理规定实现的。从历史数据看，基准利率调整通常以 0.25 个百分点为单位进行，而且通常每次调整均为 0.25 个百分点。

对于互联网小额贷款机构和互联网消费金融机构而言，在 2015 年 9 月 1 日《最高人民法院关于审理民间借贷案件适用法律若干问题的规定》（法释〔2015〕18 号，简称《规定》）施行之前，按照相关规定，在司法实践中，通常按基准利率的 4 倍确定民间借贷的最高利率（曾发生小贷公司贷款利率超过基准利率 4 倍，被借款人投诉至当地金融办，当地金融办要求该小贷公司按基准利率 4 倍收取利息的案例）。据此，基准利率每变动 0.25 个百分点，两类机构的贷款利率将变动 1 个百分点，基准利率变动对两类机构的影响很大（当然未严格遵守相关的机构除外）。在《规定》施行后，明确规定了民间借贷年利率不超过 24%，24%～36%部分为自然债务，36%以上部分约定无效。由于两类机构的客户多为传统金融机构未覆盖的中小微企业和个人，其对贷款利率的弹性较小，加之《规定》明确了定额上限，因此基准利率变动对两类机构的影响较小。实务中，两类机构中同类型机构的贷款利率差别也较大，利率低的机构，其贷款利率在 13%左右，贷款利率高的可达 60%左右。基准贷款利率上升，还将迫使两类机构的资金融入成本上升，两类机构也有较大影响。从实际情况看，各机构的资产融入成本差距较大，低者仅基准利率上浮 10%左右，高者达到 15%以上均不足为奇。基准存款利率上升，市场存款利率也会上升，但由于两类机构均不经营存款业务，因此存款基准利率的变动对其影响极其间接，基本可以忽略不计。因此，基准利率对两类机构的影响，主要为基准贷款利率，其影响途径既包括融资成本也包括放贷收益。

对互联网支付机构而言，一方面与其他所有企业一样，基准贷款利率上调，市场贷款利率上升，其融资成本会增加，必然导致其利润表上财务费用增加。另一方面，基准存款利率上调，市场存款利率上升，其客户备付金利率也会上升，进而增加其其他业务收入（也有从业机构记入财务费用）。表面上看，基准存款利率和基准贷款利率变动，对互联网支付机构的影响均有利有弊，具有对冲效应，但实际上，其银行贷款金额通常小于客户备付金金额，因此总体而言，基准利率上调，有利于互联网支付机构，基准利率下调，不利于互联网支付机构。

对于网络借贷机构和股权众筹机构而言，与互联网小额贷款机构和互联网消费金融机构相同，在《规定》出台之前，理论上，基准贷款利率在 4 倍最高限额的放大效应下，对两类平台上的贷款利率具有较大影响，《规定》出台之后影响较小。但实际上，由于两类机构尚处于高速发展期，尚无比较强力的监管，融资人的实际贷款利率是否突破最高限额尚待观察。与互联网小额贷款机构和互联网消费金融机构不同的是，基准存款利率也会对这两类机构产生影响。基准存款利率上升，若这两类机构维持预期收益率不变，在理论上会吸引部分低预期收益率平台的投资人转向银行存款，使其平台资金流失；若这两类上调预期收益率，则要么压缩自身收益，要么将其转嫁给融资人，压缩自身收益必然对其带来不利影响，转嫁则可能导致优质融资人流失。总之，基准存款利率和基准贷款利率变动均会对这两类机构产生影响。当然，除此之外，若两类机构尚有银行贷款，基准贷款利率上调，还会增加其财务费用，也会给其带来不利影响。

对于互联网征信机构和互联网保险机构，基准贷款利率会增加其财务费用，进而给其带来不利影响。同时，对于附带开展类担保业务的互联网征信机构，与网络借贷机构类似，基准存款利率和基准贷款利率均可能是其风险事项，主要取决于其合作机构的产品期限。对于开展万能险的互联网保险机构，基准存款利率影响投资人的机会成本，基准贷款利率影响融资人融资成本，因此两者均为互联网保险机构的风险事项。

另外，需要说明的是对所有机构而言，基准存款利率上调，其自有银行存款将会增加利息收入，但各互联网金融企业均不以自身资金投资银行存款为主业，故略去。

2．长期利率和短期利率

短期利率为融资期限在一年以内的利率，反之为长期利率。可进一步区分为短期存款利率和短期贷款利率、长期存款利率和长期贷款利率。由于互联网金融各业态业务性质差异较大，短期利率和长期利率对各从业机构的影响往往不同。

对于互联网小额贷款机构和互联网消费金融机构而言，其融入资金通常为一年以上的长期资金，当然也有紧急情况下临时短拆情况，但正常情况下，绝大多数机构均不敢像银行机构那样短存长贷。因此，长期贷款利率通常是两类机构的风险事项，相反短期利率通常不是其风险事项。另外，两类机构的资产业务，根据各机构的业务状况，有的偏向一年以内的资产，有的偏向一年以上资产，也有均有涉及者。因此，对两类机构的资产业务而言，短期贷款利率和长期贷款利率均可能为其风险事项。

对于互联网支付机构而言，在《支付机构客户备付金存管办法》（简称《存管办法》）修订之前，按《存管办法》规定："支付机构通过备付金收付账户转存的非活期存款，存放期限不得超过 12 个月。"因此，在合规经营情况下，短期存款利率为互联网支付机构的风险事项，在违规经营情况下，长期存款利率也可能是其风险事项。在《存管办法》修订后，对客户备付金不计付利息，只要客户备付金不存入中国人民银行，我们认为，商业银行竞争客户备付金必然存在，至少短期存款利率仍然会是其风险事项。

对于网络借贷机构而言，其平台上资产的期限分布较广，短则一个月，长则两三年。主要取决网络借贷机构本身的资产偏好，例如以车辆抵质押借款为主的网络借贷机构，其资产期限以 1～3 个月为主，而以房产抵押借款为主的网络借贷机构，其期限短则半年，长则两三年。因此，就网络借贷行业而言，短期存款利率、短期贷款利率、长期存款利率和长期贷款利率均可能是其风险事项。存款利率影响投资人的机会成本，贷款利率则影响融资人的机会成本。

对于股权众筹机构而言，目前看来，其平台上的资产均在一年以上，因此，长期存款利率和长期贷款利率为其风险事项，长期存款利率上升，可能导致投资人逃逸，长期贷款利率下降，则可能导致融资人流失。

互联网征信机构而言，以自有资金投资或融资开展业务暂且不讨论。对于附带开展类担保业务的征信机构，长期利率和短期利率是否为其风险事项，主要取决于其合作机构，但两者至少居其一。对互联网保险机构而言，对于开展万能险业务的机构，由于万能险的期限为 5 年，因此长期存款利率影响投资人的机会成本，长期贷款利率影响融资人的机会成本，所以长期存款利率和长期贷款利率为其风险事项。

3．行业利率和异业利率

行业利率指同一互联网金融业态的从业机构的利率，反之则为异业利率。

就互联网小额贷款机构和互联网消费金融机构而言，行业利率包括行业融资利率和行业放贷利率，异业利率则主要指具有放贷或准放贷资质的其他金融机构或准金融机构的平均放贷利率。行业融资利率即全国小额贷款公司融入资金的平均利率（由于互联网小额贷款机构并非专门开展互联网小贷业务，加之互联网小额贷款机构数量较少，故以全国小额贷款公司为口径）。行业放贷利率即全国互联网小额贷款机构开展互联网小额放贷业务的平均利率。一般而言，行业融资利率上升，则两类机构的成本增加，利润减少，反之亦然。另外，行业放款利率上升，两类机构的收入增加，反之亦然。异业利率上升，有利于两类机构，异业利率下降，总体不利于两类机构。因此，行业利率和异业利率均为两类机构的风险事项。

就互联网支付机构而言，由于其不以放贷为业，更不融入资金放贷，故不存在行业利率和异业利率，两者自然不是其风险事项。

就网络借贷机构和股权众筹机构而言，行业利率包括行业放贷利率和行业投资收益率，异业利率包括异业放贷利率和异业投资收益率。行业放贷利率指同行业（同为股权众筹机构或同为网络借贷机构）融资人承担的实际融资利率；行业投资收益率指同行业的投资人获得的收益率。异业放贷利率指与两类机构中某类机构不同行业的其他具有放贷资质或准放贷资质的机构的平均放贷利率；异业投资收益率指与两类机构中某类机构不同行业的其他机构给予投资人的平均收益率。一般情况下，行业放贷利率下降、行业投资收益率提升，对两类机构不利，反之亦然。同时，异业放贷利率下降、异业投资收益率上升，对两类机构不利，反之亦然。因此，行业放贷利率、行业投资收益率、异业放贷利率和异业投资收益率均为两类机构的风险事项。从当前情况看，两类机构的行业放贷利率和行业投资收益率均高于异业放贷利率和异业投资收益率（当然坏账率也相应高于异业），总体而言，异业利率的影响相对较小，但随着监管政策的出台，行业逐步规范化，监管成本上升，异业利率对两类机构的影响将逐步上升。值得关注的是，目前股权众筹机构的产品看，实际上网络借贷和股权众筹为一个行业，待股权众筹机构的产品完全回购股权本质后，才可能将其视为两个行业。

就互联网征信机构而言，对于附带开展类担保业务的征信机构，其合作机构所在行业的行业利率和异业利率将间接向其传导，因此，行业利率和异业利率也是其风险事项。就互联网保险机构而言，对于开展万能险的机构，与网络借贷机构和股权众筹机构类似，行业利率和异业利率均为其风险事项。

4. 人民币利率和外币利率

当前，互联网金融从业机构除以人民币开展业务外，还可能涉及外币相关业务，因此，人民币利率和外币利率也可能成为其风险事项。在此，我们仅从存款和贷款两个角度简要分析。

互联网小额贷款机构和互联网消费金融机构以人民币为主开展业务，显然，人民币贷款利率和人民币存款利率均对其业务存在影响。同时，对于通过外币融资的两类机构而言，外币存款利率和外币贷款利率也会影响其业务。因此，人民币存款利率和人民币贷款利率为两类机构的风险事项，外币存款利率和外币贷款利率视情况可能成为其风险事项。

互联网支付机构通常以人民币开展业务，其客户备付金账户为人民币账户，如前所述，人民币存款利率的波动必然对其带来影响。同时，随着跨境电商的迅猛发展，跨境支付应运而生。对于开展跨境支付的互联网支付机构，其客户备付金账户还有外币账户，用于存放客户收付过程中的外币。此时，外币存款利率的波动也会给其带来影响。因此，人民币存款利率为互联网支付机构的风险事项，外币存款利率视情况可能为互联网支付机构的风险事项。

对于网络借贷机构和股权众筹机构，目前绝大多数平台均以人民币开展业务，已有个别平台正在探索以外币形式开展业务。因此，人民币利率为两类机构的风险事项，外币利率视情况可能为其风险事项。

就互联网征信机构而言，对于附带开展类担保业务的征信机构，与行业利率类似，主要取决于其合作机构，不再赘述。就互联网保险机构而言，对于开展万能险的机构，通常以人民币开展业务，因此人民币利率为其风险事项。

（二）汇率

如前所述，互联网金融企业除以人民币开展业务外，还有部分机构可能涉及以外币开展业务，故汇率也可能成为互联网金融企业的风险事项。但总体而言，与传统金融机构相比，当前汇率对互联网金融企业的影响相对较小。下面，我们做简要分析。

对于互联网小额贷款机构和互联网消费金融机构，若其融入外币资金（例如向其海外股东融入外币资金），则必然面临外币和人民币相互兑换的问题。兑换所涉汇率的波动，将给两类机构带来影响。因此，汇率视情况可能为两类机构的风险事项。

对于互联网支付机构而言，如前所述，若其开展跨境支付业务，必将涉及外币资金：一是客户可能会向其客户备付金账户转入外币资金；二是手续费可能以外币形式收取（取决于互联网支付机构的议价能力等因素）。对于外币形式的手续费，必然存在向人民币兑换问题，兑换所涉汇率波动将给其带来影响。另外对于外币客户备付金账户，如表 6-1 所示，因外币存款利率远低于人民币存款利率，互联网支付机构可能视情况将部分外币转换为人民币，存入人民币客户备付金账户，该转换必然涉及汇率，汇率波动也会给其带来影响。因此，汇率视情况可能成为互联网支付机构的风险事项。

表 6-1　年利率（%）

期限	人民币	英镑	日元	欧元	美元	港元	澳元
三个月	1.40	0.1	0.01	0.01	0.3	0.25	1.3875
半年	1.65	0.1	0.01	0.01	0.5	0.50	1.5075
一年	1.95	0.1	0.01	0.01	0.8	0.70	1.5750
二年	2.30	0.1	0.01	0.01	0.8	0.75	1.5750

数据来源：中信银行　　　日期：2016 年 8 月 15 日

对于网络借贷机构和股权众筹机构而言，如前所述，已有个别平台正在探索外币业务，外币与人民币之间的兑换也就成为可能。如若汇率波动带来的影响由两类机构承担，则汇率显然是其风险事项。若汇率波动带来的影响由其客户（融资人或投资人）承担，则汇率也将通过其客户影响两类机构的业务量和竞争力，也会间接给其带来影响。如果两类机构开展外币业务，汇率便会成为其风险事项。

对于互联网征信机构和互联网保险机构，汇率是否为其风险事项与外币利率相同，不再赘述。

（三）商品价格

与银行机构不同，商品价格对互联网金融企业的影响，主要是通过抵质押品和受理机具等表现出来。在此，我们从抵质押品和受理机具两个方面等简要分析。

1．抵质押品

房产、车辆、家庭消费电子产品和农产品为常见抵质押品。就互联网小额贷款机构、互联网消费金融机构、网络借贷机构和股权众筹机构而言，前述常见抵质押品均有不同机构涉及，房产有专注第一顺位抵押的，也有偏好第二顺位抵押的；车辆有偏向质押的，也有质押抵押均涉及的；农产品则通常为抵押，家庭消费电子产品更多是象征意义上的抵押。抵质押品价格上升时，几类机构通常给予融资人的融资额度较大，反之亦然。就互联网支付机构而言，抵质押品价格通常不是其风险事项。就互联网征信机构而言，抵质押品对其影响比较间接，来自两个方面：一是抵质押品价格上升，其合作机构业务规模向好，引导其自身业务增长；二是若其开展附带担保业务，抵质押品价格波动对其业务影响更直接。因此，抵质押品价格通常是其风险事项。就互联网保险机构而言，通常抵质押品价格并非其风险事项，若开展万能险，影响也相对间接。

2．受理机具

互联网支付机构在开展支付业务中，往往涉及布放受理机具或受理环境。受理机具的价格直接决定了一台受理机具的盈亏平衡交易量。例如一台 POS 机具的价格为 P，按 N 年折旧，每年折旧成本 P/N 元，通信费用每年 C 元，维护成本为每年 M 元，互联网支付机构按交易金额的 k 收取服务费用，则一台 POS 机具的盈亏平衡交易量为（$P/N+C+M$）$/k$。其中，C 和 M 相对固定、折旧年限 N 按企业会计准则规定确定的情况下，受理机具的价格 P 直接影响盈亏平衡交易量。若布放受理机具的网点交易量低于盈亏平衡交易量，则布放越多，其亏损越大。设某型号 POS 机具为 900 元，按 5 年折旧，采用有线模式通信成本忽略不计，年维护成本 100 元，净手续费率（预付卡需扣减充值费率）为 0.5%，则盈亏平衡交易量为 5.6 万元。对于预付卡而言，每台 POS 机具 5.6 万元交易量还是具有一定挑战性。

通常情况下，受理机具价格呈现下降趋势，似乎对互联网支付机构不会带来不利影响，实际上，受理机具价格下降，竞争对手替换低价受理机具，其盈亏平衡交易量下降，竞争能力相对提升，进而给其带来不利影响。同时，受理机具的绝对价格也决定了其业务拓展范围。

（四）股票价格

股票价格对互联网金融企业的影响可以分为三种情况：一是以股票/股权作为质押融资，二是参照股票价格确定目标公司的价值，三是资金分流作用。互联网小额贷款机构、网络借贷机构和股权众筹机构，通常会涉及以股票/股权质押融资，因此，股票价格及其波动直接影响质押品价值，进而影响融资规模，影响几类机构的业务规模。股权众筹机构通常会选择参考标杆公司确定目标公司的估值，进而确定融资资金所占目标公司股权比例，目标公司同行业上市公司股票价格对确定目标公司价值具有重要参考意义。股票价格上升，部分客户可能将资金转投股市，将导致网络借贷机构和股权众筹机构资金不足，业务规模下降，反之亦然。可见，股票价格可能为前述三类机构的风险事项。对于互联网支付机构而言，股票价格通常不是其风险事项，当然，若个别互联网支付机构挪用客户备付金投资股票，则必然成为其风险事项。对于互联网征信机构，股票价格主要通过合作机构传递，通常也是其风险事项。对于互联网保险机构，若开展万能险，股票价格的资金分流作用会对其客户资金产生影响，此时，股票价格也会是其风险事项。

（五）费率

如前所述，对于不同业态的互联网金融企业，费率意义不同。在此，我们逐业态做简要分析。

互联网小额贷款机构和互联网消费金融机构，费率包括融资费率和放贷费率两个方面，融资费率即两类机构在融资过程中，支付给债权人外的中介机构的成本占融资金额的比例。中介机构的成本包括会计师事务所、律师事务所、担保人和其他中间人等收取的费用。通常情况下，融资费率在 0.5%～5%。放贷费率即两类机构在发放贷款的过程中支付给业务人员和其他中介机构（如相关获客渠道）的成本占放贷金额的比例。通常情况下，放贷费率在 1%～10%。显然，费率高低及其波动均会对两类机构产生影响，融资费率和放贷费率均是两类机构的风险事项。

网络借贷机构和股权众筹机构而言，费率包括服务费率、投资渠道费率、充值费率、提现费率和存管年费等情况。两类机构按投融资金额的一定比例向投资人和融资人收取服务费，该等比例即为服务费率。目前，两类机构收取的服务费率在 1%～5%。投资渠道费率即两类机构通过第三方机构引流吸引投资人时，向第三方机构支付的费用占投资金额的比例。目前，该费率通常在 0.5%～2%。投资渠道费率外，第三方机构可能要要求两类机构对资产提供保险，保险公司若提供履约保证保险，则投资渠道费率可能还会增加 0.5%～2%。充值费率指两类机构的投资人、融资人或其他合作伙伴向其存管账户转入资金时，资金存管方向两类机构或其投资人和融资人收取的费用占转入金额的比例。充值费率区分个人和单位不同，且因存管方有异，在当前多以互联网支付机构为存管方的情况下，个人充值费率在0.15%～0.25%，且按充值金额收取，并非年花费率，若某投资人充值一次投资三个月提现，则其年化充值费率将会为0.6%～1%。单位充值费率通常情况下为每笔10元左右。两类机构的投资人通常均为个人，其融资人可能为个人，可能为单位。因此，总体而言，充值费率对两类机构的影响较大。提现费率指两类机构的投资人、融资人或其他合作伙伴从其存管账户提取现金到其银行账户时，资金存管方收取的提现费用占提现金额的比例。目前，提现费率区分T+0到账或T+1到账等情况费率差异较大。T+1到账，提现费通常固定为2～3元每笔。T+0到账，如前所述因涉及垫资，则尚需另行收取0.05%～0.2%，年化提现费率将达18%～72%。存管年费指资金存管方按年向两类机构收取的年服务费，通常定额收取，费用在5万～20万元。服务费率、投资渠道费率、充值费率、提现费率和存管年费等均为两类机构的风险事项，服务费率下降，将给两类机构带来不利影响；投资渠道费率、充值费率、提现费率和存管年费上升，也会给其带来不利影响。并且，服务费率、投资渠道费率、充值费率、提现费率和存管年费为两类机构的主要收入和成本支出，其波动对两类机构的影响极大。

互联网支付机构而言，费率包括手续费率、入金费率等费率，手续费率即其向客户（主要是商户）按交易金额收取的费用，该项服务费率因具体支付工具不同差异较大，就互联网支付而言，其向商户收取的手续费率通常在0.5%～1.5%；就预付卡而言，向商户收取的手续费率通常在0.5%～1.5%；银行卡收单，按《国家发展改革委中国人民银行关于完善银行卡刷卡手续费定价机制的通知》（发改价格〔2016〕557号）规定，借记卡按0.3825%保底，贷记卡按0.4825%保底，其余部分由收单机构按市场化原则与商户约定；跨境支付则通常为3%～6%。入金费率即客户向互联网支付机构的客户备付金账户转入资金时，互联网支付机构承担的费用占转入资金的比例，因支付工具不同，差异也很大，在按比例收费的情况下，通常在0～0.2%不等。就互联网支付机构而言，手续费率下降，给其带来不利影响，入金费率上升，也会给其带来不利影响。目前互联网支付机构在手续费率上竞争比较激烈，尤其是发改价格〔2016〕557 号文将收单费率市场化后，竞争将更趋激烈。就入金费率而言，各支付机构差异较大，但随着中国支付清算协会网联平台的建立，各家互联网支付机构的互联网业务的入金费率有望趋于一致。

就互联网征信机构而言，费率实际上是其对外提供服务收取的价格，其通常按查询数据笔数收取，部分查询业务免费，部分查询业务收费，总体而言，行业竞争已开始趋于激烈。互联网保险机构而言，费率通常就是保险公司向保险专业中介机构和第三方网络平台支付的费用占保费的一定比例。该项比例通常低于保险公司支付给业务人员的费用比例，因保险产品不同，差异较大，不再赘述。

（六）市场开拓

与流动性风险的渠道类风险事项相同，市场开拓的不确定性事项包括入金渠道、存管渠道和客户渠道三种类型。

第一，入金渠道。即互联网金融企业缺乏足够的资金转入或融入渠道，给其带来的不利影响。就互联网小额贷款机构和互联网消费金融机构而言，缺乏对外融资渠道，实际对外融资比例低于甚至远低于政策规定的对外融资比例，导致业务发展乏力，当然会给其带来不利影响。对互联网支付机构而言，缺乏足够的入金渠道，典型表现就是支持银行较少和/或充值网点不足（尤其是支持脱机交易的预付卡，须线下充值，即使线上充值也须线下网点向卡片加载金额）将导致其竞争力不足。当前，互联网支付机构多以支持的银行数量作为市场拓展的优势之一，可见入金渠道的重要性。当然，随着中国支付清算协会网联平台的建成，各中小型支付机构的入金渠道有望得以大幅提升，但部分支付机构支持银行数量的优势将丧失。对于支持脱机交易的预付卡而言，网联平台对其入金渠道并无实质影响。对于网络借贷机构和股权众筹机构而言，入金渠道也相当重要，其存管机构支持的银行数量对其业务拓展具有很大影响，尤其是部分中老年人，对网络操作不甚熟悉，入金渠道的操作方式（网银充值、快捷充值、线下汇款等）尤为关键。对于互联网征信机构而言，通常不涉及入金渠道。对于互联网保险机构而言，入金渠道与网络借贷平台相似，往往决定客户是否购买其产品，开展万能险的机构更是如此。

第二，存管渠道。即互联网金融企业缺乏适格客户资金存管方或资金存管方提供的支付功能不符合客户需求给其带来的不利影响。对于互联网小额贷款机构和互联网消费金融机构而言，其资金存放于银行，两类机构对资金存入银行的议价能力很强，不存在缺乏适格银行问题；同时两类机构与客户之间的资金流向主要是向贷款客户或合作商家转出资金，且交易频繁程度较低，银行现有支付功能通常均能满足其客户需求。因此，存管渠道通常不是两类机构的市场风险事项。对于网络借贷机构和股权众筹机构而言，银行作为存管方要么费用过高，要么准入门槛过高，部分两类机构往往无法获得适格客户资金存管方，在银监会否决支付机构和银行联合存管的情况下，适格客户资金存管方缺乏问题更加突出；另外，资金存管方的支付功能也可能难以满足两类机构的具体业务需求，例如两类机构均存在代扣需求，但大多数存管方对开通代扣功能要求很高，甚至拒绝开通代扣功能，直接影响两类机构的用户体验。可见，存管渠道对两类机构的市场拓展至关重要，轻则影响用户体验，重则导致平台因违规面临关闭。对于互联网支付机构而言，通常情况下，银行比较看重客户备付金带来的存款，似乎不存在资金存管方缺失问题，但随着中国人民银行监管力度加大，备付金银行义务加重和工作量增加，加之中国人民银行有意降低客户备付金规模，互联网支付机构可能面临优质资金存管方短缺问题，当然，若将客户备付金存入中国人民银行，存管方不会短缺，但收益会受到损失。就支付功能方面，也存在备付金银行是否愿意为其开通代扣等功能问题，因此，在资金存管方不缺失的情况下，备付金银行提供的支付功能也可能难以满足其客户的支付需求。因此，存管渠道也是互联网支付机构的风险事项。对于互联网征信机构，与费率相似，存管渠道通过其合作伙伴间接向其传导。对于互联网保险机构，主要是第三方网络平台，其资金存管方对其市场业务的影响与网络借贷机构相似，不再赘述。

第三，客户渠道。即互联网金融企业因客户引流渠道方面的原因导致客户需求不足的情形。与流动性风险分析相似，互联网小额贷款机构和互联网消费金融机构，在渠道引流的过程中，通常会面临有效渠道不足，导致优质贷款客户不足，市场开拓受限。对于互联网支付机构，从业机构之间对具有互联网支付需求的商户竞争已经白热化。对于网络借贷机构和股权众筹机构，两类机构的线上渠道竞争已经相当激烈，有效获客渠道越来越不足。对于互联网征信机构，其通常通过合作机构间接受到客户渠道的影响。对于互联网保险机构，与网络借贷机构类似，也会受到客户渠道的影响。

二、主观状态

（一）恶意风险事项

恶意风险事项即互联网金融企业因内外部人员或机构等的恶意行为影响其市场份额，进而对其产生不利影响的风险事项。此类风险事项通常也是操作风险的风险事项，实际上是互联网金融企业发生了操作风险事件向市场风险传导。

对于互联网小额贷款机构和互联网消费金融机构而言，内部人员（如市场人员）在与贷款客户开展业务合作过程中，索取回扣等恶意行为偶有发生，该行为必然会提升融资人的成本，降低两类机构的产品竞争力，进而降低其市场份额。就外部而言，一种情况是两类机构的人员（尤其是市场人员）离职，可能会带走部分优质客户，影响其业务拓展；另一种情况是外部人员恶意披露不真实的相关信息（如不良率指标）导致两类机构外部融资受挫。当然，外部机构恶意降低贷款利率，抢占市场份额的可能性很小。

对于网络借贷机构和股权众筹机构而言，内部人员（例如客服人员）恶意向外传递不实不良信息，引起投资人恐慌（尤其是在本轮整治期间），导致投资人流失，市场份额萎缩。就外部而言，竞争对手可能恶意中伤或者离职人员恶意披露不实不良信息，导致投资人流失（此种现象在网络借贷行业已发生多起，既有竞争对手所为，也有离职人员所为）。另外，竞争对手（主要是同一省市内）恶意提升投资收益率，恶意降低融资人的融资成本，导致投资人和融资人流失（曾有网络借贷机构试图动用 1 亿元人民币实施该策略，试图打垮其所在省市的其他同类平台），最终影响市场份额。

对于互联网支付机构而言，与互联网小额贷款机构类似，一种情况是内部人员（尤其是市场人员）恶意向合作商户索取利益也偶有发生，同样会提升其对外费率，降低其市场竞争力；另一种情况是内部人员恶意向竞争对手提供与合作商户的价格信息，也会影响其市场份额。通常情况下，离职人员带走客户名单导致互联网支付机构客户流失的可能性较小，毕竟商户合作需要进行系统对接，其切换成本较高。就外部而言，竞争对手和离职人员对其进行不实宣传、恶意宣传，或者有意披露其遭受处罚等信息，更有甚者合作商户的业务人员恶意引导合作商户的客户使用其他互联网支付机构的支付工具，通常也会影响其对外合作关系，最终也会影响其市场份额。

对于互联网征信机构和互联网保险机构而言，内部人员恶意向竞争对手泄露客户名单或价格信息，可能对其带来不利影响。由于切换成本低，离职人员带走客户名单也会影响其市场份额。就外部而言，主要是竞争对手实施恶意价格战，抢占市场份额，导致其市场份额大幅下降。

（二）非恶意风险事项

非恶意风险事项即互联网金融企业因内外部人员或机构的非恶意行为影响其市场份额，进而对其产生不利影响的风险事项。与恶意风险事项类似，非恶意风险事项实际上也是互联网金融企业发生了操作风险事件向市场风险传导。

互联网小额贷款机构和互联网消费金融机构：一是内部人员无意泄露两类机构敏感信息（如融资成本）将可能降低其对外拓展业务中的议价能力。例如与资产引流渠道合作谈判中，资产引流渠道会基于贷款利率和两类机构的融资成本估计大致利润空间，进而调整其渠道费用，内部人员无意泄露了真实融资成本，势必导致其在于渠道费用谈判中处于不利地位。二是内部人员无意泄露不实不良信息，也可能导致其外部融资受挫。三是从外部而言，前述利率、汇率等波动，均为外部非恶意风险事项。

网络借贷机构和股权众筹机构：一是内部人员无意泄露敏感信息可能对其市场份额产生不利影响。例如市场人员无意泄露优质投资人或优质融资人信息，一来给投资人和融资人带来不利影响，导致其从业务平台撤离，二来信息被竞争对手获取后，优质客户可能被抢占。二是就外部而言，前述利率、商品价格、费率等均为外部非恶意风险事项，同时在本轮整治中，监管政策和监管力度作为外部非恶意风险事项，对两类机构的市场份额影响尤其重大。

互联网支付机构：一是内部人员误操作等影响商户合作关系导致商户流失或降低商户合作意愿，为内部因素方面的非恶意风险事项。例如风控人员因对商户业务模式理解有误，风险识别存在偏差，错误拒绝了优质商户；或者风控人员对商户业务模式不熟悉，风险识别时间过长，导致商户合作意愿降低等。二是如前所述，费率、商品价格等通常均为外部非恶意风险事项。另外监管机构和监管力度在本轮整治中，对互联网支付机构的市场份额影响极为重要。个别互联网支付机构被中国人民银行取消了部分省市部分业务的资质，甚至个别支付机构牌照被注销，监管措施和监管力度对市场份额的影响可见一斑。

就互联网征信机构和互联网保险机构而言，其非恶意风险事项与网络借贷机构类似，不再分析。

区分恶意风险事项和非恶意风险事项的意义在于，对于恶意风险事项，若行业协会等第三方机构介入应对，效果更佳。

三、影响因素

如前所述，按影响因素，风险事项可划分为技术类风险事项和非技术类风险事项。

（一）技术类风险事项

技术类风险事项即互联网金融企业技术方面的原因影响其市场份额，进而对其产生不利影响的风险事项。技术类风险事项可进一步区分为技术进步、技术实施（接口规范、技术人员、联调环境）、技术维护等因素。

1．技术进步

技术进步风险事项即技术进步导致互联网金融企业的现有产品缺乏足够市场接受力，进而给其市场份额带来不利影响的事项。

就互联网小额贷款机构和互联网消费金融机构而言，两类机构为以资本为主要驱动力的互联网金融企业，技术进步对两类机构信贷产品的影响相对较小。但总体而言，也存在一定影响。例如两类机构在互联网上开展业务，必然面临电子合同效力和认证问题。在电子证据保全技术未规模化应用之前，两类机构对一定金额以上的借款合同，往往需要面签，在电子证据保全技术规模化应用之后，则无须客户面签。签约手续电子化后，两类机构的信贷产品在互联网上将更加竞争力，进而提升两类机构的市场份额，反之，未实施签约手续电子化的机构，其市场份额会相对甚至绝对下降。

就互联网支付机构而言，其产品以支付工具为主，在互联网背景下，技术进步对支付工具的冲击很大。例如就预付卡而言，随着技术进步，M1 逻辑加密卡已被破解，取而代之的是 CPU 芯片卡等高安全性的 IC 卡。对于已大规模发行或受理 M1 卡的互联网支付机构而言，除卡片升级外，必将面临受理机具升级，不管是卡片升级还是受理机具升级，在升级过程中必然影响其市场份额。可见，技术进步通常为互联网支付机构的风险事项。

就网络借贷机构和股权众筹机构而言，与互联网小额贷款机构相似，技术进步对其市场份额具有一定影响。另外，技术进步对两类机构的另一影响是系统安全漏洞被发现，导致其业务系统受到攻击，客户名单及其敏感信息被泄露，以致影响其市场份额。互联网小额贷款机构和互联网消费金融机构的被关注度相对较低，这一影响相对较小。

互联网征信机构和互联网保险机构，与网络借贷机构类似，不再赘述。

2. 技术实施

互联网金融企业的对外技术接口、技术人员和联调环境均可能影响其市场份额，这些因素通常是其市场风险事项。

就互联网小额贷款机构和互联网消费金融机构而言，一是对外接口越规范，在与合作渠道进行业务合作、系统对接过程中，合作渠道花费的人力和财力越少，合作项目上线越快，其市场份额占有可能越高，反之则可能越低，甚至最终合作失败，丧失市场份额。二是两类机构的技术人员配备均充足，技术能力越强，合作渠道技术对接越顺畅，合作项目上线越快，市场份额可能越高，反之可能越低。三是两类机构的联调环境与生产环境的差异越小，可支持的测试用例越多，则合作渠道系统对接后测试越充分，正式上线时间越短，则市场份额抢占速度越快，反正可能越慢。总体而言，两类机构与合作渠道进行系统对接频率较低，技术实施对其影响相对较小。

就互联网支付机构而言，技术实施主要在于商户端，商户可分普通商户和行业商户（含特殊的普通商户）两类。普通商户在系统对接方面通常表现为个性化需求少，互联网支付机构的现有接口能满足其需要。因此，互联网支付机构的对外接口规范、技术人员和联调环境对其市场份额的影响与互联网小额贷款机构相似。对于行业商户（潜在业务规模量大，且支付接口难以标准化的商户）和新兴业务普通商户即特殊的普通商户，其系统对接的个性化需求往往较多，互联网支付机构的现有接口往往很难满足其需求，此时互联网支付机构的技术人员数量和能力对其市场份额的重要性尤其突出。总体而言，互联网支付机构与商户进行系统对接频率较高，技术实施对其市场份额影响很大。

就网络借贷机构和股权众筹机构而言，与互联网小额贷款机构相似，其主打产品主要是金融资产，技术实施对其影响较小。互联网征信机构以提供数据信息服务为主，系统对接频次较高，技术实施对其市场份额的影响与互联网支付机构相似。互联网保险机构以提供金融资产为主，且对外技术对接频次低，技术实施对其市场份额的影响与互联网小额贷款机构相似。

3. 技术维护

这类的技术维护指互联网金融企业对信息科技系统的维护及时性和有效

性对其市场份额带来的影响。就互联网金融企业而言，其信息科技系统上线运行期间出现故障后，维护是否及时，是否能在客户容忍的时间内迅速排除故障，对其市场份额影响往往较大。

就互联网小额贷款机构和互联网消费金融机构而言，技术维护表现在两个方面，一是面向贷款客户端的业务系统维护的及时性和有效性，二是对合作渠道端的业务系统维护的及时性和有效性。维护越及时、越有效，其客户流失的可能性就越低，反之亦然。总体而言，两类机构在互联网上开展业务，技术维护对其市场份额的影响相当重要。

互联网支付机构而言，技术维护也表现在两个方面，一个方面是面向 C 端用户的业务系统维护的及时性和有效性，对于行业龙头企业而言，其及时性和有效性不足通常尚不至于导致 C 端用户流失，但对于非行业龙头企业，则及时性和有效性不足往往容易导致 C 端用户流失。另一个方面是面向商户端的业务系统维护的及时性和有效性，不管是行业龙头企业还是非龙头企业，其及时性和有效性不足，通常会导致商户流失。尤其是行业商户，其业务规模大，维护及时性和有效性要求高，一旦维护及时性和有效性难以满足其要求，轻则出现负面消息（曾发生某支付机构业务系统出现故障未在客户容忍时间内排除，导致其行业客户登报说明相关事宜的风险事件），重则导致合作终止（曾发生某互联网支付机构业务系统故障未在合作商户容忍时间内排除，最终导致合作商户转向其他互联网支付机构的事件）。

就网络借贷机构和股权众筹机构而言，技术维护主要体现在用户端，技术维护及时性和有效性不足，通常尚不至于导致客户流失，但在行业风险加剧的情况下，容易引起投资人猜想，需对客户做出合理及时解释，方可防范化解。

互联网征信机构，其客户通常为单位，技术维护对其市场份额的影响与互联网支付机构在商户端的影响相似。互联网保险机构，其客户通常为个人客户，技术维护对其市场份额的影响与网络借贷机构类似。

（二）非技术类风险事项

除技术类以外的风险事项，均可列为非技术类风险事项，前面提及的利率、汇率、商品价格、股票价格、费率、监管政策和监管力度等均为非技术类风险事项。此外，用户体验作为一个重要的非技术风险事项，对互联网金融企业的市场份额往往具有较大影响，在此，做简要分析。

就互联网小额贷款机构和互联网消费金融机构而言，两类机构在互联网上开展业务时，除信贷产品的利率等因素外，对C端用户而言，其用户体验对其市场份额影响往往较大。例如A机构的信贷产品需要用户上传身份证、房产证、银行卡等影印件，且需要贷款客户到其所在地面签；B机构的信贷产品需用户上传身份证、房产证影印件，无须贷款客户面签，审批通过后才上传银行卡影印件。显然，B机构信贷产品的用户体验更好，同等条件下，其市场份额会更大。就互联网支付机构而言，互联网支付定位为小额快速支付，与银行机构的网上银行等支付工具相比，用户体验对用户而言更为重要，因此用户体验是互联网支付的重要市场风险事项。就网络借贷机构和股权众筹机构而言，其用户体验主要在投资人端，两类机构的存管方支持的银行数量和充值便捷程度，对投资人具有重要影响，总体而言，用户体验是两类机构较为重要的市场风险事项。互联网征信机构以单位客户为主，用户体验重要性相对较低。就互联网保险机构而言，用户体验的重要性与网络借贷机构相似。

区分技术类风险事项和非技术类风险事项的意义在于，对于技术类风险事项，互联网金融企业的可把控性更强，相反，对于非技术类风险事项，大多数事项互联网金融企业的把控性较弱。

第三节　影响与建议

一、风险因素

（一）利率

1. 基准利率和市场利率

基准利率不利影响大。一是基准利率是其他利率的基础，且由中央银行确定，从业机构只能被动接受。二是基准利率对所有从业机构均有影响。三是基准利率既影响从业机构的收入，也影响从业机构的成本。

我们建议，对于基准利率，一是对于有定价机会的从业机构，可参照基准利率确定自身的市场利率；二是对于无定价机会的从业机构，结合自身议价能力，与相关机构确定利率；三是行业协会在遵从保密原则情况下，加强对会员单位利率监测，分析各会员单位利率与基准利率之间的相关关系，一来为监管机构提供决策参考，二来为会员单位提供定价参考。

2．长期利率和短期利率

因从业机构资产期限差异较大，长期利率和短期利率对从业机构的不利影响存在较大差异，总体而言不利影响较大。原因与基准利率相似，不再赘述。对于长期利率和短期利率，其应对思路也与基准利率相似。

3．行业利率和异业利率

行业利率的不利影响大。一是行业利率与从业机构相关程度高，其不利波动对从业机构影响直接，往往波动越大不利影响越大。二是行业利率对整个行业从业机构均有影响，影响范围广。三是影响行业利率的因素往往是宏观因素，从业机构往往难以改变，只能被动应对。

异业利率的不利影响较大。一是异业利率与从业机构相关程度可能较低。二是异业利率往往会影响行业利率，进而对从业机构产生不利影响。三是异业利率不利波动往往影响行业内所有从业机构。

我们建议，对于行业利率和异业利率，一是行业协会加强统计分析，及时向会员单位通报行业利率和异业利率变动情况，以便会员单位积极应对。二是从业机构加强自身利率与行业利率和异业利率之间的相关性分析，据此确定自身利率。三是从业机构针对行业利率和异业利率，进行压力测试，做好应急准备，防范利率风险。

4．人民币利率和外币利率

人民币利率不利影响大，主要在于从业机构均以人民币利率为基础开展业务，人民币利率涉及面广。外币利率不利影响较大，主要在于以外币利率开展业务的从业机构极少。

我们认为，对于人民币利率和外币利率，其应对思路与行业利率相似，不再赘述。

（二）汇率

汇率的不利影响较小。一是以外币开展业务的从业机构较少，目前主要是部分互联网支付机构、部分互联网小额贷款机构和互联网消费金融机构。二是从业机构可对冲汇率风险，例如互联网支付机构可与用户商定汇兑损益承担方式，更为重要的是跨境支付的手续费高，足以覆盖汇率损失。

我们建议，对于汇率，一是行业协会对会员单位外币业务规模进行监测和分析，对相关从业人员给予适当培训。二是必要时行业协会为会员单位推荐合适的汇率风险管理工具。三是从业机构根据自身业务规模，决定是否配备专门人员利用相关汇率风险管理工具对冲汇率风险。

（三）商品价格

1. 抵质押品

抵质押品价格波动的不利影响大。一是抵质押品的价格直接影响融资金额，进而影响相关从业机构的业务规模。二是对于部分以抵质押品变现作为还款来源的业务，其价格波动甚至影响该项业务的持续性。

我们建议，对于抵质押品价格，一是从业机构加强价格监测，避免抵质押品价值估值偏离过大。二是行业协会加强统计监测，定期向会员单位通报常用抵质押品价格波动情况。三是从业机构根据行业协会通报情况，审查自身抵质押品价格的合理性，避免价值估值奇高。四是对于涉及公众利益的从业机构，如实披露相关抵质押品的价值估值和行业协会统计值，供投资人参考。

2. 受理机具

受理机具的不利影响较小。一是受理机具涉及的从业机构较少。二是受理机具在互联网金融从业机构中所在比重较小。

我们建议，对于受理机具，一是行业协会制定机具互通技术标准和费用分配标准。二是行业协会组织相关从业机构实现机具互通共享，降低成本，提升单位受理机具的业务规模，实现规模效应。三是从业机构结合业务需要，积极参与行业协会机具互通工作。

（四）股票价格

股票价格的不利影响较小。一是涉及股票价格的从业机构较少，主要是网络借贷机构和股权众筹机构。二是股票价格所涉业务在从业机构业务中的比重较低。

我们建议，对于股票价格，一是监管机构加大检查和执法力度，杜绝从业机构挪用客户资金投资股票。二是监管机构和行业协会加大检查力度，防止从业机构的融资人融入资金流入股市。三是行业协会要求会员单位如实披露质押股票/股权的相关信息，供投资人决策参考。四是对于以上市公司股票为参考定价的，应如实披露估值模型和估值依据，供投资人参考。

（五）费率

费率的不利影响大。一是费率直接影响从业机构的收入和成本。二是费率直接决定从业机构的竞争能力。三是从实际情况看，部分从业机构在费率方面进行过度价格战，已对整个行业带来了较大不利影响，部分行业大部分从业机构连续多年尚未实现赢利便是一例，长此下去，行业集中度过高，最终将损害公众利益。

我们建议，对于费率，一是监管机构和行业协会加强业务指导，防止从业机构进行恶意价格战，损害行业健康发展。二是行业协会参照国家发改委做法，制定相关费用的基础底线，确保从业机构基本收入，在此基础上进行充分竞争。三是从业机构严格按照监管机构和行业协会要求，开展业务，进行适当竞争，并将重点放在服务质量改进方面。

（六）市场开拓

1．入金渠道

入金渠道不利影响大。一是对互联网小额贷款机构和互联网消费金融机构而言，大多表现为融入资金渠道不够充足。二是互联网支付机构而言，大多数中小型机构普遍存在入金渠道数量受限，成本偏高。三是网络借贷机构和股权众筹机构等其他互联网企业普遍受制于互联网支付机构的入金渠道问题。

对于入金渠道，我们建议，一是监管机构或行业协会牵头，开展同行业从业机构风险绩效等评定工作，结合外部信用评级，以使外部资金充分了解从业机构信息，为其提供适合的融资通道。二是中国支付清算协会在建设网联平台基础上，加强对接入者的资金监测，并在充分市场调研基础上，提供适合的资金通道。三是从业机构加强风险管理和信息披露，增加信息透明，提升其融资能力或获取入金渠道的能力。

2. 存管渠道

存管渠道的不利影响较大。一是存管渠道主要影响互联网支付机构、网络借贷机构和股权众筹机构等机构，对互联网小额贷款机构和互联网金融机构等机构影响较小。二是存管渠道对互联网支付机构，尤其是网络借贷机构和股权众筹机构影响极大。三是总体情况看，存管渠道的供给在相当长时期内，存在诸多不确定性。

对于存管渠道，我们建议：一是对于网络借贷机构和股权众筹机构，在坚持银行存管原则下，在规避互联网支付机构风险基础上，制定符合市场现状的存管规则，避免对行业影响过大，同时保护市场合理竞争，维护中小从业机构的合法权益。二是对于互联网支付机构，在充分研究其业务模型基础上，结合网联平台建设，修订客户备付金管理规则，尽量减少客户保证金直接缴存央行的机构数量。三是尽量采用信息化手段监控客户备付金，降低备付金银行的工作量，提升备付金存管服务供给。四是在充分研究的基础上，修订小额支付系统业务规则（如适当放开线上代扣业务），提升互联网支付机构的小额快速支付产品的竞争力，进而惠及其他从业机构。

3. 客户渠道

客户渠道不利影响大。理由与其对流动性风险的影响相似，不再赘述。对于客户渠道，具体应对思路与流动性风险部分相似，在此略过。

二、主观状态

（一）恶意风险事项

恶意风险事项不利影响大。理由与前述恶性风险事项相似，不再赘述。恶性风险事项应对思路，也与前述恶性风险事项相似，不再赘述。

（二）非恶性风险事项

对于非恶意风险事项，我们建议：一是涉及宏观经济形势、货币政策、监管政策和监管力度等事项，从业机构需在被动接受情况下，根据自身实际情况予以应对。二是对于内部人员无意行为，与操作风险应对相同，主要依靠从业机构设计规范合理的业务流程应对，进行系统的风险识别予以解决。三是加强对人员的培训和业务模式研究交流，减少内部人员理解偏差影响业务拓展。

三、影响因素

（一）技术类风险事项

1. 技术进步

技术进步的不利影响大。一是技术进步具有较大的普遍性，往往影响同业态诸多从业机构。二是技术进步可能对从业机构的业务模式具有重大影响，甚至具有颠覆性，例如移动支付技术的兴起已导致卡基支付产品出现严重萎缩。三是技术进步具有不可逆性，从业机构只能被动接受，不可逆转其不利影响。

对于技术进步，我们建议：一是行业协会加强对国内外（尤其是国外）技术进步的跟踪、分析和研究，向会员单位发送研究报告，以便会员单位及时了解相关进展，做出应对安排。二是行业协会加强对会员单位新技术产品的跟踪和分析，并向会员单位通报，增强信息透明性，降低交易成本，促进行业发展。某互联网小额贷款机构的非现场签约便是在一次监管机构组织的座谈会上获取相关参与机构的产品信息后得以解决的。三是行业协会牵头组织从业机构加强技术研发和技术创新，提升行业技术实力，掌握主动权，减少国外技术进步对国内相关业态的冲击。

2．技术实施

技术实施的不利影响大。一是从业机构在开展业务过程中，技术对接越来越多。二是技术对接直接影响从业机构的对外合作是否能最终落地。三是因技术实施问题导致合作失败的案例屡见不鲜。

关于技术实施，我们建议：一是行业协会在充分研究技术需求的基础上，出台相关技术接口标准，统一从业机构的对外接口，降低从业机构的开发成本和切换成本。二是如前所述，行业协会牵头搭建联调测试环境，缩短生成环境与测试环境的差距，配备充足的测试用例，经会员单位申请，向会员单位的合作伙伴开放，一来降低会员单位成本，二来提升测试效率和效果。三是从业机构根据自身业务发展需要，配备足够专业胜任能力的技术人员，行业协会组织从业机构技术人员加强内部技术交流，提升对业务的理解。

3．技术维护

技术维护的不利影响大。一是技术维护涉及所有从业机构，至少所有从业机构的面向C端用户的技术维护对其具有重大影响。二是技术维护具有较强的传导性，例如存管机构技术维护不及时可能向互联网支付机构和网络借贷机构等机构传导。三是实务中也确实发生了技术维护方面的原因导致从业机构丢失客户的现象。

对于技术维护，我们建议：一是从业机构加强技术管理和技术培训，提升技术维护能力。二是行业协会进行维护及时性和有效性方面的研究，为会员单位提供参考数据，以便会员单位将及时性和有效性控制在参考值范围内。三是从业机构加强系统及备份系统的建设，提升其技术系统的可用性。

（二）非技术类风险事项

非技术类风险事项范围较广，不利影响大小各异，应对思路也往往千差万别，我们在此略去。

第四节　分业特点

一、网络借贷机构

网络借贷机构的市场风险呈现风险事项较多、不利影响较大、抗风险能力较弱、存管渠道问题突出等特点。

（一）风险事项较多

风险因素方面，利率、汇率、商品价格、股票价格、费率和市场开拓等均为风险事项；主观状态方面，恶意风险事项和非恶意风险事项均存在；影响因素方面，技术类风险事项和非技术类风险事项均具备。

（二）不利影响较大

本轮互联网金融整治启动后，部分网络借贷机构选择有序退出该行业，一个重要原因是整顿工作对投资人信心具有较大影响，即监管力度对网络借贷行业的不利影响较大。另一个重要原因是部分网络借贷机构长期资产需求不足或者资金不足，使其长期处于亏损状态，最终不得不退出该行业。

（三）抗风险能力弱

抗风险能力较弱表现在几个方面：一是随着整个行业利率下降，网络借贷机构的费率随之下降，费率空间受到挤压，在费率空间本身比较有限的情况下，必然严重影响其赢利能力。二是异业利率提升，在客户转换成本极低的情况下，客户资金极易转向其他投资产品，网络借贷机构缺乏足够的产品竞争力留住客户。

（四）存管渠道问题突出

网络借贷机构的客户资金存管以支付机构存管为主。在《指导意见》提出客户资金实施银行存管之后，一方面部分银行开始着力开展存管业务，另一方面支付机构也与银行探索联合存管模式。银行存管模式的优势在于可防止支付机构的风险传导，但劣势在于对网络借贷行业冲击过大，且银行服务费用和准入门槛过高。联合存管模式的好处在于对网络借贷行业的冲击较小，且服务费用和服务水平相对银行更具优势，但联合存管的合法性一直未得到确认。整个网络借贷行业的存管渠道问题比较突出，主要表现在存管渠道的合法性和适格存管渠道的供给不足两个方面。

二、股权众筹机构

与网络借贷机构相似，股权众筹机构的市场风险也具有风险事项较多、不利影响较大、抗风险能力较弱和存管渠道问题突出等特点，另外，股权众筹机构还具有长期利率影响大、股票价格影响突出、年化服务费率较低等特点。

（一）长期利率影响大

如前所述，股权众筹机构的产品以长期产品为主，长期利率对其具有重大影响，相较而言，短期利率对其影响较小。具体而言，除长期存款利率外，其他期限较长的投资产品的收益率对其也具有较大影响。

（二）股票价格影响突出

除网络借贷机构可能采用的股票/股权质押外，如前所述，股权众筹机构往往还选择上市公司股票价格等作为目标公司估值参考。在诸多互联网金融业态中，股票价格对股权众筹机构市场份额的影响最大。

（三）年化服务费率较低

股权众筹机构的项目周期较长，服务持续时间也相应较长，导致其年化服务费率往往很难达到网络借贷机构的年化服务费率。例如股权众筹机构的服务费率为 5%，融资期限 5 年，则其年化服务费率为 1%。对于网络借贷机构而言，年化服务费率通常会显著高于 1%。

三、互联网支付机构

互联网支付机构的市场风险事项具有风险事项不平衡、技术事项尤为重要、汇率为其特色、合规相关性高等特点。

（一）风险事项不平衡

风险因素方面，利率以短期存款利率为主，商品价格以受理机具价格为主、股票价格通常并非其风险事项、费率和市场开拓为其重要风险事项；主观状态方面，从近期披露的事件看，恶意风险事项不容忽视，非恶意风险事项甚至关系到互联网支付机构的持续经营问题。总之，其风险事项表现出较大的不平衡性，部分风险事项的重要性尤其突出。

（二）技术事项尤为重要

与其他互联网金融业态相比，互联网支付机构的技术类风险事项尤为重要。一是技术进步直接影响互联网支付机构的市场份额。二是技术实施，尤其是技术接口往往影响其在商户端的市场份额。三是技术维护通常决定其与商户之间的合作关系及合作期限，最终决定其商户端的市场份额。

（三）汇率为其特色

与传统金融机构不同，汇率通常很难成为现有互联网金融企业的风险事项。从当前情况看，汇率风险事项方面，以互联网支付机构为主要承受主体，其他业态的从业机构涉及较少，甚至尚不涉及。因此，汇率为互联网支付机构的特色风险事项。

（四）合规相关性高

如前所述，若互联网支付机构按中国人民银行要求的期限存管客户备付金，则长期存款利率不会成为其风险事项，反之则会成为其风险事项；另外，若其严格按照中国人民银行规定的资产形式存放客户备付金，股票价格不会成为其风险事项，反之则会成为其风险事项。因此，部分市场风险事项与其是否合规经营具有较高的相关性。

四、其他机构

互联网小额贷款机构和互联网消费金融机构在市场风险方面具有风险事项较为片面、客户渠道尤为重要、恶意风险事项尚不突出、技术类风险事项较为重要等特点。互联网保险机构和互联网征信机构与前两类机构类似，不再赘述。

第七章 › 其他风险

第一节 洗钱风险

一、定义

我国于2006年10月31日通过《中华人民共和国反洗钱法》（简称《反洗钱法》），并于2007年1月1日起施行，承担反洗钱义务的主体为金融机构。按《反洗钱法》规定，金融机构指依法设立的从事金融业务的政策性银行、商业银行、信用合作社、邮政储汇机构、信托投资公司、证券公司、期货经纪公司、保险公司以及国务院反洗钱行政主管部门确定并公布的从事金融业务的其他机构。《反洗钱法》同时规定："反洗钱，是指为了预防通过各种方式掩饰、隐瞒毒品犯罪、黑社会性质的组织犯罪、恐怖活动犯罪、走私犯罪、贪污贿赂犯罪、破坏金融管理秩序犯罪、金融诈骗犯罪等犯罪所得及其收益的来源和性质的洗钱活动，依照本法规定采取相关措施的行为。"

2012年3月5日，国务院反洗钱行政主管部门中国人民银行发布《支付机构反洗钱和反恐怖融资管理办法》（简称《支付机构反洗钱法》），将支付机构纳入反洗钱管理范畴，明确了支付机构的反洗钱义务。截至目前，网络借贷机构、股权众筹机构等机构尚未被纳入反洗钱管理范畴，但其洗钱风险依然存在[1]。关于什么是洗钱风险，巴塞尔委员会和银监会均未给出明确定义。

1《网络借贷信息中介机构业务活动管理暂行办法》规定，网络借贷机构"依法履行客户身份识别、可疑交易报告、客户身份资料和交易记录保存等反洗钱和反恐怖融资义务"，但尚缺乏具体管理细则。

结合《反洗钱法》对反洗钱的界定，我们对洗钱风险的定义如下：

定义 7-1　洗钱风险指不法分子通过互联网金融企业实施洗钱行为或互联网金融企业未履行反洗钱义务，给其实现经营目标带来的不利影响。

洗钱行为即通过各种方式掩饰、隐瞒毒品犯罪、黑社会性质的组织犯罪、恐怖活动犯罪、走私犯罪、贪污贿赂犯罪、破坏金融管理秩序犯罪、金融诈骗犯罪等犯罪所得及其收益的来源和性质的洗钱活动。

关于洗钱风险的说明如下：

第一，洗钱风险包括不法分子的有意识行为，不法分子包括自然人、法人和其他组织。不法分子通常为互联网金融企业的外部人员和单位，也包括内部人员。第二，对于洗钱行为，我们完全参考《反洗钱法》对反洗钱的定义，一是出于合规考虑，二是便于从业机构参照适用《反洗钱法》，故我们未对其做扩大或限缩界定。

结合互联网金融实际，我们认为，互联网金融企业的洗钱风险具有如下特征：

（一）洗钱风险本质上是合规风险

《反洗钱法》和《支付机构反洗钱法》明确规定了金融机构和支付机构应当承担的客户身份识别、客户身份资料和交易记录保存、大额交易和可疑交易报告等法定义务，若其未按规定履行前述义务，将面临罚款、吊销经营许可证等处罚，甚至被追究刑事责任。显然，洗钱风险首先是一种合规风险。

（二）洗钱风险具有业态普遍性

我们论及的互联网金融业态包括网络借贷、股权众筹、互联网支付、互联网保险、互联网小额贷款、互联网消费金融和互联网征信等。互联网支付和互联网保险已被纳入监管范畴，表明这些业态的洗钱风险已比较突出。另外，除互联网征信外，其他业态通常均涉及资金流动，甚至是大额资金流动，伴随着资金流动，必然产生洗钱风险。

（三）洗钱风险具有多重危害性

洗钱风险的多重危害性在于：一是不法分子通过互联网金融企业实施了洗钱，助长了不法分子的严重犯罪行为，具有很大的社会危害性。二是若相关从业机构未按法律规定履行反洗钱义务，将遭受行政处罚，甚至刑事制裁，给从业机构及从业人员带来不利影响。三是不法分子通过互联网金融企业洗钱，通常会给互联网金融企业带来经济损失。例如不法分子通过网络借贷机构洗钱，出现大量资金进出平台，一来导致网络借贷机构对客户资金供给的误判，甚至诱发流动性风险；二来导致网络借贷机构过度损失补贴费用（大多数机构对充值提现费予以补贴）。

（四）部分机构尚待纳入管理范畴

按《反洗钱法》和《支付机构反洗钱法》规定，就我们讨论的互联网金融业态而言，互联网保险和互联网支付等已被纳入反洗钱管理范畴，而网络借贷、股权众筹、互联网小额贷款、互联网消费金融和互联网征信等尚未纳入反洗钱管理范畴。从实际情况看，网络借贷和股权众筹涉及资金流动量大，且多为非自有资金，因此洗钱风险相对较高。我们认为，网络借贷机构和股权众筹机构被纳入反洗钱管理的可能性很大。

（五）风险管理手段有待创新

客户身份识别、可疑交易分析、大额交易和可疑交易报告为洗钱风险管理的常规管理工具。后三种工具对于互联网金融从业机构而言，可借鉴金融机构的传统做法，但就客户身份识别而言，金融机构的传统做法要求客户面签，当面核验用户有效身份证件原件并留存其影印件或复印件。对于互联网金融从业机构而言，由于其业务大多在线上开展，且往往无法与客户面对面核验。金融机构的传统做法互联网金融从业机构往往很难采用，目前又缺乏远程身份识别技术，总体而言，洗钱风险管理手段有待创新。

（六）洗钱风险具有派生性

客户身份识别、可疑交易分析、大额交易和可疑交易报告既为洗钱风险管理的工具，也是互联网金融从业机构的义务。从业机构首先需要依据或参考国家法律规定，制定洗钱风险管理制度，并按反洗钱要求，修订其业务流程，并督促相关制度和流程的全面实施。若相关制度和流程缺失、未得到实施或未得到一贯实施，则其很可能未全面如实地履行相关反洗钱义务，不法分子可能实施了洗钱行为未被发现，此时操作风险便派生出洗钱风险。

定义 7-2　洗钱风险 WR 可描述为一个 7 元组的动态系统，即 $WR=(WE, WV_t, WT_t, WP_t, WS_t, WF_t, WG_t)$。

相关符号的含义可参看前面章节，不再重复。

二、风险事项

按义务类型，风险事项可分为身份识别、资料保存、交易分析和数据报告等风险事项。按后果状态，风险事项可区分为既遂类风险事项和未遂类风险事项。按主观状态，风险事项可区分为故意型风险事项和无意型风险事项。按管理手段，风险事项可区分为技术类风险事项和非技术类风险事项。

（一）义务类型

1．身份识别

身份识别风险事项即互联网金融从业机构未按照反洗钱行政主管部门规定，进行客户身份识别，给其带来不利影响的事项。通常情况下，从业机构未按规定进行客户身份识别，首先面临的不利影响便是行政处罚，其次是不法分子趁机洗钱，如前所述给从业机构的业务开展带来不利影响。

互联网小额贷款机构和互联网消费金融机构以放贷为主业，融入资金以股东和其他机构为主，这两类机构的互联网贷款业务主要以个人客户为主，贷款金额通常较小。与张乃杰等（2013）对小额贷款公司常规洗钱手段有所区别，两类机构的洗钱主体主要在于资金融入方，即两类机构的股东和其他资金提供方；对贷款客户而言，一来金额较小，二来信贷产品多以信用为主抵押为辅，贷款客户通过两类机构洗钱的可能性极低。就客户身份识别而言，对于股东的身份识别，目前主要由工商登记部门实施且具有强制性。对于其他融资渠道的资金提供方而言，两类机构确实有必要也有可能对其进行身份识别。对于贷款客户而言，涉及贷款合同效力、债权真实性和有效性等问题，即使出于自身经营利益考虑，两类机构也会积极主动地进行身份识别，评估其资信状况。可见，两类机构客户身份识别的主要对象为非股东资金融入渠道，由于资金融入金额大，周期较长，金融机构传统客户身份识别的做法通常可以使用。

对于互联网支付机构，其以支付为主业，其进出资金以他人资金为主，且资金流动频繁，不管是资金支付方还是资金接受方，均可能通过其进行洗钱。因此，客户身份识别的对象通常包括互联网支付机构的所有客户。对于互联网支付机构的客户身份识别，存在用户体验。如前所述，对于线上客户，互联网支付机构无法进行面签，即使客户上传手持身份证件的影印件或复印件，互联网支付机构对其进行逐一核对也具有极大挑战性（一是人工成本增加，二是审核及时性很难满足用户时效要求）。可见，客户身份识别对于互联网支付机构具有极大挑战性。

对于网络借贷机构和股权众筹机构，两类机构均与互联网支付机构相似，客户身份识别的对象既包括投资人也包括融资人，甚至包括担保人。对于融资人而言，与互联网小额贷款机构相似，两类机构对其身份识别具有高度自觉性。对于担保人，两类机构出于其代偿义务考虑，对其身份识别也具有高度自觉性。但对于投资人而言，则具有一定挑战性。就线上投资人而言，其客户身份识别与互联网支付机构相似，用户体验对客户身份识别影响极大。

就互联网保险机构而言，客户身份识别与互联网支付机构相似，主要在于用户体验对客户身份识别的影响。就互联网征信机构而言，由于其不以资金经营为业务，通常不涉及客户身份识别问题。

综上，除互联网征信机构外，客户身份识别均为其风险事项，但具体各业态而言，重要性程度存在较大差异。

2. 资料保存

资料保存风险事项即互联网金融从业机构未按照反洗钱行政主管部门规

定，保存客户资料，给其带来不利影响的事项。《反洗钱法》和《支付机构反洗钱法》均要求，金融机构和支付机构应当保存客户身份资料和交易记录，并规定了具体保存年限（不低于 5 年）。

对于互联网小额贷款机构和互联网消费金融机构而言，其客户身份资料和交易记录等通常较少，若按监管机构要求保存 5 年，并不存在太大问题。对于互联网支付机构而言，其交易笔数多、客户数量大，另外其赢利能力决定了其 IT 投入相对有限，客户身份资料保存 5 年尚可接受，交易记录保 5 年则具有较大的挑战性：交易金额小、笔数多（尤其是以交通卡为主的预付卡交易，单笔交易金额通常在 10 元以内，交易笔数每天百万笔也不足为奇），在线存储 5 年数据投入往往超出互联网支付机构的成本上限，离线存储又往往存在数据有效性问题。对于网络借贷机构、股权众筹机构和互联网保险机构而言，与互联网小额贷款机构相似，按监管机构要求保存 5 年，问题不大。对于互联网征信机构，通常不涉及客户身份资料和交易记录保存问题。

可见，资料保存为互联网支付机构的重要风险事项，对于其他业态可能为其风险事项。

3. 交易分析

交易分析风险事项即互联网金融从业机构未按照反洗钱行政主管部门规定，进行可疑交易分析，给其带来不利影响的事项。反洗钱行政主管部门要求金融机构和支付机构制定可疑交易标准，开展可疑交易监测，发现可疑交易并予以报告。

就互联网小额贷款机构和互联网消费金融机构而言，可能诱发洗钱的交易主要发生在股东出资和外部融资资金环节，对于股东出资，两类机构通常很难对其进行交易分析，对于外部融入资金，两类机构进行可疑交易分析具有较大的可行性。因此，就两类机构而言，可疑交易分析主要集中在非股东融入资金交易方面。与银行等金融机构不同，两类机构的融资交易频率较低，金额相对较大，很难确定可疑交易标准，其可疑交易分析难度相对较大。对于互联网支付机构而言，其交易量大，相对容易确定可疑交易标准，难点在于既要保证生产系统的正常运行，又要保证可疑交易分析的及时性，独立配置可疑交易分析软硬件系统不失为一种选择。对于网络借贷机构、股权众筹机构和互联网保险机构，可疑交易分析的交易数据的笔数通常低于互联网支付机构而高于互联网小额贷款机构，总体而言，可疑交易分析相对容易。对于互联网征信机构，通常不涉及可疑交易分析。

4. 数据报告

数据报告风险事项即互联网金融从业机构未按照反洗钱行政主管部门规定，进行大额交易和可疑交易报告，给其带来不利影响的事项。

就互联网小额贷款机构和互联网消费金融机构而言，目前尚未承担此项义务，其洗钱风险管理主要在于实质事宜。就互联网支付机构而言，《反洗钱法》和《支付机构反洗钱法》已明确其必须承担大额交易和可疑交易报告义务，未及时报送者，可能面临行政处罚。2016 年已有个别互联网支付机构因未及时报送大额交易和可疑交易，被处以累计百万级罚款。就网络借贷机构和股权众筹机构而言，目前尚未承担此项义务，与互联网小额贷款机构相似，以开展实质性洗钱风险管理为主。互联网保险机构则须区分情况，保险公司自身开展互联网保险业务，本身须按《反洗钱法》等法律要求承担大额交易和可疑交易报告义务。按《互联网保险业务监管暂行办法》规定，保险专业中介机构开展互联网保险业务，也须承担大额交易和可疑交易报告义务。对于第三方网络平台与保险机构合作开展互联网保险业务，暂无大额交易和可疑交易报告义务。对于互联网征信机构，也无大额交易和可疑交易报告义务。

（二）后果状态

1. 既遂类风险事项

即遂类风险事项即不法分子通过互联网金融企业实施了洗钱行为未被互联网金融企业发现给其带来不利影响的情形。就互联网金融企业而言，此种情形下的不利影响包括洗钱行为给其业务带来的不利影响，也包括因未履行反洗钱义务因此被发现进而被追究行政责任甚至刑事责任。

就互联网小额贷款机构和互联网消费金融机构而言，法律并未对其课以反洗钱义务，不法分子通过其洗钱的可能性较大，一旦被不法分子利用成功洗钱，两类机构往往很难以已履行反洗钱义务而免责。对于互联网支付机构，法律对其课以了反洗钱义务，若其严格按照法律要求实施开展反洗钱工作，不法分子往往难以实施洗钱行为，但由于前述用户体验等原因，在获得良好用户体验的同时，往往给不法分子留下了空间。不法分子利用其实施了洗钱行为，互联网支付机构可能因未履行反洗钱义务受到牵连。对于网络借贷机构和股权众筹机构而言，既遂类风险事项对其影响与互联网小额贷款机构相似，就互联网保险机构而言，既遂类风险事项对其影响与互联网支付机构相似，不再赘述。

2. 未遂类风险事项

未遂类风险事项即不法分子通过互联网金融企业实施了洗钱行为被互联网金融企业发现给其带来不利影响的情形。对于互联网金融企业而言，不法分子企图通过其实施洗钱行为被其发现，其不利影响主要表现为配合相关部门调查或侦查所需消耗的人力、财力，也包括损失部分交易成本。

就互联网小额贷款机构和互联网消费金融机构而言，其发现不法分子利用其融资实施洗钱行为，拒绝该笔交易，损失通常为前期交易所付出的实际成本、其他融资渠道的机会成本，以及配合侦查和调查的部分支出。就互联网支付机构而言，其发现洗钱行为拒绝其交易，损失主要是配合调查和侦查的支出，交易成本通常极小。对于网络借贷机构和股权众筹机构而言，其发现洗钱行为拒绝交易，损失主要在于损失其他投资人的机会收益、配合侦查和调查的部分支出、补贴的存管费用（含充值费）等。对于互联网保险机构，发现洗钱行为拒绝交易的损失主要在于配合侦查和调查的部分支出。互联网征信机构通常不涉及。

（三）心理状态

1. 故意型风险事项

故意型风险事项即互联网金融从业机构故意违反法律规定不履行反洗钱义务，自身或者与不法分子共谋实施洗钱行为，给其带来不利影响的事项。

故意型风险事项可区分为治理层、管理层和执行层三种类型。治理层即互联网金融企业的股东、董事和监事等不履行反洗钱义务、自身或与不法分子共谋实施洗钱行为。管理层即互联网金融企业的高级管理人员故意不履行反洗钱义务，自身或与不法分子共谋实施洗钱行为。执行层即互联网金融企业的其他从业人员故意不履行反洗钱义务，自身或与不法分子共谋实施洗钱行为。

就互联网小额贷款机构和互联网消费金融机构而言，治理层故意型风险事项主要表现为股东等通过设立两类机构进行洗钱，且由于当前缺乏法律监管，可能性难以排除。管理层故意型风险事项可能发生在治理层年度经营目标过高，管理层承受的经营压力过大，在洗钱高利润诱惑之下，实施洗钱行为。执行层故意型风险事项则更多表现为普通员工故意放任洗钱义务，当然也可能表现为在高利润诱惑下，与不法分子共谋实施洗钱行为。

就互联网支付机构而言，尽管其本身不以放贷为业，但治理层利用其在公司中的优势地位实施故意型风险事项的可能性难以排除。就管理层和执行层而言，与互联网小额贷款机构的不同之处在于，其故意型风险事项除故意实施洗钱行为外，还可能表现为出于成本节约考虑，不履行反洗钱义务。

就网络借贷机构和股权众筹机构而言，从近期爆出的风险事件看，治理层中的不法分子利用两类机构实施洗钱行为的可能性较大。管理层和执行层利用当前政策空档期实施洗钱行为也很难排除。

就互联网保险机构而言，由于受到较为严格的监管，其故意型风险事项较小。互联网征信机构暂不涉及故意型风险事项。

2．无意型风险事项

无意型风险事项即互联网金融从业机构非故意不履行反洗钱义务的情形。

就互联网小额贷款机构和互联网消费金融机构而言，尚未法定反洗钱义务，通常不会有无意型风险事项。对于互联网支付机构而言，因系统故障、软件缺陷等原因导致其未如实履行反洗钱义务的情形时有发生，通常具有无意型风险事项。对于网络借贷机构和股权众筹机构，其情形与互联网小额贷款机构相似；互联网保险机构，保险公司和保险专业中介机构与互联网支付机构相似，第三方网络平台与网络借贷机构相似，不再赘述。互联网征信机构通常不涉及。

（四）管理手段

1．技术类风险事项

技术类风险事项即互联网金融企业因技术方面的原因导致其未履行法定反洗钱义务或导致其发生了洗钱行为的情形，具体包括身份识别、资料保存、可疑分析和数据报送等情形。身份识别即互联网金融企业由于技术系统故障、受攻击等原因导致其身份识别出现错误的情形，例如技术系统出现故障，致使客户身份证件与其真实情况错位，技术系统受到攻击导致客户身份证件影印件丢失或被覆盖，以致难以进行身份识别等。资料保存即互联网金融企业技术系统故障、人员误操作或受攻击等导致其客户身份资料和交易记录未按规定期限予以保存的情形。例如技术系统发生故障导致客户身份资料影印件丢失且难以恢复，人员误操作导致客户身份资料影印件和交易记录被删除，技术系统受到攻击导致客户身份资料影印件和交易记录被清洗等。可疑分析即互联网金融企业因技术故障导致可疑分析失效的情形。在反洗钱工作开展之初，金融机构通常将可疑交易分析进行自动化，实际结果表明，自动化分析效果并不理想，反洗钱行政主管部门越来越强调加强人工分析。总体而言，人工分析也需要在技术系统支持之下基于一定数学模型进行，当技术系统出现故障时，分析往往难以进行。数据报送即互联网金融企业因技术原因导致未按期如实报送可疑交易和大额交易的情形。通常情况下，因技术原因导致数据报送异常的可能性较小。

就互联网小额贷款机构和互联网消费金融机构而言，由于其尚无反洗钱义务且融资交易笔数较小，通常也无须借助技术系统进行身份识别、资料保存和可疑交易分析，也无数据报送义务。因此，两类机构通常没有技术类风险事项。互联网支付机构则与互联网小额贷款机构相反，技术类风险事项为其主要洗钱风险事项之一。就网络借贷机构和股权众筹机构而言，通常也须借助技术系统进行身份识别、资料保存和可疑交易分析，仅是无须进行数据报送，因此，技术类风险事项也是其洗钱风险事项之一。互联网保险机构，除第三方网络平台外，其情形与互联网支付机构类似，不再赘述。互联网征信机构不涉及技术类风险事项。

2. 非技术类风险事项

非技术类风险事项即互联网金融企业因非技术方面的原因导致其未履行法定反洗钱义务或导致发生了洗钱行为的情形。与技术类风险事项相同，也包括身份识别、资料保存、可疑分析和数据报送等情形。

身份识别即互联网金融企业因人员误操作、合作伙伴配合不足等原因导致其身份识别出现错误的情形，例如负责身份识别的人员误操作，导致未验证客户有效身份证件或不一致未被发现，尤其通过第三方完成身份识别的场合，由于对第三方人员的管理力度较弱，比较容易出现此类现象；又例如合作伙伴转发客户的身份证件过程中出现身份证件影印件或复印件与电子数据错位，导致客户身份复核难度加大。资料保存即互联网金融企业因人员误操作、管理不当或合作伙伴管理问题等原因导致其客户身份资料和交易记录未按规定期限予以保存的情形。例如按期销毁档案时，人员误操作将尚在保存期限内的客户身份资料予以销毁；档案管理部门管理不当，导致客户身份资料出现损毁；第三方合作伙伴在送交客户身份资料之前，客户身份资料损毁或丢失。可疑分析即互联网金融企业因人员误操作或管理不当等导致可疑交易分析失效。例如人员误操作、对可疑交易标准设置不当，导致可疑交易遗漏分析；又例如在人员轮岗、业务交接过程中可疑交易分析工作交接出现失误，导致可疑交易分析遗漏。数据报送即互联网金融企业因人员误操作、管理不当等原因导致未按期如实报送可疑交易和大额交易的情形。例如因人员误操作，将原本以万为单位的数据以元为单位填报，导致数据严重失实；又例如报送人员未安排 AB 角，在报送人员不在岗情况下，漏报数据。

就互联网小额贷款机构和互联网消费金融机构而言，尽管其尚无反洗钱义务，但若发生洗钱行为时，往往会给其带来重大损失，其实质上具有反洗钱需求，如前所述，由于其融资交易笔数较小，身份识别、资料保存、可疑交易分析通常由人工实现，只是暂无数据报送义务。因此，两类机构通常具有非技术类风险事项。互联网支付机构，不但有技术类风险事项，也有身份识别、资料保存、可疑分析和数据报送等相关非技术类风险事项。就网络借贷机构和股权众筹机构而言，也存在身份识别、资料保存和可疑交易分析等非技术类风险事项，暂不具备数据报送这一非技术类风险事项。互联网保险机构，除第三方网络平台外，其情形与互联网支付机构类似，不再赘述。互联网征信机构不涉及非技术类风险事项。

三、影响及建议

（一）义务类型

1．身份识别

身份识别类风险事项的不利影响大。一是身份识别是洗钱风险管理的第一道防线，对不法分子具有相当重要的制衡作用。二是就互联网金融企业而言，身份识别往往是其难点，有效身份识别具有极大挑战性。三是从实际情况看，已有个别互联网金融企业因客户身份识别被行政处罚。

对于身份识别，我们建议：一是行业协会牵头，设立统一客户身份识别机制，在规模经济的支持下，采取当前先进技术（如人脸识别）进行客户身份识别，并向会员单位开放，一来提升行业洗钱风险管理水平，二来提升行业用户体验，三来降低会员单位成本。二是从业机构提高自身管理水平，积极接入行业协会统一客户身份识别机制，开展客户身份识别工作。三是行业协会加强与反洗钱行政主管部门等部门沟通交流，争取就身份识别相关工作得到其理解和支持。四是行业协会加强与司法机构和反洗钱行政主管部门沟通，争取在会员单位内部共享其他机构的洗钱相关的黑名单。五是行业协会牵头设立洗钱黑名单共享机制，接受会员单位报送并向会员单位开放。

2．资料保存

资料保存风险事项的不利影响较大。一是资料保存涉及工作量较大，容易出现保存不足的现象。二是资料往往涉及客户信息，资料泄露极易侵犯客户合法权益。三是资料损毁或灭失，通常具有一定可弥补性。

对于资料保存，我们建议：一是行业协会建立高安全资料保存电子平台供会员单位在线和/或离线保存客户身份资料和交易记录的加密件，一来获取规模经济、降低会员成本，二来提升资料保存的有效性。二是会员单位尽量将客户身份资料电子化，连同交易数据一起加密后，保存至电子平台。三是行业协会加强对会员单位的检查，强化资料保存的有效性。

3. 可疑分析

可疑分析风险事项的不利影响大。一是可疑分析直接涉及判断某笔或某批交易是否涉嫌洗钱，漏判则可能导致不法分子的洗钱行为成功。二是可疑交易分析具有较强的专业性和行业背景，对互联网金融企业具有很大的挑战性。三是互联网金融行业可疑分析专业人员不足，且人员配备也往往不足。

对于可疑分析，我们建议：一是行业协会加强对会员单位的培训，提升会员单位可疑交易分析的水平。二是行业协会加强分业态的洗钱行为研究，总结不同业态的可疑交易判别方法或判别标准，供会员单位参考。三是行业协会面向中小型从业机构，建立统一可疑交易分析平台，会员单位导入交易数据，平台提供分析算法，进行可疑交易分析，实现规模效应，提升中小型从业机构的可疑交易分析水平。

4. 数据报送

数据报送风险事项不利影响大，一是大额交易和可疑交易报送是反洗钱行政主管部门进行进一步数据分析，向司法部门移送犯罪线索的主要来源；二是人额交易和可疑交易报送，对不法分子具有极大的威慑力，可以较好地阻止其实施洗钱行为；三是当前部分互联网金融企业尚无数据报送义务，也无数据报送渠道。

对于数据报送，我们建议：一是行业协会加强与反洗钱行政主管部门沟通，争取早日将所有互联网金融企业纳入反洗钱管理范畴。二是行业协会与会员单位达成一致，由会员单位向其报送大额交易和可疑交易，由其进行进一步分析并向司法机关移送线索，或由其将会员单位报送的大额交易和可疑交易转报反洗钱行政主管部门的反洗钱分析中心。三是从业机构参照传统金融机构和支付机构做法，做好数据报送相关准备工作，积极参与行业协会组织的大额交易和可疑交易报送工作。

（二）后果状态

1．既遂类风险事项

既遂类风险事项的不利影响大，一是其发生表明洗钱风险管理失效，不法分子已成功实施了洗钱行为，具有极大的社会危害性；二是其发生还会给互联网金融企业带来实在的不利影响；三是其发生直接影响着整个互联网金融行业的健康发展。

对于既遂类风险事项，我们建议：一是如前所述，行业协会加强与反洗钱行政主管部门沟通，尽快将所有互联网金融企业纳入反洗钱管理范畴，避免不法分子趁机而入；二是从业机构自觉实施身份识别、资料保存、可疑分析和数据报送等工作，积极防范洗钱行为；三是对于已实施且被司法部门或反洗钱行政主管部门发现的洗钱行为，从业机构反查自身洗钱风险管理漏洞，及时予以弥补，行业协会据此向会员单位通报，会员单位对照核查。

2．未遂类风险事项

未遂类风险事项的不利影响小，一是其发生表明互联网金融企业风险管理有效，不法分子未能实施洗钱行为；二是其发生给互联网金融企业带来的不利影响小，但给其带来的正面影响较大；三是其发生对整个互联网金融行业健康发展具有积极促进作用。

对于未遂类风险事项，我们建议：一是行业协会组织会员单位定期不定期交流经验，提升行业防范水平；二是行业协会对成功识别洗钱行为的会员单位给予正向激励，提升整个行业洗钱风险管理的积极性；三是从业机构相互借鉴，加强洗钱风险管理。

（三）心理状态

1．故意型风险事项

故意型风险事项的不利影响大，一是主观恶性较大，治理层、管理层故意型风险事项，其金额通常也很大；二是隐蔽性强，故意型风险事项具有较强的隐蔽性，从业机构自身往往很难发现，尤其是治理层故意型风险事项；三是对整个互联网金融行业健康发展的破坏性极强。

对于故意型风险事项，我们建议：一是如前所述，监管机构尽快将所有互联网金融企业纳入反洗钱管理范畴；二是监管机构明确治理层、管理层和执行层在从业过程中的反洗钱义务和责任，并设置相应禁入机制；三是行业协会或监管机构设立黑名单机制，将对故意型风险事项承担直接责任的人员纳入黑名单管理。

2．非故意型风险事项

非故意型风险事项的不利影响较大。与故意型风险事项相反，一是主观恶性小；二是隐蔽性弱；三是对互联网金融行业的破坏性较小。

对于非故意型风险事项，我们建议：一是互联网金融企业加强制度建设、流程设计和审计监督，增强洗钱风险管理的一贯性；二是互联网金融企业配备足够专业胜任能力的人员，加强管理控制，防止非故意型风险事项的发生。

（四）管理手段

1．技术类风险事项

技术类风险事项的不利影响大。由于技术系统的一贯性，其发生通常影响面较广。对于技术类风险事项，主要依靠互联网金融企业加强技术管理，具体细节可参照操作风险关于信息科技系统部分，不再赘述。

2．非技术类风险事项

非技术类风险事项的不利影响较大。主要在于非技术类风险事项由人工相关，与技术类风险事项相比，影响面相对较小。对于非技术类风险事项，主要依靠互联网金融企业加强内部管理，具体细节与操作风险相似，不再赘述。

四、分业特点

（一）网络借贷机构

网络借贷机构以中介资金为主业，其洗钱风险呈现出发生可能性大、身份识别欠规范、管理意识有待加强、专业人才匮乏等特点。当然，若网络借贷机构严格实施了同卡进出机制，即资金只能回退到充值银行卡，则洗钱风险发生的可能性会大大降低。

1. 发生可能性大

当前，大多数网络借贷机构对投资人尚未开展有效客户身份识别，未进行可疑交易分析，更未进行大额交易和可疑交易报送。这在客观上为不法分子借道网络借贷机构实施洗钱行为提供了便利。与传统银行等金融机构相比，客观上其发生的可能性较大。

2. 身份识别欠规范

当前，大多数网络借贷机构均在一定程度上实施了实名认证，开展客户身份识别，但其实名认证通常仅核对身份证件号码、银行卡号、姓名和手机号的一致性，尚未要求留存客户身份证件的影印件或复印件，也未对客户（投资人）的相关背景（如职业）进行进一步核实，大多也未进行洗钱相关黑名单查询。总体而言，身份识别欠规范。

3. 管理意识有待加强

大多数网络借贷机构尚无洗钱风险管理的意识，一是反洗钱行政主管部门尚未将其纳入反洗钱范畴，二是绝大多数网络借贷机构的治理层均未认识到洗钱行为给其平台业务发展带来的危害，三是洗钱风险管理短缺内会增加其成本开支，四是网络借贷行业发展时间相对较短。

4. 专业人才匮乏

对大多数网络借贷机构而言，如前所述身份识别影响用户体验；业务交流量和交易笔数较小，可疑交易分析难度较大；全部业务依托互联网开展，客户身份资料收集比较困难。诸多困难条件对洗钱风险管理专业人才提出了较为严峻的挑战，导致专业人才相对匮乏，在关注成本支出的情况下，尤其如此。

（二）股权众筹机构

与网络借贷机构相似，股权众筹机构的洗钱风险也具有身份识别欠规范、管理意识有待加强、专业人员匮乏等特点，相较而言，股权众筹机构的洗钱风险发生可能性较低，原因在于股权众筹机构产品期限较长，往往难以满足不法分子资金快进快出的需要，在平台实施同卡进出的情况下，不法分子更难实施洗钱行为。

（三）互联网支付机构

互联网支付机构的洗钱风险具有身份识别有待加强、管理意识逐渐强化、专业人才相对齐备等特点。

1．身份识别有待加强

如前所述，尽管互联网支付机构采取了一定措施实施客户身份识别，但在考虑用户体验的情况下，很难做到尽善尽美。在现有技术条件下，身份识别很难做到银行等传统金融机构的地步。这对于互联网支付机构而言，也确实是两难选择。前面提及的行业协会统一身份识别平台或许是一种解决此一问题的不错的尝试。

2．管理意识逐渐强化

截至目前，中国人民银行颁发支付牌照已达 5 年，《支付机构反洗钱法》也实施了 5 年。5 年来，随着监管机构的监管强化，互联网支付机构洗钱风险管理意识逐渐增强，尤其是监管机构对个别互联网支付机构违反规定实施了行政处罚，对支付机构的反洗钱意识提升具有较大的促进意义。

3．专业人才相对齐备

监管机构和行业协会共同努力，对整个支付行业的反洗钱人员进行了多轮培训，甚至还设置了**反洗钱合规官**。同时，随着互联网支付机构洗钱风险管理意识的增强，逐渐配备了专门管理人员，形成了由高级管理人员、中层业务骨干和基层实施人员组成的洗钱风险管理团队。

（四）其他机构

互联网小额贷款机构而言，其洗钱风险与网络借贷机构类似，呈现出发生可能性大、身份识别欠规范、管理意识有待加强、专业人才匮乏等特点。互联网消费金融机构、互联网保险公司、互联网保险中介机构而言，其洗钱风险呈现出身份识别欠规范等特点。第三方网络平台与保险机构合作开展互联网保险，洗钱风险由后者管理，其通常不涉及。互联网征信机构通常不涉及洗钱风险。

第二节　战略风险

一、定义

关于战略风险的定义，争议较大。银监会和巴塞尔委员会尚未就战略风险给出明确定义。国务院国资委也未明确定义战略风险，但在《中央企业全面风险管理指引》中提及：“在战略风险方面，企业应广泛收集国内外企业战略风险失控导致企业蒙受损失的案例，并至少收集与本企业相关的以下重要信息：（一）国内外宏观经济政策以及经济运行情况、本行业状况、国家产业政策；（二）科技进步、技术创新的有关内容；（三）市场对本企业产品或服务的需求；（四）与企业战略合作伙伴的关系，未来寻求战略合作伙伴的可能性；（五）本企业主要客户、供应商及竞争对手的有关情况；（六）与主要竞争对手相比，本企业实力与差距；（七）本企业发展战略与规划、投融资计划、年度经营目标、经营战略，以及编制这些战略、规划、计划、目标有关的依据；（八）本企业对外投融资流程中曾发生或易发生错误的业务流程和环节。”从国务院国资委对战略风险管理的前述要求，我们可知：一是国资委论及的战略风险涵盖了总体战略、竞争战略和职能战略等战略的三个层次，第一项、第二项和第三项更多涉及的是总体战略，第四项、第五项和第六项更多涉及的是竞争战略即业务单位战略，第三项、第六项和第七项也会涉及职能战略（如市场营销战略、生产经营战略、人力资源战略等）。二是国资委论及的战略风险管理涉及了操作风险管理相关事项，主要体现在第七项和第八项。三是国资委论及的战略风险管理突出了企业对外投融资过程中的风险问题，主要体现在第七项和第八项关于投融资的信息收集问题。总之，尽管国务院国资委对战略风险管理着墨不多，但内容比较丰富。为较为准确地论述互联网金融企业的战略风险，我们试图给出如下定义：

定义 7-3　战略风险指互联网金融企业在战略分析、战略选择和战略实施等战略管理和战略变革中的失当，给其实现经营目标带来的不利影响。

关于战略风险，几点说明如下：

一是众所周知，战略包括总体战略（发展战略、稳定战略和收缩战略）、竞争战略（成本领先、差异化、集中化）和职能战略（如市场营销战略、人力资源战略、财务战略）三个层次多种战略，战略风险所述战略也自然包括前述三个层次的战略。二是战略风险蕴含在战略分析、战略选择和战略实施三个环节的诸多步骤之中，每个步骤的失当均有可能诱发战略风险，故我们突出了战略管理的三个环节。同时战略变革不当，也会诱发战略风险，故我们重点考虑了战略变革不当。三是对于互联网金融企业而言，总体上企业规模较小，其总体战略和竞争战略通常由公司治理层和管理层进行管理和变革，而职能战略则既可能由管理层进行管理和变革，也可能由中层干部进行管理和变更。因此，互联网金融企业的战略风险管理通常涉及公司治理层、管理层和中层干部，不涉及其他普通员工，但其他普通员工的行为往往会诱发战略风险。

总体而言，战略风险具有如下特点：

（一）普遍性

战略风险的普遍性即所有互联网金融企业均面临战略风险，不管其是否有意识实施了战略管理和战略变更，甚至不管其是否认识到了总体战略、竞争战略和职能战略。原因在于任何企业开展经营活动，就必然实施战略管理活动，部分企业会进行战略变革。只要企业实施战略管理，便会面临战略风险。就互联网小额贷款机构而言，必然面临维持、扩大还是缩小其互联网小额信贷市场份额问题，对这一问题的处理便涉及战略管理，进而便面临战略风险。就互联网消费金融机构而言，必然面临以低成本作为其竞争优势还是实现信贷产品差异化作为其竞争优势问题，同理，这一问题的解决可避免面临战略风险。

（二）广泛性

战略风险的广泛性即互联网金融企业的战略风险事项一旦发生，其影响比较广泛，这一特性也是战略风险有别于其他风险的重要特性。首先，总体战略风险事项发生时，往往给互联网金融企业带来全面的不利影响，例如在国家强力整治互联网金融的大背景下，部分网络借贷机构在总体战略上选择了收缩型战略，在收缩型战略实施过程中，若出现风险，则将影响该网络借贷机构的整体业务。其次，竞争战略风险事项发生时，也往往会给互联网金融企业带来较为全面的不利影响。例如某网络借贷机构在业务拓展过程中，选择了客户差异化战略，将其产品仅定位为教师群体，在战略实施过程中，由于其定位的教师对理财缺乏足够认识，导致战略失败，最终该网络借贷平台被迫关闭，可见竞争战略的不利影响不可谓不全面。最后，职能战略风险事项的发生，至少会对互联网金融企业的某个方面产生不利影响。例如某互联网金融企业的市场营销战略为只做线上营销，不做线下推广。随着互联网金融竞争日趋白热化，网络推广成本飙升，该互联网金融企业难以承受高成本营销费用，最终导致市场营销失败。这一战略风险，至少影响该互联网金融企业的市场推广方面。

（三）高或然性

战略风险的高或然性，即与其他风险不同，战略风险的风险事项发生，未必一定带来不利影响，当然如前所述，一旦带来不利影响往往具有广泛性。如前所述，互联网金融企业在进行战略分析、战略选择或战略实施过程中，可能出现偏差，导致战略风险事项的发生，但由于互联网金融乃高度发展的行业，战略管理中的偏差可能会被后续宏观状况或行业状况的发展所纠正，以致不发生不利影响。例如某网络借贷机构基于“跟风”考虑，在未实施详尽战略分析的情况下，在部分同类平台均热衷于融资性担保公司担保模式情况下，转型为车辆抵质押融资模式。随着宏观经济下行，中小企业经营困难，融资性担保公司纷纷出现问题，而车辆抵质押融资模式，以其抵质押品的高流动性却可对冲宏观经济的影响。从战略风险角度看，该网络借贷机构未实施详尽战略分析，便已发生战略风险事项，但最终结果恰好使其规避了不利影响。与其他风险战略风险（尤其是合规风险）相比，其高或然性可见一斑。

定义 7-4　战略风险 SR 可描述为一个 7 元组的动态系统，即 $SR=(SE, SV_t, ST_t, SP_t, SS_t, SF_t, SG_t)$。

相关符号的含义可参看前面章节，不再重复。

二、风险事项

按管理过程，战略风险的风险事项可区分为分析类、选择类、实施类和变革类风险事项。按影响因素，风险事项可划分为外部风险事项和内部风险事项。按影响范围，风险事项可区分为宏观风险事项和微观风险事项：宏观风险事项指宏观环境及其变化给互联网金融企业实现其战略带来的不利影响，微观风险事项指互联网金融企业个性因素给其实现战略带来的不利影响，两者最大的区别在于宏观风险事项影响范围广，而微观风险事项影响范围相对较小。按人员层次，风险事项可区分为决策层风险事项和执行层风险事项：决策层风险事项指因互联网金融企业决策层原因导致其战略失败的情形，执行层风险事项指因互联网金融企业执行层原因导致其战略失败的情形，两者的区别在于决策层风险事项影响往往更为深远，执行层风险事项的影响往往更为直接。

（一）管理过程

1. 分析类风险事项

分析类风险事项即互联网金融企业在实施战略分析方面不当给其带来不

利影响的事项。按战略管理科学，企业在战略管理过程中，需进行宏观环境、行业环境、竞争环境、市场需求环境等外部环境分析，还需对自有资源、自有能力及自有核心竞争力等内部环境进行分析。分析类风险事项可进一步区分为战略分析未实施、战略分析不全面、战略分析错误等情形。

（1）战略分析未实施

战略分析未实施即互联网金融企业未就前述外部环境和内部环境进行分析，其涉入互联网金融行业基本上根据治理层对互联网金融行业的直觉判断而为或者仅为获取相关牌照以便后续转卖；其退出互联网金融行业也多基于媒体对该行业的负面报道。通常情况下，国资企业由于其公司治理相对严格，主管部门或者治理层通常要求在涉入互联网金融行业时需要做可行性研究，甚至有专司战略研究的部门进行分析，因此战略分析未实施的情形在国资企业通常比较少见。但对部分小型民营企业，基于决策灵活性和人力精力方面考虑，则可能出现战略分析未实施的情形。但总体而言，完全不实施战略分析的情形较少。

（2）战略分析不全面

战略分析不全面即互联网金融企业未就外部环境和内部环境进行全面分析，以致影响后续战略选择，甚至战略实施，最终给其带来不利影响的情形。总体而言，战略分析不全面情形比较普遍。按常规分析要素，可将战略分析不全面进一步区分为宏观环境分析不足、行业环境分析不足、竞争环境分析不足、市场需求分析不足、自有资源分析不足、自有能力分析不足及自有核心竞争力分析不足。

①宏观环境分析不足。

宏观环境分析不足即互联网金融企业在进行战略分析时未进行 PEST 分析，即未对互联网金融相关的政治和法律因素、经济因素、社会和文化因素、技术因素等进行全面分析，最终导致战略失败。就互联网小额贷款机构和互联网消费金融机构而言，监管机构对准入门槛（尤其是注册资本金和股东方实力）相对较高，专业人才相对充裕，两类类型的大多从业机构通常有能力和动力进行比较全面的宏观环境分析，当然也不排除个别获取牌照转卖赢利的机构弃宏观环境分析于不顾的情形。就互联网支付机构而言，从近年个别互联网支付机构高价转卖支付牌照情况看，很难排除其当初未就宏观环境进行分析的可能。就网络借贷机构和股权众筹机构而言，存续时间较长、持续经营能力较大的机构，我们判断，其通常对宏观环境进行了较为全面的分析。而对于近一两年才涉入网络借贷或股权众筹的机构，则相当部分乃“跟风”而为，在政治和法律因素方面，往往盲目基于国家的鼓励政策，并未详细分析相关司法解释；在经济因素方面，并未深入研究我国的经济增长方式的转变，在社会和文化因素方面，并未深入研究人们对互联网理财的认可度；在技术方面，并未深入研究隐形技术门槛。由于缺乏对前述宏观环境的深入研究，随着宏观环境的恶化，两类机构尤其是网络借贷机构战略失败日趋突出。就互联网保险机构而言，保险公司和保险专业中介机构开展保险业务时间通常较长，对行业的宏观环境相对熟悉，对宏观环境的分析也通常比较容易进行。但对第三方网络平台，则可能存在宏观环境分析不足问题。就互联网征信机构而言，情况与互联网支付机构类似，不再赘述。

②行业环境分析不足。

行业环境分析不足即互联网金融企业在进行战略分析时未进行五力分析，即未对互联网金融同业态的潜在进入者、替代品、客户、供应商和竞争对手等进行全面分析，最终导致战略失败的情形。就互联网小额贷款机构和互联网消费金融机构而言，在强准入条件下，两类机构通常有能力和动力进行五力分析。对于网络借贷机构和股权众筹机构而言，近两年涌现出的部分机构，其业务平台上线不到半年便关闭，甚至一直处于非正常运营状态。这些情况均表明，部分两类机构很可能未就网络借贷行业和股权众筹行业的潜在进入者、替代投资品、投资人、融资人和同业竞争者进行比较全面的分析。就互联网支付机构而言，从业机构部分仍处于亏损状态，尤其从个别预付卡机构失败的情形看，其当初明显缺乏对替代品（银行卡及其手续费）和竞争对手（银行及银行卡收单机构）的分析。互联网保险机构和互联网征信机构的行业环境分析与宏观环境分析类似，不再赘述。

③竞争环境分析不足。

竞争环境分析不足即互联网金融企业在进行战略分析时，未对竞争对手的战略目标、现行战略、能力等进行全面分析，最终导致战略失败的情形。总体而言，竞争对手分析难度较大，当然在互联网背景下，对其进行适当分析也是可行的。就互联网小额贷款机构和互联网消费金融机构而言，由于从业机构较少、行业集中度较高、业务透明性较强、人员流动性大，竞争对手分析相对容易。就网络借贷机构和股权众筹机构而言，由于从业机构数量众多、行业数据披露缺乏规范、业务形态多样化，两类机构甚至都难以确定其准确的竞争对手，更谈不上竞争对手分析。互联网保险机构与网络借贷机构类似。互联网征信机构则与互联网小额贷款机构相似，竞争对手分析相对容易。

④市场需求分析不足。

市场需求分析不足即互联网金融企业在进行战略分析时，未对目标投资人和融资人的投融资偏好（如收益率、期限和风险）、潜在需求等进行全面分析，最终导致战略失败的情形。就互联网小额贷款机构和互联网消费金融机构而言，市场需求分析的对象主要是融资人，基于相同理由，两类机构通常具有能力和实力对其融资人的偏好进行全面分析，但对于潜在需求的规模则往往很难做到相对准确的分析。就网络借贷机构和股权众筹机构而言，比较全面地分析投融资人的偏好，比较合理地估计投资人的潜在规模（人数和金额）难度极大，即使是对其母公司集团内部也往往很难做出客观合理的估计。因此，两类机构的市场需求分析不足风险事项具有较大的普遍性。对于互联网支付机构而言，从个别互联网支付机构获取牌照至今，并未实质开展业务来看，其当初对市场需求的分析很难言之充足。就互联网保险机构而言，对于保险公司和保险专业中介机构，其开互联网保险业务为增量业务，仅为扩大获客渠道，市场需求分析相对次要；而对于第三方网络平台而言，若其网络平台本身具有账户体系，则市场需求分析相对容易，否则也很难进行全面的市场需求分析。就互联网征信机构而言，对于线下业务往往相对容易分析，对于线上业务则由于其合作伙伴及其数量的不确定性较强（例如面向网络借贷机构的市场需求）往往很难做比较全面的市场需求分析。

⑤自有资源分析不足。

自有资源分析不足即互联网金融企业在进行战略分析时，未对自身已有或可获得的有形资源、无形资源和人力资源等进行全面分析，最终导致战略失败的情形。互联网金融企业以资金和信息为主要产品，有效资源和大部分无形资源（商标、专利）对其业务开展影响不大，当然品牌这一无形资源的影响不容小觑。我们认为，自有资源方面，人力资源和品牌对互联网金融企业的战略成败影响巨大。就互联网小额贷款机构和互联网消费金融机构而言，尽管其资金雄厚，但若对品牌、风险管理和市场拓展等方面的人力资源分析不足，也容易导致其战略失败。就互联网支付机构而言，风险管理、产品开发和市场拓展方面的人力资源分析不足，也容易导致其战略失败。网络借贷机构和股权众筹机构，在行业缺乏监管、失败率高发的情况下，品牌资源对两类机构尤为重要，市场拓展（投资端和资产端）和风险管理方面的人力资源也极为重要，对前述资源不足，往往容易导致战略失败。就互联网保险机构而言，保险公司和保险专业中介机构，品牌相对次要，市场拓展方面的人力资源尤为重要；就第三方网络平台而言，品牌资源、市场拓展方面的人力资源同等重要。互联网保险机构对这些资源分析不足，往往容易导致战略失败。就互联网征信机构而言，品牌、产品开发（例如风控模型研发）和市场拓展方面的人力资源分析不足，容易导致其战略失败。

⑥自有能力分析不足。

自有能力分析不足即互联网金融企业在进行战略分析时，未对自身的研发能力（包括产品研发能力和技术研发能力）、生产管理能力、营销能力、财务能力和组织管理能力等进行全面分析，最终导致战略失败的情形。就互联网金融企业而言，产品研发能力包括产品交易结构、交易流程等相关的研发能力，更包括产品体验方面的研发能力，相较而言，产品体验方面的研发能力更为重要。技术研发能力更多表现在支持市场开拓方面的研发能力和产品体验相关的技术研发能力方面。生产管理能力则更偏重于风险管理、技术管理（项目管理和运维管理）和清分结算管理方面。营销能力表现为线下推广能力和线上推广能力，包括营销活动策划能力和营销活动实施能力。当前，互联网金融企业大多以互联网思维为指导开展业务，因此其财务能力主要表现为股权资金融资能力。组织管理能力则更多偏向于企业的组织架构设计和组织机构运营管理能力。就互联网小额贷款机构和互联网消费金融机构而言，资金实力相对雄厚，自有能力主要在于生产管理能力和营销能力方面，这两方面能力分析不足，可能导致资产质量低下，获得渠道受限，进而出现战略失败。就互联网支付机构而言，研发能力、生产管理能力、营销能力分析不足，往往导致其后续支付产品缺乏竞争力、合作项目难以落地、市场份额难以扩大。另外，前三项能力分析不足，导致其连续亏损接近监管机构规定的政策红线，股权资金融入压力加大，财务能力不足，也会导致其战略失败。就网络借贷机构和股权众筹机构而言，由于启动成本低，研发能力、生产管理能力、营销能力、财务能力和组织管理能力等未予以全面分析情况下盲目上线者，不在少数。从战略角度看，这也或许是诸多平台频繁跑路的原因之一。就互联网保险机构而言，保险公司和保险专业中介机构由于通常具有多年线下运营经验，能力分析与互联网小额贷款机构相似，对营销能力和生产管理能力分析不足，往往导致战略失败。对于第三方网络平台，则与网络借贷机构类似，对五种能力分析不足，业务平台匆忙上线，最终可能出现战略失败。就互联网征信机构而言，其核心在于研发能力（包括数据获取及数据加工能力）和营销能力，对两者缺乏充分分析研究，战略失败往往难以避免。

⑦自有核心竞争力分析不足。

自有核心竞争力分析不足即互联网金融企业在进行战略分析时，未对自身的核心竞争力来源及形成等进行全面分析，最终导致战略失败的情形。在行业发展迅猛、各路资本不断涌入的情况下，资金规模往往很难形成互联网金融企业的核心竞争力。本轮互联网金融热潮中，国资、银行、上市公司等纷纷涉入，似乎各自均有其信誉、信用等作为不可替代的优势资源，足以获取难以复制的核心竞争力。随着经济下行压力加大，各类机构原有的优势均逐渐消失，其核心竞争力最终难以形成。当前，互联网金融各业态产品同质化严重、竞争趋于白热化、客户逃逸成本低、客户逃逸速动快，很难相信各从业机构对自身核心竞争力的来源和形成进行了全面深入的分析。

那么，互联网金融企业的核心竞争力究竟应该在何处获取呢？我们认为，互联网金融企业的核心竞争力应在产融结合的方向去探索。在产融结合背景下，互联网小额贷款机构和互联网消费金融机构能增强透明度、减轻信息不对称性，在更容易把控风险的情况下，做大业务规模，获取市场份额。在 C 端用户被行业巨头瓜分殆尽的情况下，互联网支付机构则可背靠产业集团，获取产业集团及其上下游企业的优质 B 端用户。网络借贷机构和股权众筹机构则可依托产业集团，拓展风险可控的优质融资端资源，同时借助产业集团可拓展优质批量的投资用户。互联网保险机构和互联网征信机构也可借助产业集团，批量获取优质客户。

（3）战略分析错误

战略分析错误即互联网金融企业在实施战略分析时，由于人员、资料和方法等方面原因，导致战略分析错误，进而可能导致战略失败的情形。总体而言，战略分析为一个战略分析人员借助于相关数据资料采用一定分析方法进行研究分析，得出分析结果的过程。在此过程中，人员胜任能力不足、适格人员缺乏、数据资料不齐备、数据资料存在错误、方法选择不当、方法本身存在缺陷等均可能导致分析错误，进而导致战略分析结果出现偏差。就互联网小额贷款机构和互联网消费金融机构而言，适格人员、胜任能力等相对充足，分析错误更多在于数据资料和分析方法。就互联网支付机构而言，适格人员和胜任能力的可获得性较强，参考数据资料相对容易获得，使用的方法相对充足，总体而言，因客观原因发生战略分析错误的可能性较小。就网络借贷机构和股权众筹机构而言，适格人员和胜任能力相对缺乏、数据资料相对不足，往往容易导致战略分析出现偏差。就互联网保险机构而言，保险公司和保险专业中介机构的情形与互联网支付机构相似，第三方网络平台与网络借贷机构相似。就互联网征信机构而言，其情形与互联网支付机构相似。

2. 选择类风险事项

选择类风险事项即互联网金融企业在实施战略选择方面不当给其带来不利影响的事项。具体报包括总体战略选择不当、竞争战略选择不当和职能战略选择不当。不当又可区分为战略方向选择不当和启动时机选择不当。

（1）总体战略选择不当

众所周知，总体战略分为一体化、密集型和多元化等发展性战略，一体化又分为前向一体化和后向一体化；密集型战略又分为市场渗透、市场开发和产品开发；多元化战略又分为相关多元化和非相关多元化。总体战略的战略方向选择不当即互联网金融企业对前述战略方向的选择不符合自身实际需要，给其带来不利影响的情形。总体战略的启动时机选择不当，即尽管战略方向选择正确，但启动时机过早或过晚，给其带来不利影响的情形。就互联网小额贷款机构和互联网消费金融机构而言，若其无实业经验或实业经验不足，选择多元化战略，通过并购消费电子生产商做大其信贷规模，则可能出现战略方向选择不当。就网络借贷机构而言，某以车辆抵质押借款为主的网络借贷平台，未及时并购车贷合作渠道或新设线下车贷渠道，使其处于利润分配末端且借款需求缺乏稳定来源，便是战略选择时机不当。股权众筹机构、互联网支付机构、互联网保险机构和互联网征信机构，均可能存在总体战略选择不当问题。

（2）竞争战略选择不当

竞争战略方式有成本领先、差异化、集中成本领先和集中差异化之分，互联网金融企业的竞争战略选择不当，包括战略方式选择不当和竞争战略时机选择不当等情况。随着竞争进入白热化阶段，互联网金融行业在互联网端的获客成本呈爆发式增长趋势，除个别互联网金融企业依托自身前期积累的客户流量可获得低成本优势外，大多数互联网金融企业较难实施成本领先战略。就互联网支付机构而言，大多数中小型支付机构对入金渠道的议价能力比较弱，也较难从入金成本方面获得低成本优势。随着中国支付清算协会网联平台建设和上线，各互联网支付企业入金成本趋于一致，能否借此获得低成本优势有待观察。因此，各互联网金融企业在竞争战略方式选择方面，主要以差异化或者集中差异化为主。在选择差异化战略的过程中，可能因为差异化因素选择不当，导致战略失败。例如某互联网金融企业针对大学生这一细分市场实施集中差异化战略，面向大学生提供电子产品消费分期服务，因低估了大学生过度消费及其诱发的不良社会影响，在相关部门叫停校园贷情况下，其竞争战略难逃失败之命。此外，也可能因启动时机选择不当导致战略失败。

（3）职能战略选择不当

职能战略包括市场营销战略、研究开发战略、财务战略和人力资源战略等。职能战略选择不当也包括每项职能战略对应的战略方式选择不当和战略启动时机不当两种情况，与总体战略和竞争战略相似，不再赘述。

3. 实施类风险事项

实施类风险事项即互联网金融企业在实施战略过程中的不当给其带来不利影响的事项。就互联网金融企业而言，组织架构和企业文化在战略实施过程中的作用尤为重要。在本轮互联网金融的浪潮中，既有传统金融企业+互联网，也有传统互联网企业+金融，当然也有全新设立的互联网金融企业。传统金融企业+互联网模式，其组织架构和企业文化具有更多的金融元素，能更好地把控风险，但因互联网因素缺失，其组织架构往往过重、企业文化难免僵硬、员工活力不足。而传统互联网企业+金融模式，则恰好相反，其组织架构往往过于简化，内控有待提升，企业文化过于灵活，风险意识有待提升。对于新设立的互联网金融企业，即使招募了足够的金融人才和互联网人才，也存在着文化冲突较为激烈的问题。因此，如何设计既能把控风险又能发挥人员积极性的组织架构、构建既充满活力又有风险导向的企业文化，对互联网金融企业实施战略尤为重要。若互联网金融企业在组织架构和企业文化方面设计不足，其战略识失败的风险往往较大。

4. 变更类风险事项

互联网金融行业为一新兴行业，业务模式、产品形态和客户偏好等均处于快速变化中。身处该行业的互联网金融企业，必须做好战略变革的充分准备。行业内部存在 18 个月为一个变革周期的说法，可见战略变革的重要性和普遍性。就互联网金融企业的战略变革而言，变更方式（渐进式变革和革命式变革）、变更内容（技术、产品、人员、组织架构）和变更时机（提前、反应、危机）的选择，对其变革成功与否尤为重要。变革节奏的把握更为重中之重。部分互联网金融企业上线不到 1 年，频繁变动其高级管理人员和市场人员，战略变革节奏难免过快，导致业务模式难以稳定，市场推广思路和理念总是处于变化不定之中，最终很难做大其业务规模。另外，部分互联网金融企业在上线前期对目标客户群体缺乏全面研究和准确定位，上线之后频繁变动其产品的期限和预期收益率，往往导致其客户群体摇摆不定，最终无法形成稳定的客户群体。当然，也存在另外一个极端，部分互联网金融企业上线时间已超过 2 年，并未深入研究其目标客户群定位是否准确，迟迟不做出战略变革。另外，在本轮互联网金融整治过程中，如何把握时机，准确进行战略变革，对大多数互联网金融企业而言，已是生死攸关。

（二）影响因素

如前所述，按影响因素，风险事项可划分为外部风险事项和内部风险事项。

1. 外部风险事项

外部风险事项即影响互联网金融企业战略的外部环境发生变化，给其带来不利影响的事项。外部环境变化对其总体战略、竞争战略和职能战略均可能带来不利影响。例如国家对互联网金融行业由“鼓励”转向“规范”的政策变化，将迫使互联网金融企业对总体战略进行调整，不做调整或调整不当，均可能给其带来不利影响。又例如中国支付清算协会网联平台的设立，必然给互联网支付机构的竞争战略带来影响，之前可以支持的银行数量和较低成本作为核心竞争力，在网联平台上线后，这一竞争力很可能消失，这类互联网支付机构必须调整其竞争战略以便重新获取核心竞争力，若不调整或调整不当，也会给其带来不利影响。再如本轮互联网整治开始后，整个互联网金融行业人员相对充裕，互联网金融企业的人力资源战略须对此进行响应，以避免在人才竞争中落败，最终影响其业务发展。

2．内部风险事项

内部风险事项即互联网金融企业内部原因影响其战略分析、战略选择、战略实施以及战略变革，给其带来不利影响的事项。与外部风险事项不同，内部风险事项范围较广，通常涵盖了战略管理和战略变革的全过程。具体情形比较复杂，有待各互联网金融企业结合自身实际情况进行详细研究，我们不再赘述。

三、影响及建议

（一）管理过程

1．分析类风险事项

分析类风险事项的不利影响大。一是战略分析是战略选择的起点，在战略管理中具有基础性作用。二是互联网金融企业对战略分析重视程度往往不够，导致战略失败的情形较多。三是互联网金融行业“跟风”现象比较普遍，战略分析明显不足。

对于分析类风险事项，我们建议：一是行业协会加强对互联网金融企业治理层人员关于战略管理相关的培训，提升其对战略分析的重视程度。二是行业协会加强行业分析，针对会员单位发布行业研究报告，以供会员单位战略分析所用。三是互联网金融企业设置专门岗位配置专门人员，定期进行战略分析，为治理层和管理层决策提供参考。

2．选择类风险事项

选择类风险事项不利影响大。一是选择的战略方向对互联网金融企业影响范围广，试错成本大。二是部分互联网金融企业战略选择具有较大的盲目性，并未有意识实施战略选择。三是部分互联网金融企业战略选择随意性较大，决策科学性有待提高。

对于选择类风险事项，往往涉及互联网金融企业的商业秘密，我们认为主要依靠互联网金融企业自身予以解决，行业协会可聘请战略管理专家，就战略选择相关问题对互联网金融企业的治理层和管理层人员进行培训。

3. 实施类风险事项

实施类风险事项的不利影响大。一是战略实施为战略管理的最后环节，也是最重要环节。二是实施类风险事项的发生通常直接导致损失，甚至战略失败。三是战略实施涉及面广，需要调动的资源最多，不利影响传播面广。

对于实施类风险事项，由于直接与互联网金融企业的日常运营管理密切相关，我们认为还是主要依靠互联网金融企业自身应对，行业协会可定期不定期发布相关战略实施成功和失败的案例，供会员单位参考。

4. 变革类风险事项

变革类风险事项的不利影响较大。一是战略变革在互联网金融行业具有普遍性，其影响的从业机构广泛。二是战略变革时机不当导致互联网金融企业失败的案例较多。三是战略变革对整个互联网金融行业的健康稳定发展具有较大的不利影响。

对于战略变革风险事项，我们认为，须区别重点机构（业务规模大、涉及公众多）和非重点机构予以应对：对非重点机构，与实施类风险事项相似，主要依靠互联网金融企业应对，对于涉及公众利益的战略变革，应当经行业协会批准，在行业协会的指导下实施变革，避免变革失败。对于重点机构，其涉及公众利益的战略变革应当经监管机构批准后，方可进行。

（二）影响因素

1. 外部风险事项

外部风险事项不利影响大，一是外部风险事项通常具有不可控性，互联网金融企业只能被迫应对；二是外部风险事项中的宏观事项通常影响企业范围广，不利影响往往波及整个互联网金融行业；三是外部风险事项的不利影响传播较快，容易诱发其他风险。

对于外部风险事项，我们建议：一是行业协会分业态加强对外部风险事项的研究，并收集相关数据及资料，构建外部风险事项数据库，供会员单位查询参考；二是定期不定期征集会员单位对行业健康发展的建议，积极向监管机构沟通汇报，争取将外部风险事项的不利影响降至最低；三是会员单位配备专人定期收集、分析外部风险事项，尽量避免其给战略带来不利影响。

2. 内部风险事项

内部风险事项不利影响较大，一是内部风险事项的可控性强，互联网金融企业可以通过加强内部控制，降低其发生概率；二是内部风险事项通常为微观风险事项，其通常只影响个别企业；三是内部风险事项发生后，处置不当也可能向外传导，波及其他互联网金融企业。

对于内部风险事项，我们建议：一是从业机构全面梳理战略管理和变革管理相关业务流程，进行系统性的风险识别，尽量避免内部风险事项的发生；二是行业协会组建内部风险事项数据库，采用正向激励机制促使会员单位向其中追加内部风险事项，供会员单位查询；三是从业单位落实内部风险事项识别、评估和监察人员，对内部风险事项进行全过程跟踪。

四、分业特点

（一）网络借贷机构

网络借贷机构的战略风险呈现整体风险较大、变革风险突出和营销战略风险不可小觑等特点。

1. 整体风险较大

本轮互联网金融整治前后，网络借贷机构已出现频频跑路现象，其中既有部分不法分子以网络借贷为名行欺诈之实的原因，也与部分网络借贷机构在总体战略、竞争战略和职能战略等方面管理不当，甚至并未实施战略风险管理存在极大关系。诸多网络借贷机构“跟风”涉入网络借贷行业便是一例。

2．变革风险突出

与其他互联网金融业态相比，网络借贷平台的战略变革尤为普遍。部分网络借贷机构对战略变革中的风险缺乏足够重视和应对机制，甚至战略变革也“跟风”而为，致使整个网络借贷行业变革风险极为突出。当前网络借贷机构向消费金融批量转型，便是一例。

3．营销战略风险不可小觑

随着互联网金融的高速发展，网络推广成本飙升，网络借贷机构调整营销战略势在必行。由于有效获客渠道稀缺，行业风险加剧，网络借贷机构面临营销战略调整难、不调整也难的两难境地。营销战略调整失败已致使部分网络借贷机构退出网络借贷行业。

（二）股权众筹机构

与网络借贷机构相似，股权众筹机构的战略风险也具有整体风险大、变革风险突出等特点。与网络借贷机构不同，路演为股权众筹机构常规推广方式之一，相较而言，其对网络推广的依赖程度较低，其营销战略风险相对较小。

（三）互联网支付机构

互联网支付机构存续时间较长，行业政策正面临调整，其战略风险呈现出总体战略风险值得关注、竞争战略风险正在加剧、职能战略风险须予重视等特点。

1．总体战略风险值得关注

近 5 年来，互联网支付机构在总体战略上，多采用了发展型战略，以支付为基础，既有实施一体化战略者，也有实施多元化战略者。随着发展型战略的实施，互联网支付机构的规模日趋增大，业务模式、产品条线逐渐多样化，在经济下行形势下，与此相关的风险事项发生的可能性正在加大，总体而言，值得关注。

2. 竞争战略风险正在加剧

几年来，互联网支付机构试图实施低成本战略和支持大规模银行数量的差异化竞争战略，随着直连银行模式的关闭、网联平台的建设，诸多互联网支付机构在成本方面可能处于统一起跑线上，互联网支付机构必然实施竞争战略变革，重构其竞争力，在变革过程中竞争战略风险正在加剧。

3. 职能战略风险须予重视

随着网联平台上线，支付产品创新将成为互联网支付机构关注的重点之一，与此相关的研发战略风险管理须予以重视；同时，随着竞争加剧，互联网支付机构的财务状况必然面临压力，尤其是尚未赢利的机构，更是如此，与此相关的财务战略风险管理也不得不引起重视。

（四）其他机构

互联网小额贷款机构和互联网消费金融机构，相对而言，战略风险较小，比较突出的战略风险为营销战略风险。保险公司和保险专业中介机构开展互联网保险业务，其战略风险也主要在于营销战略风险；第三方网络平台与保险机构合作开展互联网保险业务，其战略风险与网络借贷机构类似。互联网征信机构的战略风险与互联网支付机构类似，不再赘述。

第三节　声誉风险

一、定义

关于声誉风险，巴塞尔委员会未予以定义，国务院国资委鉴于其管理的企业并不涉及金融行业，声誉风险极低，因此其既未予以定义，也未将其纳入管理范畴。金融企业通常涉及公众利益，且一旦发生声誉风险，通常会给金融企业带来难以估量的损失。为此，银监会专门发布了《商业银行声誉风险管理指引》，对声誉风险进行了定义，并要求商业银行将声誉风险纳入全面风险管理过程之中。银监会认为："声誉风险是指由商业银行经营、管理及其他行为或外部事件导致利益相关方对商业银行负面评价的风险。"结合互联网金融行业实际情况以及近期互联网金融行业爆发的大量风险事件，我们对声誉风险定义如下：

定义 7-5　声誉风险指互联网金融企业因其自身、客户或合作伙伴等的经营、管理和其他行为，自身、客户或合作伙伴遭受的外部事件等导致利益相关方、潜在利益相关方和利益无关方对互联网金融企业自身实施负面评价，给其实现经营目标带来的不利影响。

关于声誉风险，我们做出如下几点说明：

第一，与银监会定义相比，我们将声誉风险的诱因扩大到了互联网金融企业的客户和合作伙伴，主要在于从业机构在互联网上开展业务，整体透明性较强，客户和合作伙伴的行为、客户和合作伙伴遭受的外部事件均可能向互联网金融企业传导。第二，与银监会定义相比，我们将负面评价的实施主体扩大到了潜在利益相关方和利益无关方，主要考虑到互联网金融行业尚处于发展初期，相关业态的社会认可度尚有待提高，负面评价不仅影响互联网金融企业的现有客户等利益相关方，还影响其潜在客户等利益相关方；不但利益相关方会对互联网金融企业会给予负面评价，在各方高度关注之下，利益无关方也会给予负面评价。第三，我们所称的利益无关方主要包括两种类型，一种为各类新闻媒体和自媒体，另一类种监管机构或行业协会。第四，为简化讨论，如无特别说明，利益相关方和潜在利益相关方并称相关方，利益相关方、潜在利益相关方和利益无关方并称评价方。

结合互联网金融现状，我们认为，声誉风险具有如下特点：

（一）派生性

派生性表现在两个方面，一是声誉风险往往由其他风险派生而来。例如网络借贷机构发生涉他信用风险，大量投资人无法按时收回融资人应付的本金和利息，很可能导致投资人、媒体对该网络借贷机构给予负面评价，由信用风险派生声誉风险。又例如某互联网金融企业发生操作风险事项，信息科技系统受到攻击导致其客户身份信息泄露，也可能导致该企业的客户给予其负面评价，以致由操作风险派生声誉风险。二是声誉风险可能由客户或合作伙伴派生而来。例如某网络借贷机构的资金存管方发生合规风险事件，受到监管机构行政处罚，诱发该网络借贷机构客户对其资金安全的负面评价，由资金存管方合规风险派生网络借贷机构的声誉风险。

（二）难估性

声誉风险的难估性指风险事项发生的可能性难以评估，发生后不利影响的大小也往往难以评估。由于声誉风险具有派生性，其诱因众多且往往相互交错，逐一梳理声誉风险的风险事项已具有相当的挑战性，不管直接还是间接评估各风险事项发生的可能性更具有极大的挑战性。同时，由于声誉风险与利益相关方和潜在利益相关方的负面评价相关，本身具有很大的主观性，这也决定了负面评价的大小难以评估，基于此负面评价给互联网金融企业带来的不利影响往往更难评估。实务中，我们往往只能根据声誉风险事项发生对互联网金融企业经营业绩的观察来间接评估其不利影响，但由于影响经营业绩的因素众多，评估也很难准确。

（三）外溢性

声誉风险的外溢性指互联网金融企业发生声誉风险事件后，可能向其他互联网金融企业传导，严重者还会影响社会公众对相关业态的整体评价。关于向其他互联网金融企业传导，在派生性中我们已论及。如前所述，互联网金融行业尚处于发展初期，社会认可度较低，部分从业机构爆发声誉风险事件，很容易影响社会公众对整个业态的负面评价。当前网络借贷机构频频跑路，爆发声誉风险，对整个网络借贷行业已造成严重负面影响，便是一例。

（四）放大性

声誉风险的放大性指互联网金融企业发生声誉风险事件后，其不利影响往往被人为放大。在互联网自媒体推动下，声誉风险事件传播速度极快，传媒面极广。加之传统权威媒体对互联网金融行业关注度日渐提升，声誉风险事项的传播更广。在自媒体和传统媒体的传播下，声誉风险事件的不利影响往往被人为放大，甚至影响社会公众对互联网金融行业的信心。

定义 7-6　声誉风险 RR 可描述为一个 7 元组的动态系统，即 $RR=(RE, RV_t, RT_t, RP_t, RS_t, RF_t, RG_t)$。

相关符号的含义可参看前面章节，不再重复。

二、风险事项

按事件来源，声誉风险的风险事项可划分为源自自身风险事项、源自客户风险事项、源自合作方风险事项和源自外部风险事项。按评价主体，风险事项可区分为利益相关方风险事项和利益无关方风险事项。按真实状态，风险事项可区分为真实型风险事项和虚假型风险事项。

（一）事件来源

1. 源自自身风险事项

源自自身风险事项即由于互联网金融企业自身经营、管理和其他行为导致利益相关方、潜在利益相关方和利益无关方给予负面评价，进而给其带来不利影响的事项。互联网金融企业各种经营、管理和其他行为均可能诱发负面评价，逐一梳理或分类难度很大，在此，我们按其他风险向声誉风险传导的路径，对源自自身风险事项做一简单梳理。按其他风险向其传导的思路，源自自身的风险事项可进一步细化为信用风险诱发型风险事项、操作风险诱发型风险事项、合规风险诱发型风险事项、流动性风险诱发型风险事项、市场风险诱发型风险事项、洗钱风险诱发型风险事项和战略风险诱发型风险事项。

信用风险诱发型风险事项指互联网金融企业发生严重自有信用风险事件（涉他信用风险归入源自客户风险事项），以致利益相关方给予负面评价，且被其他利益相关方、潜在利益相关方和利益无关方知悉的情形。例如：互联网小额贷款机构和互联网消费金融机构在对外融资过程中，发生信用风险事件且被其他债权人等利益相关方、潜在资金供给方（潜在利益相关方）知悉，或者被媒体等利益无关方披露，则可能导致其他债权人要求提前还款，或增加其后续融资难度和融资成本。互联网支付机构发生严重自有信用风险事件，以致债权人给予负面评价，且被其现有商户和个人客户（利益相关方）知悉，或被媒体等利益无关方披露，将可能导致现有客户怀疑其持续经营能力，进而中断业务合作、抛弃其支付产品，且可能影响其拓展潜在客户。网络借贷机构和股权众筹机构发生严重自有信用风险事件，被现有投资人（利益相关方）或潜在投资人（潜在利益相关方）知悉，或被媒体等利益无关方披露，也会让投资人和潜在投资人对其持续经营能力产生怀疑，轻则导致投资人流失或拓展新投资人受挫，重则产生挤兑。保险公司产生信用风险事件可能性极小，不管是传统保险产品还是万能险等理财类保险产品，保险专业中介机构和第三方网络平台发生信用风险事件对其业务影响通常较小。

操作风险诱发型风险事项指互联网金融企业发生严重操作风险事件，且被评价方知悉，产生负面评价的情形。例如互联网小额贷款机构和互联网消费金融机构，因信息科技系统维护出现操作风险事件，致使部分借款人的身份信息泄露，在被泄露信息的借款人、其他借款人或潜在借款人知悉或被媒体披露，均会对其产生负面评价，被泄露信息的借款人可能要求赔偿，其他借款人可能要求提高信息安全程度，潜在借款人可能会转向其他机构。互联网支付机构因入金渠道出现故障，导致发生备付金临时性或永久性缺口等操作风险事件，被其商户、监管机构知悉，或被媒体披露，对其产生负面评价，继而导致商户出现恐慌，监管机构给予处罚，个人客户转向其他支付机构。网络借贷机构和股权众筹机构发生黑客攻击网站无法正常打开的操作风险事件，则通常会被投资人知悉，在媒体的推动下，往往产生负面评价，轻则怀疑其业务平台的安全性，重则产生业务平台倒闭等恐慌。同理，互联网保险机构也可能发生类似身份信息泄露操作风险事件诱发声誉风险的情形。尤其值得注意的是，与信用风险型风险事项不同，互联网征信机构发生业务数据泄露等操作风险事件，往往因泄露数据涉及的个人或单位的维权行为等导致利益相关方和利益无关方的负面评价，以致产生严重的声誉风险。

合规风险型风险事项即互联网金融企业发生严重合规风险事件，被司法部门或行政部门给予刑事或行政处罚，被媒体披露后，致使评价方给予负面评价的情形。例如互联网支付机构因违反规定受到监管机构的行政处罚，处罚决定被媒体披露后，其合作商户、潜在合作商户和个人均可能给予负面评价，以致可能产生合作商户停止续约、潜在合作商户转向其他机构或个人选择其他支付工具等。网借贷机构和股权众筹机构而言，本轮互联网金融整治中，个别机构受到司法部门的调查和刑事责任追究，在被媒体披露后，其业务开展严重受挫，便是典型的合规风险事件诱发声誉风险的案例。互联网保险机构和互联网征信机构合规风险事项与互联网支付机构类似，不再赘述。

流动性风险诱发型风险事项即互联网金融企业发生严重流动性风险事件，被利益相关方给予负面评价，并被潜在利益相关方或利益无关方知悉的情形。流动性风险诱发型风险事项最为典型的便是互联网支付机构客户备付金出现永久性短缺诱发流动性风险事件，在被现有商户、个人客户、监管机构或媒体知悉的情况下，极易诱发声誉风险。就互联网小额贷款机构和互联网消费金融机构而言，其流动性风险诱发型风险事项与信用风险诱发型风险事项相似。互联网保险机构和互联网征信机构流动性风险诱发型风险事项相对较少。

市场风险诱发型风险事项指互联网金融企业发生严重市场风险事件，被评价方给予负面评价，继而产生不利影响的情形。洗钱风险诱发型风险事项指互联网金融企业发生洗钱风险事件，被司法部门或行政部门给予负面评价，并被其他评价方知悉，继而产生不利影响的情形。战略风险诱发型风险事项指互联网金融企业发生战略风险事件，被评价方给予负面评价，产生不利影响的情形。

2．源自客户风险事项

源自客户风险事项即因互联网金融企业客户的有意或无意行为，致使评价方给予负面评价，并带来不利影响的情形。互联网小额贷款机构和互联网消费金融机构而言，源自客户风险事项主要是贷款客户，例如某贷款客户获得贷款后，在互联网等自媒体上传播其服务态度恶劣或贷款利率奇高等信息，可能导致评价方给予负面评价，以致产生不利影响。就互联网支付机构而言，风险事项既可能来自个人客户端，也可能来自商户端。就网络借贷机构和股权众筹机构而言，风险事项主要来源于融资客户端，尤其是融资客户发生信用风险事件、流动性风险事件时，极易诱发两类机构的声誉风险，典型情况为融资客户发生信用风险事件或流动性风险事件致使其无法按期归还款项或分配利润，通常会诱发评价方对两类机构的负面评价，继而产生不利影响。就互联网保险机构而言，其消费类保险产品的声誉风险事项主要源于投保人，万能险等理财类产品的声誉风险事项主要源于融资人。就互联网征信机构而言，其风险事项主要源于征信数据使用客户。

3．源自合作方风险事项

源自合作方风险事项指因互联网金融企业的合作方发生某种风险事件后，向其传导，继而诱发评价方对其的负面评价，给其带来不利影响的情形。就互联网小额贷款机构和互联网消费金融机构而言，其开展消费分期等类似产品时，其商品提供方发生某种风险事件，可能向其传导，诱发声誉风险。例如商品提供方的商品出现质量问题，可能导致两类机构的客户或潜在客户对两类机构的负面评价，影响其业务开展。互联网支付机构而言，其风险事项主要源于客户备付金银行等合作方，例如客户备付金银行存管系统发生操作风险事件，导致支付中断或支付不畅，则可能导致评价方给予负面评价，给其带来不利影响。就网络借贷机构和股权众筹机构而言，其风险事项主要源于资金存管方等合作方，与互联网支付机构类似，发生支付中断或支付不畅时，可能导致评价方给予负面评价。就互联网保险机构和互联网征信机构而言，源自合作方的风险事项较少。

4．源自外部风险事项

源自外部风险事项指互联网金融企业因自身、客户和合作方外的其他组织或个人的行为，导致评价方给予负面评价，进而给其带来不利影响的情形。互联网金融企业而言，四类典型的行为为司法部门追责、监管机构处罚、恶意攻击和媒体错误报道。随着互联网金融的快速发展，不法分子对从业机构信息科技系统的恶意攻击日趋频繁，如前所述，在诱发从业机构操作风险事件的同时，往往继而诱发声誉风险。另外，随着互联网金融风险事件频繁，各种媒体对从业机构的关注日趋提升，媒体在进行严格监督、促进行业健康发展的同时，也可能出现错误报道导致从业机构的声誉风险。曾经发生某媒体报道个别互联网支付机构受到监管机构重罚，导致被报道机构负面评价突发，客户咨询和客户投诉电话络绎不绝的事故。后经查实，乃该媒体误将 2 年前个别互联网支付机构受处罚事件当做最新发生的事件予以报道。司法部门追责和监管机构处罚已论及，不再赘述。

（二）评价主体

如前所述，按评价主体，风险事项可区分为利益相关方风险事项和利益无关方风险事项。

1．利益相关方风险事项

利益相关方风险事项即互联网金融企业的现有利益相关方和潜在利益相关方对其给予负面评价，导致不利影响的情形。互联网金融企业的客户和合作方为其利益相关方，潜在客户和潜在合作方为其潜在利益相关方。因此，前面提及的源自客户风险事项和源自合作方风险事项，为利益相关方风险项。

2．利益无关方风险事项

利益无关方风险事项即互联网金融企业的利益无关方对其实施负面评价，给其带来不利影响的情形。利益无关方通常包括媒体、司法部门和监管部门。因此，利益无关方风险事项通常为源自外部风险事项。

区分利益相关方风险事项和利益无关方风险事项的意义在于，两者的影响程度和影响范围往往不同，尤其是司法部门和监管部门的负面评价，其影响范围通常极为广泛。

（三）真实状态

如前所述，按真实状态，风险事项可区分为真实型风险事项和虚假型风险事项。

1．真实型风险事项

互联网金融企业自身、客户或合作方真实发生的经营、管理和其他行为，导致评价方给予负面评价，给其带来不利影响的情形。也就是说真实型风险事项的诱因是确确实实发生的。

2．虚假型风险事项

互联网金融企业因自身、客户或合作方并非真实发生的经营、管理和其他行为，导致评价方给予负面评价，给其带来不利影响的情形。前文提及的媒体错误报道便是一例。另外，互联网金融企业被竞争对手编造虚假信息恶意攻击，导致评价方的负面评价，为虚假型风险事项。

区分真实型风险事项和虚假型风险事项的意义在于，两者的应对机制明显不同。

三、应对建议

鉴于声誉风险的难估性，我们不就风险事项的不利影响做定性分析，就在此给出应对建议。

（一）事件来源

1．源自自身风险事项

对于源自自身风险事项，我们建议：一是互联网金融企业实施全面风险管理，全面防范各种风险，以免诱发声誉风险。二是在设计各种风险的防范措施时，进行专门设计，防止该类风险的发生诱发声誉风险。三是互联网金融企业建立应急响应机制，防范个别或局部负面评价演化为全面负面评价。四是行业协会建立风险事件数据库，会员单位发生相关风险事件时，及时向该数据库报送，行业协会在核实的基础上做客观独立的披露，避免以讹传讹。

2．源自客户风险事项

对于源自客户风险事项，我们建议：一是互联网金融企业在与客户的相关协议中，就服务质量、信息传播等进行专门约定，尽量避免其随意传播不良信息。二是行业协会建立客户投诉机制，并要求会员单位在其网站显著位置显示投诉链接，供客户进行独立投诉，并由行业协会给予独立回复。三是对于融资人等客户诱发的声誉风险，主要依靠互联网金融企业构建信用风险管理体系予以应对，行业协会可通过信息披露机制，增加信息透明性。

3．源自合作方风险事项

对于源自合作方风险事项，我们建议：一是互联网金融企业在开展业务合作之前，尽量对合作方实施尽职调查，选择风险管理能力和绩效较强的合作单位。二是互联网金融企业在与合作方的合作协议中约定及时信息披露机制，合作方一旦发生波及己方的风险事件，应立即向己方披露，以便己方应对。三是互联网金融企业建立合作方风险事项应急响应机制，尽量避免合作方风险事件诱发自身声誉风险。四是互联网金融企业与合作方的合作协议中约定强制解约条款，一旦其发生风险事件未及时通报或诱发己方声誉风险事件，己方可单方面解约。

4．源自外部风险事项

对于源自外部风险事件，我们建议：一是互联网金融企业合法合规经营，杜绝被司法部门追责，尽量避免被行政部门处罚。二是互联网金融企业与专业安全公司合作，避免黑客攻击产生不利影响。三是加强与媒体的沟通交流，如实客观地向媒体提供信息。四是行业协会建立会员紧急事件披露机制，以行业协会的权威独立纠正相关错误信息。

（二）评价主体

1．利益相关方风险事项

对于利益相关方风险事项，我们建议：一是鉴于与利益相关方联系较为紧密（尤其是现有利益相关方），可控性相对较强，互联网金融企业尽量与利益相关方达成妥协，避免个别或局部负面评价演化为全局负面评价。二是互联网金融企业建立利益相关方定期沟通交流机制，及时向利益相关方披露信息，降低负面评价。

2．利益无关方风险事项

对于利益无关方风险事项，我们建议：一是对于司法部门和监管机构，互联网金融企业应加强业务汇报工作，增强业务透明性，尽量避免监管误解。二是对于其他利益无关方，借助专业机构予以应对。

（三）真实状态

1．真实型风险事项

对于真实型风险事项，其应对思路与源自自身、源自客户和源自合作方风险事项相似，不再赘述。

2．虚假型风险事项

对于虚假型风险事项，我们建议：一是行业协会建立不良信息调查机制，应会员单位要求或对涉及公众利益的不良信息，由行业协会组织专家进行独立调查，及时向社会公布调查情况，既防范虚假信息又保护公众利益。二是互联网金融企业与相关媒体保持良好关系，一旦发生虚假信息，及时予以澄清。三是对于恶意发布虚假信息诱发声誉风险者，互联网金融企业坚决实施维权行为。

四、分业特点

总体而言，互联网小额贷款机构和互联网消费金融机构的声誉风险较低。在中国人民银行加强行业监管的背景下，互联网支付机构的声誉风险呈上升趋势。在经济下行压力加大、从业人员风险意识薄弱的情况下，网络借贷机构和股权众筹机构的声誉风险剧增，甚至已威胁到网络借贷行业和股权众筹行业的健康发展。对于销售传统保险产品的互联网保险机构，声誉风险较低，对于涉及万能险等理财类产品的互联网保险机构，声誉风险有待观察。就互联网征信机构而言，当前声誉风险尚小，但随着相关行业风险事件逐渐暴露，其对外提供的信用信息相关的产品诱发的声誉风险是否会增加，有待观察。

此外，互联网金融企业在开展业务过程中，还可能面临项目风险等风险，我们不再论述。

下篇

风险管理

上篇中，我们结合互联网金融几种常见业态，讨论了信用风险、操作风险、合规风险、流动性风险、市场风险、洗钱风险、战略风险和声誉风险。在下篇中，我们将从从业机构、行业协会和监管机构等角度，讨论全面风险管理与防控问题。我们认为，从风险角度看，从业机构应当实施全面风险管理，同时行业协会牵头实施全面风险防控，构建全面风险管控体系，促使互联网金融健康发展。全面风险管控体系框架如图 A 所示。全面风险管控体系由从业机构的全面风险管理体系和行业协会牵头的全面风险防控体系组成。

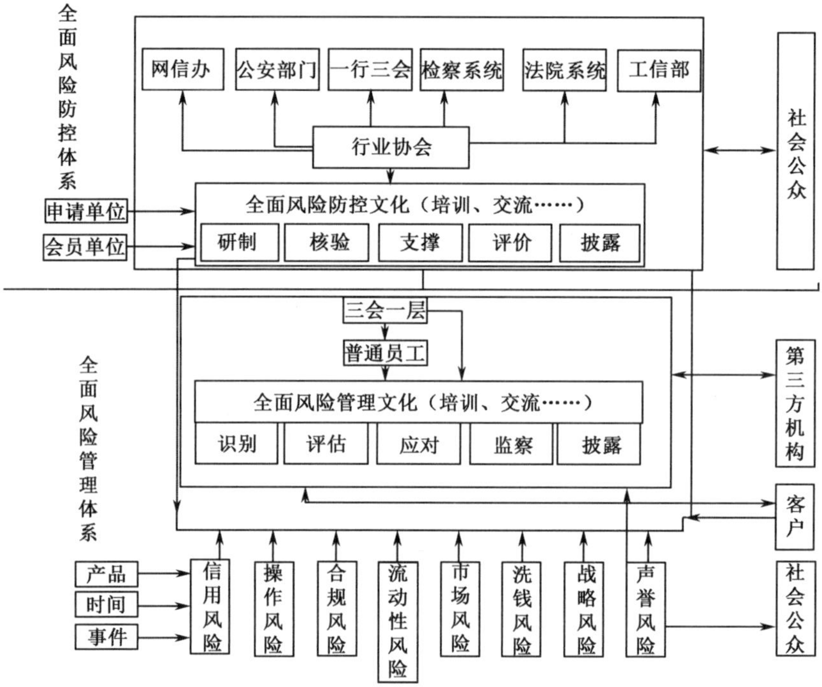

图 A　全面风险管控体系框架

全面风险管理体系由识别体系、评估体系、应对体系、监察体系和披露体系五大体系构成，具体应对信用风险、操作风险、合规风险、流动性风险、市场风险、洗钱风险、战略风险和声誉风险八大风险。全面风险管理体系可由产品、时间和事件三要素之一启动，产品启动的情形通常为从业机构开发设计新产品时，一并启动识别、评估、应对、监察和披露等体系；时间启动的情形为从业机构定期（含首次）建立健全识别、评估、应对、监察和披露等体系；事件启动的情形为发生内外部事件时，从业机构择机启动识别、评估、应对、监察和披露等体系。另外，全面风险管理体系须由从业机构的股东（大）会、董事会、监事会和管理层等人员主导，在普通员工的广泛参与下，在全面风险管理文化的影响下，共同推进，共同实施。并且，全面风险管理体系还需要从业机构的客户、第三方机构（包括合作方）和社会公众的广泛参与。

全面风险防控体系由研制体系、核验体系、支撑体系、评价体系和披露体系五大体系组成，研制体系负责完成风险管理相关标准和规范的研制工作；核验体系则根据相关标准和规范对会员单位和申请单位进行核验；评价体系对会员单位等单位实施全面风险管理、落实相关标准和规范的情况进行评价；披露体系则向社会公众、会员单位披露相关评价结果等信息，向一行三会、公安部门、检察系统、法院系统、工信部和网信办等提交相关评价报告；支撑体系为向会员单位和/或非会员单位提供支撑服务，帮助其实施全面风险管理。值得注意的是，全面风险防控体系会适当“穿透”从业机构的全面风险管理体系，涉入八大风险的防范和监控。

接下来，我们首先讨论全面风险管理体系，然后讨论全面风险防控体系。

第八章 › 全面风险管理体系（一）

如前所述，全面风险管理体系由识别、评估、应对、监察和披露五大体系构成，全面应对信用风险、操作风险等八大风险。结合我们较为丰富的全面风险管理体系建设实践经验，我们将其进一步细化为由五大体系、七大系统和八大风险组成的全面风险管理体系，具体框架如图 8–1 所示。

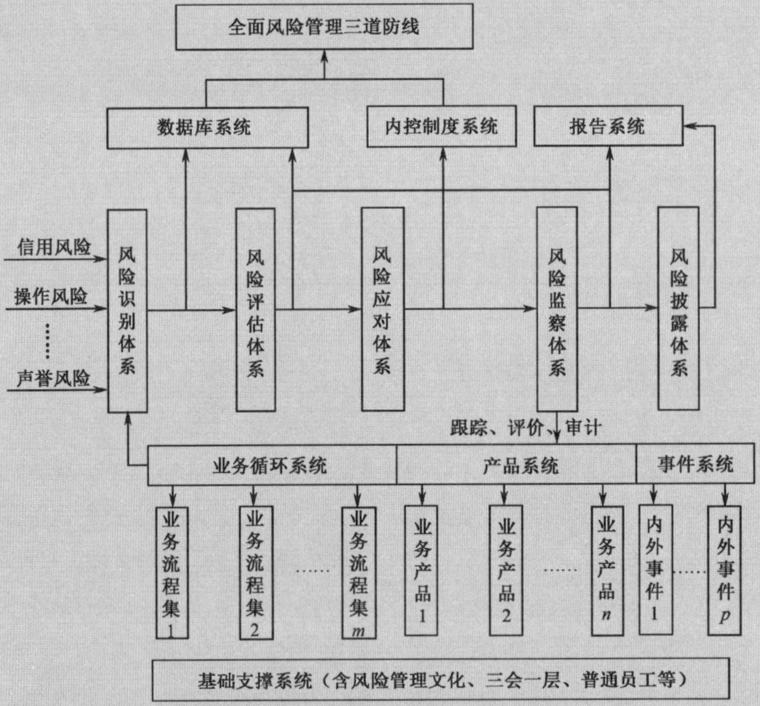

图 8-1　全面风险管理体系框架

第一节 基础支撑系统

一、组织架构

基础支撑系统为业务循环系统等其他系统和风险识别体系等其他体系提供支撑作用，具体包括股东（大）会、董事会、监事会、管理层和普通员工在风险管理中的角色定位和职责分工。股东（大）会、董事会、监事会和管理层的总体职责《公司法》已有规定，不再重复，在此，我们仅就风险管理方面的职责分析如下。

股东（大）会在风险管理方面的职责为：第一，在组建董事会时，重点考虑董事会成员中应当包括具备风险管理相关知识和能力的董事，以便其在公司日常风险管理中有效发挥作用；同时须考虑监事会成员中应有风险监察相关专业胜任能力的监事，以便其在风险管理尤其是风险监察中发挥必要作用。第二，制定公司章程时，明确董事会在风险管理方面的具体权限和职责。第三，在决定经营方针和投资计划时，主导战略风险、合规风险等风险的全过程管理。

董事会在风险管理方面的职责为：第一，须在董事会下设风险管理委员会和审计委员会，并配备足够专业胜任能力的人员开展相应工作。风险管理委员会的职责至少包括：一是制定风险管理基本制度，监督检查有关执行情况；二是审议批准年度风险容忍度指标，跟踪落实有关执行情况；三是对管理层在信用风险、操作风险等八大风险的风险管理情况进行监督，并提出完善风险管理的意见和建议；四是督促管理层采取必要的措施有效识别、评估、监测和控制/缓释风险；五是确保风险管理体系接受内部审计部门的有效审查与监督。内部审计委员会的职责至少包括：一是提议聘请或更换外部审计机构，对外部审计机构的工作进行评价；二是监督公司的内部审计制度及其实施；三是负责与内部审计和外部审计之间的沟通；四是审核公司的财务信息及其披露；五是协助制定和审查公司内部控制制度，对重大关联交易进行审计、监督；六是对财务部门、审计部门包括其负责人的工作进行评价；七是配合监事会的监事审计活动。第二，在制定年度经营计划时，如我们前面所述，对八大风险分别确定经营目标。第三，设置风险管理部门、内部审计部门和业务部门，并明确其各自职责。一般而言，业务部门具体实施风险管理部门设置的风险防范措施、落实风险管理方案，配合风险管理部门开展其他风险管理工作，形成全面风险管理体系的第一道防线。风险管理部门牵头，在业务部门的配合下负责风险识别、风险评估、风险应对和风险监察等风险管理工作，并对风险管理体系的有效性进行定期评价，在董事会风险管理委员会和管理层的领导下，形成全面风险管理体系的第二道防线。内部审计部门对业务部门和风险管理部门等开展内部审计，在外部审计师、行业协会和监管机构的领导下，形成全面风险管理体系的第三道防线。

管理层在风险管理方面的职责为：第一，分解、落实董事会制定的风险相关的经营目标。第二，配备专门高级管理人员领导风险管理部门开展风险管理工作，配备专门高级管理人员指导内部审计部门开展内部审计工作。第三，设置风险管理部门和内部审计部门的相关岗位，并配备足够专业胜任能力的人员。第四，组织实施全面风险管理文化等企业文化建设，形成敬畏风险、经营风险和管理风险的良好氛围。

普通员工的职责：第一，业务部门的员工具体实施风险管理部门设置的防范措施，落实风险管理部门提出的风险防范方案。第二，风险管理部门员工具体落实风险管理相关职责。第三，内部审计部门员工具体落实内部审计相关职责。

二、人员培训

为做实全面风险管理体系，我们建议，从业机构需对股东、董事、法定代表人、监事、高级管理人员、普通员工、客户、合作方等进行系统培训。

（一）股东

培训内容至少应当包括互联网思维、互联网精神、行业发展趋势、行业营销模式、战略（主要是总体战略）管理与战略变更、互联网金融企业所在业态八大风险现状（尤其是合规风险、战略风险和市场风险）、风险管理相关知识、行业规范等。培训时间方面，我们认为，鉴于股东时间有限，可考虑选择召开股东（大）会前后。培训人数方面，若条件允许对所有股东进行培训，若条件不允许则至少应培训人数超过半数的股东，最好是累计表决权超过半数的股东。

（二）董事

培训内容至少应当包括互联网思维、互联网精神、行业发展趋势、行业营销模式、《公司法》、《关于促进互联网金融健康发展的指导意见》、一行三会发布的部门规章、《企业内部控制基本规范》、《企业内部控制应用指引》、《企业会计准则》、行业协会发布的相关规范和标准、企业所在业态八大风险的现状、特征及各类风险事项、风险管理具体知识等。培训时间方面，可以选择董事会召开前后，也可选择其他合适时间。培训形式方面既可由企业内部相关专业人员进行培训，也可邀请外部专家进行不定期培训，当然也可按行业协会要求参加协会组织的专门培训。培训人数方面，最好是所有董事，至少应当培训半数以上董事会成员，并且董事会秘书应当接受培训。

（三）法定代表人

法定代表人通常为董事长，即董事会成员，也有法定代表人为总经理的情形。就培训内容而言，除董事培训内容外，还应当重点培训《合同法》（尤其是关于合同无效、效力待定和可变更可撤销相关内容、表见代理等内容）及相关司法解释、《担保法》及其相关司法解释、《物权法》及其相关司法解释等内容。在培训形式方面，可由外部专家或内部专业人员择机进行，也可参加行业协会的相关培训。

（四）监事

培训内容至少应当包括《公司法》、《关于促进互联网金融健康发展的指导意见》、监管机构发布的部门规章、《企业内部控制基本规范》、《企业内部控制审计指引》和《企业内部控制评价指引》、《内部审计准则》、行业协会发布的相关规范和标准、从业机构相关管理制度和业务流程等。培训时间方面，与董事培训相似，既可以选择监事会召开前后，也可选择其他合适时间。培训形式方面以外聘专家和外部审计师为主，若行业协会组织相关培训，则最好参加。培训人数方面，所有监事都应当参加，对职工监事，由于其参与从业机构日常生产经营，还可适当提高培训的深度和难度。

（五）高级管理人员

培训内容至少应当包括《公司法》，《担保法》及其司法解释，《物权法》及其相关司法解释，《合同法》及其相关司法解释，《关于促进互联网金融健康发展的指导意见》，一行三会发布的部门规章和其他规范性文件，《企业内部控制基本规范》，《企业内部控制应用指引》，《企业会计准则》，《企业会计准则讲解》，行业协会发布的所有规范和标准，企业所在业态八大风险的现状、定义、特征及从业机构识别出的各种风险的具体风险事项，风险管理相关制度和风险管理业务流程等。培训时间方面，最好定期举行，条件不允许者至少应制订培训计划，按计划不定期举行。培训形式方面，我们认为，应当是行业协会培训和内部自助培训并重。培训人数方面，所有高级管理人员均应当参与。

（六）普通员工

从业机构应考虑对所有普通员工进行基本制度和具体制度、业务流程、产品体系等方面的培训，同时还应针对不同类型员工进行有针对性的培训，大致情况如下：

1. 清分结算员工

关于清分结算员工，对于放贷为主业的从业机构（如互联网小额贷款机构和互联网消费金融机构）指负责处理从业机构与贷款客户之间资金收付的员工，这类员工通常为从业机构的财务人员；对于中介类从业机构（如互联网支付机构、网络借贷机构和股权众筹机构），则指负责处理收款人与付款人之间资金收付指令的员工，此类员工通常不得由从业机构的财务人员兼任。

培训内容至少应当包括清分结算管理制度，清分结算业务流程，清结算报表及其相关钩稽关系，从业机构与资金存管方之间的支付指令交互过程，客户出入金资金流顺序，从业机构与资金存管方之间的数据钩稽关系，从业机构与客户之间、客户与客户之间资金钩稽关系，从业机构与合作方之间的资金钩稽关系，资金不平账认定标准等。培训形式方面，我们认为，应当以从业机构内部自助培训为主，行业协会培训交流为辅。培训时间方面：一是清分结算员工入职时进行系统性培训，培训合格后方可上岗；二是新产品开发时，清分结算员工参与产品开发工作，新产品上线前在测试环境进行测试性培训；三是接入新资金存管方时，如若可能，清结算员工参与从业机构与资金存管方之间的支付指令交互过程的设计，至少其应当在新资金存管方上线前，在测试环境中完成所有测试性培训。培训人员方面：清分结算员工应当设置 AB 角，所有清结算员工均应参加培训。

2．债权债务管理员工

关于债权债务管理员工，对于放贷为主业的从业机构，指负责管理从业机构与贷款客户和债权人之间债权债务的员工；对于中介类从业机构（如网络借贷机构和股权众筹机构），则指负责管理其业务平台上投资人、融资人和担保人等之间债权债务（含主债权债务和从债权债务）的员工。

培训内容至少应当包括《民法通则》关于债的相关内容，《合同法》及相关司法解释，《公司法》及相关司法解释，《担保法》及相关司法解释，《物权法》及相关司法解释，业务合同（如借款合同及担保合同），债权债务报表及其相关钩稽关系，从业机构与客户之间、客户与客户之间的债权债务钩稽关系，从业机构与合作方之间、合作方与客户之间的债权债务钩稽关系，债权债务不平账认定标准等。培训形式方面，我们认为，与清分结算员工相同，内部自助培训为主，行业协会培训交流为辅。培训时间方面：一是入职时进行系统性培训，培训合格后方可上岗；二是新产品开发时，债权债务管理员工参与产品开发工作，明确债权债务产生的具体时间和条件；三是接入新资金存管方时，资金存管方上线前在测试环境中进行测试性培训，厘清资金收付与债权债务产生之间的关系。培训人员方面：债权债务管理员工设置 AB 角，所有债权债务管理员工均应参加培训。

3. 客户服务员工

培训内容至少应当包括从业机构现有产品的产品说明书所有内容、客户操作流程、客户资金流程、常见问题及解答、业务合同（如注册合同、支付服务合同、借款合同等）、有关债权债务的常识等内容。培训形式方面，以从业机构自我培训为主。培训时间方面：一是入职时进行系统培训；二是新产品和资金存管方上线前进行针对性的培训。培训人员方面：从业机构自有客户服务人员和外包服务人员均应参加培训。

4. 风险管理员工

培训内容至少应当包括常用风险识别方法、风险应对策略、风险评估方法（含定性评估和定量评估）等专业知识，计算机技术相关知识，统计学相关知识，《民法通则》及其司法解释，《公司法》及其司法解释，《担保法》及其司法解释，《物权法》及其司法解释等法律知识，《企业内部控制基本规范》，《企业内部控制应用指引》，《中央企业全面风险管理指引》，监管机构发布的规章和其他规范性文件，从业机构信息科技系统相关技术文档（如《需求规格说明书》、《概要设计说明书》、《详细设计说明书》、《测试报告》等），行业协会发布的相关规范和标准，从业机构业务系统与资金存管方之间的指令流和资金流情况。培训形式方面，风险管理专业知识以外部培训为主，其他相关内容则可外部培训与内部培训并重。培训时间方面，风险管理专业知识培训应当上岗前完成，其他知识可定期不定期进行。培训人员方面，风险管理专业知识应当所有人员参与培训，其他内容可区别岗位确定培训的具体内容。

5. 内部审计员工

培训内容至少应当包括审计方法、审计工作底稿、审计报告和审计工作流程等审计专业知识，从业机构信息科技系统相关技术文档，《公司法》，监管机构发布的规章和其他规范性文件，《企业内部控制基本规范》，《企业内部控制审计指引》，《企业内部控制评价指引》，《内部审计准则》，行业协会发布的相关规范和标准，相关产品说明书等。培训形式方面，审计专业知识以外部培训为主，其他相关内容则可外部培训与内部培训并重。培训时间方面，审计专业知识培训应当上岗前完成，其他知识应在审计开始前完成。培训人员方面，审计专业知识应当所有人员参与培训，其他内容可区别岗位确定培训的具体内容。

6. 其他员工

关于其他员工的培训，我们建议，可以由人力资源部门牵头制定年度培训计划，就培训内容、培训时间和培训人员做出统一安排，并将风险管理相关内容纳入年度培训计划中，按计划实施培训。

（七）客户

培训内容至少应当包括产品相关的风险、产品交易结构、产品交易流程、产品资金流动过程等产品信息，从业机构在交易过程中的权利、义务和责任，监管机构和行业协会对从业机构的监管中需要客户配合的相关事项。培训形式方面，以在线培训为主，线下培训为辅。培训时间方面，至少应在客户使用从业机构提供的服务之前，完成相关内容的培训。培训人员方面，应当对所有客户进行培训。

（八）合作方

合作方的培训相对比较复杂，合作事项不同，往往培训内容、培训时间和培训人员也就不同。通常情况下，至少应当就资金清结算和合作业务量对账等事项，在合作事项正式启动前对相关业务人员进行培训。涉及信息科技系统对接的，在系统上线前，应当对合作方相关人员进行测试性培训。

三、风险管理文化建设

对于风险管理企业文化建设，我们建议将其纳入从业机构企业文化建设中一并进行。总体而言，企业文化实际上就是“一把手”文化，什么样的一把手实际上就决定了企业会有什么样的企业文化。因此，我们认为，风险管理企业文化建设的首要工作是提升从业机构一把手对风险的认知和敬畏，在一把手的有意推动和潜移默化下，推进风险管理文化建设。

第二节　产品系统

产品系统是一个在产品小组的共同努力下，通过产品设计、产品实现和产品上线等产品过程，向市场提供产品的动态系统。从风险管理角度看，产品设计阶段应重点关注产品要素、交易结构、交易流程、资金流向、风险及防范等因素；产品实现阶段，需重点关注交易流程、资金流向和风险防范的具体落实情况；在产品上线后，则应重点跟踪交易流程、资金流向、风险防范措施的有效性和风险变动情况。总体而言，产品设计阶段对风险管理最为重要。

一、产品小组

人员构成：通常情况下，产品小组成员应当包括产品设计人员、清分结算人员、客户服务人员、技术人员、市场推广人员、风险管理人员。若与合作方联合推出产品，还应当包括合作方相关人员。另外，产品小组至少应当包括一名高级管理人员。

工作职责：产品设计人员负责完成用户操作流程、内部业务流程和外部合作流程的设计，设计产品的具体构成元素（如借贷类产品的期限、利率、金额），完成产品说明书相关内容。清分结算人员负责完成清分结算内部流程、清分结算报表设计、与相关方（如资金存管方）清分结算流程、设计资金流向并与相关方达成一致。客户服务人员在熟悉产品交易结构、交易流程、交易合同和资金流向等相关信息的基础上，从客户角度，设计常见问题及解答。技术人员根据产品设计人员、清分结算人员的工作成果，提出技术实现方案，包括与资金存管方之间的交互指令。市场人员在产品设计人员工作成果的基础上进行市场分析，参与市场风险的识别、评估和应对工作。风险管理人员根据产品设计人员、清分结算人员、客户服务人员和技术人员的工作成果，在市场人员参与下，针对该项产品顺次启动风险识别、风险评估、风险应对等体系，识别评估和应对产品可能蕴含的八大风险，同时将工作成果反馈给相关人员，改进和优化产品设计。高级管理人员负责处理相关人员之间的争议，对职责权限范围内事项进行决策，将权限范围外事项提交相关机构（总经理、董事会等）决策。

二、交易结构

交易结构即产品所涉相关方及相关方的主要权利义务。

就互联网小额贷款机构和互联网消费金融机构而言，其交易结构中通常包括两类机构自身、贷款客户、担保方、登记方（如房屋抵押登记机关、车辆抵押登记机关）、保管方（如质押车辆的保管方）、渠道方（如获客渠道方）和资金代扣方，其中两类机构自身与贷款客户之间为主债权债务关系；两类机构与担保方之间为从债权债务关系；登记方提供从债权（抵押债权）的登记服务，以使从债权发生效力或具有对抗效力；保管方负责保管两类机构收取的质押品；渠道方通常向两类机构引荐贷款客户；资金代扣方则在约定还款日从贷款客户指定账户代扣等额资金到两类机构指定账户。

就互联网支付机构而言，其交易结构中通常包括支付机构、付款方、收款方、备付金银行、入金渠道方和出金渠道方。其中，支付机构与付款方之间为委托付款关系；支付机构与收款方之间为委托收款关系；付款方和收款方之间为因相关法律行为产生债权债务关系；备付金银行负责存管客户备付金，按支付机构支付指令完成资金收付；入金渠道按支付机构指令完成客户资金转入客户备付金账户工作；出金渠道按支付机构指令完成客户资金从客户备付金账户向指定账户划转工作。

就网络借贷机构和股权众筹机构而言，其交易结构通常包括两类机构自身、投资人、融资人、存管方、登记方、保管方、资金代扣方等各方。其中投资人与融资人之间为股权关系或债权关系；两类机构与投资人、融资人之间为居间关系；其他各方之间的关系与互联网小额贷款机构相似。

在互联网保险机构方面，就传统保险产品而言，其交易结构中通常包括保险公司、销售方、资金存管方和购买方，其中购买方与保险公司之间为投保人与保险人关系；销售方与保险公司之间通常为代理关系；资金存管方与购买方之间为委托付款关系；资金存管方与销售方之间为委托收款关系。就万能险等理财类保险产品而言，其交易机构中通常包括投资人、融资人、保险公司、资金存管方等相关各方，各方之间的关系与网络借贷机构类似。

就互联网征信机构而言，其交易结构中通常包括征信机构、数据提供方、数据信息主体、数据信息查询方等各方，其中征信机构与数据信息查询方之间为债权债务关系（含非金钱债权债务）；征信机构与数据提供方之间为也通常为债权债务关系；数据信息主体与数据查询方之间为委托关系；数据信息主体与征信机构之间为保密等非金钱类债权债务关系。

以上分析仅为相关业态交易结构的粗略分析，实际情况还要复杂得多。交易结构的风险管理意义在于：一是明确交易各方权利义务，便于设计交易流程，进而划清各方风险管理的边界；二是基于准确的交易结构，可识别产品蕴含的相关风险事项；三是可通过调整交易结构，实施更好的风险管理，尤其是合规风险管理。

三、交易流程

交易流程与交易结构密切相关，通常情况下与交易结构设计同步完成。交易流程通常按 5W 方法构建，通过回答谁（Who）、在何时（When）、在何地（Where）、做何事（What）、怎么做（How）等问题完成。

关于谁（Who），通常为交易结构中的某一方，可能是具体的人（投资人、付款人）也可能是某一方的信息科技系统。“谁”的风险管理意义：对于人实施的操作，须考虑民事行为能力问题以及法律行为效力相关风险；对于应由单位实施的操作，若非法定代表人实施，则须考虑授权问题，以免产生无权代理等问题。

关于何时（When），对于人工实施的操作，部分从业机构为通常为 5×8，即工作日上班时间；部分从业机构为 7×8，即每周七天的上班时间，也有 7×24，即每周七天，每天 24 小时均可实施。对于信息科技系统实施的操作，通常为 7×24 小时。“何时”的风险管理意义在于：交易时间往往决定交易各方的权利义务发生时间和履行时间，尤其是履行时间，未按履行时间履行义务往往产生违约责任，进而诱发风险。例如网络借贷机构规定，其工作时间为 5×8，借款人还款日逢节假日不顺延，则借款人要么在节假日还款要么提前还款。又如股权众筹机构规定其工作时间为 5×8，则融资项目在法定节假日满额的，其满额时间顺延至节假日后第一个工作日，那么投资人的股权成立时间便不是满额时间。

关于何地（Where），主要指交易各方参与交易的媒介（在互联网背景下，具体物理地点已相对次要，当然关于抵押、质押等必须线下办理的事宜除外）。就当前而言，“何地”无非手机屏、PC 屏和电视大屏三个媒介。三个媒介各有优劣，目前 PC 屏和手机屏为主流，尤以手机屏最甚。随着广电媒体的开放，电视大屏的高品质画面特性将逐渐凸显出来。“何地”的风险管理意义在于：首先，随着互联网竞争白热化，互联网获客成本已日渐飙升，从业机构如何渗入电视大屏开拓这一未饱和市场，对战略风险管理具有重要意义。其次，电视大屏的非移动性等特性对准确定位客户地理位置、准确判断其还款能力，进而对信用风险管理具有重要意义。

关于做何事（What），为产品设计的重点内容之一，并直接关系着交易各方的具体权利义务。其风险管理意义在于：首先，确定各方具体权利义务；其次，确定各方的风险边界，确定后续风险识别的重点；最后，对合规风险往往具有重要意义。例如网络借贷机构是拆期限还是不拆期限等直接关系到其业务是否合规问题。

关于怎么做（How），事关交易各方的操作体念，尤其是用户体验，以至于直接关系着产品的最终竞争力。对于客户相关的部分，如前所述通常由产品设计人员完成，其他部分可能由清结算人员完成，也可能由技术人员完成。“怎么做”的风险管理意义在于：其通常也是风险管理的重点内容，是风险识别的重要输入之一。

至于具体产品的交易流程设计，由产品小组根据具体情况完成，我们不再赘述。在此仅就风险相关事项做一简要说明。

四、资金流向

资金流向通常与交易流程和交易结构相关，与交易流程的关系最为紧密。资金流向通常包括何时（When）、转出账户（Out Account）、经过何种资金渠道（Cash Channel）、转出何种金额资金（How Much）、花费多长时间（Length）、转入何账户（In Account）等要素。

关于“何时”（When）问题，因产品不同区别较大，具体时间可能是一个、两个，甚至是多个。互联网小额贷款机构和互联网消费金融机构，其发放贷款时至少会有一个放款时间，收回贷款本息时视还本付息方式可能为一个时间或多个时间；互联网支付机构，付款人向其划款为一个时间，其向收款人划款为另一个时间；网络借贷机构，其放款时间通常为一个，收回贷款本息时间视还本付息方式可能为一个也可能为多个；股权众筹机构，通常情况下放款时间为多个，回款时间也是多个；互联网保险机构，投保人付款时间通常仅为一个；互联网征信机构若开展附加担保业务，在履行担保义务时，可能会存在一个放款时间。“何时”的风险管理意义在于：首先，时间的数量及准确确定是交易各方履行金钱支付义务的基础，越过时间界限，须承担继续履行义务并可能承担违约责任；其次，确定产品的时间清单可为风险防范提供支持（如期满前及时提醒）。

关于“转出账户”（Out Account）问题，首先，应当区分账户类型是银行账户还是支付账户：一是不同账户类型其支持的最大合规限额不同；二是合作方接受程度不同，通常情况下合作方对银行账户接受程度高，开立所需内部审批手续相对简单，而对支付账户接受程度低，开立所需内部审批手续相对复杂。其次，应当明确账户是单位账户还是个人账户：一是不同账户入金和出金手续费通常不同；二是开立所需手续不同；三是资金限额也往往不同。最后，还应当明确账户是否具有代扣功能，这一功能将直接影响用户体验和资金安全。“转出账户”的风险管理意义在于：一是对合规风险管理具有重要意义；二是影响用户体验并进而对市场风险管理具有较大意义。

关于“何种资金渠道”（Cash Channel）问题，即资金从转出账户划至转入账户中间需要经过哪些资金渠道，例如直接通过中国人民银行现代化支付系统，直接通过中国人民银行超级网银系统、经中国银联再经过中国人民银行现代化支付系统，直接连接商业银行系统、经过网联平台再转中国人民银行现代化支付系统，甚至经过商业银行转互联网支付机构再转商业银行系统或接入中国银联转中国人民银行现代化支付系统等。“何种资金渠道”的风险管理意义在于：不同资金渠道的交易对手、成本、可靠性和接口复杂度通常不同，其中蕴含的风险种类、具体风险事项及其大小也往往不同。

关于“何种金额资金”（How Much）问题，具体包括两个问题：一是资金的币种问题。转出资金为外币，通常存在国家外汇管理局规定的限额，如果转出资金为人民币，则其限额通常由各商业银行自行确定。二是资金的金额分布问题。资金金额分布通常与划拨手续费密切相关，不同渠道其支持的金额不同，手续费计算方式也往往不同。“何种金额资金”（How Much）问题的风险管理意义在于：一是资金金额与合规风险管理密切相关；二是与之相关的手续费金额与市场风险管理密切相关。

关于“花费多长时间”（Length）问题，即从付款方向转出账户所在机构（银行或支付机构）提交支付指令到资金到达转入账户所需的时间。通常情况下，这一时间为 1 个工作日，但实际时间视情况可能不到 1 个工作日。该问题的风险管理意义在于：一是与清分结算等相关的操作风险管理密切相关；二是对于 T+0 到账情况，与资金渠道一起还会与信用风险管理密切相关。

关于“转入何账户”（In Account）问题，首先，与转出账户相同，需区分三种类型的账户。其次，对于互联网支付机构的客户，其付款人转入的账户为其客户备付金账户，且按中国人民银行规定账户名称应有“备付金”后缀字样。再次，对于互联网保险机构的投保人，其转入账户不能是第三方网络平台的账户。最后，转入账户是否支持代扣功能，直接影响部分从业机构是否能顺利开展相关业务。该问题的风险管理意义在于：一是与合规风险管理密切相关，近期个别互联网支付机构未将付款人资金转入其客户备付金账户招致行政处罚便是一例；二是对于存在回款的产品，转入账户的代扣功能与信用风险管理密切相关。

以上仅为产品资金流向相关的主要问题，实际产品设计和开发过程中，还存在诸多具有风险管理意义的细节问题有待相关人员逐一识别、评估和应对。

五、数据流程

数据流程通常与交易流程和资金流向关系极为紧密。数据流程通常包括谁（发送方）、在什么环节、经过何种渠道、向谁（接收方）、以何种形式、提交何种数据等问题。简言之，数据流程包括发送方、环节、发送渠道、接收方、发送形式、数据内容等问题。

发送方问题与交易流程中的“谁”的问题相同，其风险管理意义也相似。

关于环节问题，也就是发送方提交数据的场景问题。就C端客户而言，提交数据的环节通常为开户、购买、支付等环节；就B端客户而言，提交数据的环节可能包括申请、需求上架、支付等环节；就支撑类合作方而言，提交数据的环节可能包括客户下单、客户支付、双方对账等环节。环节问题的风险管理意义在于：一是提交数据的环节越少，用户体验越好，进而产品的市场接受力可能越强，这对市场风险管理具有重要意义。二是提交数据环节越少，数据被泄露的可能性越小，由此引发操作风险时间的可能性越小。三是提交数据环节越少，风险识别、评估和应对工作量越小，风险管理成效可能越好。

关于发送渠道问题：首先是终端渠道问题，终端渠道通常有线下渠道、移动终端（如手机）、PC、后台服务器等四种类型，终端渠道不同，交易成本、交易安全性和交易效率也就不同。其次是传输渠道问题，传输渠道通常有人工渠道、网络渠道两种，网络渠道又可进一步区分为专用网络、准专用网络和公共网络等类型。不同传输渠道，成本、安全性、可靠性和效率也不同。发送渠道的风险管理意义在于：终端渠道和传输渠道不同，其蕴含的风险事项、风险种类也就不同，其后续风险识别、评估和应对等工作也就相应有所区别。

关于接收方问题：首先是接收方是行政机关还是平等民事主体问题，若为行政机关，则其接收时间、数据格式、发送方等通常均有统一要求，而对于平等民事主体，则发送方和接收方可以平等协商。其次实际接收人是自然人还是信息科技系统，两者区别的意义与交易流程中“谁”的区别相似，不再赘述。接收方问题的风险管理意义在于：接收方为行政机关，则合规风险事项较多，接收方为平等民事主体则更偏重于操作风险事项。

关于发送形式问题：首先是明文形式还是密文形式，密文形式则由信息泄露诱发的操作风险和声誉风险等较低，而明文形式则恰好相反。其次是纸质形式还是电子形式，纸质形式传输效率较低、便捷性差且很难采用密文形式，电子形式则相反。最后电子形式是技术接口形式还是文件形式，文件的传输效率较低、误操作引起的操作风险较高，技术接口形式由于信息科技系统的一贯性，其操作风险较低，同时传输效率较高。发送形式问题的风险管理意义在于：不同发送形式与后续风险识别、评估和应对等工作密切相关，甚至与对风险管理人员的专业素质要求也密切相关。

关于数据内容问题：首先内容是身份信息还是非身份信息，对于身份信息，其泄露通常为诱发操作风险和声誉风险，身份信息及其真实性可能涉及信用风险，而非身份信息则需要具体分析。其次内容是资金相关信息还是资金无关信息，资金相关信息（如支付指令和支付响应信息）直接涉及资金安全，资金无关信息则需具体分析。最后内容是交易数据信息还是交易辅助信息，交易数据信息（如订单信息、投标信息）通常涉及交易各方权利义务的发生或履行，交易辅助信息则通常与交易是否成功完成密切相关。数据内容的风险管理意义在于：一是身份信息涉及信用风险等风险管理；二是资金相关信息通常涉及清分结算等相关操作风险管理；三是交易数据信息通常涉及债权债务相关风险管理，交易辅助信息则通常涉及操作风险管理。

同理，上述论述仅为简要分析，实际产品设计过程中数据流程设计包含了前述要素的诸多流程，每个流程均需要逐一设计，并进行逐一风险管理后续工作。实际上，产品设计和相关风险管理工作是一个逐步迭代的过程，有待于产品小组相关人员共同配合，多轮迭代。同时产品设计通常需要在用户体验和风险管理两个方面进行权衡折中。

第三节　事件系统

事件系统是在事件管理小组共同努力下，收集、处理、披露和善后相关内外部事件，维护从业机构良好形象，提高从业机构风险管理水平和绩效的一个动态系统。从风险管理角度，收集环节应当重点关注事件收集的及时性和全面性，处理过程应重点关注事件处理的有效性和及时性，披露工作应当重点关注事件及处理结果披露的充分性和可信性，善后事宜应当重点关注对相关各方在后续阶段的反应和相关转化工作。在此，我们仅从事件界定、事件小组、收集环节、处理过程、披露工作和善后事宜等方面，从风险管理角度做一简要分析。

一、事件界定

事件指从业机构内外部发生的各种风险事项，风险事项的发生便为风险事件。由风险的定义可知，事件会给从业机构带来损失。按发生主体不同，事件可分为内部事件和外部事件。内部事件即从业机构自身发生的风险事件。外部事件即其他从业机构发生的风险事件。按风险类型，事件可区分为信用风险事件、操作风险事件、合规风险事件、流动性风险事件、市场风险事件、洗钱风险事件、战略风险事件和声誉风险事件。

内部事件和外部事件区别的风险管理意义在于：一是损失不同，内部事件会给从业机构带来直接损失，外部事件可能会给从业机构带来间接损失，通常情况下直接损失往往较小。二是收集方式不同，内部事件可采用相关激励机制鼓励员工及时报送发生的事件，而外部事件通常由专门人员收集。三是处理方式不同，内部事件涉及整个事件的处理，外部事件更偏重于复核相关产品、制度和流程的风险防范措施。

按风险类型区分事件的风险管理意义在于：一是报告主体不同，就内部事件而言，信用风险事件的报告主体通常为财务部门人员或清分结算部门人员，而合规风险事件的报告主体通常为法律事务部门人员，操作风险事件的报告主体则为所有人员，其他风险事件也因种类不同有所不同。二是处理方式不同，就内部事件而言，信用风险事件的处理通常为逾期处置工作，声誉风险的处置通常为公关应急处理工作，操作风险的处理则往往需要多部门配合完成，其他风险事件处置也会有所区别。三是风险管理后续工作不同。后续分析可知，不同风险的风险识别、评估和应对机制存在较大差异，不同种类的风险事件，从业机构在进行复核时须经历的管理流程通常是不同的。

二、事件小组

人员构成：通常情况下，事件小组包括客户服务人员、市场人员、技术人员、风险管理人员、内部审计人员、人力资源管理人员。若涉及合作机构，往往还包括其技术人员、风险管理人员和市场人员。同理，事件小组至少应当包括一名高级管理人员。

工作职责：客户服务人员主要负责收集来自客户方面的事件信息，向客户披露事件处理情况，并维护后续客户关系。就互联网小额贷款机构和互联网消费金融机构而言，其客户主要是贷款客户；就互联网支付机构而言，其客户主要是个人客户，商户通常为其合作机构；就网络借贷机构和股权众筹机构而言，其客户主要是投资客户；就互联网保险机构而言，其客户主要是投标人；就互联网征信机构而言，其通常无此论域下的客户。

市场人员负责收集来自业务合作方的事件信息，与业务合作方协调处理方案。就互联网小额贷款机构和互联网消费金融机构而言，其业务合作方包括为其提供资金的贷款方，为其提供获客渠道的渠道方，也包括为其提供担保的担保方；就互联网支付机构而言，其业务合作方通常为商户和备付金银行；网络借贷机构和股权众筹机构，其业务合作方通常为融资人和资金存管方；就互联网保险机构而言，保险公司、保险专业中介机构和第三方网络平台，可能互为业务合作方；互联网征信机构的业务合作方通常包括数据提供方和客户。

技术人员负责为事件的收集、处理等提供技术支持。对于信用风险事件，技术人员的工作至少为收集债权债务相关的电子证件；操作风险事件，则技术人员工作包括从技术角度分析原因，提出技术解决方案、实施经批准的技术解决方案；对于合规风险，技术人员的工作至少为根据监管机构要求，调整信息科技系统相关参数，甚至调整信息科技系统的相关功能；其他风险事件，技术人员也可能提供分析支持，不再赘述。

风险管理人员负责牵头处理内部风险事件，分析外部风险事件并据此复核从业机构的制度、流程和产品。对于内部风险事件，风险管理人员通常需要复核相关风险防范措施失效的原因及其他风险防范措施的有效性等后续风险管理工作。同时，因风险类型不同，其具体工作也有较大差别：对于内部信用风险事件，还需完成风险处置工作，包括催收、实现担保债权等工作；对于操作风险、合规风险和流动性风险等其他风险，还需牵头制定解决方案并督促实施。

内部审计人员的作用主要在于内部风险事件处理方面，发生内部风险事件后，内部审计人员重点复核相关风险防范措施、风险管理预案的执行情况（包括是否得到执行、是否得到一贯执行）并分析失效原因。另外，内部审计人员还应当分清风险防范措施和方案失效的责任人和责任的大小。

人力资源管理人员根据内部审计人员关于内部风险事件的责任认定，按风险管理绩效相关规定，追究相关责任人的责任。

高级管理人员处理相关人员之间的争议，对相关方案进行初步决策，并就相关重要事项与合作机构和商业伙伴进行沟通，以示重视和负责。

三、收集环节

收集环节与事件类型密切相关，不同事件类型，收集环节具体工作差异较大。与产品系统的交易流程相似，收集环节也可按 5W 方法构建，即由谁（Who，报告者）、在何时（When，报告时间）、在何地（Where，报告渠道）、向谁（Who，最终接收者）、报告何事（What，报告内容）等构成。

关于报告者问题：区分外部事件和内部事件，外部事件最好由从业机构安排专门人员进行跟踪报告。如前所述，内部事件诱发风险不同差异较大，总体而言，可以区分为员工和信息科技系统两种报告者，员工分为对事件承担直接责任的员工和其他员工，信息科技系统报告的效率较高且具有一贯性，但其误报率也往往较高，另外，承担直接责任的员工可能隐瞒不报，而其他员工隐瞒不报的可能性小得多。报告者问题的风险管理意义在于：一是对于内部事件能够采用信息科技系统报告的尽量采用信息科技系统报告，以提高报告效率和一贯性，尤其可以避免隐瞒不报。对于外部事件，通常难以采用信息科技系统进行报告，须设置专门岗位进行报告。二是对于须由员工报告的内部事件，从业机构最好采用正向激励机制（如内部事件的第一报告者，若是直接责任人，应当减轻或免除其责任，若为非直接责任人，则应当给予奖励），避免漏报和隐瞒不报。三是风险管理人员应当就隐瞒不报等情形，专门设置相应的风险防范措施。

关于报告时间问题：报告时间由发现事件的时间（发现时间）和发现后到报告前的核实时间（核实时间）等两部分组成，理想情况下，发现时间应当为 0，事件一旦发生即被发现，但难度较大。核实时间的长短取决于核实的准确程度和详尽程度，要求核实得越准确越详尽，则其所需时间相对较长，反之较短。由信息科技系统实现的报告，其发现时间通常较短，但往往难以实施准确详尽的核实，相反由人员完成的报告，发现时间可能较长，但通常核实可做到相对准确和详尽。理想的配置是由信息科技系统完成发现、人员完成核实。报告时间的风险管理意义在于：一是从业机构可根据不同事件对核实准确性和详尽程度的要求，安排由人员实施发现与核实还是信息科技系统实施发现与核实，还是两者结合。二是最好根据预估的事件严重程度，区分情况设置核实时间，对于预计严重的内部事件，缩短其核实时间，尽快向接收者报告，反之可延长核实时间，以便进行详尽准确的报告。

关于报告渠道问题：首先是报告工具问题，报告工具通常由电话、短信、微信、电子邮件和纸质文件等工具。不同报告工具的安全性、及时性、准确性和可转达性往往不同，比如电话的安全性好、及时性强、准确性也较高，但向其他相关人员转达时往往容易出现偏差，其可转达性较差。相反，电子邮件形式的安全性较好、及时性较差、准确性也较高，但可转达性好，甚至可以实现100%无偏差转达。其次是报告路径问题。在报告路径选择上，有逐层报告、并行报告和直达报告三种形式，逐层报告即按从业机构的组织结构层级由下往上逐层报告，直至报告到最终接收者；并行报告即同时向最终接收者及其以下各级人员报告；直达报告即直接向最终接收者一人报告。各种报告路径各有优缺点，逐层报告可尽量减少上级人员的信息过载和工作负担，但传递时间较长；并行报送传递时间较短，但容易导致最终接收者以下所有人员信息过载并消耗大量人员的精力；直达报告则传递时间较短，仅增加最终接收者的工作量，但难以发挥其以下人员的作用。报告渠道的风险管理意义在于：一是根据事件的严重程度和处理范围，选择报告工具，对于预计较严重的事件，通常应当选择电话等报告工具，对于须外部配合的事件，最好采用电话和邮件甚至纸质文件结合的方式进行报告。二是根据事件的严重程度选择报告路径，特别重大事件应当采用并行报告路径，重大事件可以选择直达报告路径，一般事件应当选择逐层报告路径。三是风险管理人员应当定期评估其报告工具和报告路径选择是否适当，以便提高其风险管理水平和绩效。

关于最终接收者问题：一是最终接收者的层级问题，即其在从业机构或者相关机构中的组织机构中所处的级别。最终接收者层级越高，可调动的资源就越多、决策权限越大，但其精力往往越有限，反之亦然。二是接收者人数问题，即从业机构和相关机构中报告者至最终接收者之间逐层报告路径上的人员数量，人员数量越多，逐层报告时间越长，但最终接收者可委任的方案执行人员越多。三是最终接收者人数问题，即从业机构和相关机构中最终接收者人数。例如互联网支付机构发生支付故障，大量客户入金失败，经初步判断原因在于客户备付金银行的信息科技系统问题，则相关机构为客户备付金银行。四是主导者问题，即在最终接收者为多人情况下，由谁主导整个事件的处理。最终接收者的风险管理意义在于：一是从业机构应当根据事件的预计严重程度确定最终接收者，通常情况下预计严重程度越大，最终接收者层级应当越高。二是从业机构应当根据初步查明原因，确定相关机构的最终接收者，以便协同处理事件。三是从业机构应当根据事件初步原因与相关机构协商确定主导者，并由其最终确定整个事件的处理。

关于报告内容问题，即报告者应当报告的具体内容构成问题，我们认为，至少应当包括报告类型、事件类型、事件原因、事件描述、事件影响范围、预计事件损失（或严重程度）、预计涉及机构等内容。按详尽程度，报告内容有详细报告和简要报告之分，外部事件有足够时间收集整理相关资料，可采用详细报告；对于内部事件的初次报告，往往由于时间紧迫采用简要报告，当然对于内部事件的后续调查分析报告，应采用详细报告。事件类型即报告的事件外部事件还是内部事件，是信用风险事件、操作风险事件还是合规风险事件等。事件原因即诱发事件发生的直接原因，不同事件的原因往往不同，并且往往决定是否涉及相关机构或客户。事件描述即对风险事件的简要描述，因事件类型不同，其描述差别较大，总体而言，对于初次报告应当尽量简洁明了。事件影响范围风险事件直接影响的客户范围，影响范围小，则可列示具体清单，影响范围大，则只能列示客户大类及统计数据。预计事件损失（或严重程度）即报告者对事件可能造成的损失的初步估计或对其严重程度的初步判断。预计涉及机构即处理该事件可能涉及的从业机构的合作机构。报告内容的风险管理意义在于：报告内容的完整性和真实性对后续风险管理（含事件处置，相关产品、制度和流程的复核）具有重要作用。

四、处理过程

处理过程因外部事件和内部事件差异较大，外部事件的处理通常为制定并实施行动方案，复核现有风险防范措施和风险管理方案的执行情况和有效性。内部事件的处理则通常包括制定并实施事件调查分析方案和事件处理方案。相关方案通常可由风险管理人员牵头制定并实施。方案的具体内容千差万别，我们不做讨论。但方案通常须由多个行动计划组成，行动计划按 6W 原则构建，即为什么（Why，原因）、谁（Who，实施者）、何时（When，时间）、何地（Where，地点）、做什么（What，操作步骤）和复核者（Who）。

原因即实施该项行动的具体原因，也可以理解为实施该项行动的具体目标。方案的目标通常比较宏观、粗略，在制定具体行动计划时，通常需要将方案总体目标进行逐一分解，分解通常可按横向分解和纵向分解两个思路进行，横向分解即将目标分解为更加具体的细化目标，纵向分解则将目标分解为各种中间目标，随着若干中间目标的实现，最终实现方案目标。横向分解的主要目的在于分解任务，落实人员，以便协同推进。纵向分解的目的在于分阶段处理事件，以便降低处理难度和复杂度。例如某互联网支付机构发生重复清算风险事件，横向分解可分解出统计重复清算金额、完成所有重复清算商户的暂停付款工作、完成所有重复清算商户资金回收工作等目标；纵向分解可分解出重复清算原因得以查明、所有重复清算商户名单统计完毕、所有重复清算商户暂停支付和回收款项通知完毕、金额排名前 10 位的重复清算商户款项回收完毕、未收回款项小于暂停支付的款项、全部重复清算款项收回完毕等目标。原因的风险管理意义在于：一是风险管理人员可据此核实目标分解的完备性；二是风险管理人员可据此掌控事件处理的关键路径；三是复核人员可据此复核相应行动计划是否成功完成。

实施者即行动计划的实施人。实施者为每个具体行动计划必不可少的要素。与交易流程相似，实施者包括自然人和信息科技系统。例如清分结算人员整理、录入所有重复清算商户清单，清算数据管理进程按清单导出每个商户的清算交易记录，前者的实施者为自然人，后者的实施者便为信息科技系统。若是自然人则需进一步确定实施者的人数，与行动计划的粒度相关，行动计划越细，则实施者人数越少，反之亦然。我们建议，理想情况下每个行动计划的实施者为 1 人，以便明确责任，若实施者为数人则需明确主导人。若为信息科技系统，在粒度方面需细化到具体的“进程”（Process）或“网页”，以提升实施的准确性和可行性。实施者的风险管理意义在于：一是落实责任主体，便于行动计划的实施。二是风险管理人员可根据每项行动计划的实施者人数，判断行动计划的粗细程度，通常情况下，越细致方案可行性越好。三是通常情况下，信息科技系统准确性较高，风险管理人员可根据每项行动计划的实施者类型（自然人和信息科技系统），评估方案实施时间的可控性。四是可根据方案的实施者分配情况，判断资源冲突情况，据此予以调整。

时间包括行动计划的启动时间和结束时间，两者之间的距离为行动计划所消耗的时间。实施者为自然人，其启动时间和结束时间通常相对容易估计，若为信息科技系统，则时间通常需要科技人员根据经验方可做出粗略估计。在精确度方面，因实施者类型差异较大，实施者为自然人，其时间能精确到半小时已具有相当难度，而对于信息科技系统的启动时间，则可以精确到分钟，尤其是自动启动的“进程”，往往需要精确到秒钟。时间的风险管理意义在于：一是根据启动时间和结束时间，可以判断出整个方案的关键行动计划（其延迟完成将影响整个方案的完成时间）和非关键行动计划，并据此调整实施者。二是风险管理人员可根据方案预计时间和实际执行的时间，判断偏差，调整方案，以便及时处理事件。三是为实施者确定时间目标，避免行动计划实施的随意性，导致事件处理在时间上失控。四是时间为工作日和非工作日对方案实施具有重要意义，例如需要异地实施的行动计划，非工作日可减少交通堵塞消耗的时间，同时需要提前通知相关单位非工作日予以配合。

地点包括物理地点和逻辑地点两种类型，物理地点即实施者实施行动计划的地理位置，逻辑地点为实施者实施行动计划的终端（移动终端、PC、电视机顶盒、后台服务器等）。物理地点不同，实施者到达所需时间通常不同，例如某从业机构将其硬件加密机托管于外省机房，则因密钥体系受攻击事件须对加密机采取行动时，实施者到达时间较长，而对本地机房加密机实施行动计划的到达时间较短。逻辑地点不同，其安全性、便捷性往往不同。地点的风险管理意义在于：一是可根据到达物理地点的时间复核方案的可行性。二是根据物理地点复核方案成本支出的准确性。三是根据逻辑地点判断方案的安全性。

操作步骤即实施者实施行动计划的具体步骤。与实施者相似，操作步骤也存在一个粒度问题。操作步骤越细致，则现场实施时意外情况往往越少，反之亦然。另外，每个操作步骤需设置预期结果，每个操作步骤实际结果与预期结果一致，则行动计划执行正常，否则为异常情况。具体操作步骤构建因待处理事件不同差异较大，不再赘述。操作步骤的风险管理意义在于：一是可根据每个操作步骤的预期结果预判行动计划能否达到目标。二是在实施者为自然人的情况下，可根据操作步骤判断其是否具备相应胜任能力。三是根据操作步骤粗细程度可对方案可行性做出初步评估。

复核者对行动者实施行动计划的结果是否达到目标进行复核。关于复核者须关注三个问题：一是复核者类型问题，即由自然人复核还是有信息科技系统复核，自然人复核准确性低于信息科技系统复核，但灵活性高于信息科技系统，理想情况是两者结合复核。二是复核粒度问题，即复核者仅对行动计划的最终结果与目标的一致性进行复核，还是需要对操作步骤的预期结果与实际结果的一致性进行复核。我们认为，对于与资金相关的行动计划最好复核到操作步骤，其他行动计划可视情况决定。三是复核时间问题，即行动计划实施完毕即刻进行复核还是在后续行动计划开始前进行复核问题。复核时间问题往往与复核者紧缺程度相关，我们建议，尽量安排在行动计划实施完毕即刻进行复核，尤其是与资金相关的行动计划和行动计划结果变动较快的行动计划。复核者的风险管理意义在于：一是确定适格的复核者对方案的成功至关重要。二是准确把握复核时间可能涉及方案实施正确性的判断。例如对不平账处理的复核，由于客户账户随时处于变动状态，非即刻复核较难判断行动计划的正确性。

五、披露工作

披露工作即对事件处理结果进行对内对外公布的相关工作。外部事件的披露通常披露对比复核结果，内部事件的披露则涉及事件处理的结果和事件原因等情况。在此，我们就披露涉及的总体要素进行简要讨论。与处理过程类似，总体要素也可按 5W 原则构建，即为什么（Why，披露目的）、谁（Who，披露者）、何时（When，披露时间）、何地（Where，披露地点）、向谁（Who，披露对象）、做什么（What，披露内容）。对于重要的披露内容，还可设置复核者进行复核。例如某网络借贷机构出现大金额不平账事件，在向当事用户披露原委及处理结果后，可由第三人独立向当事用户复核其不平账是否得到准确处理。

（一）披露目的

披露的总体目的是向当事用户和其他相关方说明事件的原委及处理情况，但因披露对象不同，具体目的有所差异。故从业机构应当根据披露对象不同，分别确定披露目的。同时，披露目的不同，则其披露内容、披露时间和披露形式也往往不同。披露目的的风险管理意义在于：一是根据所有披露工作的目的可判断整个披露工作是否达到应达到的目的。二是根据披露目的，可审核披露内容、披露时间等要素是否正确。

（二）披露者

披露者即以谁的名义进行披露的问题。与实施者不同，披露者通常为个人和从业机构自身，不可能为信息科技系统，并且因披露对象不同，披露者的层级差异较大。披露对象为当事用户，则披露者通常应当为从业机构；披露对象为董事会，则披露者应当为总经理或风险管理总监；披露对象为股东（大）会，则披露者应当为董事会或董事长；披露对象为合作机构和商业伙伴，则披露者为从业机构；披露对象为监管机构或行业协会，则披露者应当为从业机构及法定代表人。披露者的风险管理意义在于：一是根据不同披露对象确定披露者，尤其是向监管机构或行业协会的披露，披露者通常为责任者。

二是披露内容必须得到披露者确认后方可进行披露，以避免混乱和误解。三是外部事件和内部事件的披露者差异较大，对于外部事件，披露者通常为总经理或风险管理总监。

（三）披露时间

披露时间即事件处理完毕后，向披露对象披露的具体时间。披露时间涉及两个问题：首先是时间粒度问题，即披露时间的计算单位为周、天、小时还是分钟。通常情况下，事件越严重或影响范围（如当事用户）越大，其时间粒度越小，反之亦然。例如某网络借贷机构发生信用风险事件，借款人逾期未归还借款，则其披露的时间粒度至少应当确定为天。又例如某互联网支付机构发生用户提现失败风险事件，则其时间粒度最好确定为分钟，即处理完成后多少分钟之内立即披露。其次是紧迫性问题，事件处理完毕至披露工作完成的时间长度问题。事件越严重，影响范围越大，其紧迫性越强，时间长度越短，其时间粒度也应当越小。披露时间的风险管理意义在于：披露时间的确定与披露目的的实现密切相关，应当根据披露目的、披露对象合理确定披露时间。

（四）披露地点

披露地点包括披露渠道和送达地点两个问题，披露渠道包括从业机构官网、微博和公众号、从业机构内部通道、点对点通道（仅对当事用户做一对一披露）、公众媒体、监管机构和行业协会官网等，不同渠道往往对应不同披露对象。送达地点即披露对象所在的具体地址，对监管机构和当事用户而言，送达地点尤为重要，监管机构可能要求从业机构以送达纸质形式披露内容，当事用户可能要求获得事件处理结果的纸质材料。披露地点的风险管理意义在于：一是应当根据披露对象选择披露渠道和披露地点，以便披露信息的准确送达。二是不同披露渠道的受众多寡不同，披露内容的详尽程度也应当不同。三是不同披露通道的效果通常不同。四是对于不同事件，往往需要选择不同的披露通道。

（五）披露对象

披露对象即披露内容的接受者。如前所述，披露对象可能包括当事用户、合作机构、商业伙伴、社会公众、监管机构和行业协会、董事会或董事长、股东（大）会等。 披露对象往往决定披露地点的选择，披露对象通常取决于披露目的，同时披露对象与披露内容密切相关。披露对象的风险管理意义在于：一是根据披露对象复核披露地点、披露内容和披露目的的一致性。二是披露对象对披露时间具有较大影响，一般情况下，当事用户对披露时间要求较高，从业机构内部人员对披露时间要求可能较低。

（六）披露内容

披露内容即向披露对象具体披露的信息及格式，具体包括内容详尽程度、内容格式等问题。一般而言，对外部单位和个人的披露，以简洁明了为原则，以详细烦琐为例外，对内部单位和个人的披露则相反。就内容格式而言，通常情况下为电子形式，如前所述，对当事用户、监管机构和行业协会往往需要后补纸质形式披露内容。披露内容的风险管理意义在于：一是根据披露对象不同，复核披露详尽程度。二是根据披露目的，复核披露内容能否实现其目的。三是纸质形式披露应严格按照内部流程办理。

六、善后事宜

对于内部事件，其善后事宜主要工作包括对事件处理过程的总结，对相关责任人员的责任追究，对相关各方反应情况的跟踪，尤其是对当事用户的维护管理。对于外部事件，通常不涉及善后事宜。善后事宜中风险管理应当关注的内容有：一是善后事宜责任人员的落实情况。二是当事用户维护管理的及时性和全面性。三是责任追究的客观性、公平性和适当性。四是对合作单位和商业伙伴回访跟踪的落实情况。善后事宜具体工作构建，大致可参照处理过程，不再重复。

第四节　业务循环系统

业务循环系统是从业机构所有人员（含股东、董事、监事、高级管理人员和其他人员）、信息科技系统、合作机构和客户在经营决策、业务操作、业务合作、使用服务和其他企业运营活动遵循的业务流程构成的动态系统，由于企业业务流程数量较多（通常在 200 个左右）、各业务流程处理事项差别较大，通常将业务流程按其侧重处理的事项划分为业务循环（若将企业业务划分为 10 个业务循环，则每个业务循环的平均业务流程在 20 个左右），由业务循环构成企业的业务循环系统。从业机构业务形态各异，业务流程及业务循环通常千差万别，我们在此并不讨论具体业态的业务循环和业务流程。

一、循环示例

在此，我们先给出一个股权众筹机构的清分结算业务循环示例（相关审批表和台账略去），然后结合该示例对业务循环系统进行简要讨论。

STOPPED

专栏　清分结算业务循环（示例）

一、融资者提现（11 分钟）

（一）触发条件

清算出纳发现融资者提现申请。

（二）业务操作

1．清算出纳复核手续费计算是否正确。（1 分钟）

2. 清算出纳登录托管平台，填写提现信息。(0.5 分钟)

3. 清算会计复核提现信息。(0.5 分钟)

4. 清算出纳提交提现申请。(0.5 分钟)

5. 项目经理向融资者确认资金到账 (银行账户) 情况。(2 分钟)

6. 若未到账，项目经理启动重划账流程。

7. 若到账，清算出纳打印提现记录，项目经理登记《放款到账台账》。(2 分钟)

8. 清算出纳打印划款银行回单装入档案袋。(2 分钟)

9. 清算出纳登记《融资者提现划款台账》。(2 分钟)

10. 清算出纳将档案袋移交项目经理。(0.5 分钟)

(三) 业务标准

1. 档案袋须包括提现记录、划款银行回单。

2.《融资者提现划款台账》清算出纳签字确认提现划款金额、清算会计复核。

3. 清算出纳每 20 分钟查看一次提现申请情况。

4. 清算出纳每月第一个周二与项目经理核对《融资者提现划款台账》和《放款到账台账》的一致性。

(四) 完成标志

资金到达融资者的银行账户。

(五) 涉及部门、岗位

业务成本部门　项目经理

清分结算部门　清算会计

清分结算部门　清算出纳

（六）维护岗位

清算出纳

二、客户提现（7 分钟）

（一）触发条件

1．清算出纳发现客户提现申请，或者在线客服专员提示。

2．提现存在手续费，若不存在手续费，则系统自动完成。

（二）业务操作

1．清算出纳复核手续费计算是否正确。（0.5 分钟）

2．清算出纳登录托管平台，填写提现信息。（1 分钟）

3．清算会计复核提现信息。（0.5 分钟）

4．清算出纳提交提现申请。（0.5 分钟）

5．在线客服专员向客户确认资金到账（银行账户）情况。（2 分钟）

6．若未到账，在线客服专员启动重划账流程。

7．若到账，清算出纳打印提现记录。（1 分钟）

8．清算出纳登记《客户提现划款台账》。（1.5 分钟）

9．清算会计复核《客户提现划款台账》并签字。

（三）业务标准

1．2 万元以上的提现申请，清算出纳通知在线客户专员，在线客户专员进行回访。

2．系统自动实现的提现申请，清算出纳每月第一个周二由信息技术部门负责人提供数据，补录《客户提现划款台账》，打印放款记录。

3．清算出纳每 20 分钟查看一次提现申请情况。

4．每月第一个周三核对《客户提现划款台账》与业务系统记录的一致性。

5．通常情况不启动该流程。

（四）完成标志

资金到达客户的银行账户。

（五）涉及部门、岗位

客户服务部门　在线客户专员

清分结算部门　清算会计

清分结算部门　清算出纳

信息技术部门　负责人

（六）维护岗位

清算出纳

三、重划账（51 分钟）

（一）触发条件

在线客服专员向客户确认资金未到银行账户或者项目经理向融资者确认资金未到银行账户。

（二）业务操作

1．在线客服专员或项目经理按《重划账审批表》办理重划账手续。（30 分钟）

2．清算出纳查询客户的托管账户资金流水，是否处于未划款状

态，若处于未划款状态，在《重划账审批表》填写原因为划款未成功，否则转第 3 步。（2 分钟）

3. 清算出纳与托管平台联系，托管平台查明原因进行处理，清算出纳获取原因及处理结果，若托管平台已将款项完整划至提现客户银行账户，在《重划账审批表》填写原因，转 5 步，否则在《重划账审批表》填写原因，转第 4 步。（5 分钟）

4. 清算出纳或其他人员按《重划账审批表》处理意见进行处理。（10 分钟）

5. 清算出纳、在线客服专员、项目经理分别登记《重划账台账》。（2 分钟）

6. 在线客服专员或项目经理向提现客户确认资金到账情况。（2 分钟）

（三）完成标准

清算出纳、在线客服专员、项目经理各自维护台账，每月第一个周三上午完成对账。

（四）完成标志

资金到达提现客户银行账户。

（五）涉及部门、岗位

客服服务部、在线客服专员

项目承办部门 项目经理

清分结算部门 清算出纳

（六）维护岗位

清算出纳

四、重划账纠正（55 分钟）

（一）触发条件

对账发现重复划账，或收到提现客户划账重复的通知。

（二）业务操作

1. 清算会计、公司会计、在线客服专员、客户经理按《重划账纠正处理表》办理审批手续。（30 分钟）

2. 信息技术部门负责人查找划款电子依据，风险管理部门操作风险管理岗查找划款纸质依据。（5 分钟）

3. 操作风险管理岗核实情况，提出处理意见，并填写《重划账纠正处理表》。（10 分钟）

4. 相关人员按照处理意见执行。（10 分钟）

（三）业务标准

1. 清算会计、公司会计、在线客服专员、客户经理各自处理发现的重划账。

2. 内部审计岗每月第一周的周二抽查是否存在重划账。

（四）完成标志

资金追回。

（五）涉及部门、岗位

客服服务部门　在线客服专员

项目承办部门　项目经理

清分结算部门　清算会计

资金财务部门　公司会计

风险管理部门　操作风险管理岗

风险管理部门　内部审计岗

（六）维护岗位

操作风险管理岗

五、客户账户日核对（10 分钟）

（一）触发条件

每天凌晨 00:00 系统自动启动。

（二）业务操作

1. 清算会计上午 9:00 在业务系统中查看《汇总账户核对表》和《账户日核对表》。（2 分钟）

2. 清算会计逐一核对是否存在不平账现象。

3. 清算会计导出《汇总账户核对表》和《账户日核对表》并保存电子档。（5 分钟）

4. 如果存在不平账，清算会计启动托管账户不平账处理流程。（3 分钟）

（三）业务标准

1. 如果存在不平账，清算会计在 9:30 前启动托管账户不平账处理流程。

2.《汇总账户核对表》和《账户日核对表》保存在指定地点。

3. 如果存在不平账，登记《托管账户不平账处理台账》。

（四）完成标志

导出《汇总账户核对表》和《账户日核对表》并保存电子版。如果存在不平账，清算会计启动托管账户不平账处理流程。

（五）涉及部门、岗位

信息技术部门　维护人员

清分结算部门　清算会计

（六）维护岗位

清算会计

六、客户账户月核对（10 分钟）

（一）触发条件

每月末凌晨 00:00 系统自动启动。

（二）业务操作

1. 清算会计每月第一周周一上午 9:30 在业务系统中查看《汇总账户核对表》和《账户月核对表》。（2 分钟）

2. 清算会计逐一核对是否存在不平账现象。（5 分钟）

3. 清算会计导出《汇总账户核对表》和《账户月核对表》，并打印《汇总账户核对表》纸质档。（3 分钟）

4. 如果存在不平账，清算会计启动托管账户不平账处理流程。

（三）业务标准

1. 如果存在不平账，清算会计在 10:00 前启动托管账户不平账处理流程。

2.《汇总账户核对表》和《账户月核对表》保存在指定地点。

3. 纸质档在当天下午 16:00 前交行政管理部门存档。

4. 如果存在不平账，登记《托管账户不平账处理台账》。

（四）完成标志

导出《汇总账户核对表》和《账户月核对表》并保存电子版，

同时打印《汇总账户核对表》纸质档。如果存在不平账，清算会计启动托管账户不平账处理流程。

（五）涉及部门、岗位

信息技术部门　维护人员

行政管理部门　行政专员

清分结算部门　清算会计

（六）维护岗位

清算会计

七、托管账户不平账处理（45 分钟）

（一）触发条件

出现托管账户不平账。

（二）业务操作

1．清算会计填写《托管账户不平账处理审批表》，并登记《托管账户不平账台账》。（5 分钟）

2．清算会计按《托管账户不平账处理审批表》办理相关手续（约 0.5 天）。（30 分钟）

3．清算出纳执行审批意见，并在《托管账户不平账台账》上做记录。（10 分钟）

（三）业务标准

1．不平账当天处理完成。

2．操作风险管理岗每月第一周周三核对《托管账户不平账处理审批表》和《托管账户不平账台账》一致性。

（四）完成标志

不平账消除。

（五）涉及部门、岗位

风险管理部门　操作风险管理岗

清分结算部门　清算会计

（六）维护岗位

清算会计

八、投资客户对账（10 分钟）

（一）触发条件

投资客户提出对账请求。

（二）业务操作

1．在线客户专员接受用户请求。（1 分钟）

2．支撑专员生成《客户资金流水明细表》和《客户股权流水明细表》。（2 分钟）

3．客户服务部负责人复核《客户资金流水明细表》和《客户股权流水明细表》。（5 分钟）

4．在线客户专员将《客户资金流水明细表》和《客户股权流水明细表》发给投资客户。（2 分钟）

5．若投资客户反馈资金不平，则在线客服专员告知清算会计启动资金不平账处理流程。

（三）业务标准

1．当天处理完成。

2．客户服务部负责人复核《客户资金流水明细表》和《客户股权流水明细表》。

（四）完成标志

在线客户专员将《客户资金流水明细表》和《客户股权流水明细表》发给投资客户。

（五）涉及部门、岗位

客户服务部门　负责人

客户服务部门　在线客户专员

客户服务部门　支撑专员

（六）维护岗位

在线客户专员

九、项目公司股权对账（1 天）

（一）触发条件

每月第一周的周一上午 9:00。

（二）业务操作

1. 项目经理生成《项目公司股权流水明细表》。（1 分钟）

2. 项目经理走签章流程，并在《项目公司股权流水明细表》盖章。（30 分钟）

3.综合管理部行政专员将盖章后的《项目公司股权流水明细表》邮寄给项目公司，并登记《项目公司股权对账台账》。（2 分钟）

4. 项目经理催促项目公司对账确认并回函，回函交综合管理部门存档。（1 天）

5. 若项目公司回函不平，则启动债务不平账处理流程，并登记《项目公司不平账台账》。（2 分钟）

（三）业务标准

1. 若对账不平，当天开始处理。

2. 项目公司回函应盖章。

（四）完成标志

收到项目公司回函。

（五）涉及部门、岗位

综合管理部门　行政专员

项目承办部门　项目经理

（六）维护岗位

项目经理

十、项目公司股权不平账处理（1 天）

（一）触发条件

出现项目公司股权不平。

（二）业务操作

1．项目经理填写《项目公司股权不平账处理审批表》，并登记《项目公司股权不平账台账》。（2 分钟）

2．项目经理按《项目公司股权不平账处理审批表》办理相关手续。（1 天）

3．清算出纳执行审批意见，并在《项目公司股权不平账台账》做记录。（约 10 分钟）。

（三）业务标准

1．不平账当天处理完成。

2．操作风险管理岗每月第一周的周三核对《项目公司股权不平账处理审批表》和《项目公司股权不平账台账》一致性。

（四）完成标志

不平账消除。

（五）涉及部门、岗位

风险管理部门　操作风险管理岗

清分结算部门　清算出纳

项目承办部门　项目经理

（六）维护岗位

项目经理

十一、项目公司资金对账（1天）

（一）触发条件

每月第一周的周一上午9:00。

（二）业务操作

1. 清算会计生成《项目公司资金流水明细表》。（2分钟）

2. 清算会计走签章流程，并《项目公司资金流水明细表》盖章。（3分钟）

3. 综合管理部行政专员将盖章后的《项目公司资金流水明细表》邮寄给项目公司，并登记《项目公司资金对账台账》。（2分钟）

4. 清算会计催促项目公司对账确认并回函，回函交综合管理部存档。（1天）

5. 若项目公司回函不平，则启动资金不平账处理流程，并登记《资金不平账台账》。（2分钟）

（三）业务标准

1. 若对账不平，当天开始处理。

2．项目公司回函应盖章。

（四）完成标志

收到项目公司回函。

（五）涉及部门、岗位

综合管理部门　行政专员

项目承办部门　项目经理

清分结算部门　清算会计

（六）维护岗位

清算会计

十二、资金不平账处理（45 分钟）

（一）触发条件

出现资金不平。

（二）业务操作

1．清算会计填写《资金不平账处理审批表》，并登记《资金不平账台账》。（5 分钟）

2．清算会计按《资金不平账处理审批表》办理相关手续。（30 分钟）

3．清算出纳执行审批意见，并在《资金不平账台账》做记录。（10 分钟）

（三）业务标准

1．不平账当天处理完成。

2．操作风险管理岗每月第一周的周三核对《资金不平账处理审批表》和《资金不平账台账》一致性。

（四）完成标志

不平账消除。

（五）涉及部门、岗位

风险法务部、操作风险管理岗

清分结算部门　清算出纳

清分结算部门　清算会计

（六）维护岗位

清算会计

十三、错划账退款（50 分钟）

（一）触发条件

客户提出或相关人员查出错划账。

（二）业务操作

1．清算会计收到错划账提示，按《错划账处理审批表》办理手续。（30 分钟）

2．清结算部门负责人确认是否存在错划账，若不存在则终止该流程，并在《错划账处理审批表》签字确认，否则清算会计按《错划账处理审批表)》继续下一步流程。（5 分钟）

3．清算出纳或公司出纳按《错划账处理审批表》处理意见处理错划账，登记《错划账处理台账》。（10 分钟）

4．公司会计按《错划账处理审批表》进行会计处理。（5 分钟）

（三）业务标准

1．清算会计接到错划账提示当日按《错划账处理审批表》启动该流程。

2．操作风险管理岗每月第一周周三核对《错划账处理审批表》和《错划账处理台账》一致性。

（四）完成标准

错划账被收回或划出。

（五）涉及部门、岗位

清分结算部门　清算会计

清分结算部门　清算出纳

资金财务部门、出纳

风险管理部　操作风险管理岗

（六）维护岗位

清算会计

示例为清分结算业务循环，该业务循环按客户资金与自有资金账户分开、清分结算部门和资金财务部门分开、清分结算人员与财务人员分开原则设计，该业务循环偏重于处理与客户资金相关的事项。清分结算业务循环由融资者提现、客户提现、重划账、重划账纠正等 13 个业务流程构成。就具体业务流程而言，通常包括触发条件、业务操作、业务标准、完成标准、涉及部门及岗位和维护岗位六部分。触发条件即该业务流程启动的条件，达到该条件，业务流程应当立即启动。业务操作为该业务流程实施的具体操作，业务操作通常包含多个步骤，每个步骤设定了具体时间，设置时间的目的在于：一是便于管理人员估计完成某项或某项业务操作大约需要多长时间，二是便于内部审计人员开展绩效审计，提高执行效率。业务标准为实施业务操作必须遵循的相关标准或质量要求：一来便于操作人员按标准开展业务，保证业务质量；二来便于人力资源管理人员实施绩效考核；三来便于内部审计人员开展效能审计。完成标准即该业务流程完成的标志，也就是业务操作的最终结果

达到何种效果方可视为业务流程结束。涉及部门及岗位为整个业务流程涉及的部门、每个部门下的具体岗位。涉及部门及岗位的意义在于：一是管理人员可以很容易厘清该业务流程涉及的部门和岗位，一旦业务流程出现异常，可以立即召集相关人员讨论研究。二是企业产品或信息科技系统发生变化时，需要调整业务流程时，可以立即召集相关人员讨论流程调整事宜。三是基于业务流程，人力资源管理人员可以比较轻松地梳理出每个部门的具体部门职责和每个岗位的岗位说明书。四是企业人员发生变动，新员工入职培训后，基于业务流程可以比较清楚具体地开展岗位工作，尽量减少由人员变动诱发的操作风险、信用风险等风险事件。维护岗位即负责该业务流程变动的识别、组织和实施的责任岗位，如前所述在企业运营过程中，可能因为信息科技系统发生了升级调整或新产品上线等，需要对原有业务流程进行调整，究竟是否需要调整、需要做哪些调整、怎么调整，需要落实具体岗位，流程维护岗位便为该具体责任岗位。

在对业务循环和业务流程有一定感性认识之后，我们将就梳理小组、流程类型、流程位阶、前置条件、梳理过程等问题继续进行讨论。

二、梳理小组

（一）人员构成

风险管理总监、风险管理人员、内部审计人员、技术人员、财务管理人员、清分结算人员、人力资源管理人员、市场人员、产品设计人员和行政管理人员。涉及信息科技系统外包开发的，还包括外包服务商的需求分析人员和软件设计人员等技术人员。涉及外部合作的，还可能包括外部单位的技术人员、产品设计人员等相关人员。

（二）工作职责

梳理小组的总体工作职责为全面梳理从业机构业务循环，将业务循环分解为业务流程，按示例所示梳理业务流程，并按相关规定对业务循环和业务流程予以发布。

风险管理总监：牵头制定业务循环梳理方案，将企业全部业务初步划分为业务循环，并将业务循环细化为业务流程，在梳理小组讨论基础上确定业务循环和业务流程的划分和名称等事宜，在相关人员梳理出业务流程之后，牵头组织梳理小组人员讨论形成业务流程集和业务循环送审稿。

风险管理人员：负责设计风险管理、配合监管机构监管和行业协会自律相关的业务流程，从风险管理角度对其他人员设计的相关业务流程提出改进意见，并为后续风险识别、评估和应对做好准备。

内部审计人员：负责设计内部审计、配合外部审计等相关业务流程，并从内部审计角度（如通过在业务流程中嵌入日志，以提升业务流程操作的可审计性）对相关业务流程提出改进意见，并为后续风险监察做好准备。

技术人员：负责设计技术开发、技术维护、安全管理等相关业务流程，并就其他人员设计的须信息科技系统实现的业务流程的可行性等提出意见，并为后续技术实现做好准备。

财务管理人员：负责设计财务管理、会计核算等相关业务流程，并就其他人员设计的须支付相关费用的业务流程的合理性等提出意见，并为后续支出做好准备。

清分结算人员：负责设计清分结算、交易数据管理等相关业务流程，如前所述，参与产品设计中相关清结算流程的设计，涉及外部业务合作的，清分结算人员还需与外部合作单位就清分结算流程达成一致。

人力资源管理人员：负责设计人员招录、绩效考核、纪律处分等人力资源管理相关的业务流程，并就其他人员设计的流程中涉及绩效考核等相关内容提出改进意见，为后续绩效考核做好准备工作。

市场人员：负责设计市场推广、市场管理、债权债务管理等相关的业务流程，并就清分结算业务流程等与市场相关的业务流程提出改进意见，为后续清分结算人员与市场人员之间的对账等工作做好准备。

产品设计人员：负责牵头设计产品设计、产品开发和产品上线等相关的业务流程，并就需要技术实现部分与技术人员进行密切沟通，保证产品相关的技术实现的可行性。

行政管理人员：负责设计行政管理、资产管理、采购管理、三会一层会议组织和召开等相关的业务流程，并就需要技术支持的相关部分与技术人员沟通，保障行政工作的效率。

三、流程类型

（一）内部流程与外部流程

业务流程按是否涉及其他合作单位，可划分为内部流程和外部流程。内部流程为业务操作不需要外部单位参与或配合的业务流程。例如网络借贷机构的发标审批流程、股权众筹机构的项目满额复核流程、互联网支付机构的交易数据入库流程等。外部流程为业务操作需要外部单位参与或配合的业务流程。例如网络借贷机构的发标流程，通常需要资金存管方的信息科技系统参与；股权众筹机构的放款流程，通常需要融资人配合；互联网支付机构的对账流程，通常需要商户参与。

区分外部流程和内部流程的意义在于：一是两者的可控程度不同，内部流程从业机构可以完全掌控，但对于外部流程，从业机构往往很难完全掌控，例如在业务操作的时间设置上，内部流程从业机构可以自行决定，而外部流程则需要与外部单位达成一致或在调查统计基础上合理确定。二是内部流程仅涉及内部人员，发生风险事件责任追究时，通常容易分清责任，而外部流程由于涉及外部人员，在信息不完全对称的情况下，有时难以分清责任。三是在流程调整时，内部流程调整工作量相对较小，新流程上线也相对较快，而外部流程调整涉及外部单位，工作量相对较大，且新流程上线需告知外部单位，时间往往较长。

（二）人工流程与自动流程

根据业务流程的业务操作由信息科技系统完成还由有人工完成，可将其区分为人工流程、自动流程和混合流程。人工流程即所有业务操作均由人工实施的业务流程。例如网络借贷机构的质押物入库流程（如车辆质押借款网络借贷机构的质押车辆入库）、股权众筹机构的合伙企业注册流程、互联网支付机构的商户现场核实与拍照流程。自动流程为所有业务操作均由信息科技系统实施的业务流程。例如互联网支付机构的数据清分业务流程等。混合业务流程即部分业务操作由人工完成、部分业务操作由信息科技系统完成的业务流程。例如示例中的客户账号日核对流程、客户账号月核对流程。实际业务中，人工流程和自动流程通常相对较少，而混合流程相对较多，当然具体情况与从业机构的信息化程度高低关系较大。

区分人工流程和自动流程的意义在于：一是两者对风险识别、评估和应对人员的要求不同，前者通常无须技术人员参与，而后者和混合流程往往需要技术人员的参与。二是两者对外部单位要求也不同，前者的风险识别、评估和应对通常由外部单位的相关人员共同配合完成，后者和混合流程往往由对方的信息科技系统配合共同完成。三是两者对客户的影响不同，前者通常可以比较灵活地处理客户的个性化需求，对客户相对友好，后者和混合流程则相反。四是两者的风险管理有效性不同，前者由人工实施，存在一定的随意性，风险管理有效性也具有不确定性，后者则具有极强的一贯性，风险管理绩效也往往较好。

（三）资金流程与非资金流程

根据是否处理资金（客户资金和自有资金），可将业务流程区分为资金流程和非资金流程。资金流程指业务操作处理客户或自有资金的业务流程。例如示例中的客户提现业务流程，直接处理客户存管账户中的资金，使其存管账户资金发生变动；网络借贷机构的满标复审流程，涉及复核机构锁定的客户资金与资金存管方锁定的客户资金的一致性；互联网支付机构的备付金对账流程，涉及核对备付金收付余数据的一致性。非资金流程指业务操作不涉及或处理客户和自有资金的业务流程。例如网络借贷机构的借款标的档案归档业务流程，股权众筹机构的投后非现场监控业务流程，互联网支付机构的商户反洗钱检查流程等流程，均不涉及客户和自有资金，均为非资金业务流程。

资金流程和非资金流程的区别意义在于：一是重视程度不同。由于资金流程涉及客户或自有资金，通常应当给予最高重视程度，非资金流程则可具体分析。二是影响程度不同。资金流程发生操作风险等风险时，可能直接导致客户或从业机构损失，其影响往往比较严重，而非资金流程则需要视情况确定。三是审计人员要求不同。资金流程的审计工作通常需要具有相关财务知识和 IT 知识的人员完成，而非资金流程则需区别对待。

（四）客户流程与非客户流程

按是否由客户参与，业务流程可区分为客户流程和非客户流程。客户流程指需要客户实施业务操作的业务流程。例如网络借贷机构的投标流程、注册流程等业务流程，需要投资客户实施相应业务操作；股权众筹机构的分配利润流程和办理抵质押流程，需要融资客户实施相应业务操作；互联网支付机构的入金流程、支付流程等需要客户实施相应业务操作。非客户流程指业务操作无需客户参与的业务流程。例如网络借贷机构的质押物巡检流程（如质押车辆巡检）、股权众筹机构的融资项目评审流程、互联网支付机构的备付金核对流程等均无需客户参与。

客户流程与非客户流程的区别意义在于：一是是否需要考虑用户体验。客户流程必须考虑用户体验，其设计的优劣直接关系到从业机构业务产品的市场竞争力；而非客户流程对用户体验的要求相对低些。二是是否需要专门人员参与。客户流程通常需要用户体验专业人员参与，非客户流程则可视情况决定。三是自动化程度不同。客户流程应以线上操作为原则，线下操作为例外；而非客户流程则需具体分析。四是权衡程度不同。客户流程往往容易在产品人员和风险管理人员之间产生争议，需要在用户体验与风险管理之间进行权衡，而非客户流程则通常以风险管理人员意见为准，无须太多权衡。

四、流程位阶

不同业务流程可能需要从业机构的不同机构进行最终决定，进而产生流程的位阶问题。通常情况下，流程的最终决定机构包括股东（大）会、董事会、监事会、管理层、个别高级管理人员，甚至中层干部。最终决定机构越高，流程的位阶也就越高，相应地修改调整难度也就越大，消耗的时间也就往往越长。一般来讲，股东（大）会决定的流程通常有股东（大）会召集流程、股东（大）会表决流程、股东（大）会审议流程、股东（大）会决议形成流程等股东（大）会履行职责相关的业务流程。董事会决定的流程通常有董事会召集、审议、表决、决议形成等相关业务流程，基本制度制定相关的业务流程。监事会决定的流程有监事会会议表决、审议和决议形成等相关的业务流程。管理层决定的流程通常为跨不同部门的业务流程，即涉及不同部门的业务流程。个别高级管理人员决定的流程通常为其具体负责部门内部，跨不同岗位之间的业务流程。在产品设计人员和风险管理人员意见一致的情况下，部分客户流程也可由中层干部决定。

流程位阶问题，实际上也是业务流程类型问题，只是因其重要性比较突出，故我们单独进行讨论。流程位阶的意义在于：一是对于客户流程，在风险管理人员和产品设计人员意见一致的情况下，其最高决定机构可以为个别高级管理人员；意见不一致的情况下，最低决定机构为个别高级管理人员。二是为提高从业机构的执行力和效率，在符合相关法律和风险管理要求的情况下，尽量降低业务流程的位阶。三是对于风险管理和资金管理相关的业务流程，其决定机构最好确定为管理层。四是从风险管理角度，除流程决定机构外，其他任何机构和个人不得对流程进行调整修改。

STOPPED

专栏 互联网金融企业真的不需要严格的业务流程吗？

近来，有一种比较流行的观点，即创业公司不需要复杂流程，创业公司的复杂流程控制被称为小企业的大企业病。于是，引发了互联网金融企业是否需要严格流程控制的思考和讨论。我们看来，对于一般创业公司，在创业初期的确无须设计过于复杂的业务流程以降低效率，制约活力。但这并不适合互联网金融企业，理由为：

一是互联网金融行业不适合创业公司涉足。创业公司失败率很高，其他与公众生命财产安全无关的行业，创业公司创业失败往往仅影响创业者自身，而在互联网金融行业进行创业，其失败则直接影响到公众的财产安全。就犹如医疗行业不允许普通人员进行创业是一个道理。二是本轮互联网金融整治前后，部分网络借贷机构频频跑路本身便是创业公司不适合从事互联网金融行业的有力例证。三是金融是一件严肃的事情，轻则涉及客户的资金安全，重则影响金融稳定，其从业机构必须对相关业务实施严格复杂的流程管理，不可轻易草率从事。四是效率和活力与资金安全和金融稳定相比，后者更为重要。从业机构的效率和活力对于其自身而言，当然重要。但就资金安全和金融稳定而言，则对其客户、区域甚至国家而言，更为重要。当然，就互联网金融企业而言，对于不涉及客户资金和融资项目等事项，可以适当灵活处理。

五、前置条件

前置条件即从业机构建立业务循环系统的必要条件。在前置条件具备前，很难构建业务循环系统，前置条件不合理，也往往难以建立合理的业务循环系统。我们认为，业务循环系统的前置条件至少包括组织结构、部门设置和岗位职责等内容。

（一）组织结构

众所周知，组织结构包括创业型组织结构、职能制组织结构、事业部制组织结构、M 型组织结构、矩阵制组织结构、H 型组织结构和多国企业组织结构等多种形式。因此，从业机构面临的首要问题便是组织结构选择问题。我们认为，如前所述，互联网金融企业并不适合创业公司，因此其组织结构应当排除创业型组织结构。矩阵制组织结构具有较大优势，且互联网金融行业的产品设计、项目开发等工作涉及面广，因此可适当采用矩阵制组织结构。

就从业机构的常规组织结构而言，初创期从业机构通常以职能制组织机构为宜（示例便是基于职能制组织结构设计），待业务规模发展到一定程度后，可考虑事业部制组织机构等其他组织结构。

职能制组织结构将从业机构常规业务划分为不同部分，每个部分由一个独立职能部门负责，管理层则由高级管理人员负责管理一个或多个职能部门。在职能部门中，清分结算部门、风险管理部门和内部审计部门通常为从业机构必须设置的部门，尤其是清分结算部门负责管理客户资金，必须与管理自有资金的资金财务部门分立。在高级管理人员方面，我们认为，若对其存在客户数量和交易规模方面的业绩考核，则市场部门、产品部门和技术部门可由一个高级管理人员负责管理，若无前述业绩考核要求，则最好将市场部门和产品部门、技术部门分别由不同高级管理人员负责，否则其容易为降低技术实现难度、减轻技术实现工作量而减损客户体验。职能制组织机构的另一个要点是在每个职能部门下设置具体的岗位，同时每个岗位可配置多人。

关于矩阵制组织结构，即在职能制等职责结构基础上，为处理临时性任务设置项目组，从相关职能部门抽调人员参与项目组，完成特定工作。实际上前述产品小组、事件小组和本部分的梳理小组便为矩阵制组织结构。

（二）部门设置

如前所述，对于职能制组织结构，必须设置相应的职能部门，矩阵制组织结构也基于一定的职能部门。关于部门设置，比较突出的问题包括设置权限、部门多寡和部门职责三个问题。

按《公司法》规定，部门设置为董事会的基本职责，董事长和总经理均无权决定部门设置。这种权限配置对传统稳定发展行业完全必要和可行。但对于快速发展的互联网金融行业，在“快鱼”吃“慢鱼”而非“大鱼”吃“小鱼”的情况下，从业机构若不能根据行业发展情况，迅速做出业务调整以及与之匹配的部门调整，则不免降低其竞争能力。为此，从业机构必须对部门设置权限进行适当变通：一种选择是将部门设置权限授予董事长，甚至总经理，以便其相机行事，提高企业的市场反应能力。另一种选择是董事会一次性设定一个比较全面的部门设置，授权董事长或总经理根据业务发展需要对相关部门进行适当合并，在业务发展到一定阶段再行分立。

关于部门多寡，经我们分析，传统互联网企业+金融的从业机构，其部门设置往往较少，甚至缺乏独立的风险管理部门和内部审计部门等必备部门；而传统金融企业+互联网的从业机构则往往相反，风险管理部门、内部审计部门为必备部门，但对互联网运营相关部门则配置不足。我们认为，部门多寡是表面问题，实质在于从业机构是否深入认识到互联网金融的风险实质，并结合互联网运营特点，设置相应的部门。如前所述，对于从业机构，清分结算部门等三个部门应当独立设置，当然对于规模较小的从业机构内部审计部门可以和风险管理部门合并。

关于部门职责，即从业机构在设置部门的基础上，必须明确部门职责，在业务循环系统和内控制度系统（又称“管理制度系统”，下同）建设完成之前，设置明确具体的部门职责具有极大的挑战性，往往只能规定一个比较粗略的职责框架，以指导业务循环系统和内控制度系统的建设，在两个系统建设完成后，尚需根据建设结果进行细化明确。也就是说部门职责的设定存在一个迭代过程。

（三）岗位职责

在设置部门之后，随之而来的便是设置具体岗位、明确岗位职责。按《公司法》规定，岗位设置和岗位职责无须经董事会审定，按理不存在影响从业机构效率的相关问题，但部分从业机构可能面临岗位设置及人员配置需股东批准问题。与部门设置权限相似，这势必严重影响从业机构灵活性和市场竞争力。岗位设置权限和人员数量配置问题，有待从业机构管理层加强与股东沟通，尽量减少其对具体岗位设置和人员数量配置的干预。对于具体岗位设置，从业机构须把控的问题主要是岗位设置必须符合内部控制职责分离等原则，避免操作风险。对于岗位职责，与部门职责相似，同样存在一个迭代过程，在业务循环系统建设完成之前，通常只能做出一个粗略的设置，待业务循环建设完成之后，根据建设结果对岗位职责进行补充完善。

六、梳理过程

梳理过程也即是业务循环系统的建设过程，总体而言，包括成立梳理小组、复核前置条件，制定梳理方案、初步讨论、草案审定和定稿发布等过程。

（一）成立梳理小组

前面已提及梳理小组的大体人员构成，理想情况下，按前述构成抽调人员成立梳理小组即可。但在实务中，成立工作相对复杂些，尤其是从业机构高级管理人员较多的情况下更是如此。为顺利推进该项工作，我们建议最好由从业机构的董事长组织所有高级管理人员就梳理工作召开专题研究会，在管理层人员之间达成共识，明确目标和意义，这样后续梳理工作方可较为顺利。当然，若条件允许，可在梳理小组之上，设立所有高级管理人员参与的领导小组，定期听取梳理进展，及时进行决策。根据我们的经验，若管理层对梳理工作缺乏足够的认知和共识，梳理工作很可能半途而废，至少难以达到预定目标。

（二）复核前置条件

主要任务：一是复核组织结构、部门设置和岗位职责等是否存在制约从业机构应对行业环境快速变化方面的问题。例如组织结构是否仍为创业型组织结构，部门设置权限是否进行了适当授权，岗位设置和人员配置权限是否由管理层决定等。二是复核组织结构、职能部门和具体岗位的职责是否相对清晰。包括股东（大）会、董事会、监事会和管理层之间的职责是否清晰准确（三会一层相关人员的培训工作由基础支撑系统提供）；部门职责是否具有完备性（所有部门的职责汇总后是否能覆盖从业机构的所有业务）、部门职责是否清晰（部门职责是否相对清晰，足以指导后续业务流程梳理工作）；岗位设置是否完备、岗位职责是否相对清晰。三是复核人员配置情况。即复核高级管理人员的职责分工是否合理，中层干部是否具备足够胜任能力，岗位人员是否到位。

复核人员：鉴于前置条件的重要性，复核前置条件最好由梳理小组组长亲自完成，同时便于其直接就复核情况向管理层及董事会提出改进意见。

复核结果：复核工作完成后，复核人员应当提出不符合之处，并逐一提出改进建议。对于影响后续工作的不符合之处（例如创业型组织结构调整为职能制组织结构），应当与相应决策机构达成一致后方可继续后续工作，对于影响较小的不符合之处，改进工作可与梳理工作并行。因此，复核人员必须审慎确定两类不符合条件的类型。

（三）制定梳理方案

梳理小组成立且达到前置条件基础后，便可立即着手制定梳理方案。梳理方案也就是整个业务循环系统建设的工作方案，因此梳理小组必须在梳理方案经充分讨论达成一致后开始行动。在制定梳理方案过程中，需注意几个问题：一是分阶段。如前所述，从业机构业务流程数量较多，涉及面广，很难一蹴而就。根据我们的经验，梳理工作最好分阶段进行。对于涉及客户资金、风险管理方面的业务流程可放在后阶段梳理，以便梳理人员在取得比较丰富经验的基础上保证质量。二是定模板。梳理工作通常由多人进行，梳理工作开始前，若不确定统一模板，则必然导致各梳理人员梳理的业务流程的格式、要素、粗细程度等五花八门。因此，梳理方案应当明确业务流程的模板，各梳理人员均按统一模板梳理。示例为一种模板，各从业机构可根据自身实际情况确定切实可行的模板。三是定原则。业务流程的业务操作必须符合内部控制要求（如职责分离），同时还必须符合可操作性、可考核性等要求。因此，梳理方案须确定业务流程梳理中应当遵循的原则，一来指导梳理人员开展梳理工作，二来指导审查人员进行初步审查。四是责任到人。在梳理方案中，梳理小组首先须将从业机构所有业务按一定标准划分为若干业务循环，再将业务循环细分为业务流程，业务流程的具体要素由梳理人员补充完成。为提高梳理方案的可行性和可控性，应落实每个业务流程的梳理人员和初步审查人员、梳理完成时间和审查完成时间，梳理人员在梳理完成时间内完成具体要素的补充工作，初步审查人员在审查完成时间内审查完每个业务流程的完备性（所有要素是否补充完整）和合理性（业务操作是否违反原则和内控要求）。五是预留讨论时间。业务流程经初步审查人员审查后，通常情况下完备性和合理性并不存在太大问题。但实务中往往出现单个业务流程完备合理，但业务流程之间存在冲突的问题，尤其是不同梳理人员梳理的业务流程，业务流程之间的冲突往往难以避免。为解决此类问题，一方面梳理方案应指定专门人员统一把关（最好由梳理小组组长），另一方面发现冲突后由梳理小组讨论解决。因此，梳理方案必须为讨论预留足够时间。

（四）初步讨论

在梳理方案制定后，梳理小组相关人员按梳理方案进行业务流程梳理，初步审查人员进行审查。之后，如前所述，需进行梳理小组内部讨论。初步讨论分两种情况：一种情况是梳理小组组长对业务流程的完备性、合理性和冲突进行统一把关。此时，初步讨论内容仅限于梳理小组组长尚有待征求各方意见的事宜，其他内容由其自行决策。另一种情况是梳理小组组长指定的其他人员进行统一把关。此时，通常需要被指定人员就审查出的相关问题逐一讨论，梳理小组组长在听取各方意见后决策。不管哪种情况，梳理小组均应就审查出的所有问题及解决方法逐一记录，以便向相关决定机构重点说明。另外，在初步讨论中，除相关业务流程的梳理人员和初步审查人员应当参与外，其他小组成员也最好参与，以便提高后续梳理和初步审查工作的质量。

（五）草案审定

业务流程经梳理小组讨论决定后，形成业务流程草案，梳理小组组长应根据流程位阶将业务流程草案交决定机构决定。在产品设计中涉及的业务流程，通常由产品小组内部决定即可。在提交业务流程草案时，梳理小组组长应当就初步讨论中涉及的问题向决定机构进行重点说明，以便其有针对性地决策。另外，决定机构在审定业务流程时，很可能会对业务流程的完备性、合理性等提出修改意见。对于这些意见，梳理小组组长应当区别对待，与实际情况相符的，可接受；与事实存在差异的，应当予以说明并据理力争，毕竟决定机构对业务的熟悉程度比较有限。切不可轻易折中妥协，为后续业务运营埋下诱发风险事件的隐患。

（六）发布试行

业务流程草案经决定机构审定后，从业机构最好以公司名义发文公布。

一来传达业务流程具有刚性的信息，所有人员只能遵照执行，不能随意变动，若要变动必须以公司另行发文为准。二来也可体现业务循环系统的正式性和规范性，以提高人员的遵守意识和对业务流程相关要求的敬畏。

业务流程发布之后，接下来便是试运行。在试运行中，风险管理人员应当密切关注试运行中的相关问题，结合试运行中的相关问题，风险管理人员便可启动系统性的风险识别、评估和应对等工作，以便进行业务流程的第二轮迭代。

第九章 ➤ 全面风险管理体系（二）

第八章介绍了基础支撑系统、产品系统、事件系统和业务循环系统。本章，我们继续介绍管理制度系统、报告系统和数据库系统。

第一节　管理制度系统

与业务循环系统相似，管理制度系统是从业机构所有人员（含股东、董事、监事、高级管理人员和其他人员）、信息科技系统、合作机构和客户在经营决策、业务操作、业务合作、使用服务和其他企业运营活动遵循的管理制度构成的动态系统。从业机构业务形态各异，管理制度差别加大。在此，我们仅就管理制度系统的制度位阶、制度类型、与流程的关系、初建小组、建设方案、初建过程等共性问题做简要讨论。

一、制度位阶

按《公司法》规定，董事会制定基本制度，总经理制定具体制度。除《公司法》提及的基本制度和具体制度外，管理制度系统所称的制度还包括出资人协议、公司章程、股东（大）会决议、董事会决议、管理层纪要等具有规范指导意义的文件。另外，也包括从业机构的分公司、职能部门在其职责权限范围内制定的具有规范指导意义的文件。

可见，管理制度系统所称的“制度”是指相关决定机构制定的具有规范和指导意义的文件。其中，决定机构包括股东（大）会、董事会、监事会、管理层、部分高级管理人员、中层干部等。从决定机构的权力层次看，第一是股东（大）会处于决策权力顶端，第二是董事会和监事会，第三是管理层，第四是部分高级管理人员，第五是中层干部。与权力层次相应的便是制度的效力层次：公司章程类似于国家宪法，从业机构的任何制度均不得与之相抵触，具有最高效力[出资人协议仅约束股东，其对从业机构的影响通过股东（大）会形成的决议或章程体现，并不具有直接约束力]；股东（大）会制定的制度具有较高效力，任何其他制度均不得与之相抵触；顺次是董事会和监事会制定的制度；最后是中层干部制定的制度，其效力最低，不得与公司章程，董事会、监事会、管理层和部分高级管理人员制定的制度相冲突。

据此，管理制度系统的制度位阶为：出资人协议、公司章程和股东（大）会制定的制度为第一位阶；董事会、监事会制定的制度为第二位阶；管理层制定的制度为第三位阶；部分高级管理人员制定的制度为第四位阶；中层干部制定的制度为第五位阶。制度位阶越低，修改变动的效率越高，反之亦然。

制度位阶的风险管理意义在于：一是灵活性问题。与业务流程相似，互联网金融企业需要极强的灵活性以适应快速变动的市场，反映在制度位阶上，在风险可控情况下，应将制度位阶“下沉”，尽量减少高位阶制度的数量，尽量增加低位阶制度的数量。一个理想的制度体系应该是制度位阶越高，其制度数量越少，制度内容越原则，反之制度数量越多，制度内容越具体。二是内容划分问题，即哪些内容应归入高位阶制度、哪些内容应归入低位阶制度。我们认为，就互联网金融企业而言，风险管理、内部审计、财务管理等相关内容应归入高位阶制度，而产品设计、市场推广、IT 运营等内容最好归入较低位阶制度，以提升灵活性。三是冲突机制。如前所述，多个制定机构均可制定制度，随之而来的问题便是制度之间的冲突问题，具体包括低位阶制度抵触高位阶制度问题，同位阶制度之间的冲突问题，制度与法律冲突问题，制度与《企业内部控制基本规范》和《企业内部控制应用指引》等冲突问题。这样便产生了如何识别冲突、如何解决冲突的问题。

我们认为，为解决前述问题及其他相关事项，从业机构最好制定《建章建制规则》，规范制度建设行为，提升制度的刚性、规范性和灵活性。在此，我们给出一个《建章建制办法（示例）》。

STOPPED

专栏 建章建制办法（示例）

第一章 总则

第一条　为规范公司建章建制工作，保障××××××公司（简称“公司”）的合法权益，根据《公司法》和《公司章程》等规定，制定本办法。

第二条　公司制度和分公司规定的制定、修改和废止，适用本办法。

第三条　本办法所称公司制度是指公司各级决定机构审议通过的规范性文件。决定机构视情况可为董事会、监事会、办公会等。

第四条　本办法所称分公司规定是指分公司颁布的仅适用于本分公司的规范性文件。

第五条　公司制度和分公司规定的制定、修改和废止应当遵循计划性、时效性和适用性原则。

第二章　公司制度

第六条　公司制度的立项、起草、审查、审定、颁发、解释，适用本章之规定。

第七条　公司制度的名称一般称“规则”、“办法”，也可称“制度”。

第八条　董事会制定、修改和废止的基本制度，可由公司相关部门按照本章之规定立项、起草、审查和审定后，报董事会决议，其名称遵从前条规定。

前款所称的基本制度是指规范如下事项的制度：

（一）公司高级管理人员管理制度相关事项；

（二）财务会计管理制度相关事项；

（三）资产采购及管理相关事项；

（四）风险管理相关事项；

（五）董事会下设专门委员会相关事项；

（六）董事会认为应当由其制定基本制度的其他事项。

第九条　监事会可根据需要制定、修改和废止其履行职责所需的相关制度，该等制度可比照基本制度制定。

第一节　立项

第十条　每年年初由综合管理部牵头，结合公司实际情况，拟定年度制度建设计划。

第十一条　年度制度建设计划报经公司办公会审定，由责任部门或责任分公司（本章统称“责任部门”）实施。

第十二条　原则上申请立项的部门或分公司为责任部门；根据公司领导指示制定、修改和废止的制度，由综合管理部报经公司领导确定责任部门。责任部门负责办理制度的起草、审查、审定、颁发、解释等事宜。

第十三条　年度制度建设计划在执行中可以根据实际情况报经董事长、执行董事和总经理同意后予以调整。

第十四条　未列入年度制度建设计划但又确需制定、修改和废止的制度，由职责最相关的部门或分公司报经董事长、执行董事和总经理同意后修订并列入年度制度建设计划。

第十五条　各部门和分公司报送的立项申请，应当说明所要解决的主要问题、拟确立的主要制度和可能涉及的部门。

第二节　起草

第十六条　公司制度由年度制度建设计划确定的责任部门负责实施起草工作，形成公司制度草案。

第十七条　公司制度草案应当与主管部门相关规定和《公司章程》保持一致，对现行制度进行修订或废止的应特别予以说明。

第十八条　公司制度草案应当符合公司实际，具有可操作性，并与各部门和分公司职责相一致。责任部门应当就涉及其他部门和分公司职责或者与其他部门和分公司关系紧密的规定，与有关部门和分公司进行充分沟通。

第十九条　公司制度草案应当按照公司公文处理相关规定排版，并以适当形式标明“征求意见稿”。

第三节　审查

第二十条　责任部门完成公司制度草案后，应当发送至公司各部门和分公司征求意见，并同时报送公司领导。责任部门应当为各部门和分公司留足时间供各部门和分公司研议公司制度草案，原则上一个公司制度草案征求意见的时间不得短于2个工作日。

第二十一条　各部门和分公司应当在前款规定时间内及时书面回复责任部门；逾期不回复的，不影响责任部门对公司制度草案的后续工作，同时责任部门可将其逾期情况报送综合管理部门，由综合管理部纳入绩效考评。

第二十二条　风险法务部应当依据现行法律法规和相关监管要求等规定，对责任部门发送的公司制度草案进行审查，并出具制度审查报告，原则上一个公司制度草案的审查时间不得短于3个工作日。

第二十三条　在征求各部门和分公司意见和风险法务部审查意见后，责任部门应当牵头召开由公司领导主持的专题会议，对公司制度草案进行研究，形成送审稿。责任部门在召开专题会议之前，应当书面回复风险法务部出具的制度审查报告，以便风险法务部在专题会议上就未采纳建议等发表意见。

第四节　审定与发布

第二十四条　公司制度送审稿由责任部门报请公司办公会审定。责任部门在报请公司办公会审定公司制度时，应当将各部门和分公司的意见及采纳情况、风险法务部的审查意见及采纳情况一并提交公司办公会。

第二十五条　公司制度送审稿经公司办公会审定后，责任部门原则上应当在公司办公会结束之日起5工作日内，根据公司办公会精神对公司制度送审稿进行修订，经风险法务部复核后，形成发布稿。

第二十六条　责任部门在形成发布稿后，应当立即按公司发文流程报经公司领导最终审定，并由综合管理部统一发布。

第二十七条　公司办公会认为应当由董事会制定、修改和废止的基本制度，责任部门应当按董事会相关议事规则报请董事会决议。

第二十八条　公司制度原则上自印发之日起施行。

第二十九条　责任部门负责跟踪其起草的制度的执行情况（如是否符合公司实际、是否符合监管要求、是否符合相关法律法规和政策规定等），并及时提出修订建议。风险法务部可在有关制度执行情况的审计中对制度适用性进行评估，并提出修订建议。

第五节　解释和其他

第三十条　公司制度原则上由起草部门和分公司解释，最终解释权归最终审议通过机构。

第三十一条　公司制度的解释与公司制度具有同等效力。

第三十二条　公司制度的修改和废止程序，适用本章的有关规定。

公司制度的部分条款被修改或者废止的，责任部门必须发布新的制度文本。

第三章　分公司规定

第三十三条　各分公司可参照本办法第二章开展分公司规定的制定、修改和废止工作。

第三十四条　分公司规定的名称一般称“某某分公司规定”。

第三十五条　涉及两个以上分公司的事项，应当制定公司制度。

第三十六条　涉及不同岗位的分公司规定和有关业务操作的分公司规定，原则上应当由风险法务部依据相关法律和《企业内部控制基本规范》及其配套指引进行审查。

第三十七条　送交风险法务部审查的分公司规定，风险法务部应当从以下方面进行审查：

（一）是否符合法律、《公司章程》和公司制度的规定；

（二）是否属于本分公司职能；

（三）是否应当制定公司制度；

（四）是否符合内部控制原则；

（五）其他需要审查的内容。

第四章 效力

第三十八条 《公司章程》和股东会决议具有最高的效力，一切公司制度和分公司规定均不得与其相抵触。

第三十九条 董事会通过的公司制度和董事会决议的效力高于办公会审定的公司制度；公司制度的效力高于分公司规定；分公司规定之间具有同等效力，在各自的规范范围内施行。

第四十条 同一机构制定的公司制度和分公司规定，特别规定与一般规定不一致的，适用特别规定；新的规定与旧的规定不一致的，适用新的规定。

第四十一条 不同的分公司的规定之间发生冲突时，由共同上级裁决。

第五章 附则

第四十二条 为执行公司制度和分公司规定，公司、分公司和各部门可拟定相关流程，进一步明确操作时间要求等要素，但相关流程均不得与公司制度和分公司规定相冲突。

第四十三条 本办法所称工作日及依据本办法制定的公司制度涉及的工作日，均指完整工作日。

本办法发布前已实行的公司制度适用前款规定。

第四十四条 本办法由公司董事会审议通过，由董事会负责解释，自××××年××月××起施行。

二、制度类型

（一）决议纪要和制度规范

按制度的表现形式不同，制度可区分为决议纪要和制度规范。

决议纪要即制定机构以会议决议或会议纪要形式发布的规范、指导性文件。通常情况下，股东（大）会、董事会和监事会召开定期会议和临时会议后，均会以决议形式发布会议成果。其中，含有规范和指导意义内容的文件便是决议类制度。例如授权董事长行使决定公司职能部门的董事会决议，对后续公司运营具有规范指导意义；决定内部审计机构负责人必须向监事会负责并报告工作的监事会决议，对公司内部审计必然具有规范指导意义。同时，管理层全体人员或部分高级管理人员在对相关事项进行决策时，会形成会议纪要，对于具有规范指导意义的会议纪要，便是纪要类制度。例如管理层决定客户资金必须实行同卡进出的纪要，对产品设计、业务运营和市场推广均具有规范指导意义，便为纪要类制度；某高级管理人员与外部合作单位商谈业务的会议纪要中明确双方在未来三年内均采用差额结算机制进行资金清分结算，该纪要内容对后续业务合作必然具有规范指导意义，也是纪要类制度。决议类制度和纪要类制度统称为决议纪要类制度。这类制度的特点为：一是形式相对隐蔽。制度规范的内容明确，很容易判断出其是否为制度；而决议纪要则需要根据其具体内容确定其是否具有规范指导意义，才能判断其是否为制度。因此，形式相对隐蔽。二是制定流程相对宽松。制度规范通常需要经过较为严格的流程，决议纪要则未必，尤其是纪要类制度，有时甚至是各方妥协的结果。三是刚性不同。由于决议纪要类制度制定流程相对宽松，因此，其刚性相对较弱，而制度规范则恰好相反。

制度规范指从业机构以章节条文形式发布的具有规范指导意义的文件。这类制度规范为制度的常见形态，其名称通常为某某制度、某某管理办法、某某规则等。这类制度的特点与决议纪要类制度恰好相反。

决议纪要和制度规范的区分意义在于：一是除制度规范外，风险管理人员务必关注和重视决议纪要类制度，对于决议类制度，应重点关注低位阶制度与之冲突的问题；纪要类制度，则应重点关注其对业务发展的影响，对风险管理（如市场风险、操作风险）的意义等。二是对同一机构的决议纪要和制度规范而言，决议纪要通常不得与制度规范相抵触，原因在于后者的制定流程更为严格。三是部分事项最好以制度规范形式发布。例如《劳动合同法》规定企业直接涉及劳动者切身利益的规章制度，应当与工会或者职工代表平等协商确定。若从业机构以决议纪要形式发布与劳动者切身利益相关的规章制度，明显欠妥。

（二）内部制度和外部制度

根据制度约束的对象，可将制度区分为内部制度、外部制度。

内部制度指仅规范指导企业内部人员和从业机构自有信息科技系统的制度。例如《股东（大）会议事规则》规范和指导股东及股东（大）会的相关行为，《董事会议事规则》规范和指导董事和董事会相关行为，《风险管理委员会议事规则》规范和指导董事会下设风险管理委员会自身及其委员的相关行为，《信息科技系统核心参数管理规定》规范和界定信息科技系统核心参数及保密规则并规范科技人员的配置等行为，《密钥体系管理办法》规范和指导从业机构密钥的生成、分发和销毁等行为。外部制度指涉及规范指导企业外部人员相关行为或外部单位科技信息系统的制度。例如网络借贷机构的《借款人贷后检查办法》，除规范指导其市场人员和风险管理人员等人员的行为外通常还规范指导借款人的行为（如配合检查、问题整改等）。股权众筹机构的《融资项目管理办法》，除规范指导其项目人员、风险管理人员和财务人员等人员的行为外，通常还涉及融资人的行为（如配合尽职调查、评估担保物等）。互联网支付机构的《业务处理系统技术接口管理办法》，除规范指导其自有信息科技系统的技术接口参数、开放和关闭等事宜外，通常还规范指导商户方信息科技系统的技术接口接入方式、参数配置和启停机制等事宜。

内部制度和外部制度的区别意义在于：一是内部制度的约束对象仅限于企业内部人员或自身信息科技系统，企业对内部制度的可控制性强，从业机构可根据自身实际情况，结合相关规定进行制定，无须与相关方达成一致，也无须考虑其接受程度等。相反外部制度约束对象包括了外部人员和外部合作单位的信息科技系统，在制定和调整过程中须与相关方达成一致或评估制度对相关方的影响。二是内部制度涉及人员较少、涉及面较窄，在进行后续风险管理（识别、评估和应对）时相对容易，反之外部制度相对较难。三是内部制度在制定和调整过程中，可由从业机构的中台人员和后台人员起草，而外部制度由于涉及外部单位尤其是客户，通常需要由前台人员起草，至少应主要征求其意见。

（三）风险制度和业务制度

按制度所规范指导的内容是否与风险管理相关，可将制度区分为风险制度和业务制度。

风险制度指规范和指导从业机构风险管理事宜的制度。例如从业机构的《全面风险管理制度》规范和指导从业机构实施全面风险管理的相关工作、落实相关部门职责、规定相关管理原则等事宜。网络借贷机构的《借款人信用评分管理制度》规范和指导风险管理人员和市场人员对借款人进行申请评分和评级时应当遵循的原则、方法等事宜，以评估借款人信用风险事件发生的概率及损失大小，实施贷前信用风险管理。股权众筹机构的《抵质押品管理制度》规范和指导其风险管理人员对融资人或第三人提供的抵质押品的相关管理工作，防范信用风险和操作风险等风险。互联网支付机构的《商户风险管理制度》规范和指导其对商户的准入标准、定期巡检、清分结算、强制解约等事宜，用以防范商户诱发的合规风险、操作风险和信用风险等风险。业务管理制度指规范和指导从业机构风险管理以外所有其他事宜的制度。例如从业机构的《会计核算制度》、《财务报销制度》、《工作会议管理办法》等通常不直接涉及风险管理事宜。当然，实务中要严格区分风险制度和业务制度较难，并且实际上所有制度最终均可视为风险管理制度，纯粹的非风险制度基本不存在。

风险制度与业务制度的区别意义在于：一是决定机构不同。互联网金融业务本质上仍是金融，互联网金融企业在实质上均为金融中介机构（当然有信息中介和信用中介之分）。风险对于金融中介机构具有极端重要性。因此，从业机构的风险制度为其基本制度，应当由董事会审定通过。我们认为，即使在考虑增强从业机构灵活性进行适当授权的情况下，风险制度也不适宜董事会对外授权。相反，业务制度则可视情况由较低层级的决定机构审议通过。二是刚性程度不同。鉴于风险对从业机构的重要性，风险制度在制定和实施过程中，均应保持相当强的刚性，不宜出现过多的可自由裁量的内容。相反，为增加从业机构的灵活性、发挥人员的积极性，业务制度则可视情况做出一些可自由裁量的规定。三是表现形式不同。基于风险的重要性和风险制度的刚性，风险制度通常应当采用制度规范形式，不宜采用决议纪要形式，即使在特殊情况下采取了决议纪要形式，也应当尽快将其上升为制度规范形式。而业务制度则可视情况，灵活选取表现形式。

（四）监管相关制度和监管无关制度

按制度内容是否与法律、监管机构和行业协会的要求相关，可将制度区分为监管相关制度和监管无关制度。

监管相关制度即其内容为贯彻、落实法律规定、监管机构和行业协会的监管要求和标准的制度。例如网络借贷机构为落实中国互联网金融协会发布的信息披露相关要求制定的《信息披露管理制度》，为落实《网络借贷信息中介机构业务活动管理暂行办法》相关要求制定的《反洗钱管理制度》。股权众筹机构为贯彻相关法律规定制定的《投资人管理制度》，对适格投资人及投资者人数进行特别规定；互联网支付机构为落实监管机构关于客户备付金管理相关规定，制定的《客户备付金管理制度》。监管无关制度即其内容并非贯彻、落实法律规定、监管机构和行业协会的监管要求和标准的制度，例如从业机构制定的《清分结算管理办法》、《信息安全管理办法》等制度。与风险制度和业务制度相似，实务中也存在部分制度难以区分其为监管相关制度和监管无关制度的情形。往往一项制度部分内容与监管相关、部分与监管无关，出于审慎考虑，这种制度我们也将其视为监管相关制度。

监管相关制度和监管无关制度的区别意义在于：一是表现形式不同。监管相关制度直接反映法律、监管机构和行业协会的要求，监管机构和行业协会实施监管和行业自律时，通常要求从业机构将相关制度装订成册，甚至报其备案。因此，在表现形式上应当采用制度规范格式，而非决议纪要形式。而监管无关制度则可视情况采用两种表现形式。二是合规要求不同。监管相关制度的内容必须与法律、监管机构和行业协会的要求相一致，不得与之抵触，并对其进行细化和落实，因此监管相关制度相关草案在审查时，除内部控制相关要求外，还需要以法律、监管机构和行业协会的相关要求为依据进行合规性审查。而监管无关制度则通常仅需要从内部控制要求角度进行合规性审查。三是刚性要求不同。监管相关制度中法律、监管机构和行业协会有相关要求的，制度内容只能按照相关要求设定，从业机构不得设定自由裁量。相反，监管无关制度则可根据实际情况设定自由裁量规定。

（五）资金制度和非资金制度

根据规范指导事项是否涉及从业机构自有资金或客户资金，可将制度区分为资金制度和非资金制度。

资金制度指规范和指导从业机构自有资金或客户资金管理的制度。例如从业机构的财务报销、会计核算等相关制度，规范和指导其自有资金管理。网络借贷机构的客户资金存管相关制度，股权众筹机构的融资客户放款管理相关制度，互联网支付机构的清分结算制度，这三类机构的资金不平账处理相关制度。这些制度均规范和指导三类机构的客户资金管理。非资金制度指规范和指导从业机构自有资金和客户资金外其他事项管理的制度。非资金制度不涉及资金，其中部分制度与资金制度相比重要性较弱，但也有部分制度的重要性与资金制定相同。例如与客户债权债务管理相关的制度、与资金无关的风险管理制度等。

资金制度与非资金制度的区别意义在于：一是位阶要求不同。与风险制度相似，基于其重要性，通常由董事会等机构审定。同理，即使授权董事长行使董事会部分职权，也不应将资金制度的决定权授予其行使。相反，非资金制度则可以根据具体情况，决定由董事会审定还是授权董事长审定。二是合规要求不同。资金制度除须遵守内控相关要求外，还需遵循国家关于资金管理的相关规定，因此在进行制度合规性审查时，还需要以国家资金管理相关规定为依据。三是与风险制度相似，刚性程度不同，不再重复。

（六）技术实施制度和人工实施制度

根据制度内容主要由信息科技系统实施还是由人工实施，可将制度区分为技术实施制度和人工实施制度。

技术实施制度指其内容主要由信息科技系统实施的制度。例如从业机构敏感数据加解密相关的制度，主要由相关软件系统和硬件系统（如硬件加密机）实施。网络借贷机构的自动批量对账相关的制度，主要由网络借贷机构和资金存管机构的业务处理系统自动实施。股权众筹机构的贷后非现场监控相关制度，主要由股权众筹机构和项目公司的信息科技系统配合实施。互联网支付机构的数据校验相关制度，主要由其清分结算系统自动实施。人工实施制度则指其内容主要由人工实施的制度。例如从业机构公司治理（如三会一层议事规则）相关制度主要由人工实施。另外，大部分风险制度也由人工实施，当然随着大数据的发展和推广，部分风险制度也逐渐由信息科技系统实施。

技术实施制度与人工实施制度的区别意义在于：一是可行性考虑不同。技术实施制度需要考虑技术可行性。例如自动批量对账相关制度，若资金存管方存管系统尚不支持批量对账，仅支持逐个账户对账，则该项制度不具有可行性。人工实施制度的可行性则更需要考虑人员胜任能力问题。例如网络借贷机构的信用风险管理制度要求风险管理人员研发行为评分卡，若风险管理人员缺乏足够的计量经济学相关知识，则该项规定很难执行。二是执行成本考虑不同。技术实施制度需要综合技术实施方案评估制度的实施成本。例如加解密制度要求对敏感数据进行硬件加解密，则需评估硬件加密机等相关硬件成本，若仅要求软件加解密，则其成本主要是开发人员成本。相反，人工实施制度的成本主要是人员成本以及由此增加的时间成本。

三、与流程的关系

在第八章业务循环系统部分，我们介绍了业务流程。业务流程与管理制度均具有规范和指导作用，那么两者之间是什么样的关系呢？广义上讲，业务流程实际上也是一种管理制度，只是其完全偏重于业务操作。在此，我们仅讨论本章意义上的管理制度与业务流程之间的关系。总体而言，两者既有区别也有联系。

（一）区别

两者的区别在于：一是具体程度不同。按照我们在第二章所述，制度通常做出原则性和方向性规定，而业务流程则对制度进行细化明确。也就是说，业务流程比制度更具体。二是制定依据不同。如前所述，制度存在位阶问题，一方面下位制度不得与上位制度冲突，另一方面下位制度通常需要以上位制度为依据。就业务流程而言，尽管也有位阶之分，但低位阶业务流程仅不得与高位阶业务流程冲突，无须以高位阶业务流程为依据。三是规范作用不同。由于制度相对原则和方向，其规范的通常是相对宏观的事项。相反，业务流程规范的通常是相对具体的事项。四是起草人员要求不同。制度相对原则，起草人员需要对相关宏观事项具有清晰了解，反之业务流程梳理人员则必须对业务操作细节有相当的熟悉程度。五是影响范围不同。制度通常对某一方面做出原则性和方向性规定，一旦制度出现错误，势必产生比较全面的影响。例如某股份公司的风险管理制度规定风险管理人员和市场人员应当将其持有的公司的股票质押给公司作为风险保证金。该公司所有风险管理人员和市场人员均将其持有的公司股票质押给了公司作为风险保证金。按《公司法》规定，股份公司不得接受自身股票作为质押。该公司的该项制度规定导致所有股票质押保证金无效，其影响不可谓不全面。相反，业务流程相对具体，出现错误时造成的影响相对局限于某个或某种业务。

（二）联系

两者的联系在于：一是落实与被落实关系。如前所述，在制度做出原则性和方向性规定之后，制度的具体落实由业务流程完成。也就是说，业务流程具体落实制度的具体要求，业务流程须以制度作为拟定依据。当然，在实务中也会出现另一种情况，即相关业务为新业务，从业机构缺乏足够实践经验，也缺乏相应制度参考，此时往往先设计相关业务流程试办业务，并在试办业务中不断修正业务流程，待取得足够经验后，再从业务流程中抽象出原则性和方向性的内容上升为制度。此时，业务流程和制度之间方才建立落实和被落实关系。二是多种对应关系。制度与业务流程之间存在着一对多和多对一关系，但通常不存在一一对应关系。通常情况下，一个制度规定了若干事项，每个事项均可能由一个业务流程实现，一项制度需要多个业务流程落实，两者之间便是一对多关系。反过来，也存在一个业务流程所涉操作涉及多项制度的情况，多项制度规定对应一个业务流程，两者之间构成多对一关系。但基本上不存在一项制度仅由一个业务流程实现的情形，因此两者之间不存在一一对应关系。三是决定机构重叠。从本章和第八章分析可知，制度和业务流程的决定机构之间存在重叠关系，两者均可能由股东（大）会、董事会、监事会和管理层等机构决定。当然，实务中由于制度的原则性和方向性强，其决定机构通常比业务流程的决定机构的层级高。四是规范对象相同。不管是制度还是业务流程，最终均规范人的行为（对信息系统的规范实际上也是对人的行为的约束），并且两者规范的对象均涉及股东、董事、高级管理人员、普通员工、客户和外部单位相关人员。当然，两者在规范方面有所侧重。

四、初建小组

理想情况下，企业在筹备期间便同步启动管理制度系统的建设，筹备工作结束，管理制度系统也随之建设完成，各机构、各部门和各岗位严格按照相关制度开展业务工作。但实务中，往往是公司筹备期人手紧张、时间紧迫、相关事项极为繁杂，尤其是筹备期内企业的组织结构、部门设置和岗位职责均未确定，甚至高级管理人员和中层干部尚在招录之中，因此，筹备期内完成管理制度系统建设甚至启动管理制度建设均不可能。就我们参与的三家从业机构的筹备情况看，最好情况为，筹备期内所需相关资金由某一股东方先行垫付，相关管理按该股东方管理制度执行，待公司设立完毕，注册资本金到位后再进行结算。同时，在筹备期内相关对外合同（如 IT 设备采购、资金存管）也以该股东方名义签订，合同签批也按该股东方的管理制度办理，待工商登记注册完毕，公司具备民事主体资格后，再以合同权利义务概括承受等形式将相关合同主体由该股东方变更为新设公司。

这样，在筹备期结束，从业机构业务开展一段时间，信息科技系统运行趋于平稳，高级管理人员、中层干部和普通员工逐渐到位后，管理制度系统的建设方才提上日程，也才具备基本条件（与业务流程梳理的前置条件类似，不再重复）。此时，便面临首次批量建设管理制度的问题。当然，若从业机构实际运营较长时间，并未系统性地建设管理制度系统，也面临首次批量建设问题。由于首次批量建设具有普遍性，本节后续部分，我们将就此问题从初建小组、建设方案和建设过程等方面进行讨论。

（一）领导小组

业务流程通常落实执行制度，需要决策的事项相对较少、重要性相对较低、争议事项相对较少，业务循环系统建设可不设置领导小组。相反，由于制度的原则性和方向性强，涉及面广、争议事项可能较多、需要决策的内容也较多，因此，管理制度系统的建设需要设置领导小组。

1. 人员构成

领导小组应当包括董事长、监事会主席、所有高级管理人员、风险管理部门负责人、内部审计部门负责人和信息技术部门负责人，领导小组组长最好由董事长担任，当然也可以是总经理。

2. 小组职责

（1）决定管理制度清单及拟规范的主要内容。

（2）初审应当管理层拟定并由股东（大）会、董事会和监事会审议通过的制度或股东（大）会、董事会、监事会授权草拟的制度。

（3）解决制度草拟过程中的争议。

（4）制定并督促制度建设计划执行情况。

（5）分析研究制度草案的可行性和可操作性，决定制度是由技术实施还是由人工实施，决定制度的表现形式。

（6）复核制度的合规性。

（7）其他事项。

（二）实施小组

1. 人员构成

实施小组人员由风险管理总监、风险管理部门负责人、内部审计部门负责人、信息技术部门负责人、清分结算部门负责人、资金财务部门负责人、运营管理部门负责人、产品设计部门负责人、客户服务部门负责人、人力资源部门负责人和综合管理部门负责人等人员构成，小组组长由风险管理总监担任。实务中，前述部门从业机构可以视情况进行合并，相应地部门负责人职责由合并后的部门承担。

与业务流程梳理小组不同，实施小组成员为中层及以上人员，主要在于制度的原则性和方向性强，中层及以上人员方才具有相应的胜任能力和管理高度。另外，与业务流程梳理小组不同，外部单位人员通常不参与实施小组，若制度涉及外部单位或外部人员的，由市场营销、客户服务或信息技术相关人员与其进行沟通。

2．工作职责

（1）拟定管理制度清单及拟规范的主要内容、制度建设计划，报领导小组批准后实施。

（2）按制度建设计划和制度清单，拟定制度草案。

（3）定期讨论制度建设中的问题，初步解决争议，将已解决争议和未解决争议的处理意见，报领导小组处理。

（4）审查制度的合规性。

（5）按前述六种分类方法，对制度草案进行归类，并将归类结果报领导小组。

3．人员分工

风险管理总监：具体负责实施小组的各项工作；初步处理争议，对未解决争议提出初步处理意见；代表实施小组向领导小组提交制度清单、建设计划、制度草案等内容；向领导小组说明争议情况。

风险管理部门负责人：负责拟定全面风险管理、信用风险管理、操作风险管理、合规风险管理等各项风险管理制度，并就其他人员起草的管理制度从风险管理和合规性等角度提出改进意见，就风险管理总监对争议问题的处理方案提出相关建议。

内部审计部门负责人：负责拟定内部审计管理、外部审计管理、资金检查管理等各项审计管理制度和其他审计相关管理制度，并就其他人员起草的管理制度的可审计性提出改进意见，就风险管理总监对争议问题的处理方案提出审计相关建议。

信息技术部门负责人：负责拟定技术开发、技术运维、信息安全管理等相关管理制度，并就其他人员起草的技术实施制度的可行性进行分析，提出改进意见，并就风险管理总监对争议问题的处理方案中涉及技术实现部分提出建议。

清分结算部门负责人：负责拟定客户资金管理、交易数据管理、账户数据管理、对账划账管理等相关的管理制度，并就相关制度内容征求外部相关方的意见或与其达成一致，分析评估外部相关方的反应。

资金财务部门负责人：负责拟定财务管理、资金管理、资产管理和财务报销等相关管理制度，并就其他人员起草的管理制度的财务可行性提出改进意见，风险管理总监对争议问题的处理方案，涉及财务支出或会计处理的，其应当提出建议。

运营管理部门负责人：负责拟定市场推广（线上、线下）、业务运营、营销渠道管理、分公司管理等相关管理制度，并就其他人起草的管理制度（尤其是产品设计部门负责人起草的制度）中影响市场份额的内容提出改进意见，风险管理总监对争议问题的处理方案，涉及市场份额的，应当提出建议。

产品设计部门负责人：负责拟定产品设计、产品开发和产品实现等相关的管理制度，并就涉及外部单位和客户的相关事项，与其达成一致、征求其意见或征得其同意。

客户服务部门负责人：负责拟定客户二次开发、客户关系维护、CallCenter管理等相关的管理制度，并就涉及客户的相关内容广泛征求客户的意见，并对产品设计部门和市场营销部门负责人起草的管理制度从客户角度提出意见。

人力资源部门负责人：负责拟定人力资源管理、人力资源规划、风险事件奖惩等相关的管理制度，并对其他人员起草的管理制度中涉及人力资源管理的部分提出改进意见。

综合管理部门负责人：负责拟定公司治理、行政管理、公文管理等相关的管理制度以及不归其他部门负责人起草的管理制度，并就其他人员起草的管理制度中涉及综合管理的相关事项提出改进意见。

五、建设方案

建设方案应当包括制度清单、责任人、制度模板、完成时间、初步审查等要素。

（一）制度清单

制度清单是建设方案的核心部分，其要素包括制度名称、制度类型（如前述六种类型）、制度目的、制度大致内容、制度依据、起草责任人、参与人员等内容。理想情况是制度大致内容相当详细，起草人员能比较准确、全面地完成制度起草，但实务中往往很难做到，因此需要设置制度目的，以指导起草人员完成制度的起草。制度依据即制度应当遵循的法律、监管机构或行业协会的要求和标准、上位制度（如某董事会决议）等，制度依据一方面为起草人员提供“上位法”依据，另一方面也便于审查人员进行合规性审查。起草责任人根据制度大致内容从实施小组中选派，值得注意的是起草责任人均为中层及以上人员，在实施过程中须专门强调不得由其他人员代为起草，防止部门负责人做“二传手”，以便提高制度质量。参与人员根据制度可能涉及的部门确定，参与人员则可根据实际情况，由被涉及部门安排普通员工参与，以便起草人员明确被涉及部门的具体情况及要求。

拟定制度清单最大的挑战便是完备性问题，即制度清单是否涵盖了从业机构开展业务必需的所有领域。要保证制度清单绝对完备难度很大。我们的建议是若从业机构已经建立了“风险识别体系”，则可由“风险识别体系”输出制度清单，否则实施小组可参照“风险识别体系”运行机制输出制度清单。

（二）责任人

责任人即制度起草人对制度草案的质量至关重要。因此，在拟定制度清单后，必须对责任人的专业胜任能力和文字功底进行逐一考察。在专业胜任能力方面主要包括责任人对制度涉及内容的熟悉程度，对涉及的公司业务板块的了解深度，对公司业务模式的掌握程度等。文字功底即文字表达能力，责任人要能比较准确、精练地起草制度。对于专业胜任能力，若责任人存在不足的，实施小组必须组织一次专门培训，就公司业务模式、交易结构、内控原则等进行一次比较全面的培训。正常情况下，中层及以上干部经过培训，其专业胜任能力应该能达到要求。对于文字功底，短期培训往往很难解决问题，一个可能的选择为对文字功底较弱的责任人指定文字功底较强的修订人员，辅助其进行修订制度文字。

（三）制度模板

与业务流程梳理相似，建设方案中应列明制度模板，避免制度草案格式五花八门。第一，首次批量建设的制度，在表现形式上均为制度规范形式，而非决议纪要形式。实务中，即使是制度规范形式的制度，也存在着多种表达形式，如有的企业采用“1、1.1、1.1.1……5、5.1、5.2”表达形式，有的企业采用章节条文形式。我们认为，采用何种形式并不重要，重要的是形式须统一。第二，在制度草案附则部分，有的企业将制度解释权归为起草部门，有的企业将制度解释权归为决定机构。同理，制度模板应就此问题进行统一。第三，制度模板最好列示一定数量的原则性和方向性的制度内容，以提示责任人务必就原则性和方向性问题进行规定，而非具体业务操作细节。第四，管理制度中往往须对具体职能部门相关工作进行规定，有的企业直接在管理制度中明确规定职能部门名称（清分结算部），有的企业则仅列明职能部门的通用名称（如清分结算职能部门）。我们建议以通用名称为宜，这样后续职能部门的调整仅需以通知等形式明确具体职能部门即可，无须修改制度。

（四）完成时间

为增加方案落实的可控性和可见性，完成时间应包括四个内容，一个是制度初稿完成时间，一个部门内部定稿时间，一个实施小组定稿时间，一个草案定稿时间。制度初稿完成时间也就是责任人完成起草、自我修改完成的时间。部门内部定稿时间即责任人就制度草案在所在部门内部讨论定稿的时间，由于责任人起草的制度通常与其所在部门工作密切相关，因此首先需要在部门内部人员之间征求意见，达成共识。实施小组定稿时间即制度草案在实施小组内部讨论定稿的时间，与前两个时间由责任人掌握不同，这一时间通常由实施小组组长统一安排，以便节省时间、提高效率。草案定稿时间即制度草案经领导小组讨论定稿的具体时间，这一时间通常由实施小组组长根据企业业务开展时间安排，在上报领导小组组长后确定。为很好地控制制度建设过程，保证制度建设按时完成，我们建议实施小组组长先与领导小组组长商定草案定稿时间，然后倒推实施小组定稿时间，再由责任人确定其他两个时间。

（五）初步审查

初步审查实际上包括责任人部门内部审查、实施小组审查、领导小组审查三道审查。当然，每道审查的人员不同，其侧重点也不同。部门内部审查更偏重于制度内容的完备性、可操作性并评估制度可能的外部影响。实施小组审查则更偏重于制度内容的合规性、对市场份额的影响程度等，在本轮审查中，风险管理人员应当对制度合规性进行专门审查，同时内部审计人员应当对是否符合内控要求进行审查。领导小组审查更偏重于争议解决方案的合理性，并对合规性进行复核，因此，此轮审查中实施小组组长应当对前述问题进行重点说明。值得注意的是，此轮审查中，对于应由总经理制定的具体制度，总经理具有最终决定权，而非董事长或其他人员。领导小组审查后，涉及制度草案修改的，实施小组组长也需要对修改部分进行复核。

六、建设过程

在对建设方案进行讨论后，在此结合前面内容，对建设过程进行简单梳理和讨论。建设过程通常分为复核前置条件、成立建设小组、制定建设方案、审议制度草案和发布实施等步骤。管理制度建设的前置条件与业务流程梳理的前置条件相同，具体复核过程也大同小异，不再重复。

（一）成立建设小组

如前所述，建设小组包括领导小组和实施小组两个部分。成立建设小组包括成立领导小组和成立实施小组。成立建设小组工作具体包括：第一，拟定小组成员名单，制定小组职责及相关人员职责。第二，召集小组所有人员举行启动会议，向所有小组成员说明小组职责、工作计划和小组成员职责。第三，针对小组成员进行必要培训。对于实施小组成员主要是专业胜任能力培训，对于领导小组，则须侧重于合规、内控相关的培训，当然也包括企业业务模式、交易结构等相关内容培训。

（二）制定建设方案

实施小组按本节第五部分相关要求，制定建设方案草案，经小组内部讨论决定后，还需要将建设方案报领导小组批准。一来在领导小组成员之间达成共识，并使小组成员明确整个建设工作的工作量、进度安排和自身应当发挥的作用。二来建设方案中涉及的未解决争议需要领导小组进行解决，已解决争议的处理情况需要领导小组复核。为节省时间、提高效率，实施小组组长最好就建设方案中在领导小组层面容易诱发争议的部分，向领导小组组长进行提前沟通，说明具体情况，以便其及时准确做出决策，避免领导小组议而不决，甚至做出错误决策。

（三）审议制度草案

对于由总经理制定的具体制度，在领导小组审查时，总经理在听取小组成员意见后，进行了最终审定，此类制度已完成了制度草案审议工作，此步可略去。对于应当由更高层级机构审议通过的制度草案，则在领导小组审查之后提交相关机构审议。值得注意的是，对于更高级别机构审议的制度，向审议机构说明制度相关情况的未必是实施小组组长。因此，在提交审议机构审议之前，还需要确定提交审议的人员，提交审议人员可能还需要拟定相关提案或请示。

（四）发布实施

制度草案经审议机构审议通过，并按要求进行必要的修改后，企业应当以通知等形式发布实施。同时，通知中应当明确制度的审议机构、审议通过时间、制度实施时间等要素。

与业务流程相似，管理制度的制定也是一个多次迭代的过程。在制度执行一段时间后，结合执行情况和暴露出的问题，结合试运行中的相关问题，风险管理人员便可启动系统性的风险识别、评估和应对，以便进行管理制度的第二轮迭代。

第二节　数据库系统

数据库系统为风险识别、评估、应对、监察和披露等体系，业务循环系统、管理制度系统、产品系统、报告系统和事件系统等提供数据管理支持，条件成熟的从业机构，还可以基于数据库系统实现主动预警机制。在此，我们就数据库系统涉及的主要数据库做一简要介绍。

一、基础数据库

（一）主要功能

基础数据库为数据库系统中的其他数据库和风险识别、评估、应对、监察和披露体系提供基础支撑功能，主要功能如下：

（1）保存其他数据库的元数据（如其他数据库的数据项说明、数据来源说明、数据质量说明等），以便于维护和管理其他数据库。

（2）保存其他数据库管理权限信息，并定期与其他数据库核验一致性，防范数据被非法篡改和泄密等风险。

（3）保存风险识别等体系输入或产生的风险数据信息，以便相关体系正常运行。

（4）保存风险识别等体系的人员信息，记录接触风险数据信息的人员名单，防止风险数据信息被非法篡改和泄露等风险。

（5）保存从业机构相关权限管理信息，记录从业机构所有人员在业务运营过程中具有的相关权限，便于实施权限最小化管理，为人力资源部门等职能部门定期统计相关人员具有的所有权限，并为及时收回离职人员相关权限提供良好支持。

（二）数据要素

1. 库表元数据

（1）数据库元数据

数据库元数据包括数据库名称、数据库名、数据库用途、库表数量、数据库类型。

数据库名称为数据库在风险管理体系中的名称，通常以中文表示。例如信用风险数据库、流动性风险数据库等。数据库名即该数据库在数据库管理系统（DBMS）中的名称，通常按数据库管理系统要求命名，如 CR_DB、LR_DB。数据库用途用于详细描述数据库的使用情形、不适合使用的情形等具体用途。库表数量用于描述数据库中的所有表的数量，通过钩稽关系对非法增加库表起到一定核验作用。数据库类型包括时间序列型、即刻更新型两种类型。时间序列型数据库中的大多数表的数据具有时间标记，更新数据项实际上是添加记录而非直接更新该数据项。即刻更新型数据库中，大多数表的数据并不具有时间标记，更新数据项时，其更新前数据将被刷新丢失。

（2）表元数据

表元数据包括数据库名、表名、表用途、表类型、表字段数量、字段 1 名称、字段 1 类型、字段 1 含义、字段 1 数据来源、字段 1 数据质量……字段 *n* 名称、字段 *n* 类型、字段 *n* 含义、字段 *n* 数据来源、字段 *n* 数据质量。

数据库名为该表归属的数据库的库名，如前面的 CR_DB、LR_DB。表名描述库中表的名称，与数据库名相同，按数据库管理系统规则命名，例如 authority_tb。表用途具体描述该数据库表的用途，包括适用于哪些情况，不适用于哪些情况。表类型描述该表为时间序列型还是即刻更新型。表字段数量统计该表的字段的数量，与实际情况形成钩稽关系以便于检测表是否被非法增减字段。字段 1 名称描述该表的第一个字段的名称。字段 1 类型描述该表第一个字段的数据库管理系统定义的类型。字段 1 含义对该表第一个字段的用途进行详细说明。字段 1 数据来源描述该表第一个字段的数据来源何处。字段 1 数据质量用于描述该表第一个字段的数据是否经过真实性核验。字段 *n* 名称描述该表第 *n* 个字段的名称，其他类同。其中 *n* 应该等于表字段数量的值。

2．库表管理权限数据

库表管理权限数据包括数据库名称、数据库名、表名、授权者姓名、授权者 ID、受权者姓名或名称、受权者 ID、受权者类型、被授予权限、可否二次授权、授权日期、收回日期。

数据库名称、数据库名和表名前已论及。授权者姓名即授予权限的人员的姓名，与受权者不同，授予权限者只能是自然人，为控制风险，非自然人不得对外授权。授权者 ID 即授权者在数据库系统中的编号，用于解决人员同名问题。受权者姓名或名称对于自然人而言，指被授予权限的人员的姓名；对于非自然人而言（含计算机进程 Process）为被授予权限的主体的姓名。受权者 ID 即被受权者在数据库系统中的编号。受权者类型即被授予权限者为内部员工或非自然人实体，还是外部人员或非自然人实体。被授予权限即授权者授予被授权者的具体权限列表（如查询某字段、增加某字段、删除某字段等）。可否二次授权即受权者可否将其权限再授予他人，若被受权者为非自然人实体，则该项肯定为否。授权日期即授权者授予受权者权限的具体日期，精确到秒，值得注意的是该日期是授予权限的日期而非受权者行使权限的日期。收回日期即授权者收回其授予的权限的具体日期，同样精确到秒。

3. 风险数据信息

（1）风险点表

风险点表包括风险点编号、风险点名称、风险点描述、识别人员姓名、识别人员 ID、识别方法、识别时间、录入时间、风险类型、可能性、评估方法、评估人员姓名、评估人员 ID、重要性、评估方法、应对策略、防范措施数量、防范方案编号。

风险点编号即风险点在全面风险管理体系中的编号，如 CR0018。风险点编号应当具有唯一性，以便唯一标示风险点。风险点名称即风险点的中文名称，以简要形式说明风险点的内容。风险点描述以详细形式说明风险点的具体情况。识别人员姓名即在风险识别体系中识别出该风险点的人员的姓名。识别人员 ID 即在风险识别体系中识别出该风险点的人员在数据库系统中的编号，该编号与库表元数据中的编号相同。识别方法指识别人员识别该风险点时所采用的识别方法（如敏感性分析、流程分析法、事件分析法和头脑风暴法等）。识别时间即该风险点被识别出来的首次时间，与库表元数据等不同，该时间精确到天即可，值得注意的是该时间与防范措施设置时间不同，两者之间的长短恰好为评估全面风险管理体系效率的指标之一。录入时间即风险点被实际录入风险点表的时间，该时间与识别时间之间的长短也为评估全面风险管理体系效率指标之一。风险类型指该风险可能诱发的风险的类型（如流动性风险、操作风险、信用风险等），值得注意的是一个风险点可能诱发多种风险，因此该数据项可能为多个数据值。可能性即该风险点发生的概率，对于可量化的风险点，其可能性为大于 0 小于 1 的数值，对于不可量化或难以量化的风险点，则为其发生的等级。评估方法即评估该风险点可能性所采用的方法（如法律分析法、逻辑回归分析法、层次分析法、德尔菲法等）。评估人员姓名和评估人员 ID 即对风险点的可能性进行评估的人员的姓名和 ID，值得注意的是评估可能性可能是多人，因此这两个数据项可能为多个数据值。重要性即该风险点发生后，可能造成的损失的大小，其具有货币单位，值得注意的是，某些风险点确实难以估计其损失大小的，可以进行定性估计（如小、大、巨大、特别巨大等）。评估方法即对该风险点的重要性进行评估所采用的方法（如对比分析法、历史分析法等）。应对策略即在对风险点的可能性和重要性进行评估后，根据评估结果所采取的策略（规避、降低、分担、承受）。防范措施数量即为应对该风险点设置的方法措施的数量，该数据项将与风险防范表形成钩稽关系。防范方案编号，对于重大的风险点（如信用风险相关的风险点），按常规方法设置方法措施往往不足以防范，此时需要有针对性地设置防范方案，此时该数据项用于记录具体防范方案的编号。通常情况下，防范措施与防范方案二者选其一，因此防范措施数量和防范方案编号往往具有互斥关系。

（2）风险防范表

风险防范表包括防范措施编号、风险点编号、风险点名称、防范措施、执行部门、执行岗位、设计人员姓名、设计人员 ID、设计时间、审定机构名称、审定时间、启动时间、停止时间、有效性、评估时间、评估人员姓名、评估人员 ID。

防范措施编号用以唯一标示风险管理人员为风险设计的防范措施。风险点编号即防范措施用以防范的风险点的编号，该编号来自风险点表，与风险点表之间的钩稽关系在于该编号必须首先存在于风险点表中，否则为非法数据。风险点名称即该防范措施用以防范的风险点的名称，与风险点编号类似，也来自风险点表。防范措施用以描述防范措施的具体内容（例如“登记生效的担保物权未经登记机关登记前，运营管理部门运营专员不得发标借款标”）。执行部门即执行防范措施的责任部门，为提高执行效率，防止部门推诿，在设计防范措施时应掌控好防范措施的粒度，将每项防范措施落实到一个责任部门。因此该数据项仅具有一个数据值。执行岗位为执行防范措施的责任岗位，与执行部门相同，每项防范措施均仅由一个具体岗位执行。因此，该数据项也仅为一个数据值。设计人员姓名和设计人员ID即设计该项防范措施的人员的姓名和ID，可能由多人参与设计，因此该项可能具有多个数据值。设计时间即设计人员针对风险点设计完成该项防范措施的具体时间，精确到天即可，该时间与风险点表中的识别时间之间的长短可作为评估全面风险管理体系效率的指标之一，需要注意的是，一个风险点可能需要多个防范措施，此时评估全面风险管理体系效率应选择所有防范措施设计时间中最晚的时间。审定机构名称即对设计人员设计的防范措施进行最终审定的机构的名称[如风险管理部门、风险管理总监、管理层、董事会、股东（大）会等]。审定时间即防范措施被审定机构最终审定的时间，与设计时间相同，该时间也可以作为评估全面风险管理体系效率的指标之一。启动时间即该项防范措施正式启动的时间，该时间也可作为评估效率指标之一。停止时间即该项防范措施被停用的时间。有效性即该项防范措施对防范风险点是否有效，其与停止时间之间具有钩稽关系，只有无效的防范措施才具有停止时间。评估时间指评估该防范措施有效性的时间，该数据项采用累加形式，每评估一次增加一个评估时间，该时间可以反映风险管理人员实施风险监察的频率和效率。评估人员姓名和评估人员ID为对该防范措施进行评估的人员的姓名和ID。

（3）防范方案表

防范方案表包括方案编号、风险点编号、风险点名称、方案概要、方案内容、涉及部门、涉及岗位、设计人员姓名、设计人员ID、设计时间、审定机构名称、审定时间、启动时间、停止时间、有效性、评估时间、评估人员姓名、评估人员ID。

方案编号即用以唯一标示防范方案的编号。风险点编号和风险点名称为防范方案应对的风险点的编号和名称，来源和钩稽关系与风险防范表相同，不再重复，值得注意的是一个防范方案往往可以同时防范多个风险点，因此该两个数据项可能具有多个数据值。方案概要用以简要介绍防范方案所采取的防范措施。方案内容记录完整的防范方案。涉及部门即执行防范方案涉及的部门，一个防范方案可能由多个部门执行，因此该数据项具有多个数据值。涉及岗位即执行防范方案涉及的岗位，同理该数据项也可能具有多个数据值。与风险防范表相同，尽管防范方案涉及多个部门、多个岗位，具体操作也应当落实到具体岗位，以避免推诿。其他数据项与风险防范表相同，不再重复。

（4）监察措施表

监察措施表包括监察措施编号、风险点编号、风险点名称、防范措施编号、方案编号、监察措施、监察部门、监察岗位、设计人员姓名、设计人员ID、设计时间、审定机构名称、审定时间、启动时间、停止时间、有效性、评估时间、评估人员姓名、评估人员 ID。

监察措施编号用以唯一标示一项监察措施。风险点编号、风险点名称和防范措施编号即该监察措施用以核查的防范某个风险点的某个防范措施，前两者来自风险点表，后者来自风险防范表。方案编号在监察措施为核查防范方案执行情况时采用，此时防范措施编号为空。防范措施编号与方案编号具有互斥关系。监察措施用以记录对防范措施实施情况进行检查的具体措施（如 IT 审计岗核查 Linux 操作系统的 Shell 日志，核查“为防范空间不足，操作系统维护岗定期检查磁盘空间”这一防范措施的执行情况）。监察部门即监察措施实施的责任部门，与风险防范表的执行部门相同，仅为一个部门，通常情况下为内部审计部门，但也可能包括外部审计机构、监管机构和行业协会、外部合作单位等外部单位。监察岗位即监察措施的具体执行岗位，通常情况下，为内部审计部门的相关岗位，也可能为外部审计师和其他经批准的外部人员。其他数据项与风险防范表相同，不再重复。

4. 访问权限表

访问权限表包括主体编号、主体名称/姓名、权限、范围、授权者姓名、授权时间、是否二次授权、授权类型、访问控制机制、访问控制机制保存地点、送存人员姓名、送存人员 ID、取回机制、控制措施备份存放地点、控制措施备份存放时间、收回时间。

主体编号即用于标示被授予权限主体的唯一性编号。主体名称/姓名，被授予权限的主体为自然人时，为姓名，反之为名称。权限即被授予的权限的具体描述（如登录信用评分系统、查询指定人员的信用评分、批量查询借款人的信用评分、连接清算服务器数据库、查询清算数据库服务器等）。范围即权限使用的范围（如信用评分系统、后台服务器操作系统、后台服务器数据库系统、生产环境加密机、测试环境加密机等）。授权者姓名即向主体授予权限的自然人的姓名，同理，非自然人不得授权。授权时间记录授权者向主体授予权限的具体时间，对于信息科技系统的授权，与库表管理权限数据相同，应当精确到秒，对于非信息科技系统的授权（如进入机房、进入机要室、巡检密钥体系运行状态等）可精确到小时，甚至天。是否二次授权即主体能否将其被授予的权限再授予其他人员。授权类型与库表管理权限数据相同。访问控制机制即受权者据以行使其权限的凭证，例如查询借款人信用评分的凭证可能为信用评分系统的查询密码或查询 Ukey 等，进入机要室的凭证可能为机要室门禁卡、门禁密码甚至受权者的面部头像等。对于部分重要的使用频率极低的物理形式存在的控制机制（如密钥体系的密钥母卡），为防止丢失造成的操作风险事件，通常选择安全保护机制极高的地点予以保存（如银行对外提供的保险箱），该数据项用于记录该等物理控制机制的保存地点。保存时间用以记录保存的具体时间。送存人员姓名和送存人员 ID 用以记录送存该物理控制机制的人员的姓名和 ID。取回机制即取回物理控制机制须遵循的流程、须提供的资料等。保存机构通常对取回有比较严格的规定，例如必须由送存人员本人持有效身份证件方可取回，并且须持送存单位介绍信等。控制措施备份存放地点，对于密码等非物理形式存在的控制机制，为防止遗忘导致的风险事件，通常须配置备份措施并将其保存于严格控制地点（如受权者将密码书写密封后保存于机要室保险柜中），该数据项用于记录存放地点。控制措施备份存放时间用于记录备份机制的存放时间。收回时间即权限被收回的具体时间，精确程度与授权时间相同，不再赘述。

（三）管理人员

管理人员即对基础数据进行维护管理的人员，其因数据要素的不同而不同。维护管理工作具体有向数据库表中增加数据、删除数据和修改数据等。

1. 库表元数据

该类数据最好由从业机构技术总监审核并报总经理批准，并由信息技术部门负责人执行。若信息技术部门负责人不熟悉数据库相关操作，至少应由其现场负责指挥数据库管理员（DBA）操作，并复核操作结果。同时，鉴于元数据的重要性，最好以纸质形式保存备份。

2. 库表管理权限数据

对于相关数据库的权限，由风险管理总监和技术总监等共同商定后报总经理批准，授权相关的技术操作可由信息技术部负责人执行，也可由数据库管理员执行。

3. 风险数据信息

风险点表由风险管理总监授权人员或由风险识别体系和风险评估体系确定人员进行管理，风险防范表、防范方案表由风险管理总监授权人员或由风险应对体系确定人员管理，监察措施表由内部审计部门负责人或由风险监察体系确定人员管理。

4. 访问权限表

访问权限的具体授予由从业机构按相关管理制度和业务流程进行，对应的访问权限的管理，我们建议最好由人力资源部门负责人统一进行，以便人员离职或岗位变动时及时进行调整。

二、信用风险数据库

（一）主要功能

（1）收集保存客户的基本信息、工作情况、社交情况、经济情况、征信情况、消费行为、收视行为等数据。

（2）收集并保存客户还款数据信息，根据客户还款情况及时更新。

（3）收集并保存客户融资期限内经营状况或收视行为等相关信息。

（4）保存客户信用评分系统相关参数。

（5）保存担保物相关数据信息。

（二）数据要素

1．融资客户数据

融资客户数据因从业机构各自数据渠道、采用的评分模型等不同而差异较大。在此，我们仅做部分列示，供参考。就个人融资客户而言，其数据情况大致如下：姓名、性别、年龄、身份证号码、家庭住址、婚姻状况、电视机顶盒所在地址、电视机顶盒型号、电视机型号、电视机上线时间等基本信息。工作单位名称、工作单位地址、参加工作时间、工作单位数量、工作年限、现单位工作年限、担任职务、工资收入等工作情况信息。手机号码、电话号码、QQ 号码、微信号码、微博账号以及社交通信方面的其他信息。月均收入、最近一年总收入、纳税记录、社保缴费记录、水电煤气缴费记录、通信费缴费记录、房贷余额、房贷月还款额、其他负债数据等经济状况信息。征信情况由个人征信部门提供。消费行为数据包括消费时间、消费地点、消费金额、商品名称、支付地点、支付方式（银行卡或信用卡刷卡、微信支付、支付宝支付、其他网络支付、银行卡代扣等）等数据。收视数据指融资客户通过电视大屏收视电视节目等相关内容的数据，包括开机时间、关机时间、开机频道（电视机开机后进入的第一个频道）、关机频道（电视机关机前的最后一个频道）、最常看电视频道、最常看电视节目、最常看电视的时间分布、次常看电视频道、次常看电视节目、次常看电视的时间分布、第三常看电视频道、第三常看电视节目、第三常看电视的时间分布、平均每天换台次数、平均每天开机次数、收视费欠费情况等数据信息。对于单位客户，其基本信息通常包括单位基本信息（如住所、法定代表人、注册资本金、实缴资本金、股东情况等）和法定代表人基本信息（可参看个人融资客户基本信息）。财务报表信息等相关财务信息。征信信息来自征信机构。

2．投资客户信息

通常情况下，投资客户并不涉及信用风险，但对部分开展预约投资功能

（预约期内投资客户承诺投资，预约期满划款投标）的机构而言，则往往涉及信用风险管理问题。另外，投资客户往往很难像融资客户那样收集详尽信息，我们建议尽量收集如下信息：

姓名、性别、年龄、手机号码等基本信息。投资时间、投资金额、投资期限、利率、支付方式（互联网支付、电视支付、线上代扣等）、支付时间、资金到账时间、已收回投资金额、未收回投资金额等投资信息。

3．担保人信息

对于个人担保人，可收集如下信息：

担保人姓名、担保人性别、担保人年龄、手机号码、微信账号、QQ 号码、婚姻状况等基本信息。工作单位名称、工作单位地址、参加工作时间、工作单位数量、工作年限、现单位工作年限、担任职务、工资收入等工作情况信息。若能按融资客户要求收集其他相关信息，也可一并收集。

对于单位担保人，可比照单位融资客户收集信息。同时，对于融资性担保公司等专业担保机构，还需要收集反映其担保杠杆、代偿历史记录和代偿能力等相关情况的信息。

4．商户

对于互联网支付机构的商户，通常需要收集商户名称、住所、法定代表人或负责人姓名、注册资金、实缴资本金、开会许可证相关信息、三证合一相关信息、开通支付方式（银行卡收单、预付卡受理、互联网支付、电视支付等）、签约时间、技术联调通过时间、正式上线时间、结算周期、结算方式（商户申请提现、网银转账等）、商户编号、终端数量、累计交易笔数、累计交易金额、不平账次数、不平账笔数、不平账累计金额、最大不平账金额等汇总信息。受理终端编号、受理终端物理编号、受理终端安装时间、受理终端上线时间、受理终端累计交易量、受理终端累计交易金额、不平账次数、不平账金额、PSAM 卡编号等。

5．融资客户还款信息

融资客户还款数据因机构不同差异较大，我们在此仅给出部分信息供参考。

客户编号、客户姓名/名称、融资金额、融资期限、融资利率、还款方式（到期一次还本付息、分期付息到期还本、等额本息、等额本金等）、本期应还金额、本期还款时间、本期还款到期前 1 日存管账户资金余额、实际还款时间、支付方式（网络支付、线上代扣、网银充值等）、还款账号、对应融资标的、本期还款后尚待还款金额。

6. 支付客户还款信息

支付客户还款信息包括商户还款信息和付款客户还款信息两种情况，商户还款信息主要发生在重复清算时。付款客户还款信息主要发生在付款失败、互联网支付机构业务系统记录的情形。

商户还款信息包括商户编号、商户名称、商户地址、商户支付账户、商户累计交易金额、商户累计交易笔数、应划账金额、实际划账金额、实际划账时间、应收回金额、与商户核对确认后的应收回金额、通知商户收回款项的时间、与商户达成一致的还款时间、商户实际还款金额、商户实际还款时间、还款方式（网银充值、柜台汇款等）。

付款客户还款信息包括客户编号、客户名称/姓名、客户地址、客户支付账户、付款方式（网银充值、线上代扣）、付款时间、付款金额、入金渠道、入金渠道反馈入金金额、业务系统记录付款金额前支付账户余额、业务系统记录的付款金额、未到账发现时间、通知客户重新付款的时间、客户确认的未到账金额、客户承诺重新付款的时间、客户实际重新付款的时间、客户实际重新付款的金额。

7. 融资期内信息

融资期限届满前，从业机构会对融资客户进行贷后/投后现场非现场检查和监控，收集其相关信息。信息具体内容因机构不同差异较大。总体而言既包括融资前提交信息的核实和跟踪，又包括融资期限内融资者的经营状况或消费行为和收视行为等相关信息。

8．评分系统信息

在对融资客户或商户进行信用评级评分时，往往涉及评分模型的设定、系统参数的设置等，此种信息对于评分系统的正常运行至关重要。具体而言，评分模型设定信息包括评分模型名称、评分模型用途（申请评分、行为评分和催收评分等）、输入指标数量、输入指标名称、输入指标得分标准、输入指标归类等信息。系统参数信息包括评分等级划分标准、评分等级违约概率、自动通过标准、自动拒绝标准等信息。

9．担保物信息

（1）不动产担保物

不动产担保物包括不动产名称、不动产所在地、不动产详细描述、不动产物权所有人、不动产物权生效时间、不动产上设置的用益物权类型、用益物权人、用益物权设置时间、用益物权到期时间、不动产上设置的担保物权、担保物权人、担保物权设置时间、担保物权担保的债权金额、不动产价值、不动产价值评估机构、不动产价值评估方法、新设不动产担保物权担保的债权金额、新设不动产担保物权类型、新设不动产担保物权人姓名/名称、新设不动产担保物权登记机关、新设不动产担保物权登记时间。

不动产名称即不动产担保物的名称（如某某房产、某某土地使用权）。不动产所在地为不动产的物理位置，应详细到具体街道门牌等，以使一般人员能准确定位，通常情况下以登记机关登记的地址为准。不动产详细描述对不动产的面积、长度、宽度和高度等进行描述，最好配备结构图和示意图。不动产物权所有人即不动产物权的实际所有人，实际情况可能与登记机关登记的所有人有一定差异，尤其是夫妻共有房产情况，不动产物权所有人对后续担保物处置时具有重要意义，不然可能导致无权处分行为。不动产物权生效时间按《物权法》等相关法律确定，因不动产物权的产生方式不同差异较大，该时间对担保物权设定具有重要意义，仅当物权生效后，方可设置担保物权。不动产物权上设置的用益物权类型即该不动产物权上设置的地役权等用益物权，该用益物权对担保物的处置价格具有较大影响。用益物权人、用益物权设置时间、用益物权到期时间分别记录用益物权的权利人、设定时间和到期时间，具体情况根据用益物权合同确定。不动产上设置的担保物权记录该不动产上已经存在的担保物权类型（如普通抵押权、最高额抵押权等），已设定担保物权对新设立的担保物权具有重大影响。担保物权人、担保物权设置时间、担保物权担保的债权金额分别记录已经设立的担保物权权利人、设立时间（以登记时间为准）和其担保的主债权的金额，主债权金额对于确定拟设定的担保物权担保的债权金额具有重要参考意义。不动产价值为该不动产评估的市场价值。不动产价值评估机构、不动产价值评估方法分别记录不动产价值评估的机构名称和其采用的评估方法。新设不动产担保物权担保的债权金额记录在原担保物权之后，担保物所有人为新债权提供担保的债权的金额，该金额加上不动产原担保物权债权未偿还金额应当小于其评估价值的一定比例。新设不动产担保物权类型指拟设立的担保物权的类型（如普通抵押权、最高额抵押权、浮动抵押等）。新设不动产担保物权人姓名/名称，该姓名和名称对于网络借贷机构而言，可能存在障碍，目前多数登记机构尚不支持电子形式借款合同，也不支持多个担保物权人情形，实务中网络借贷机构通常采用一对一放款形成债权办理登记，然后再进行线上转让方案。新设不动产担保物权登记机关、新设不动产担保物权登记时间，即不动产担保物权的登记机关和登记时间，登记机关对于后续解除担保或其他工作具有意义，登记时间为担保物权生效时间，对控制操作风险和信用风险等具有重要意义。

（2）动产担保物

动产担保物包括动产名称、动产详细描述、动产物权所有人、动产物权生效时间、动产上设置的担保物权、担保物权人、担保物权设置时间、担保物权担保的债权金额、动产价值、动产价值评估机构、动产价值评估方法、新设不动产担保物权担保的债权金额、新设不动产担保物权类型、新设动产担保物权人姓名/名称、新设动产担保物权登记机关、新设动产担保物权登记时间。

与不动产不同，动产上设置的担保物权类型包括普通抵押、最高额抵押和质押等情形，值得注意的是若动产已被质押，不要再接受其设置其他担保物权。另外，动产担保物权生效时间为抵押合同签订时间并非登记时间，登记仅具有对抗善意第三人效力。其他数据项与不动产担保物权相似，不再重复。

关于知识产权中的财产权、票据、股票、基金和应收账款等权利上设置的担保物权，我们不再论述，读者可参照不动产担保物权相关数据项设置风险数据库。

（三）管理人员

1．融资客户数据

我们建议，融资客户数据信息由运营管理部门负责信贷审批的人员负责管理，风险管理部门信用风险管理人员负责定期不定期复核。

2．投资客户信息

投资客户信息，我们建议由客户服务部门负责业务支撑的人员管理，部门负责人负责定期不定期复核。

3．担保人信息

担保人信息管理与融资客户数据管理相同。

4．商户

我们建议，商户信息由市场推广部门负责商户信息审查的相关人员管理，并由市场推广部门负责人复核，风险管理部门负责人不定期抽查。

5．融资客户还款信息

融资客户还款信息管理与融资客户数据管理相同。

6．支付客户还款信息

商户还款信息与商户信息管理相同，付款客户还款信息，我们建议由客户服务部门负责客户回访的人员管理，风险管理部门负责人负责复核和抽查。

7. 融资期内信息

融资期内信息管理与融资客户数据管理相同。

8. 评分系统信息

评分系统信息由风险管理部门负责信用风险管理的人员管理，风险管理部门负责人复核，风险管理总监抽查。

9. 担保物信息

担保物信息管理与融资客户信息管理相同。

三、流动性风险数据库

（一）主要功能

（1）收集并保存客户提现数据和对外付款数据，形成时间序列，为拟合出金需求分布提供数据支撑。

（2）收集并保存客户充值数据和应收款项到账数据，形成时间序列，为拟合入金需求分布提供数据支撑。

（3）收集并保存站岗客户资金数据，形成时间序列，为探寻站岗资金规律、资产开发等提供数据支撑。

（4）收集并保存站岗融资需求数据，形成时间序列，为探寻站岗资产规律、对接外部资金提供数据支撑。

（二）数据要素

1. 出金需求数据

出金需求数据包括需求编号、需求提交人、提交人类型、需求提交时间、需求提交通道、出金资金金额、出金资金币种、核准金额、核准币种、账户余额、出金账户、指定到账账户、存管资金人民币账户余额、存管资金外币账户余额、期待到账时间、实际出金时间。

需求编号按资金需求人每笔出金需求进行连续编号，同一需求人不同笔出金需求编号应当不同。需求提交人记录出金需求提交人的用户名，该用户名应当具有唯一性，为保护客户敏感信息，不记录客户的真实姓名或名称。提交人类型记录提交人为个人还是单位，类型不同，后续拟合的分布可能也不同。需求提交时间为从业机构业务处理系统收到提交人提交出金需求的具体时间，由业务处理系统记录，因此，应精确到秒。需求提交通道即出金需求提交的具体路径（如移动端、PC 端、电视大屏等）。出金资金金额和出金资金币种分别为提交人希望出金的金额和币种，最终是否以该金额和币种为准需要业务处理系统核实。核准金额和核准币种即从业机构业务处理系统经核准后的金额和币种，由于客户记忆出错等原因，需要对其出金金额和币种进行核实。账户余额为从业机构业务处理系统记录的该客户的资金余额，其提交的出金资金金额应当小于账户余额。出金账户即提交人的资金划出账户，对于互联网支付机构而言，通常为支付账户；对于网络借贷机构和股权众筹机构而言，通常为存管账户。指定到账账户即提交人指定的出金资金到达的银行账户，按监管机构规定，不同支付机构客户备付金账户之间不得转账，因此若出金账户为支付账户，则到账账户不能为其他支付机构的支付账户。存管资金人民币账户余额、存管资金外币账户余额，对大多数从业机构而言，其客户资金均为人民币，但对于从事跨境支付的互联网支付机构而言，则会有外币资金，因此需要分别设置两个账户，两个账户的余额若小于核准金额，则出现存管资金临时性或永久性短缺（流动性风险事件）。期待到账时间即提交人期望的资金到账时间，可采用 T+0、T+1、T+2 等形式。实际出金时间记录资金从存管账户转出的时间，资金转出后到指定到账账户的时间，从业机构通常难以控制，因此仅记录该时间。

2. 入金到账数据

入金到账数据包括入金编号、入金提交人、提交人类型、入金提交时间、入金提交通道、入金资金金额、入金资金币种、账户余额、入金账户、入金通道、出金账户、实际到账时间、实际到账金额、实际到账币种、入金状态。

入金编号为客户充值或付款操作的唯一性编号，与需求编号类似，同一客户不同入金操作编号不同。入金提交人和提交人类型与出金需求中的需求提交人和提交人类型相同。入金提交时间为从业机构业务处理系统收到客户提交入金操作的时间，精确到秒。入金提交通道与出金需求中的需求提交通道相同。入金资金金额和入金资金币种为客户充值或付款的资金金额和币种。账户余额为从业机构业务处理系统记录的该客户入金前的资金余额。入金账户即客户指定的或者从业机构指定的资金转入账户，对于客户转入资金，为其存管账户，对于从业机构自有资金则为自有银行账户。入金通道即资金从客户出金账户到入金账户所历经的中间渠道，可用于考核不同通道的质量。出金账户即客户资金转出的账户，通常为银行账户，对于部分从业机构其合作银行可能不同，因此该账户的开户银行范围可能不同。实际到账时间即资金实际到达存管资金账户的时间，对于业务处理系统记录者应当精确到秒，人工操作则至少精确到小时或半小时。实际到账金额为实际转入存管资金账户的金额，该金额应当小于等于出金账户的余额，否则应当提示客户入金异常，此时有的从业机构直接提示用户入金失败，有的可能降级处理。实际到账币种为实际到账资金的币种，若出金账户币种与客户提交币种不同，则通常应做失败处理。入金状态即记录该笔入金的资金状态（如未到账、失败、待核实等）。

3. 站岗资金数据

站岗资金数据主要针对网络借贷机构和股权众筹机构等类似机构，对于互联网小额贷款机构等机构需另行设计。

站岗资金数据包括采集时间、盈余账户数量、盈余账户总余额、平均余额、最大盈余账户金额、前十大盈余账户金额、前五十盈余账户金额、前一百盈余账户金额、余额占比10%的账户数、余额占比50%的账户数、余额占比90%的账户数。

采集时间为采集该项数据的具体时间，由从业机构业务处理系统采集，故应精确到秒。盈余账户数量即采集时刻余额大于零的存管账户数量。盈余账户总余额为余额大于零的账户余额之和。平均余额为盈余账户总余额/盈余账户数量。其余数据项意义比较明确，不再重复。

4．站岗资产数据

与站岗资金数据相似，站岗资产主要针对网络借贷机构和股权众筹机构。站岗资产为包括自达到发布条件之日起超过一定期限尚未被满足的融资需求。前述一定期限由从业机构设定，但通常比最长融资时间要短，例如 1 天、3 天等。

站岗资产数据包括采集时间、资产编号、资产名称、资产金额、资产期限、资产利率、达到发布条件时间、实际发布时间、资金满额时间、是否为站岗资产、站岗时间。

采集时间与站岗资金数据的采集时间相同，只是该时间可能由人工记录，可统一精确到小时。资产编号为融资需求的唯一性编号。资产名称、资产金额、资产期限、资产利率为融资需求的重要要素描述。达到发布条件时间即满足从业机构发布要求的具体时间，该时间由人工记录，精确到小时即可。实际发布时间即融资需求发布到从业机构业务平台，且投资人可以投资的时间，由业务处理系统记录，精确到秒。资金满额时间即融资需求资金全部募集满额的时间，由业务处理系统记录，精确到秒。是否为站岗资产即根据从业机构标准判断该笔融资需求是否为站岗资金。站岗时间为达到发布条件时间与资金满额时间之间的距离，若融资需求最终未必满额，则为融资需求下线的时间与达到发布条件时间之间的距离。

（三）管理人员

流动性风险数据库数据均为时间序列数据，故其管理主要是追加数据、更改数据（修改错误数据）、通常不直接删除数据。

1．出金需求数据

我们建议，出金需求数据最好由从业机构提供信息科技系统功能，由客户服务人员管理，风险管理部门负责人定期抽查。

2．入金到账数据

我们建议，入金到账数据最好由从业机构清分结算人员在信息科技系统支持下管理，风险管理部门负责人定期抽查。

3．站岗资金数据

我们建议，站岗资金数据最好由从业机构市场营销人员在信息科技系统支持下管理，市场营销负责人定期抽查。

4．站岗资产数据

我们建议，站岗资产数据管理与站岗资金数据管理相同。

四、事件数据库

（一）主要功能

（1）收集并保存从业机构内部发生的各种风险事件涉及的相关数据，为风险识别、评估、应对、监察和披露等提供支持。

（2）收集并保存外部发生的各种风险事件涉及的相关数据，为从业机构进行风险识别、评估、应对等提供支持。

（二）数据要素

1．内部事件数据

内部事件数据包括事件编号、事件名称、事件描述、报告人、报告时间、报告渠道、事件发生时间、事件风险类型、预计损失、预计波及人员、预计涉及机构、初步原因、实际损失、最终原因、最终影响人员、最终影响机构、处理方案、涉及风险点、风险点可能性修正、风险点重要性修正、风险点防范措施修正、防范措施监察机制修正、新增风险点、事件责任人、责任追究情况。

事件编号为唯一标示内部事件的编号。事件名称为内部事件的简单概括名称。事件描述为风险事件的详细情况描述。报告人指向相关机构或人员报告该风险事件的第一人。报告时间即报告人向相关机构或人员进行报告的具体时间，精确到小时甚至分钟。报告渠道须记录报告工具和报告路径。事件发生时间即发生该事件的具体时间，因风险事件类型不同，该时间的确定标准也往往不同，例如某种流动性风险事件的发生时间通常为客户提交出金需求的时间，延迟履行信用风险事件的发生时间为债权到期日，而声誉风险事件的时间则往往难以准确确定。因此，我们建议从业机构制定各类风险事件发生时间的相关标准。事件风险类型是主要的风险类型，例如操作风险、信用风险、流动性风险等。预计损失即报告人在报告时初步估计的损失金额。预计波及人员即事件影响到的内外部人员，同理，也是报告人在报告时初步估计，便于开展后续工作。预计涉及机构为报告人在报告时估计的事件可能影响或涉及的内外部单位。初步原因为报告人在报告时估计的诱发原因。实际损失为事件处理完毕之后确定的事件造成的损失，该损失与预计损失对比，可判断报告人员估计的准确程度。最终原因为事件处理完成后确定的事件发生的原因，该原因与报告人员初步判断对比可发现差别。最终影响人员为事件处理完毕后确定的事件影响到的内外部人员。最终影响机构为事件处理完毕后梳理出的事件最终影响或涉及的内外部单位。处理方案是事件小组对事件的处理方案。涉及风险点为事件本身涉及的已经识别出的风险。风险点可能性修正根据事件发生的事实，对涉及风险点的可能性做出了修正，若无修正也须标记，表明前期估计的准确性。风险点重要性修正为根据事件的实际损失，对涉及风险点的损失做出的修正，同理，若无修正也须标记。风险点防范措施修正对涉及风险点的防范措施的调整，事件发生本身表明防范措施有效性不足，因此，通常需要调整防范措施。防范措施监察机制修正为对防范措施的监察措施的调整，风险事件的发生也可能是由于防范措施得当，但未得到执行所致，因此，通常也需要考虑监察措施是否得当。新增风险点即事件发生后识别出的新的风险点，事件的发生可能是风险识别存在漏洞，未设置防范措施，此时便会新增风险点。事件责任人为事件处理完毕后确定的最终责任人，值得注意的是若最终责任人在外部单位，则仅标明外部单位名称即可。责任追究情况对最终责任人追究责任的情况，包括是否减轻责任、是否免除责任等。

2. 外部事件数据

外部事件数据包括事件编号、事件名称、事件描述、报告人、报告时间、报告渠道、事件发生时间、事件风险类型、可能原因、可能损失、可能影响人员、可能影响机构、涉及风险点、风险点防范措施执行情况、防范措施监察机制执行情况、新增风险点、演练情况。

事件编号为唯一标示外部事件的编号。事件名称、事件描述、报告人、报告时间、报告渠道、事件发生时间、事件风险类型等与内部事件相同，只是对于外部事件只能做粗略判断。可能原因、可能损失、可能影响人员、可能影响机构为事件小组对外部事件所做的分析判断。涉及风险点为若同类事件发生在从业机构，可能涉及的风险点。风险点防范措施执行情况为从业机构对涉及风险点的防范措施的执行情况的核查情况，核查其是否得到一贯执行。防范措施监察机制执行情况为从业机构对涉及风险点防范措施监察机制的落实情况的核查，同样核查其是否得到一贯执行。新增风险点即通过事件启动风险识别机制识别出的新风险点。演练情况即从业机构是否模拟事件进行应对处理，例如某同业机构发生 DDOS 攻击事件，从业机构据此假定其也受到类似攻击，进行应对演练。

（三）管理人员

事件风险数据库数据与流动性风险数据库数据一样均为时间序列数据，故其管理工作内容与其相同。

不管是内部事件数据还是外部事件数据，我们建议，均由风险管理部门人员负责管理，部门负责人负责核实，内部审计部门负责人负责抽查。

至此，我们简要介绍了信用风险数据库、流动性风险数据库和事件数据库等数据库系统中的重要数据库。对于操作风险、市场风险、合规风险等其他风险，从业机构也可根据需要建立相应的数据库。同时，在全面风险管理体系运行过程中的其他重要事项或机制（例如产品系统），也可比照事件数据库构建相应的数据库系统。我们不再赘述。

第三节 报告系统

报告系统为全面风险管理体系在运行过程中，相关人员出具相关报告，管理风险的一个动态系统。因从业机构业务形态不同，从业人员专业知识不同，具体报告类型和报告内容差别较大。在此，我们仅从作用、内容、责任人等角度，对部分报告做一简要讨论。

一、信用评分报告

网络借贷机构、股权众筹机构、互联网小额贷款机构等开展准信贷或信贷业务的从业机构，通常需要对融资人进行信用评估。对融资人基于一定数学模型和/或大数据对其进行信用评分是一种比较常见的方式。在此，我们结合信用评分体系建设经验，对信用评分报告做简要讨论。

（一）报告作用

信用评分报告的主要作用：

（1）对融资人基本情况、经济情况、工作情况、征信状况和行为数据等进行量化评分。

（2）根据量化评分结果，结合从业机构信用风险管理目标，确定是否同意融资人的融资申请。

（二）大致内容

报告内容通常包括融资人姓名/名称和其他基本信息、基本情况、经济情况等方面的得分情况以及总得分情况，信用评分系统的初步意见，风险管理部门的最终意见等内容。

（三）责任人员

因产品性质不同，信用评分报告具体内容差异较大，撰写人员也差异很大。有的从业机构实行全自动审批，信用评分系统给出的结论就通过或不通过，此时报告撰写人员实际上为信用评分系统。对于自动审批+人工审批的从业机构而言，报告撰写人员通常为风险管理部门人员。

二、期间报告

在融资合同或合作协议到期前，网络借贷机构、互联网小额贷款机构对融资客户通常会开展贷后检查或评估工作，股权众筹机构对融资者通常会开展投后检查和日常监控工作，互联网支付机通常会对商户开展日常巡检工作，这些工作完成后通常须撰写贷后检查报告、投后检查报告或日常巡检报告。这类报告，我们统称为期间报告。

这类报告的作用主要在于对融资人资金使用情况等履约情况进行跟踪检查，防范信用风险等风险；对商户经营情况、受理设备完整性、安全性等进行检查，防范操作风险等风险。

就贷后检查报告和投后检查报告而言，通常报告融资人基本信息、融资人资金使用情况、融资人经营状况、融资人财务状况、融资项目进展情况、融资人债务增减情况等内容。就商户巡检报告而言，通常包括商户名称、商户编号、受理终端数量、受理终端 PSMA 卡等关键设备完整情况、受理终端物理位置变动情况、受理终端外观完整情况等内容。

贷后检查报告、投后检查报告和商户巡检报告通常由风险管理部门人员负责撰写，也可能由市场推广人员参与撰写。

三、担保物报告

在融资人或第三人提供担保物担保借款的情况下，网络借贷机构、股权众筹机构和互联网小额贷款机构，通常需要定期不定期对担保物进行巡查，并就巡查情况专项担保物巡查报告。

担保物巡查报告的作用在于对担保物的完整性、其他物权设置情况、价值减损等情形进行跟踪，以防范担保物损毁、灭失、价值减损等未被及时发现带来的不利影响。

担保物巡检报告的内容应当包括担保物名称、担保物所在地、担保物所有人、担保物新增用益物权情况、担保物新增担保物权情况、担保物完整情况、担保物价值增加情况等内容。

担保物巡检报告与贷后检查报告撰写类似。

四、了结报告

对于重要合同，在合同履行完毕后，应当就合同执行情况进行总结，全面梳理合同各方债权债务执行情况，并就后续债权债务情况（例如网络借贷机构切换资金存管方，涉及原资金存管方继续为客户履行债务等情形）进行安排。

了结报告的主要作用在于对合同权利义务执行情况进行清理确认，对后续债权债务执行做出安排。

了结报告的主要内容包括合同各方名称、合同各方有效身份证件号码（如营业执照注册号）、合同名称、合同签订时间、合同终止时间、合同终止事由、各方应履行权利义务、各方实际履行权利义务、相关设备收回情况（如受理终端回收情况）、各方尚待履行权利义务、尚待履行权利义务的后续安排等。

了结报告通常由合同执行部门撰写初稿，风险管理部门或法律事务部门复核。

五、合同审查报告

对于重要合同，从业机构最好就其内容完整性、可行性等进行全面审查，并出具合同审查报告，供管理层签批合同时决策。

合同审查报告的主要作用在于审查合同的可行性、完整性、合规性和不利条款等事项，为决策者签批决策提供参考。

合同审查报告的内容主要包括合同名称、合同各方、技术可行性意见、经济可行性意见、时间可行性意见、内容完整性意见、合规性意见、不利条款修改意见（最好给出修改后的内容）、产权归属意见以及总体签批意见（修改后签订、不可签订、直接签订）等。

合同审查报告通常由法律事务部门负责起草，同时信息技术部门、资金财务部门等人员负责相应部分。另外，我们建议，合同审查报告与外聘律师意见分开，采用独立审查形式，提高审查覆盖范围，保证审查质量。

六、制度审查报告

在管理制度建设过程中，通常需要对管理制度的合规性、合理性以及制度之间是否存在冲突等事项进行审查。此时，我们建议，可针对具体制度草案出具制度审查报告。

制度审查报告的作用为对制度草案内容进行审查，审查意见供起草人和决定机构决策。

制度审查报告的内容主要包括制度名称、制度目的、制度的合规性意见（含法律和内控原则要求等）、制度合理性意见（如职责分工是否合理、原则方向是否合理）、制度可行性意见（包括技术可行性、经济可行性等）、制度可审计性意见（如相关内容是否留痕等）、制度内容修改意见（最好附建议修改后的内容）等内容。

制度审查报告可由风险管理部门出具，内部审计部门、信息技术部门和资金财务部门等部门参与。

同理，从业机构也可比照制度审查报告要求相关人员出具流程审查报告。不再重复。

七、内部审计报告

内部审计为风险监察体系的重要环节，其工作成果需以书面报告形式体现，内部审计报告为其中重要一种书面报告。

内部审计报告的作用为就制度执行情况、流程执行情况、合同执行情况、资金（客户资金和自有资金）管理情况等进行风险监察，向管理层和治理层报告全面风险管理体系执行效率和效果。

内部审计报告包括制度执行报告、流程执行报告、合同执行报告、资金检查报告等报告。制度执行报告的主要内容报告制度名称、制度涉及部门、执行偏差、偏差原因分析、责任人、制度修订建议等内容。流程执行报告与制度执行报告内容相似，不再重复。合同执行报告包括合同名称、合同各方、检查截止时各方应履行权利义务、检查截止时各方实际履行权利义务、付款进度、执行偏差、偏差原因分析、责任人、建议等内容。资金检查报告的主要内容包括账户数量、账户名称、出金合规性评价、入金及时性评价、不平账处理合理性评价、相关凭证完整性和规范性评价、相关凭证装订规范性和及时性评价等内容。

内部审计报告通常由内部审计部门负责，对于合同执行报告，可由法律事务部门人员参与。

第十章 ➤ 全面风险管理体系（三）

基础支撑系统、产品系统、事件系统、业务循环系统、管理制度系统、报告系统和数据库系统为全面风险管理体系提供支撑功能、输入要素或结果输出与呈现，本章我们将讨论全面风险管理的风险识别、评估、应对、监察和披露等过程体系，这些过程体系将以前述系统为输入要素或其产生的输出结果呈现为前述系统。

第一节　风险识别体系

风险识别体系为一个风险识别小组以业务循环系统、管理制度系统、产品系统和事件系统等为输入要素，借助于流程分析法、事件分析法、头脑风暴法、法律分析法等识别方法，识别企业面临的信用风险、操作风险、合规风险、流动性风险、市场风险、洗钱风险、战略风险和声誉风险等风险的具体风险点，并将风险点输出到数据库系统的风险点表中，待风险评估小组进行评估的动态系统。简言之，风险识别体系就是识别企业面临的各种具体风险点的一个动态系统。

各从业机构产品体系、业务形态差别较大，风险识别体系往往千差万别。在此，我们仅就风险识别体系的体系目标、总体思路、识别小组、识别方法和工作机制等共性问题做简要讨论。

一、体系目标

风险识别体系的目标包括基本目标和最高目标。最高目标为识别出从业机构面临的所有风险点，要达到此目标具有相当挑战性，同时出于成本效益考虑，从业机构往往也很难要求相关风险识别体系识别出其面临的所有风险点。但最高目标具有理论分析意义和业绩考核意义。例如若从业机构发生风险事件，则很可能其风险识别不足，存在风险点遗漏，风险事件越频繁，往往其遗漏风险点越多，则其离最高目标也就越远，相应的其风险识别体系的业绩就越差。基本目标为风险识别体系识别出的风险点应当达到的最低目标。理论上，基本目标与最高目标之间的差距越小，风险识别体系的绩效越好，全面风险管理体系越健壮，反之亦然。关于如何确定基本目标，取决于各从业机构的风险管理目标和其治理层的经营策略。

总体而言，我们认为，基本目标至少应该确定为：涵盖第二章至第七章所有风险的风险事项，即对前述风险事项，从业机构结合自身业务实际，对其进行一次具体化，将每个风险事项细化为平行的风险点。在这些风险点之下，实际上还可以进一步细化出更具体的风险点。

实际上，风险识别体系的目标就是构建 $CV_t \cup OV_t \cup MV_t \cup LV_t \cup KV_t \cup SV_t \cup RV_t$。

二、总体思路

风险识别体系的总体思路如图 10-1 所示。风险识别体系包括输入、处理和输出三部分。输入部分是风险识别体系的启动部分，如前所述，分为产品、事件和定期三种情况，产品开发、设计和上线过程中，需要进行风险识别。

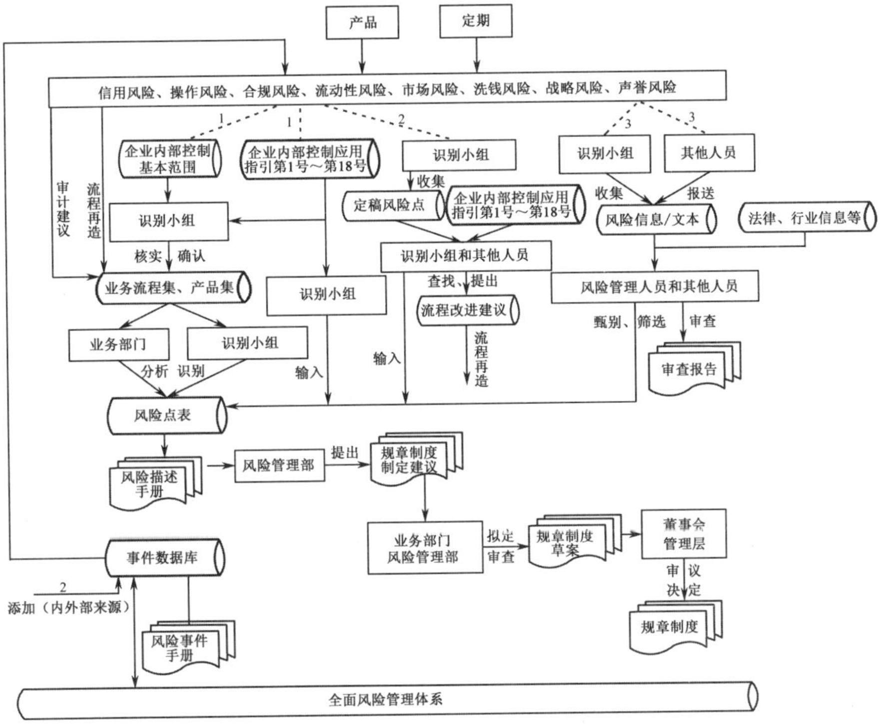

图 10-1　风险识别体系的总体思路

发生内外部风险事件时，需要启动风险识别。另外，在管理制度系统建设、业务循环系统建设以及后续优化提升过程中，也需要定期启动风险识别工作。处理部分为识别小组依据《企业内部控制基本规范》、《企业内部控制应用指引》、相关法律、行业信息等外部信息等，采用相关风险识别方法识别风险点的过程。输出部分中，最主要的输出为风险点，其保存在风险点表中。管理制度系统建设过程中通过风险识别体系构建拟建制度清单时，其输出部分还应当包括规章制度建设建议等内容；在定期借助风险识别体系进行管理制度优化提升时，其输出部分还应当包括规章制度调整建议。对于业务循环系统的第二轮迭代，其输出部分应当包括业务流程调整建议。另外，风险识别体系在对起草人起草的制度草案进行风险识别时，还会出具制度审查报告；在对重要合同进行审核时，还会出具合同审查报告。在风险事件处理完成后，还会出具风险事件报告，甚至可视情况出具风险描述手册。

三、识别小组

（一）人员构成

识别小组人员通常应当包括风险管理总监、风险管理部门负责人、内部审计部门负责人、技术人员、法律事务人员、市场人员、产品设计人员、清分结算人员、财务人员、客户服务人员、人力资源管理人员、行政管理人员、外部专家。对于涉及外部单位的产品、事件或制度流程，理想情况下应当由外部单位人员参与识别小组，实务中可行性较小。因此，涉及外部单位部分，通常由对接外部单位的人员代替，识别出相关风险点后，由其负责与外部单位沟通核实。在风险识别过程中，需要就风险识别拟订工作方案，讨论定稿后实施，同时往往需要对相关事项进行决策判断。为此，有必要设置识别小组组长，我们建议，识别小组组长由风险管理总监担任。

（二）职责分工

风险管理总监（小组组长）：根据风险识别任务和目标，牵头拟定风险识别工作方案，经识别小组讨论定稿后牵头实施风险识别工作，并对实施进度进行全面把控。对风险识别过程中的重大事项和争议事项进行决策。牵头对风险识别的工作成果进行小组内部讨论，形成一致意见后，报董事长或总经理审批。

风险管理部门负责人：全面梳理输入部分，形成风险**识别对象**，与风险管理总监讨论决定后列入风险识别工作方案。按工作方案全程参与风险识别工作，重点识别风险管理过程本身存在的风险和信用风险等风险。全面整理相关人员识别出的风险点，记录识别小组讨论会议情况，形成风险识别工作的最终成果，以便风险管理总监提交董事长或总经理。

内部审计部门负责人：从审计角度对识别对象进行风险识别，就《企业内部控制基本规范》、《企业内部控制应用指引》所有内容，对识别小组成员进行重点培训和问题解答。全程参与识别小组对风险点的讨论，从审计角度发表专业意见。

技术人员：从技术角度对识别对象进行风险点识别，牵头识别出技术方案、技术流程、技术实现、技术运行、技术管理制度等方面存在的风险点。参与技术相关的风险点的小组讨论会议，从技术角度发表专业意见。

法律事务人员：从法律角度对识别对象进行风险点识别，牵头识别出产品方案、产品合同、交易结构、交易流程、资金流向和管理制度等方面存在的风险点。参与法律相关的风险点的小组讨论会议，从合规性等角度发表专业意见。

市场人员：从市场份额和客户预期等角度对识别对象进行风险点识别，牵头识别出产品定价、客户预期行为、客户管理制度等方面的风险点。参与与市场份额相关的风险点的小组讨论会议，从市场份额影响等角度发表专业意见。

产品设计人员：从用户体验等角度对识别对象进行风险点识别，牵头识别出用户体验、交互设计、产品管理制度等方面存在的风险点。参与产品设计相关的风险点的小组讨论会议，从用户体验等角度发表专业意见。

清分结算人员：从清分结算等角度对识别对象进行风险点识别，牵头识别出客户资金、清分结算、资金存管制度等方面的风险点。参与客户资金管理和财务管理相关的风险点的小组讨论会议，从客户资金安全等角度发表专业意见。

财务人员：从企业自有资金角度对识别对象进行风险点识别，牵头识别出资金管理、会计核算、财务管理制度等方面的风险点。参与财务管理和客户资金管理相关的风险点的小组讨论会议，从资金安全角度发表专业意见。

客户服务人员：从客户关系维护与管理等角度对识别对象进行风险点识别，牵头识别出知识库管理、客户转换、客户回访等方面的风险点。参与产品设计、客户管理相关的风险点的小组讨论会议，从客户管理角度发表专业意见。

人力资源管理人员：从人力资源管理等角度对识别对象进行风险点识别，牵头识别出人力资源管理、风险事件责任追究和人事管理制度等方面的风险点。参与人事管理相关风险点的小组讨论会议，从人力资源管理角度发表专业意见。

行政管理人员：从行政管理等角度对识别对象进行风险点识别，牵头识别资产管理、行政管理、公司治理和治理制度等方面的风险点。参与行政管理相关风险点的小组讨论会议，从行政管理角度发表专业意见。

外部专家：外部专家通常包括技术、清分结算、法律和风险管理方面的专家，主要补充内部人员的专业水平，并保证风险识别工作的独立性和全面性。因此，外部专家应参与前述所有方面的风险点的识别工作，并对每个方面的风险点的全面性等发表意见。

以上为针对相关人员专业情况进行的分工，并就相关人员参与小组讨论会给出了建议，若时间允许，我们建议所有识别小组人员均尽量参与小组讨论会，以提升质量。

四、识别方法

风险识别的方法较多，各有优缺点及其适用情形，在此，我们仅就曾使用过的一些方法，做简要介绍。

（一）流程分析法

流程分析法为结合业务循环系统中的业务流程，逐步分析业务流程的每个业务操作可能包含的风险点的方法。很显然，该方法适用于存在业务流程的情况，包括已经梳理出业务流程的情形和具有具体业务操作的产品等情形，其主要过程如下：

1．准备业务流程

流程分析法启动前，牵头人员需要提前准备业务流程相关资料，具体包括业务流程名称、业务流程所在业务循环、业务流程启用时间、业务流程涉及的产品（与产品相关的业务流程）、业务流程涉及的技术系统、业务流程完整内容（格式可参见业务循环系统部分）等内容。牵头人员在召集分析会议之前，应将相关资料提前发送给分析人员，以便其熟悉业务流程相关内容，尤其是外部专家，可能需要现场熟悉相关业务操作、体验相关产品流程。

2．确定分析人员

通常情况下，可通过业务流程中的“涉及的部门、岗位”部分确定业务流程分析会议参与人员。但对于外部流程则需要增加市场人员和客户服务人员参与，对于涉及信息科技系统完成的业务流程，需要追加技术人员参与。

3．召集分析会议

在确定分析人员并提前发送相关资料，牵头人员确定分析会议时间和地点后，便可召集分析会议。在召集分析会议时需要注意的是，分析会议不宜像项目评审会议那样严肃，会议气氛以轻松为主，以便激发参会人员的积极性，即使参会人员发言不当也应予以容忍。对于会议地点，在条件允许的情况下，可选择在室外等可使参会人员尽量放松的地方。

分析会议可由牵头人员主持，由其选择业务流程，逐个业务流程进行分析。在开始分析时，主持人每列示一个操作步骤，由所有参会人员分析该步骤可能发生的疏忽、错误、舞弊（含岗位、时间、条件和具体情形等）等情形，并针对每种情形讨论具体的原因、发生的可能性大小（为后续风险评估做准备）、可能造成的影响、大致防范措施（为风险应对做前期准备）。在操作步骤讨论结束后，主持人简要总结本步骤识别出的风险点，经参会人员再次确认后，便可启动下一操作步骤的分析，直到业务流程的每个操作步骤均讨论完毕。在业务流程的每个操作步骤均讨论完毕后，主持人还应当将业务流程的所有业务操作串联起来，并向参会人员核对该业务流程已经识别出的风险点，再次就整个业务流程是否还有未识别风险点进行讨论。

在参会人员讨论过程中，很可能发生争议，引发争议通常表明分析会议效果不错，激发了参会人员的思考。此时，主持人应当重点记录争议的焦点、争议各方的观点、支持和反对人员情况等。

另外，在分析会议中也可能出现另外一种情况，主持人宣布一个操作步骤后，参会人员均不发言，无任何讨论，出现这种情况是分析会议失败的征兆。为避免这种情况发生，主持人应当提前就每个操作步骤准备一两个风险点，在参会人员均不发言的情况下，抛出准备好的风险点，以开阔参会人员思路，激发其思维，促使积极发言。当然，也存在某个操作步骤确实无风险点的情况，此时主持人可直接进入下一个操作步骤。

4. 形成风险点草案

每个业务流程每个操作步骤均完成讨论后，形成风险点集草案。每个风险点应当包括风险点编号、风险点名称、风险点描述、风险点影响、风险点发生的可能性、大致防范措施、对此风险点的争议等项目。

5. 风险点定稿

在风险点草案基础上，识别小组组长可召集识别小组相关人员，讨论已识别风险点，并重点讨论风险点的争议部分。识别小组组长在听取参会人员（含外部专家）意见之后，对争议部分进行决策形成风险点定稿版本。

（二）头脑风暴法

头脑风暴法即牵头人员组织参与人员，针对风险识别对象，实施头脑风暴，激发参与人员积极识别风险点的方法。该方法通常可与流程分析法等方法结合使用。其大致过程为：

1．准备风暴主题

牵头人员首先针对风险识别对象，确定风暴主题。为比较准确确定风暴主题，以便参与人员积极讨论，达到识别风险效果，通常情况下，需要牵头人员对风险识别对象具有一定了解，并对风险点有相对粗略的认识。我们建议，牵头人员可根据第二章至第七章提及的相关风险的风险事项，初步确定风暴主题，甚至可以直接将相关风险事项作为风暴主题。例如针对数据唯一性风险事项，牵头人将风暴主题确定为“导致数据唯一性受到破坏的情形”。当然，也可根据牵头人员的实际工作经验确定风暴主题。例如清分结算人员可以针对清分结算过程中可能出现的重复入库问题，确定风暴主题为“诱发重复入库的情形”。

2．确定参与人员

与流程分析法确定参会人员的方法不同，头脑风暴法的参与人员通常由牵头人员根据风暴主题确定。确定参与人员须遵循的原则为：一是平等性原则。即参与人员地位平等以便其积极发言，减少顾忌。二是熟悉原则。即参与人员应当对风暴主题相当熟悉，以免“离题万里”。三是内外结合原则。即参与人员既要有内部人员，同时应当尽量增加外部人员，以便扩展思路，打破惯性思维。

3．实施头脑风暴

在确定参与人员和风暴主题之后，牵头人员便可召集相关人员围绕风暴主题，实施头脑风暴。此时，牵头人员应当担任风暴会议的主持人，至于风暴会议的地点，与流程分析法相似，应当选择轻松活跃的地点，不宜选择严肃沉静的地点。风暴会议开始后，由主持人宣布风暴主题，由参与人员即兴发挥，围绕风暴主题发言和讨论。与流程分析法相似，必要时主持人应当对参与人员进行积极引导，避免“冷场”或偏离主题。在一个风暴主题讨论结束之后，主持人对参与人员的意见进行归纳总结，并向其确认。之后，便可转向下一风暴主题。

4. 形成风暴草案

与业务流程分析法相似，头脑风暴会议结束后，主持人应当形成风险点草案。与流程分析法不同之处在于：一是风险点完备性可能不足。由于头脑风暴法本身的局限性，可能出现风暴主题项下相关风险点遗漏的情形，与业务流程分析法相比，完备性略显不足。二是具体要素较少。头脑风暴法往往仅要求参与人员识别出具体的风险点和大致影响等因素，往往对风险点的原因、可能性大小和大致防范措施等难以进行系统性讨论。因此，风险点的具体要素通常较少。

5. 补齐风险点草案

在风暴草案基础上，主持人需要根据具体情况，对每个风险点，补齐风险点编号、风险点名称、风险点描述、风险点影响、风险点发生的可能性、大致防范措施等项目。对于风险点描述和风险点影响等头脑风暴识别出的内容，可进一步就补充内容向参与人员复核。

6. 风险点定稿

与流程分析法相同，在风险点草案基础上，识别小组组长可召集识别小组相关人员讨论定稿风险点，形成风险点定稿版本。

（三）事件分析法

事件分析法为从已经发生的风险事件出发，分析事件发生的原因，导致事件发生的环节，检讨总结出风险点的方法。如前所述，风险事件包括外部风险事件和内部风险事件两种类型。对于外部风险事件，往往只能猜测估计其原因和环节，其识别出的风险点往往相对粗略。但对于内部风险事件，由于信息比较充分，从业机构往往能够比较准确地分析出原因和环节。例如某网络借贷机构发生“房产抵押登记办理完毕前借款标的满标、借款人已提现”这一风险事件。从业机构便可就整个借款标的发布流转流程进行梳理排查，找出具体的风险点。下面，我们就内部事件的事件分析法大致过程做如下简要讨论：

1．组建分析小组

与事件系统部分提及的“事件小组”不同，分析小组侧重于风险识别角度。当然，在实际工作中，两个小组可能部分人员重叠，但工作职责有所区别。我们建议，对于事件分析法的分析小组最好由风险管理总监担任组长，风险管理部门负责人、内部审计部门负责人、信息技术部门负责人等人员为组员。

2．准备分析提纲

在事件系统部分，我们提及了“事件调查分析方案和事件处理方案”，该等方案偏重于对事件发生和处理过程。事件分析法中的分析提纲，则更关注风险事件发生的环节和具体原因，两者侧重点有所不同。分析提纲可按类似审计工作中的“穿行测试”思路进行设计，从事件发生的源头开始逐步分析，核实事件涉及的业务循环和业务流程，每个业务流程涉及的职能部门、具体岗位或外部人员（如客户），构建分析提纲。如按“业务循环（1）、业务流程（1-1）、业务操作（1-1-1）、应该进行的业务操作、实际进行的业务操作（档案或痕迹）、操作差异、应当达到的业务标准、质量偏差”此类模式构建分析提纲。操作差异指具体岗位人员或外部人员没有按业务流程规定的业务操作办理业务，遗漏了相关业务操作或增加了相关的业务操作（理想情况下，岗位人员和外部人员等操作人员不能增加相关业务操作，但在相关设计不严密情况下，可能出现操作人员增加业务操作）。例如负责发布借款标的的运营专员未核实真实有效的房屋抵押登记权属证书是否存在，便擅自发布借款标的，便为操作差异。质量偏差指操作人员实施的相关业务操作没有达到业务流程中业务标准规定的相关要求。前述运营专员进行了房屋抵押登记权属证书核实工作，但未核实其真实性和有效性，便是质量差异。

3．实施调查分析

分析小组按照分析提纲，根据相关档案资料或业务操作日志，逐项核实相关部门和相关岗位的业务操作，如实填写实际进行的业务操作、操作差异和质量差异，直到所有分析提纲核实填写完毕。在逐项核实过程中，值得注意的是若确实存在操作差异或质量差异，分析小组除了填写信息之外，还需对相关档案或痕迹留存复印件或影印件。

调查分析结束后，分析小组应当撰写调查分析事实认定书，对调查中确认的事实进行认定，并且事实认定书应当经其提及的岗位人员签字确认。对事实认定书提及的外部人员，尽量要求其签字确认，至少应获得其对事实认定书真实性的意见。

4. 查找原因与环节

事实认定书经相关方确认后，分析小组调查分析中发现的操作差异或质量偏差，确定事件发生的原因和具体环节。实际工作中，可能出现无操作差异和质量偏差的情形，此时恰好表明存在未识别风险点，业务流程或管理制度本身存在漏洞且未被发现。

5. 识别风险点

根据查找出的原因和环节，分析小组便可进行风险点识别。若调查分析未发现操作差异和质量偏差，则风险点往往比较明显。反之，则需要分析人员具体分析差异或偏差的原因，再确认是否存在风险点，存在哪些风险点。

6. 举一反三

在对事件涉及的业务循环和业务流程进行调查分析，识别出风险点之后，分析小组还可以对照原因和环节，对类似业务循环和业务流程进行研究分析，以确认是否存在遗漏的风险点。

事件分析法识别出的风险点比较准确，因此通常无须召集识别小组成员再次进行讨论，仅分析小组内部讨论即可。另外，对于外部风险事件，分析小组首先需要分析其可能的原因，然后分析自身可能涉及的业务循环和业务流程，然后再参照“举一反三”步骤做法，识别风险点。

（四）法律分析法

法律分析法即识别人员通过查找从业机构应当遵循的法律（含行业协会

规范、相关部委的规范和指引（如《企业内部控制基本规范》及其指引））中的强制性规定和效力性规定，结合自身业务实际情况，识别风险点的方法。法律分析法不仅仅能识别出合规风险的风险点，实际上也能识别出信用风险、流动性风险、操作风险和洗钱风险等风险的风险点。如通过分析《支付机构客户备付金存管办法》关于不得提前办理支付业务的规定，可以识别出“提前办理支付业务，付款人拒绝付款”这一信用风险点。又例如通过分析《企业内部控制应用指引》关于三重一大的规定，可以识别出“管理人员擅自挪用资金”这一操作风险点。总体而言，法律分析法的大致步骤如下：

1．设立分析小组

法律分析法因分析的具体法律不同，分析小组成员差别较大。通常情况下，风险管理总监应当担任分析小组的组长，视情况组员可能包括信息技术人员（涉及技术标准或技术实现等时）、内部审计人员（涉及内控规范、审计规范等时）、财务人员（涉及会计准则、财务制度、税收法律等时）、法律事务人员（涉及法律、监管规则和行业业务规范等时）、外部律师（涉及诉讼实务等时）。同时，为提高风险管理人员的业务水平，我们建议，风险管理部门所有人员均应当参与到法律分析小组中。同时，对涉及市场拓展的相关规定，最好邀请市场人员参与分析，至少列席，以便更好地开展市场拓展工作。

2．确定分析依据

小组组长在设立分析小组后，应当根据相关小组成员的专业构成，有针对性地选择需要分析的法律依据。当然，在实务中也可先确定分析依据，然后再选择适格的小组成员。具体方法取决于从业机构的年度计划。在确定分析依据时，需要注意的是，每次分析会议不宜选择过多依据，以不超过两项法律为宜，以便提高分析质量。

3．拟定分析提纲

分析提纲可以表格形式列示，便于分析过程中记录识别出的风险点。相较而言，法律分析法的分析提纲容易列示。例如可按“风险点编号、风险点名称、风险点描述、源自法律、可能性、风险点影响、重要性、初步防范措施、争议事项”形式列示即可。其中源自法律即通过其分析出该风险点的法律名称。可能性为分析小组对该风险点发生概率的初步判断。风险点影响为风险点发生后可能产生的影响，为定性描述内容。重要性为分析小组对该风险点发生后的损失大小的初步判断，对于合规风险的风险点，其大小可通过法律相关的罚则条款等进行判断，对于涉及效力的合规风险点，也可通过相应行为无效、效力待定、可变更可撤销等情况初步判断损失大小。初步防范措施为分析小组对风险点设置的防范措施，以为后续风险应对体系做准备。争议事项为分析小组关于该风险点的争议记录情况。

4. 实施分析工作

在确定分析提纲之后，分析小组便可根据依据的法律，逐条研读分析法律条款，分析识别风险点。与流程分析法相似，分析小组组长担任主持人，每阅读完一个法律条文，小组成员就该法律条文可能具有的风险点进行讨论。关于会议组织情形也与流程分析法类似，不再重复。

5. 定稿风险点

分析会议结束，分析小组组长按照分析提纲格式汇总、整理风险点，形成风险点草案。根据争议风险点的多寡和依据法律的专业化程度，决定是否召开识别小组会议讨论定稿风险点。对于争议风险点较少、依据的法律专业化程度较低的法律，可由分析小组自行定稿风险点草案，反之则以讨论决定为宜。

至此，我们简单介绍了几种风险点识别方法。实际工作中，还可能包括合同分析法、方案分析法等风险识别方法。例如法律事务人员在审查业务部门提交的合同文本时，便是基于相关法律和合同条款规定，结合从业机构自身业务实际情况，识别其中的风险点，此时法律事务人员采用的便是合同分析法。又例如风险管理人员审查信息技术部门提交的技术方案时，基于相关技术规范、业务需求等，核实方案中可能存在的技术漏洞、技术瑕疵等，便是采用方案分析法识别风险点。这两种识别方法的不同之处在于，其识别出的风险点往往直接以审查报告形式体现，并不进入“风险点表”中，且通常不以小组会议形式进行识别。关于其他风险识别方法，我们不再讨论。

五、工作机制

在讨论了识别小组和识别方法之后，本部分我们将结合图 10-1，对风险识别体系的工作机制做相对详细的介绍。如图所示，风险识别体系大致包括定期识别、事件识别和产品识别三个机制，图中标示“1”的部分为定期识别机制，标示“2”的部分为事件识别机制，标示“3”的部分为产品识别机制。

（一）定期识别机制

定期识别机制包括业务流程风险点识别和制度清单识别两部分，业务流程风险点识别负责识别业务循环系统中的业务流程相关的风险点，并据此进行业务流程的第二轮迭代，同时识别产品系统中相关的业务流程和资金流向等相关风险点。制度清单识别为管理制度系统相关人员等借助于风险识别体系构建拟建制度清单或拟修订制度清单。

1．流程识别

（1）识别小组研读《企业内部控制基本规范》（简称《基本规范》）和《企业内部控制应用指引第 1 号～第 18 号》（简称《指引》），掌握其基本精神和基本原则。

（2）识别小组熟悉业务流程集和产品集，对其中业务流程按《指引》进行归类，尽量将其归入《指引》中的某一号。在内部审计机构出具审计建议或识别小组出具流程再造建议时，识别小组应当再次核实和确认业务流程集和产品集中的业务流程的合理性和合规性，并视情况启动流程改进工作。流程进行改进后，识别小组应当同步启动“定期识别”机制识别风险点。

（3）识别小组采用法律分析法，对业务流程进行风险点识别，定稿风险点后，将其输入“风险点表”中。

（4）识别小组采用流程分析法，对业务流程进行风险点识别，定稿风险点，对重复识别的风险点根据最新情况进行修订完善后，剔除重复风险点，之后将其输入“风险点表”中。

（5）识别小组采用头脑风暴法等其他识别方法，对业务流程进行风险点识别，定稿风险点，修订并剔除重复风险点后，将其输入“风险点表”中。

（6）风险管理部门获取风险点表中相关风险点，按业务流程进行归类整理，提出业务流程改进建议，择机启动流程再造。（该步骤图中未标示）

（7）风险管理部门视情况，从风险点表中获取风险点，按所涉部门归类整理后形成风险描述手册，印发相关部门、风险管理总监、管理层和治理层相关人员。

2．制度识别

（1）识别小组研读《指引》，掌握其总体精神。

（2）识别小组梳理并提及的风险及相应类型，可按“指引编号、列示的风险、条款要求、制度响应”形成《制度表格》。制度响应即从业机构现有制度对相关条款的落实情况，可分为“未落实”、“部分落实”和“全部落实”等情形。

（3）识别小组采用法律分析法，对照自身实际情况，识别风险点，并填制《制度表格》。

（4）识别小组定稿风险点，并将风险点输入“风险点表”中。

（5）风险管理部门从“风险点表”中获取风险点，补充完善《制度表格》（主要考虑在流程识别中已识别的风险点）。

（6）风险管理部门对《制度表格》中的制度响应进行归类，整理出“未落实”或“部分落实”的《指引》内容，提出《规章制度制定建议》（含修订建议）。

（7）风险管理部门和业务部门再按照管理制度系统制定规章制度。

（二）事件识别机制

事件识别机制负责处理内外部事件触发的风险识别工作。其大致步骤如下：

（1）识别小组采用事件分析法，识别风险点。

（2）识别小组将事件相关数据录入事件数据库。

（3）识别小组定期从事件数据库中获取信息，按风险事件类型归类整理后，印制风险事件手册，发送至相关部门、风险管理总监、管理层和治理层相关人员。

（4）识别小组根据定稿风险点和《指引》，再次查找、识别其他业务流程（对于内部风险事件）风险点，若业务流程存在不合理、不合规之处，提出业务流程改进建议，择机启动流程再造。

（5）识别小组将定稿风险点和从其他业务流程识别出的定稿后的风险点输入“风险点表”中。

（6）风险管理部门从“风险点表”中获取最新添加信息，视情况启动规章制度制定或修订建议。

（三）产品识别机制

产品识别机制负责处理产品触发的风险识别工作和其他信息触发的风险识别工作。风险管理人员和其他业务人员在实际工作中获悉的可能导致不利影响的信息，此时也需要进行风险识别工作。产品识别机制的大致步骤如下：

（1）产品识别机制的启动包括三种情况：一是风险管理人员等识别小组成员收集、获悉可能产生不利影响的风险信息；二是其他人员向风险管理人员等识别小组成员报送可能产生不利影响的风险信息；三是其他人员向风险管理人员等识别小组成员提交相关文本（如产品设计文本、合同文本、制度草案文本、业务流程草案文本等）。

（2）识别人员根据获悉的风险信息和文本，收集相关法律，研读《基本规范》和《指引》，收集相关行业信息、竞争对手信息、相关产品信息等信息。

（3）风险管理人员和其他人员对风险信息进行甄别、筛选，采用法律分析法等相关方法识别风险点，并将定稿风险点输入“风险点表”中。

（4）风险管理人员和其他人员审查相关文本材料，识别风险点，实施风险评估，商讨应对措施，提出改进建议，形成审查报告。

（5）审查报告报相关人员或机构决策后，涉及部门按报告建议和决策人员意见管理风险。

第二节 风险评估体系

风险识别体系识别出风险点之后，接下来便是风险评估工作。在此，我们仅就风险评估体系的体系目标、总体思路、评估小组、方法选择、工作机制等简要讨论。

一、体系目标

鉴于风险评估的重要性、复杂性和可行性，我们先就定性评估与定量评估、直接评估与间接评估进行讨论，然后再分析风险评估体系的体系目标。

（一）定性与定量

定性评估即对风险或风险点发生的概率大小或损失大小，采用定性的方法进行评估，评估结果只能给出大致等级，而不量化出具体数值。定性评估主要适合于样本数据不足、定量评估成本过高，甚至暂时缺乏定量评估工具或方法的场合。定性评估的优点在于所需数据较少（甚至无须样本数据）、成本相对较低、定性评估的可行性通常较高；缺点是评估结果比较粗略、精确度较低，对后续风险应对工作的意义相对较小。

定量评估则是对风险或风险点发生的概率大小或损失大小，采用数量方法进行评估，评估结果为具体量化数值，可直接使用该数值，也可根据该等数值划分等级的方法。定量评估通常适合于样本数据充足、定量评估成本在可接受范围、存在行之有效的量化评估方法或工具的场合。定量评估的优缺点与定性评估恰好相反。

如上所述，定性评估和定量评估各有优劣，在实务中，定性评估和定量评估往往缺一不可，两者结合使用。一是对不同风险的风险点需要同时采用两种方法。例如对信用风险的债务人延迟履行，往往采用定量评估方法（如信用评分方法），但对信用风险的担保物管理相关的风险点，则可能需要采用定性评估方法。又例如对操作风险中业务操作相关的风险点，往往采用定性评估方法，但对信息系统软硬件故障相关的操作风险点，则可采用定量评估方法（如浴盆曲线拟合分布方法）。当然，实务中各种风险对两种方法适用比重上会有不同，例如信用风险往往更偏重于定量评估方法，而操作风险则往往偏重于定性评估方法。二是对同一风险或风险点的发生概率和损失大小，也可能同时采用两种方法：一个是对发生概率采用定量评估方法，对损失大小采用定性评估方法。例如对信用风险诱发的声誉风险，其发生的概率可基于信用风险相关样本数据进行定量评估；但对声誉风险发生后的损失大小，则往往只能采用定性评估方法。另一个是对发生概率采用定性评估方法，对损失大小采用定量评估方法。例如对可疑交易分析相关的洗钱风险，其发生的概率可采用定性评估方法，但对损失大小则可能采用定量评估方法。

（二）直接与间接

直接评估即直接对风险点发生的概率和损失大小，采用定性或定量评估方法进行评估。直接评估的优点在于评估的粒度精细，后续风险管理工作更有效；不足之处在于评估工作量很大，有时甚至不可行；部分风险点的直接评估结果对后续风险管理意义有限，例如融资人的性别为信用风险的一个风险点，通常情形女性发生延迟履行的概率低于男性的概率。我们完全可以基于样本数据对性别这一风险点诱发延迟履行的概率进行直接评估，但评估结果并不能直接用于授信决策，其后续风险管理意义比较有限。

间接评估即按一定规则汇集相关风险点，形成风险点集，然后对该风险点集发生的概率和损失大小，采用定性或定量评估方法进行评估。间接评估的优缺点恰好与直接评估的相反。与定性评估和定量评估相似，直接评估和间接评估在实务中往往需要结合使用，并且根据风险种类不同，两者所占的比重也往往不同。当然，与定性评估和定量评估不同的是，对发生概率采用直接评估，则损失大小也往往采用直接评估，反之亦然。

（三）目标界定

风险识别体系的目标为综合采用定性评估和定量评估、直接评估和间接评估方法，对风险点或风险点集的发生概率和损失大小进行评估，为后续风险管理提供支持。

总体而言，我们认为，从业机构尽量采用定量评估方法，视情况选择直接评估和间接评估方法。值得注意的是，从业机构在采用间接评估方法时，第二章至第七章提及的每个风险事项对应一个发生概率和损失大小便无法实现。我们认为，前面章节的叙述更多偏重于理论分析，为风险管理的理想状态，实务中不宜过度拘泥，宜做变通处理。若需符合前述规则，将相关风险点集汇总为一个风险事项即可。

二、总体思路

风险评估体系的总体思路如图 10-2 所示，图中我们列示了三个除风险种类不同外，其余结构完全相同的纵向流程图，旨在提示读者：一是风险评估工作需要按风险种类进行，不同种类风险采用的评估方法、所需的评估人员、人员的专业素质要求往往不同。二是不同风险可能采用的直接评估和间接评估防范的比重也往往不同。图中第一个纵向流程图中的“信用风险”，与第二个纵向流程图的“操作风险（点）”和第三个纵向流程图的“合规风险点”之间存在明显差异，我们试图表明信用风险的评估更多偏重于间接评估，操作风险评估则可能直接评估和间接评估并重，合规风险评估则更多偏重于直接评估。当然，实际工作需要从业机构结合自身情况确定，图示仅为参考。

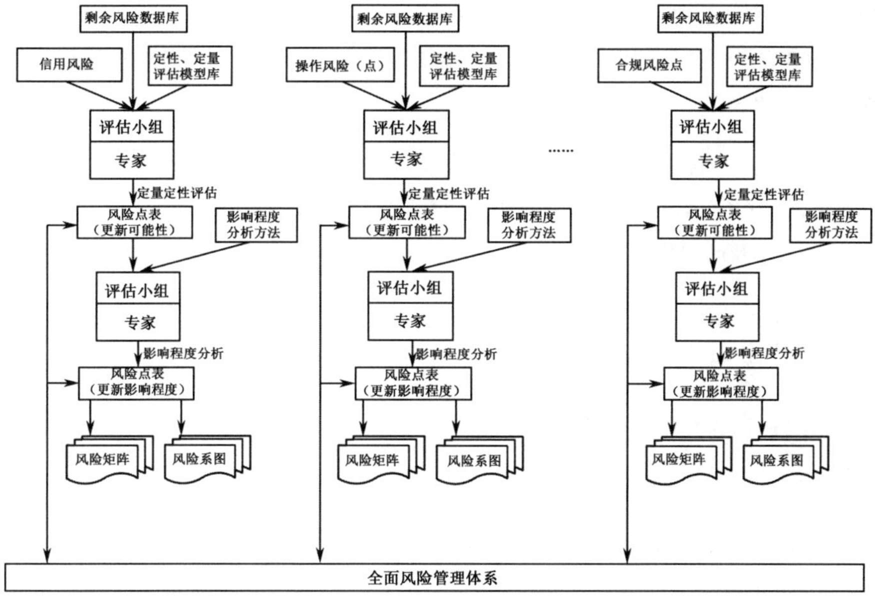

图 10-2　风险评估体系的总体思路

与风险识别体系相同，风险评估体系也包括输入、处理和输出三个部分。输入部分包括风险点或风险点集，定性、定量评估模型库和剩余风险数据库。风险点或风险点集为待评估其发生概率和损失大小的评估对象。定性、定量评估模型库为从业机构进行风险评估的方法，具体情况将在后面部分介绍。剩余风险数据库为从业机构采用“承受”策略应对的风险集合。之所以需要对其中的风险进行评估，在于随着时间的推移，其发生概率和损失大小可能发生变化，导致“承受”策略已失效而应当采用其他策略。例如互联网支付机构之前基于《非金融机构支付服务管理办法》及相关业务管理办法（最高处罚为 3 万元），对部分业务的合规风险点采取了“承受”策略，但本轮整治和续牌过程中，中国人民银行采取了取消牌照、高额处罚等措施严格管理支付机构，支付机构必须根据最新情况调整评估结果，改变“承受”为“规避”等策略。对剩余风险数据库中的风险点进行评估还有一个理由就是避免剩余风险点数量累积到一定时候产生聚集效应，诸多剩余风险点融合为大概率、高损失的风险事项。处理部分为评估小组和专家基于评估模型中的方法，对评估对象的发生概率和损失大小进行评估。输出部分为将发生概率和损失大小更新到“风险点表”中。

图中的评估模型库实际上就是

$$CF_t \cup CG_t \cup OF_t \cup OG_t \cup MF_t \cup MG_t \cup LF_t \cup LG_t \cup KF_t \cup KG_t \cup WF_t \cup WG_t \cup SF_t \cup SG_t \cup RF_t \cup RG_t$$

三、评估小组

（一）主要工作

评估小组的主要工作有：

（1）结合从业机构实际情况，推荐评估方法，形成候选评估模型库。

（2）对候选评估模型库中的定量评估方法，利用适量的样本数据进行训练和验证，经有权机构批准后，纳入评估模型库。

（3）对候选评估模型库中的定性评估方法，选择适当的风险点进行实验，经有权机构批准后，纳入评估模型库。

（4）对拟评估的风险点进行核实整理，对拟采用间接评估的风险点进行归集。

（5）对拟评估的风险点，从评估模型中选择适当方法，开展风险评估。

（6）风险评估结果报经有权机构批准后，更新至“风险点表”。

（二）小组构成

与识别小组不同，因风险评估专业性强，定性评估和定量评估差别较大，并且不同种类风险的评估往往对专业背景要求不同。因此，需要根据不同风险种类组建不同的评估小组。我们建议，至少需设置信用风险评估小组、操作风险评估小组、市场及流动性风险评估小组、合规及洗钱风险评估小组、战略及声誉风险评估小组五个评估小组。当然，在条件允许的情况下，每种风险设置一个评估小组最为合适。

1．信用风险评估小组

信用风险评估小组的主要职责为前述评估小组主要工作在信用风险评估方面的细化和具体化，不再重复。同时，对于信用风险中涉及的操作风险点等其他风险的，该小组也应当进行初步评估，然后交由操作风险评估小组等其他风险评估小组进行二次评判。

在人员构成方面，该小组成员应当包括数学模型（如 logistics 模型、层次分析法）专家、统计学专家、SAS 等软件人员、运营人员、技术人员、客户服务人员和风险管理总监等人员。前三者负责评分模型等模型的设计、训练和验证工作。运营人员则基于训练后有效的数学模型开展信用评分工作。技术人员负责提供模型所需要的数据、按专家要求完成数据准备工作（数据清洗、数据转换等），并视情况根据专家要求将相关模型嵌入到业务处理系统之中，实现评分的自动化或半自动化。客户服务人员在对数学模型适当了解的基础上，在客户请求被拒绝时，对客户予以积极解释和说明。风险管理总监全程负责把控整个评估工作，对重要事项和争议事项进行决策。值得注意的是，模型的最终参数（如数据项目的评分表或指标值的权重等）应当对运营人员和客户服务人员保密，以防范其引导客户伪造数据通过审核。

另外，对于风险识别阶段已经初步估计的风险点的可能性和重要性，往往比较粗糙，对于信用风险管理意义有限。因此，对于信用风险的风险点，我们建议直接用评估小组的结果予以替换。

2．操作风险评估小组

操作风险评估小组的主要职责为前述评估小组主要工作在操作风险评估方面的细化和具体化，不再重复。涉及其他风险须进行初步评估，再提交相关评估小组进行二次评判。需要注意的是，操作风险往往风险点较多，而且大部分需要采用直接评估法进行评估。若每个风险点均采用数学模型等进行量化评估，一来工作量极大，二来往往缺乏足够的样本数据支撑。因此，总体而言，操作风险通常采用定性评估与定量评估相结合的方法。

在人员构成方面，小组成员应当包括数学模型（如德尔菲法、敏感性分析法等）专家、风险管理总监、风险管理部门负责人、内部审计部门负责人、技术人员、法律事务人员、市场人员、产品设计人员、清分结算人员、财务人员、客户服务人员、人力资源管理人员、行政管理人员、外部专家。在职责分工方面，与识别小组完全相同。

值得注意的是，在风险识别阶段，识别小组已经对各个风险点的可能性和重要性进行了初步评估，我们建议，对于采用定量评估的风险点，可直接用评估结果替换之，对于采用定性评估的风险点，评估小组在定性评估前，可由当时的牵头人员对初步判断的情况进行说明，然后再基于初步判断的结果进行定性评估，并以评估结果替换初步判断结果。

3．市场及流动性风险评估小组

市场及流动性风险评估小组职责为前述评估小组主要工作在市场风险和流动性风险评估方面的细化和具体化，不再重复。涉及其他风险的，进行初步评估后交由相关评估小组二次评判。之所以将两类风险合并为一个评估小组，主要考虑两类风险在评估方法方面，具有较大的相对相似性。

在人员构成方面，该评估小组应当包括数学模型专家、市场人员、清分结算人员、运营人员和风险管理总监等。数学模型专家可基于流动性风险数据库中的时间序列数据等拟合某种分布，然后基于该分布评估流动性风险；也可基于排队模型等构建资金、资产排队模型，基于时间序列数据拟合参数，据此评估流动性风险。同理，关于市场风险，模型专家也可基于相关宏观数据、行业数据等构建数学模型，对市场风险进行评估。值得注意的是，我们定义的市场风险，除利率、汇率、商品价格和股票价格等传统因素外，凡影响从业机构市场份额的均可能为市场风险因素，因此在模型构建时，数据模型专家除利用传统模型外，还需要积极探索新模型。市场人员主要负责收集影响市场份额相关的传统因素外的其他数据，便于数学模型专家评估风险。清分结算人员主要为数学模型专家提供清分结算相关数据，便于数学模型专家拟合资金出入金分布，评估流动性风险。运营人员则基于相关模型，对流动性风险和市场风险开展日常评估工作。风险管理总监职责与其在信用风险评估小组中的职责相同，不再重复。

4．合规及洗钱风险评估小组

合规及洗钱风险评估小组职责为前述评估小组主要工作在合规风险和洗钱风险评估方面的细化和具体化，不再重复。涉及其他风险的，进行初步评估后交由相关评估小组二次评判。之所以将两类风险合并为一个评估小组，主要考虑洗钱风险实际上也是合规风险，评估方法可以共通。在评估方法方面，除部分情形下需要采用数学模型进行评估外，多数情况以定性评估为主，当然法律分析法等非数学模型评估法，也可以得出量化评估的结果。

在人员构成方面，该小组应当包括风险管理总监、数学模型专家、法律事务人员、运营人员、技术人员和清分结算人员。数学模型专家负责开发可疑交易相关的分析评估模型。法律事务人员则结合法律条文，采用法律分析法和德尔菲法等方法，对发生概率进行定性分析，对损失大小进行定量评估。运营人员和清分结算人员为模型专家提供数据支撑。技术人员视情况将数学模型嵌入到业务处理系统之中。风险管理总监职责与其在信用风险评估小组中的职责相同，不再重复。

5．战略及声誉风险评估小组

战略及声誉风险评估小组职责为前述评估小组主要工作在战略风险和声誉风险评估方面的细化和具体化，不再重复。涉及其他风险的，进行初步评估后交由相关评估小组二次评判。之所以将两类风险合并为一个评估小组，主要考虑两类风险通常需要具有相当管理经验和管理高度的人员进行评估。在评估方法方面，需要分情况确定是定性评估还是定量评估。

在人员构成方面，该小组应当包括风险管理总监、数学模型专家、战略管理人员、应急管理人员和技术人员。数学模型专家负责基于情景模拟等方法开发战略风险评估模型和声誉风险评估模型。战略管理人员与模型专家共同探讨开发战略风险评估模型。应急管理人员与模型专家共同探讨研究声誉风险评估模型。技术人员视情况将数学模型嵌入到业务处理系统之中。风险管理总监职责与其在信用风险评估小组中的职责相同，不再重复。

四、方法选择

关于风险评估的方法和数学模型，国内外学者进行了大量的理论研究，可谓硕果累累。出于风险管理实务考虑，加之水平所限，我们不对相关方法和模型本身进行研究，仅就几种常用方法和模型的适用场合及优劣做简要讨论，供读者参考。

（一）逻辑回归

软件工程领域的瀑布模型为一种相对古老经典的软件开发模型，随着软件工程的快速发展，敏捷开发模型、原型开发模型等各种开发模型层出不穷。但实务中，最常使用的还是瀑布模型或其改进版本。同样道理，在信用评分领域，逻辑回归方法是一种相对古老经典的评估方法，尽管新近陆续出现了各种评估方法，但实务中最常用的还是逻辑回归方法，只是不同建模人员往往会对相关输入变量进行不同的预处理。

逻辑回归方法主要适用于信用风险评估建模，其 X 变量可为融资人的性别、年龄、婚姻状况、职业、工作年限、月均收入等变量。Y 变量理论上可为两种状态的任何变量，就信用评分模型而言，Y 变量通常为“好客户”或“坏客户”。实务中可能会对 Y 变量做适当变换。

逻辑回归方法的关键在于：一是 X 变量的选取。某变量是否能作为 X 变量既取决于其与 Y 变量之间的相关关系，也取决于该变量的数据可得性。两者均需满足方有可能作为 X 变量。因此，通常有种说法，建模方法固然重要，能否获得足够样本量的强相关变量更为重要。二是 Y 变量的构建。关于 Y 变量的构建，主要是“好客户”和“坏客户”的判断标准问题。三是样本数据量。曾有信用评分建模专家表示，逻辑回归建模的样本量至少为十万级。

逻辑回归方法的大致步骤为：第一，收集候选 X 变量及相关样本数据。第二，准备相关样本数据的 Y 变量。第三，采用相关性分析等方法初步筛选 X 变量，形成入模候选变量集。第四，对 X 变量和 Y 变量进行适当变换，形成模型变量。第五，基于变换后的 X 变量和 Y 变量进行逻辑回归。第六，对模型进行适当校验，对 X 变量进行增减（增加变量则从入模候选变量中选取）。

第七，增加变量后再次进行逻辑回归。重复第五步、第六步和第七步，直到得到满意结果。第八，对训练结束的模型进行适当变换，得出评分模型。

逻辑回归方法的优点在于：具有严密的数理基础，模型效果较好，评估客观性和前后一致性强。不足之处在于对样本量要求较高，一般从业机构根本无法达到其要求。

（二）层次分析法

与逻辑回归相比，层次分析法所需样本数据相对较少，其相关指标的权重并不由样本数据训练，而是采用专家对比方法获得。与逻辑回归相似，层次分析法也需要构建相应的 *X* 变量，但不同之处在于其无须 *Y* 变量。因此，层次分析法尤其适合于样本数据少，严重缺乏 *Y* 变量的场合。该方法既可以用于信用风险评估建模，也可用于操作风险、合规风险等风险的评估建模。

层次分析法的关键在于：一是层次结构的设计。该法要求首选选择评估对象影响最大的几个主要因素（一般以不超过 5 个为宜），然后对每个主要因素再构建对其影响最大的第二层主要影响因素，再对每个第二层因素构建第三层影响因素。通常情况下，以不超过 3 层为宜。因素层次选定后，评估体系的总体框架和 *X* 变量也就确定了。因此，层次结构设计极为重要。二是权重矩阵的计算。权重矩阵（也称判别矩阵）也就是同层因素之间的相对重要性。实际操作中，权重矩阵由专家采用两两比较方法得出初始矩阵，然后经过一定校验之后，将其转换为权重矩阵。

层次分析法的大致步骤：第一，设计层次结构，形成变量层次体系。第二，外聘专家对同层变量做两两对比，得出初始矩阵。第三，对初始矩阵进行检验，基于校验通过的初始矩阵计算权重矩阵。第四，对底层变量做标准化处理，以便进入模型计算。第五，从底层变量开始，逐层向上计算上一层次的变量值。第六，最顶层指标值便是评估值。

该方法的优点在于所需样本数据少，不需要 *Y* 变量。缺点在于由于权重矩阵是专家对比判断的最终结果，具有较大的主观性。在客观性方面，明显不如逻辑回归。

（三）拟合分布

拟合分布法即假设风险点或风险点集的发生概率或损失大小服从某种分布（如正态分布、浴盆曲线、泊松分布、二项分布、复合泊松分布等），基于现有数据进行统计推断，以确定该分布的具体参数，在分布参数确定后，便可基于该分布评估发生概率或损失大小。

拟合分布的关键在于：一是分布的确定。在拟合分布之前，对发生概率或损失大小的分布假定至关重要。实务中，最好借鉴他人研究成果直接确定，例如网络上的数据报文服从泊松分布等。二是统计推断。基于积累的数据，采用数理统计方法，对分布的参数进行统计推断（例如正态分布的均值和方差）。

拟合分布的大致步骤：第一，查阅资料，确定数据可能服从的分布。第二，确定分布须估计的相关参数。第三，根据样本数据，计算参数估计值。第四，利用统计推断判断参数估计值。第五，所有参数估计完成后，确定数据服从的分布函数。第六，根据分布函数进行风险评估。

拟合分布的优点在于客观性较强，所需样本数据相对较少。缺点在于拟合精度不高的情况下，估计偏差较大。拟合分布通常适合于市场风险和流动性风险等风险的估计。

（四）法律分析

在风险评估阶段的法律分析法与风险识别阶段的法律分析法相似，主要是通过对法律条文的分析，评估合规风险和洗钱风险等风险事件发生后的损失大小。

该方法的关键在于：第一是条文定位。采用法律分析时，需对风险点发生可能导致的罚则条文或效力条文进行定位，以便依据该等条文进行金额评估。对于部分风险点，其发生后的违规事实相对清晰，可以比较地准确定位罚则条文，但部分风险点发生后，由于法条竞合等原因，往往难以确定罚则条文，其罚则条文定位相对较难，此时需要借助专业律师进行定位。第二是金额估计。对于罚则类条文，通常规定了处罚的区间，损失金额相对容易估计。但对于无效、效力待定、可变更可撤销等效力类条文，则通常需要借助于专业律师的经验，方可估计其大致金额。我们建议，此时最好结合德尔菲法，邀请多位专业律师进行估计判断。

该方法的大致步骤：第一，依据风险点识别阶段记录的“源自法律”项目，查找具体法律。第二，判断风险点的性质（罚则类还是效力类）。第三，定位对应的罚则类条文或效力类条文。第四，根据定位条文的规定，结合德尔菲法等方法，估计损失金额。第五，对估计金额进行复核。

该方法的优点在于估计具有客观依据，不足之处在于主观性较大。

（五）德尔菲法

德尔菲法为一种主观性专家评估法，由众多专家（通常不超过 20 人）对评估对象（发生概率或损失大小）进行评估，若专家评估一致则（通过方差等因素判断）停止，否则继续进行下一轮评估。由于该方法主观性很强，建议将其作为一种定性评估方法使用。

该法的关键在于：一是专家的选取。专家专业胜任能力和专家对评估对象的关注程度直接决定了评估结果的优劣，因此，最好从专业水平和责任心等方面选择专家。二是一致性的判断。专家意见的一致性为该方法结束的条件，在初步使用该方法时，往往难以确定一致性条件。我们建议，初期可以评估轮次替代一致性判断（如经过 5 轮便认为一致），待积累一定经验后，再考虑用方差等作为一致性判断标准。三是组织方法选择。根据专家是否见面，德尔菲法可分为封闭型和开放型两种，前者的专家为背靠背判断且相互不见面不讨论，后者的专家则为当面判断并且每轮判断后进行一定的交流讨论。

该法的大致步骤：第一，确定评估对象和组织方式。第二，根据评估对象设计评估问卷，选择参与专家。第三，根据组织形式发放评估问卷，专家实施评估（开放式方式下，专家还需进行交流讨论）。第四，收回问卷计算结果，确定一致性。第五，未达到一致性要求，则重复第三步和第四步，达到一致性要求后结束。第六，根据专家评估结果，确定评估对象值。

该方法的优点在于无须样本数据支撑，缺点在于主观性较大。

至此，我们对几种常用方法做了简要介绍，实际使用时还会有诸多细节问题有待解决。总体而言，风险评估难度相对较大，尤其是对于业务规模较小的从业机构，更是如此。

五、工作机制

在此，我们结合图 10-2 对风险评估体系的工作机制做简要介绍。其工作过程大致如下：

第一，评估小组分工协作，完成评估模型库的建设工作。

第二，风险管理总监牵头完成风险评估任务分解，将待评估任务落实到具体评估小组。

第三，评估小组按分工从“风险点表”、“剩余风险数据库”中或相关审查报告中选择风险点，视情况形成风险点集。

第四，评估小组从评估模型库中选择适当的评估方法（除非经特别批准，不得从评估模型外选择评估方法），获取评估模型相关参数，启动风险评估工作。对需要其他小组二次评判的提及相关小组实施二次评判。

第五，评估小组完成评估工作，形成评估结果报告，报告每个风险点的发生概率和损失大小的评估结果。

该步骤的主要输出实际上就是

$$CP_t \cup CS_t \cup OP_t \cup OS_t \cup MP_t \cup MS_t \cup LP_t \cup LS_t \cup KP_t \cup KS_t \cup WP_t \cup WS_t \cup SP_t \cup SS_t \cup RP_t \cup RS_t$$

第六，评估小组根据评估发生概率和损失大小，提出应对策略建议（规避、降低、分担和承受）。

第七，风险管理总监收集各评估小组的评估报告，复核完整性和一致性。

第八，对于来自“风险点表”的风险点或形成的风险点集，将可能性和损失大小更新至“风险点表”中，对于来自相关审查报告等的风险点，直接将其写入审查报告之中。

第九，风险管理部门从“风险点表”中获取风险点数据，绘制风险评估系图，列示风险矩阵，将系统和矩阵提交风险管理总监和管理层等阅览。

第十，启动风险应对体系。

值得注意的是，对于采用自动审批机制的信用风险评估，其评估工作通常由信息科技系统基于预定评估模型自动快速完成，评估结果形成后，信息科技系统根据预定策略自动完成部分甚至全部风险应对工作。

第三节　风险应对体系

在对风险点或风险点集的可能性和重要性做出定性或定量评估之后，风险评估体系还初步设置了风险应对策略。本节我们将紧接着讨论风险评估体系的后续体系风险应对体系。

一、体系目标

风险评估体系的目标为：复核并设定风险应对策略，根据风险应对策略，应对小组为风险点或风险点集设置防范措施或设计防范方案，经风险管理总监提交有权机构批准后，相关部门和相关岗位落实防范措施、执行防范方案，防范风险，形成全面风险管理的第一道防线。

二、总体思路

风险应对体系框架如图 10-3 所示，也区分为输入、处理和输出三个部分。输入部分包括风险数据库（风险点表）和相关审查报告，以及董事会制定的经营计划、决定的风险承受度和管理层制定的经营目标。风险点表和相关审查报告中的风险点为主要输入内容，风险承受度、经营目标为重要辅助参数。处理部分为应对小组根据一定原则最终设定风险点（集）的应对策略，并为每个风险点（集）设置多项防范措施建议、风险管理措施建议和风险防范方案建议，该等建议经管理层批准后，更新至风险点表或相关审查报告中，并形成风险控制责任矩阵。输出部分为经管理层批准的风险控制责任矩阵、风险防范措施、风险管理措施和风险防范方案。

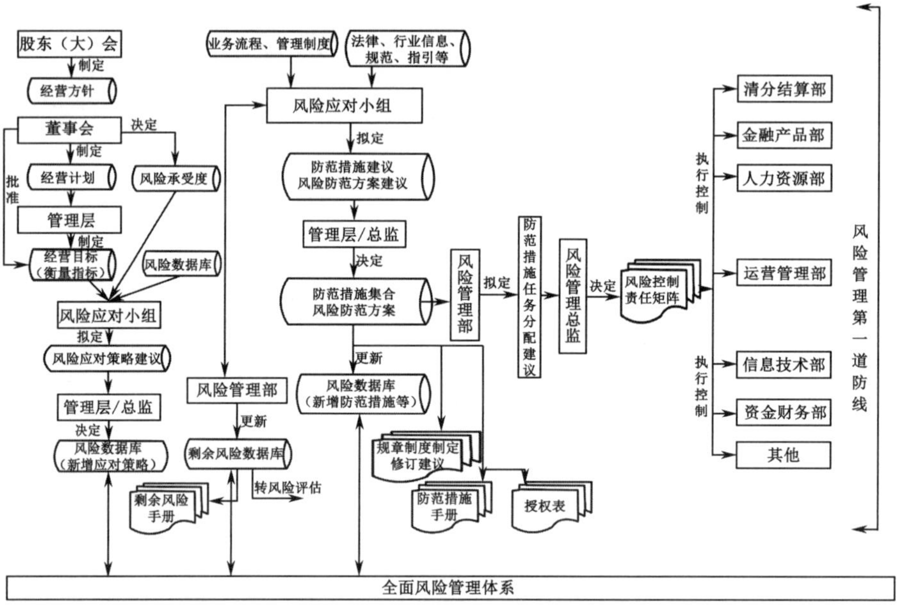

图 10-3 风险应对体系框架图

风险承受度、经营目标（风险承受度也是一种经营目标）实际上就是 $CT_t \cup OT_t \cup MT_t \cup LT_t \cup KT_t \cup WT_t \cup ST_t \cup RT_t$。

三、应对小组

（一）人员构成

应对小组由风险管理总监担任组长，组员包括风险管理部门负责人、内部审计部门负责人、信息技术部门负责人、法律事务部门负责人、市场推广部门负责人、金融产品部门负责人、清分结算部门负责人、资金财务部门负责人、客户服务部门负责人、人力资源部门负责人、综合管理部门负责人和外部专家（技术和法务等）。防范措施、防范方案的设计和可行性讨论，通常需要外部单位配合，因此，尽可能邀请资金存管方、硬件供应商（如加密机、读卡器和 Ukey 供应商）等外部单位的人员作为外部专家参与。确实无法邀请到的，可由对接外部单位的人员代替，设计出相关防范措施或防范方案后与其共同讨论确定。对于信息科技系统外包开放服务商，基于从业机构在合作中的地位和其人员在风险应对体系中的重要性，应当要求其委派系统分析师和软件设计师等人员参与风险应对小组。同时，还可从其他提供类似服务的服务商处邀请专家参与风险应对小组。对于涉及法律事务的重大防范措施或防范方案，还需要聘请外部律师参与研究评判。

（二）职责分工

小组组长：牵头拟定风险应对工作方案，报经总经理批准后牵头实施风险应对工作，全程把控风险应对工作，对风险应对过程中的应对策略，技术、法律等专业性较强的重大事项，一般争议事项进行决策，重大争议事项提出初步处理意见，负责对风险应对工作形成的应对策略、防范措施和防范方案等形成初步意见，经小组内部讨论后，报管理层或治理层审批。

风险管理部门负责人：就本部门工作涉及的相关风险点（集），提出应对策略建议；根据最终确定的应对策略，提出防范措施或防范方案建议；全程参与应对小组会议，对所有应对策略建议、防范措施建议和防范方案建议发表意见。

内部审计部门负责人：就本部门工作和外部审计工作涉及的相关风险点（集）提出应对策略建议；根据最终确定的应对策略，提出防范措施或防范方案建议；全程参与应对小组会议，对所有防范措施和防范方案建议的可审计性发表意见，并提出改进建议。

信息技术部门负责人：就本部门工作及信息科技系统相关的风险点（集），提出应对策略建议；根据最终确定的应对策略，提出防范措施或防范方案建议；全程参与应对小组会议，委派人员参与其他部门的防范措施和防范方案设计工作，提出由信息科技系统实施的防范措施或防范方案；对所有防范措施和防范方案建议的技术可行性发表意见，并提出改进建议。

法律事务部门负责人：就本部门工作涉及的相关风险点（集）和与法律相关的风险点（集），提出应对策略建议；根据最终确定的应对策略，提出防范措施或防范方案建议；委派人员参与其他部门的防范措施和防范方案设计工作，提出法律方面的防范措施或防范方案；参与法律相关的防范措施和防范方案的小组会议，从法律角度提出改进建议。

市场推广部门负责人：就本部门工作涉及的相关风险点（集）和影响市场份额的相关风险点（集），提出应对策略建议；根据最终确定的应对策略，提出防范措施或防范方案建议；参与与市场份额相关的防范措施和防范方案的小组会议，从提高市场份额角度提出改进建议。

金融产品部门负责人：就本部门工作涉及的相关风险点（集）和与用户体验、用户交互相关的风险点（集），提出应对策略建议；根据最终确定的应对策略，提出防范措施或防范方案建议；参与与产品相关的防范措施和防范方案的小组会议，从改善用户体验等角度提出改进建议。

清分结算部门负责人：就本部门工作涉及的相关风险点（集），提出应对策略建议；根据最终确定的应对策略，提出防范措施或防范方案建议；参与与客户资金相关的防范措施和防范方案的小组会议，从客户资金安全与对账划转的可行性等角度提出改进建议。

资金财务部门负责人：就本部门工作涉及的相关风险点（集），提出应对策略建议；根据最终确定的应对策略，提出防范措施或防范方案建议；参与与客户资金和自有资金相关的防范措施和防范方案的小组会议，从资金安全和操作规范性等角度提出改进建议。

客户服务部门负责人：就本部门工作涉及的相关风险点（集），提出应对策略建议；根据最终确定的应对策略，提出防范措施或防范方案建议；参与与客户转换和客户维护等相关的防范措施和防范方案的小组会议，从提升客户忠诚度等角度提出改进建议。

人力资源部门负责人：就本部门工作涉及的相关风险点（集），提出应对策略建议；根据最终确定的应对策略，提出防范措施或防范方案建议；全程参与小组会议，对所有防范措施和防范方案建议的可考核性发表意见，并提出改进建议。

综合管理部门负责人：就其他风险点（集），提出应对策略建议；根据最终确定的应对策略，提出防范措施或防范方案建议；参与与行政管理、资产管理等相关的防范措施和防范方案的小组会议，从资产安全等角度提出改进建议。

外部专家（技术和法务等）：参与与其专业技术领域内的风险点（集）的防范措施和防范方案的设计，并对其他外部专家设计的防范措施和防范方案发表意见，提出改进建议。应风险管理总监要求，对重要事项和争议事项等发表意见。

四、策略选择

如前所述，风险应对策略包括规避、降低、分担和承受四种。策略选择既与风险点（集）的可能性和重要性密切相关，也和从业机构的风险偏好等风险政策相关。就应对策略选择政策而言，从业机构可根据可能性和重要性的状态组合，给出指导性意见，便于应对小组成员提出建议。风险管理总监在对应对小组的策略建议进行决策时，再根据风险点的具体情况进行微调。例如将可能性划分为高、低两种形态，重要性区分为强、弱两种情况，则每个风险点（集）必然属于以下四种情况之一：可能性高、重要性强，可能性高、重要性弱，可能性低、重要性强，可能性低、重要性弱四种情况之一。对可能性高、重要性强的风险点（集），采取规避策略；对可能性高、重要性弱的风险点（集），采取降低策略；对可能性低、重要性强的风险点（集），采取分担策略；对可能性低、重要性弱的风险点（集），采取承受策略。当然，实务中往往并非如此简单，还需具体问题具体分析。另外，为提高应对策略建议的可靠性，从业机构可将可能性和重要性的状态进行更细致的划分。总体而言，策略选择大体包括状态划分、政策构建、政策应用和政策复核四个步骤。

（一）状态划分

状态划分包括可能性状态划分和重要性状态划分两种情况。可能性状态划分即按风险点（集）发生的概率大小对其进行的等级划分。重要性状态划分即按风险点（集）的损失大小对其进行的等级划分。

可能性状态划分方面，可采用二分法和四分法。二分法即将可能性划分为高低两种状态，例如概率超过 50%为高可能性，否则为低可能性；当然也可考虑概率超过 60%为高可能性，否则为低可能性。四分法即参照会计估计对可能性的划分方法，概率小于 5%为极小可能，概率大于 5%小于 50%为可能，概率大于 50%小于 95%为很可能，概率大于 95%为基本确定。二分法和四分法各有优劣，对于初步实施批量性风险应对的从业机构而言，可以考虑采用二分法，减轻工作量，降低复杂程度，当然在准确性方面会有所损失。

重要性状态划分方面，也可采用二分法和四分法。二分法为参照审计工作重要性水平的设定方法，按“税前利润的 5%～10%，资产总额的 0.5%～1%，营业收入的 0.5%～1%”首先确定一个分界点，分界点以下为弱重要性，否则为强重要性。四分法为按前述规则确定三个分界点，根据三个分界点确定四个重要性。另外，对于信用风险等损失大小的风险承受度被量化的风险点（集），可以根据分解后的风险承受度确定分界点，然后根据分界点划分重要性状态。

（二）政策构建

在对可能性和重要性进行状态划分之后，便可根据两者的状态组合，构建“应对策略”。构建应对策略应当遵循如下原则：

1．完备性

应当对所有状态组合设置应对策略，以便于应对小组提出应对建议。对于确实难以确定应对策略的状态组合，风险管理总监可在外部专家或者同行的帮助下初步设定应对策略。

2．唯一性

每个状态组合只能有一个应对策略，否则策略政策不清晰，应对小组难以决策。对于确实存在多种应对策略的组合，我们建议，风险管理总监在外部专家帮助下优先选择其中一个策略，其他策略由其在对应对策略进行复核时参考。

3．双高规避

对于可能性和重要性均很高的状态组合，一般可以选择规避策略，除非能够获得极为有效的防范措施（例如实力强劲的保险公司的保险）。此时，应当尽量避免外部专家或同业者的经验。

4．双低承受

对于可能性和重要性均很低的状态组合，一般可以选择承受策略。此时，应当尽量听取外部专家和同业者的经验。

（三）政策应用

在为每个状态组合选定应对策略之后，应对小组便可根据状态划分政策，对每个风险点（集）的可能性和重要性进行状态划分，根据状态划分的结果，依据策略政策，为每个风险点（集）选择应对策略。在政策应用环节，需关注如下问题：

1．定性结果

在风险评估过程中，评估小组采用定量评估方法的，则可按照状态划分政策进行相关的状态划分，若其采用的是定性评估方法，则无法按照状态划分政策进行状态划分。此时，需要在定性评估等级和状态之间进行转换，具体转换工作由具体负责人提出初步意见，经应对小组讨论后确定后实施。具体转换算法可参看定性评估中对每个“等级”的界定，切勿在未经分析等级具体含义的情况下，直接将等级对应为相应的状态。

2．初步策略

在风险评估阶段，评估小组已设置了初步应对策略。对于该策略，我们建议，部门负责人可先行进行状态划分，选择策略，然后再与初步策略两相对比分析。一来验证自身策略建议，二来出现不一致时，可触发进一步讨论。

当然，初步策略毕竟不是评估小组主要工作，其存在不当也很正常，对部门负责人在进行策略建议时也具有一定的验证意义。

3．部门讨论

部门负责人在完成状态划分、策略选择和初步验证之后，最好组织本部门人员进行讨论复核。部分状态组合的策略，虽然完全符合政策要求，但未必符合实际情况和业务需要，对于这种合规不合理策略，部门负责人往往需要听取本部门人员意见方可发现。对于合规不合理策略，部门负责人应当重点记录，形成专门书面意见，报风险管理总监决策。

（四）政策复核

政策复核包括对状态划分政策的复核和状态组合策略的复核。当出现大量（例如10%风险点（集））合规不合理策略时，通常表明策略政策存在偏差，有必要进行调整。另外，还需要复核实施这些策略后，企业的总体风险是否突破了风险承受度，若突破了风险承受度，也需要对策略政策进行调整。在进行政策调整时，应遵循如下原则：

1．策略优先

策略政策调整应当优先考虑调整状态组合的策略，一来策略直接涉及风险承受度，二来其调整范围相对较小，工作量相对较少，对整体工作影响最小。

2．立即复核

在对策略进行调整后，风险管理总监应当立即复核调整后的策略是否突破了企业的风险承受度，若已突破或仍突破，则应当继续调整，直至回到风险承受度范围内。

3．承受度优先

在合规不合理策略大量出现和承受度突破并存的情况下，风险管理总监应当对策略进行调整，以优先降低承受度，再考虑合规不合理。在确实无法继续进行调整的情况下，应当以将风险承受度降至设定范围为唯一目标。

风险管理总监对策略政策进行复核的过程，实际上也是审核批准应对策略建议的过程。当然，在对策略政策进行复核完成后，风险管理总监还需要对影响市场份额和用户体验的相关风险点（集）进行专门复核，在风险承受度范围内，尽量减少“规避”策略。

五、措施设计

与应对策略不同，应对措施多种多样，且通常需要设计人员结合业务实际设置。在此，我们从措施类型、设计原则和设计过程等角度对措施设计进行简要讨论。

（一）措施类型

1. 操作措施与模型措施

根据防范措施是否依据相关数学模型，可将其划分为操作措施和模型措施。操作措施指由人工和信息科技系统采取相关业务操作，以控制风险点（集）发生，降低其发生的概率和损失大小的措施。例如对于“借款标的重复发标”风险点，可设计“对同一借款人的借款需求进行连续编号；负责发布借款标的的运营专员复核借款需求编号是否已发标；发布借款标的时业务处理系统要求运营专员录入借款需求编号；业务处理系统查询核实待发布借款需求编号是否已发标，若已发布则拒绝发布并提示运营专员”。前述防范措施均为人工或者信息科技系统实施的某种业务操作。模型措施即从业机构基于某种数学模型控制风险点（集）发生概率和损失大小的措施。例如网络借贷机构或互联网消费金融机构采用“反欺诈模型”防范借款人欺诈相关的信用风险点，便是一种模型措施。

操作措施的优点在于适用面较广，缺点在于人工实施的操作措施缺乏一贯性，有效性较差，信息科技系统实施的操作措施往往成本过高（尤其是信息科技系统上线运行后新增由其实施的操作措施）。模型措施的优点在于执行效率高、一贯性和客观性强，不足之处在于使用面较窄。

2．内部措施与涉外措施

根据措施是否需要外部机构或外部人员参与或配合，防范措施可区分为内部措施和涉外措施。

内部措施即其所有业务操作均由从业机构内部人员（股东、董事、监事、高级管理人员、中层干部和其他普通员工、从业机构聘请的外部专家）或从业机构自身信息科技系统自行实施的防范措施。前述“借款标的重复发标”风险点的防范措施，其业务操作均有从业机构内部人员完成，为内部措施；前述反欺诈模型措施，若该模型措施由从业机构聘请外部专家设计，并由内部人员维护运行，则为内部措施。

涉外措施即其部分甚至全部业务操作需从业机构内部人员和自身信息科技系统外的其他人员或信息科技系统参与或配合方可实施的防范措施。例如前述反欺诈模型措施，若该反欺诈模型由独立第三方运行，从业机构仅接入使用，并不负责运行和维护，则为涉外措施。又例如股权众筹机构和网络借贷机构为防范“恶意盗卡”风险点，设置了“同卡进出（提现资金只能回提到充值的银行卡账户上）”防范措施，则资金存管方和两类机构的业务处理系统均需要实现该机制，该防范措施方能更好发挥作用，该防范措施便是涉外措施。

内部措施的优点在于无须借助外部人员，执行和调整相对容易，不足之处在于缺乏独立方参与，效果有时较差。涉外措施的优缺点与内部措施恰好相反，不再重复。

3．人工措施与自动措施

根据防范措施由人工执行还是信息科技系统自动执行，可将其分为人工措施和自动措施。

人工措施即业务操作由内外部人员执行的防范措施。例如前述“借款标的重复发标”风险点防范措施中的第一项、第二项和第三项防范措施，均由人员操作，为人工措施。自动措施为其业务操作由信息科技系统实现的防范措施。如前述“借款标的重复发标”风险点防范措施中的第四项以及反欺诈模型防范措施，均由信息科技系统完成，均为自动措施。

人工措施与自动措施的优劣与人工流程自动流程相似，不再重复。

（二）设计原则

部门负责人在设计防范措施时，应当遵循如下原则：

1．多元化原则

设计防范措施时，操作措施与模型措施、内部措施与涉外措施、人工措施与自动措施均应有所涉及，尤其是后两者，就同一风险点（集）若能两两兼顾，效果通常更好。

2．一对多原则

就同一风险点（集）而言，通常不能仅涉及一项防范措施，而应当设计多种防范措施，一来增加措施冗余、提升防范强度，二来为后续最终审批留足空间，避免出于成本效益考虑删除防范措施后，出现无防范措施的情形。

3．可监察原则

防范措施的设计需要考虑可监察性，即防范措施执行与否应当存在客观依据进行判断，例如信息科技系统记录操作日志，相关业务档案由操作人员进行连续编号等，便于后续监察措施的设计。

4．成本效益原则

防范措施设计需考虑实现成本，尤其是通过信息科技系统实现的防范措施，或者需要配备专门硬件设备的防范措施。对设计防范措施的部门负责人而言，仅需具有成本效益意识即可，以免束缚其思维，该原则主要由最终决策机构遵循。

5．集思广益原则

部门负责人在设计防范措施时，最好发动本部门人员积极参与，采用头脑风暴法等类似方法，首先收集一定数量的防范措施，然后再按前述原则选择部分防范措施，并就选定的防范措施的可行性和有效性进行讨论。

（三）设计过程

设计人员可遵循 5W“Why（原因）、Who（执行人）、When（时间）、Where（环节）、What（防范操作）”原则设计防范措施。下面，我们结合头脑风暴法做简要介绍。值得注意的是采用头脑风暴时，实际业务操作人员最好回避。

1．原因

头脑风暴会议的主持人（部门负责人）首先查找风险识别时记录的风险点发生的原因（如疏忽、误操作、舞弊等），针对该项原因，由参与人员进行头脑风暴提出防范其发生的初步措施。主持人逐一查找风险点的原因，进行头脑风暴，直至本次会议的风险点全部完成。当然，也可以选择风险点发生的其他情形进行头脑风暴。若头脑风暴会议出席“冷场”时，部门负责人可抛出风险识别阶段提出的“初步防范措施”，激发参与人员思路。

2．执行人

在头脑风暴出初步措施后，部门负责人就每项初步防范措施，确定该项防范措施的执行人。对于采用流程分析法识别的风险点而言，执行人通常从“涉及岗位”中选择，对于其他方法识别的风险点，则需要根据部门职责和岗位设置情况确定。对于自动措施，其执行人为“信息科技系统”，此时部门负责人最好确定具体的系统名称。

3．时间

在落实防范操作的执行人之后，部门负责人还需要进一步确定该防范措施执行的时间，该项时间通常为相对时间，即在某业务操作之前、某业务操作之时或某业务操作之后。出于效果考虑，在时间设计上最好避免某业务操作之后。例如为防范业务数据丢失风险点，需要业务人员每天定时备份，备份操作设计为“退出业务操作之前”，否则不能退出业务操作，明显优于“退出业务操作之后”。

4．环节

防范措施的环节，也就是将防范措施插入到正常业务操作的哪些环节。

环节常常与时间同步进行，确定了具体环节，时间也就大致确定了，当然两者并非同一。例如前述备份操作防范措施，可以选择将其插入到退出业务操作环节，也可将其插入到 T+1 日进入业务操作环节，甚至还可以将其插入到上午下班空闲时间段环节。

5. 防范操作

防范操作即防范措施的具体业务操作，例如前述备份操作防范措施的防范操作便是“数据备份”，当然该业务操作过于粗略，备份的目标数据、备份数据存放地点等尚未考虑。

在完成前述五个步骤之后，初步防范措施便得到了细化。同时部门负责人可将已被细化的防范措施与风险识别阶段提出的初步防范措施进行对比，以查漏补缺。此时，部门负责人再按设计原则对防范措施进行适当讨论和筛选。

防范方案的设计与防范措施设计大同小异，不再重复。

六、工作机制

在讨论了体系目标、总体思路、应对小组、策略选择和措施设计之后，结合图 10-3，我们就风险应对体系的工作机制简要总结如下：

第一，股东（大）会确定从业机构的经营方针，明确从业机构的战略方向（战略方向不同，经营目标和风险承受度等往往不同，如网络借贷机构和互联网小额贷款机构，其战略方向不同，其自身的风险承受度当然不同）。

第二，董事会根据经营方针，制定从业机构经营计划（如中长期经营计划）。

第三，管理层根据董事会制定的经营计划，拟定从业机构的经营目标（如年度经营目标），报经董事会批准。经营目标中应当包括信用风险、操作风险等前述八类风险的风险管理目标（也就是图中所示的风险承受度）。

第四，应对小组根据风险承受度和其他经营目标，对风险数据库（风险点表）中的风险点和相关审查报告（图中未标示）中的风险点，按风险政策实施策略选择，提出风险应对策略建议。

第五，管理层或风险管理总监对应对小组提出的应对策略进行再次复核（主要从风险承受度和其他经营目标角度，例如是否突破风险承受度、是否导致其他经营目标无法实现）。

第六，管理层或风险管理总监复核批准风险应对建议之后，风险管理部（图中未标示）将应对策略更新至风险数据库或相关审查报告中。

第七，对于采取“承受”策略的风险点，风险管理部应当将其更新至剩余风险数据库。剩余风险数据库实际是从业机构未采取措施应对的风险点的集合，其中的风险点累积到一定数量，可能产生风险聚集效应，因此需要择机启动风险评估工作。同时，风险管理部可定期获取剩余风险数据库中的信息，印发剩余风险手册，提交风险管理总监、管理层和治理层相关人员传阅。

第八，风险应对小组基于从业机构管理制度、业务流程、相关法律、规范、指引和行业信息等，根据选定的应对策略，设计防范措施（图中列示为防范措施建议等内容）。

第九，应对小组的防范措施建议经风险管理总监报经管理层批准后，形成正式防范措施集（图中列示为防范措施集等内容）。

第十，风险管理部将批准后的防范措施更新至风险数据库（风险防范表）中。

第十一，若防范措施涉及新增或修改管理制度的，风险管理部提出规章制度制定修订建议，启动管理制度系统。若防范措施涉及新增或修改业务流程的，风险管理部也应当提出业务流程制定修订建议，启动业务循环系统（图中未标示）。

第十二，风险管理部可根据防范措施，定期印制风险防范手册和授权表（每个岗位的风险管理职责权限表），发至相关部门和相关岗位传阅。

第十三，风险管理部根据防范措施，按部门和岗位归类，落实防范措施的责任部门和责任岗位，形成防范措施责任分配建议（与授权表的区别在于，责任分配强调义务)，报风险管理总监复核批准。

第十四，风险管理总监批准后，风险管理部列示风险控制责任矩阵，明确各部门职责。

第十五，除风险管理部和内部审计部外的其他部门，按风险控制责任矩阵，实施风险防范措施（或风险防范方案)，构建全面风险管理的第一道防线。

第四节　风险监察及披露体系

鉴于风险披露体系相对简洁，我们在此对风险监察体系和风险披露体系一并进行讨论。下面，我们先对风险监察体系进行详细讨论，再简要讨论风险披露体系。

一、体系目标

风险监察体系框架图的目标为：风险管理业务条线，通过定期不定期评估全面风险管理体系的有效性，发现并去除已失效的防范措施（含防范方案，下同)，新增有效防范措施，提升从业机构的风险管理水平，保证风险管理绩效，形成风险管理第二道防线。审计监督业务条线，通过设计监察措施，定期不定期对管理制度、业务流程和防范措施执行情况等进行审计监督，提升从业机构业务部门的执行力，提高其风险管理水平，构成风险管理的第三道防线。

二、总体思路

风险监察体系框架如图 10-4 所示，整个体系也包括输入部分、处理部分和输出部分，与其他体系不同之处在于，风险监察体系包括了评价条线（图中第二道防线左边部分）和审计条线（图中第二道防线与第三道防线之间部分)。评价条线的输入包括风险责任矩阵、风险数据库（风险防范表和防范方案表）、风险防范手册以及剩余风险数据库等内容。评价条线的处理部分主要是风险管理部或董事会风险管理委员会选择一定的评估方法，对全面风险管理体系的有效性进行评价。评价条线的输出部分包括风险管理部提出的改进建议和风险委员会做出的改进决定等。审计条线的输入包括《中国内部审计准则》、风险数据库（监察措施表）、管理制度和业务流程等，输入部分为审计机构（内部审计部门、外部审计师和董事会审计委员会）的工作依据。审计条线的处理部分为审计机构制定审计方案，执行审计工作的过程。审计条线的输出包括制定流程改进建议和防范措施改进建议、制度流程执行整改建议和防范措施执行整改建议等内容。

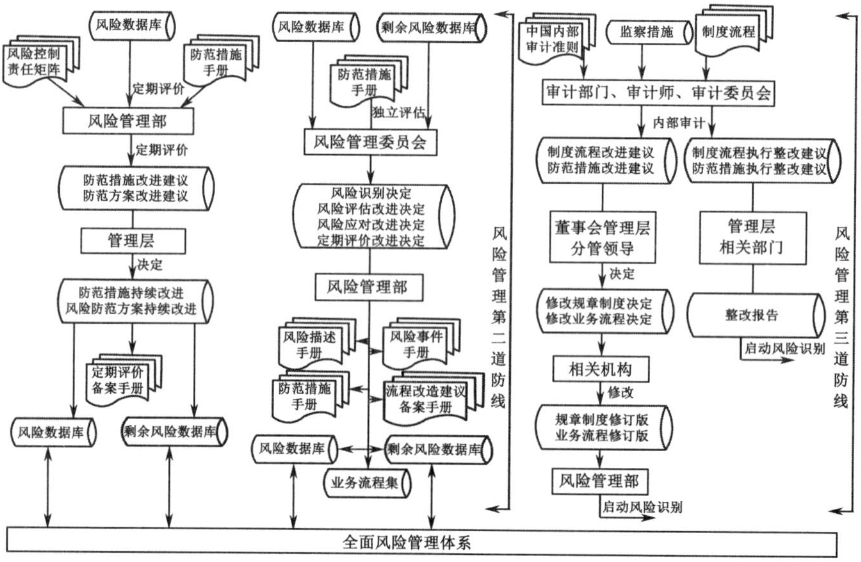

图 10-4　风险监察体系框架

三、组织机构

与风险识别体系等其他三个体系不同，风险监察体系的执行并不设置临时性或相对松散型小组。也就是说风险监察体系的执行机构应当相对固定，监察工作为一项常规性工作。为做好风险监察工作，我们就评价条线和审计条线实施风险监察中所需的人员做如下建议：

评价条线由风险管理部和风险管理委员会执行，为做好风险评价工作，风险管理部参与评价工作的人员中应当包括技术人员、财务人员、法务人员等人员。技术人员负责查实技术实施制度、自动流程和混合流程、自动措施等相关制度、流程和风险防范措施的执行情况，提出评价标准和评价方法建议。财务人员负责查实资金制度、资金流程、资金相关的防范措施等相关制度、流程和风险防范措施的执行情况，提出评价标准和评价方法建议。法务人员查实合规风险和洗钱风险等相关风险点防范措施的执行情况，提出评价标准和评价方法建议。

审计条线由内部审计部门和外部审计师执行，审计委员会通常对方向性和原则性问题进行把关，其委员很少直接涉入审计监督工作。在审计监督过程中，尤其需要注意的是从业机构大多数业务均依靠信息科技系统完成，甚至其主营业务完全依赖信息科技系统，因此不管是内部审计人员还是外部审计师，均需要具备相应的 IT 技术知识和能力，否则审计监督容易流于形式。

四、评价过程

风险管理部门和风险管理委员会进行有效性评价，可划分为制定评价方案、开展评价工作、汇总初步评价意见、形成最终评价意见等步骤。

（一）制定评价方案

由风险管理部开展的定期评价，通常由风险管理部门负责人拟定评价方案，经部门内部讨论后定稿；由风险管理委员会实施的独立评价，则可由风险管理总监拟定评价方案，经风险管理委员会讨论后定稿。评价方案千差万别，但总体而言，至少应当包括评价目的、评价内容、评价时间、参与人员、评价标准、评价方法、工作底稿等相关事项。评价目的显而易见，不再讨论。

1. 评价内容

总体而言，全面风险管理体系包括基础支撑系统、业务循环系统、管理制度系统等七个系统，风险识别体系、风险评估体系等五个管理体系，还包括风险应对体系输出的风险防范措施等诸多措施。若要对全面风险管理体系的有效性进行评价，则需要对前述内容进行全面评估，在实务中因人员和时间等方面原因，往往不可行。因此，我们建议，借鉴审计工作的做法，采用重点评价与抽样评价相结合的办法选择评价内容。对与资金相关的体系运转过程（识别、评估、应对等）和系统（含制度、流程和防范措施），与延迟履行信用风险相关体系运转过程（识别、评估、应对等）和系统（含制度、流程和防范措施）等进行重点评价。对其他体系运转过程和系统采取抽样方法确定评价内容。

2. 评价时间

时间问题实际上为两个问题：一是时间周期。我们建议，风险管理部的定期评价，可考虑每季度开展一次。风险管理委员会的独立评价，每年度开展一次。二是持续时间。持续时间根据评估内容确定，很难给出一个准确估计，但通常而言，风险管理部的评价应当更加细致，因此持续时间可以相对较长，反之，风险管理委员会的独立评价可以相对较短。至于定期评价和独立评价的启动时间，可灵活掌握，以相关业务基本终了、避开业务部门工作繁忙期为原则确定。

3. 参与人员

关于参与人员，在本节组织机构部分已提及，通常应当包括技术人员、财务人员和法务人员。在风险管理部未配置前述人员情况下，我们建议，从外部临时聘用人员担任，尽量不从内部抽调，以免违反自身利益或自我评价原则，降低评价的效果。

4. 评价标准

评价标准即判断评价对象是否有效及有效程度的具体标准，通常因评价对象的不同而不同。如前所述，通常由相关专业人员提出评价标准建议，待评价小组讨论通过后实施。对于评价标准，我们认为，应当遵循如下原则：

（1）客观性。

评价标准应当以客观证据作为评价依据，根据客观证据表征的相关指标得出评价值，尽量减少主观判断。例如评价风险识别体系是否有效覆盖所有风险，可依据风险点表中的“风险类型”构建评价标准，而不能根据对风险管理人员的主观调查构建评价标准。

（2）全面性。

评价标准应当全面反映评价对象的有效性，避免仅评价其某一侧面的有效性。例如评价风险识别体系是否有效覆盖所有风险，仅仅依据前述“风险类型”构建的指标，明显过于片面，还应当根据每类风险的风险事项进一步构建评价标准。

（3）简洁性。

评价标准应当尽量简洁，评价人员通过收集评价对象的相关材料和证据，通过简单计算即可得出评价结论。当然，也可采用评价模型等构建评价标准，评价模型需做到只需评价人员录入相关数据即可得出结论，而无须评价人员对相关数据做复杂转换。

5. 评价方法

评价方法指评价人员收集评价对象资料和证据的方法，与审计方法相似，评价人员也可以采用检查、调查、询问、函证、重新计算、重新执行和数据分析等方法。评价方法的具体选择与评价标准相似，由相关专业人员提出初步建议，评价小组讨论确定。

6. 工作底稿

为做到客观公正，定期评价和独立评价中，均应如实记录工作底稿，并基于工作底稿得出评价结论。工作底稿的具体内容，可参照审计工作底稿，不再重复。

（二）开展评价工作

风险管理部实施的定期评价，评价方案定稿后，由部门负责人牵头执行，部门负责人需对评价内容进行分解，形成评价任务集，对评价任务集中的每项任务，指派责任人员、启动时间、完成时间、完成标准等内容。风险管理委员会实施独立评估，评价方案定稿后，由风险管理总监进行任务分解和任务分配工作。

在完成任务分解和任务分配之后，相关责任人按方案开展评价工作，如实记录工作底稿。值得注意的是，为保证评价工作质量，风险管理部负责人和风险管理总监应当安排人员对工作底稿进行独立复核，重要工作底稿应当由其自行进行复核。

（三）汇总初步评价意见

评价人员完成评价任务得出其负责评价部分的初步意见后，风险管理部门负责任人或风险管理总监即可汇总所有评价人员的初步意见，形成总体评价意见。在完成初步意见汇总后，还应当进行意见一致性复核、意见与工作底稿一致性复核等工作。意见一致性复核主要复核初步意见之间是否存在冲突，若出现冲突应当进一步核实意见与工作底稿的一致性，以及工作底稿之间的一致性。凡出现意见冲突时，务必通过复核等查明原因，解决所有冲突。在所有冲突解决完成之后，风险管理部负责人或风险管理总监方可将初步意见提交相关机构讨论。

（四）形成最终评价意见

在所有初步意见冲突均得以解决之后，对于风险管理部实施的定期评价，部门负责人应当将初步意见提交风险管理总监，并就出现的初步意见冲突及解决过程向风险管理总监做重点说明，之后风险管理总监确定最终评价意见，涉及相关建议的，由风险管理总监提交管理层决策。由风险管理委员会实施的独立评估，由风险管理总监将初步意见提交风险管理委员会，就意见冲突及解决过程向风险管理委员会进行重点说明，后者可能视情况对相关工作底稿等进行独立复核，之后由其讨论形成最终评价意见。需要启动相关工作或修订制度流程的，由风险管理委员会提交董事会批准（或授权直接批准）后做出相关决定，风险管理部牵头实施相关决定。

以上步骤为定期评价和独立评估的大致过程，实际工作中还有诸多细节和步骤有待补充完善。

五、监察措施

风险应对体系设置相关防范措施（或防范方案）后，相关业务部门即根据风险控制责任矩阵实施风险防范工作。在风险监察环节，还需要针对每项风险防范措施，设计监察措施，以便监察人员核查该项措施是否得以执行，是否得以一贯执行。例如针对前述“业务处理系统查询核实待发布借款需求编号是否已发标，若已发布则拒绝发布并提示运营专员”防范措施。可设计“提取所有已发布借款标，查看是否存在借款需求编号重复现象；获取已发布借款标的借款需求编号，录入业务处理系统，查看是否会被拒绝；录入已发布借款标的借款需求编号的部分内容，查看业务处理系统是否提示编码不完整；录入未发布借款标的借款需求编号，查看业务处理系统是否审核通过”等监察措施，以检查该项措施是否得以一贯执行。

与防范措施设计相似，监察措施通常需要设置专门监察小组设计。在此，我们从设计小组、设计原则和设计过程等方面，做简要讨论。

（一）设计小组

1. 人员构成

设计监察措施，应当由审计条线主导，故设计小组应当由内部审计部门负责人担任组长，组员应当包括审计人员、技术人员、清结算人员和法务人员等人员。前面提及，防范措施包括内部措施和涉外措施。对于涉外措施的监察措施，通常需要外部单位配合。但通常很难协调外部单位人员参与监察措施的设计，比较可行的做法为对于需要外部单位配合的监察措施，设计完成后由从业机构相关对接人员与外部单位沟通协调，征求其意见。

2. 职责分工

设计小组的总体职责为对所有防范措施，设计多项监察措施，以便监察人员定期核查防范措施的执行情况。具体而言，组长负责就任务分解、责任人员、启动时间、完成时间、设计要求等内容起草设计方案，经设计小组讨论定稿后，监督设计方案的实施。审计人员负责核实所有监察措施是否符合可操作性要求，完成其他人员分担之外的所有监察措施的设计工作；技术人员负责设计与技术系统相关的监察措施，并对其他人员设计的技术类监察措施提出可行性意见；清结算人员负责客户资金相关的防范措施的监察措施设计工作；法务人员负责合规风险点和洗钱风险点等风险点的防范措施的监察措施设计工作。

（二）设计原则

与防范措施相似，监察措施设计也应当遵循一定原则。我们建议，至少应当包括可操作性、低成本、全面性等原则。

1. 可操作性

监察措施应当针对防范措施执行后的客观痕迹（如相关档案、审批表、业务操作结果）等进行设计，并且一般监察人员能够获得客观痕迹进行监察判断，以使监察措施具有可操作性。例如“监察人员读取数据库表内容，分析判断是否存在重复编号”这一监察措施的可操作性明显不足，因一般监察人员通常不具有 SQL 操作能力。

2. 低成本

监察措施的设计应当考虑监察成本，首先在设计监察措施时，应当具有成本意识。其次存在多项监察措施时，优先选择成本较低的。当然，在成本分析时，需要进行综合考虑，有的监察措施一次性投入很大，但后续成本开支较少，有的则相反。因此，低成本应当从较长期限考虑。

3. 全面性

监察措施应当覆盖所有风险点的所有防范措施，不得留下空白。对于暂时无法设计有效监察措施的，设计小组组长可先暂缓，待防范措施执行一定期限、积累一定资料和数据后，再行设计。同时，也可比照防范措施设计做法，借助外部专家力量进行设计。

（三）设计过程

监察措施的设计过程与防范措施的设计过程相同，设计人员也可遵循5W“Why（原因）、Who（审计人员）、When（审计时间）、Where（环节）、What（监察操作）”原则，采用头脑风暴法等方法设计。具体过程，可参看防范措施设计过程，不再重复。

审计监察通常由专业审计人员进行，不管是内部审计人员还是外部审计师，通常均具备了专业胜任能力，财政部等部委对审计工作过程做出了极其详尽规范的规定。审计监察过程与通常审计并无实质区别，故我们不再对监察过程做相关讨论。

六、披露体系

风险披露体系为从业机构就其产品的相关风险状况、定期评价及独立评估的最终意见、审计监察的最终意见等向客户、监管机构、行业协会、董事会和股东（大）会等进行披露的一个动态过程。关于风险事件的披露，由事件系统负责，风险披露体系无须涉及。

（一）体系目标

风险披露体系的目标为：按监管机构和行业协会要求，如实、准确和及时向客户披露相关产品的风险信息，便于客户进行操作决策；向监管机构和行业协会如实披露风险管理相关数据和信息，实现行业数据共享，增加从业机构对监管机构和行业协会的透明性；向董事会和股东（大）会等机构如实披露风险管理和内部审计等相关信息，便于其做出风险管理相关决策，提升从业机构的风险管理水平，最终提升风险管理绩效，促进从业机构健康发展。

（二）披露依据

披露依据为从业机构开展信息披露的根据，我们认为，披露依据包括如下几类：

1．监管规则

通常情况下，对于涉及公众利益的从业机构，监管机构会通过监管规则等形式对从业机构提出信息披露要求。例如《非银行支付机构网络支付业务管理办法》规定“（互联网）支付机构变更协议条款、提高服务收费标准或者新设收费项目的，应当于实施之前在网站等服务渠道以显著方式连续公示 30 日，并于客户首次办理相关业务前确认客户知悉且接受拟调整的全部详细内容”；《支付机构预付卡业务管理办法》规定“发卡机构应当向购卡人公示、提供预付卡章程或签订协议。发卡机构变更预付卡章程或协议文本的，应当提前 30 日在其网点、网站显著位置进行公告”。《网络借贷信息中介机构业务活动管理暂行办法》更是专章规定了信息披露要求。

监管规则的特点在于具有普遍约束力和强制性，所有同业态从业机构均应无条件执行。

2．自律规则

自律规则为行业自律组织对会员单位提出的信息披露要求。例如中国互联网金融协会发布的《互联网金融信息披露标准——个体网络借贷》，对从事网络借贷业务的会员单位，提出了信息披露的相关要求。

自律规则的特点在于具有一定普遍约束力和强制性，其仅能约束会员单位，普遍性相对较小。违反自律规则承担的是违约责任等民事责任，而非行政责任，强制性相对较弱。

3．市场准则

市场准则即从业机构管理层等根据客户要求和市场拓展需要，自行制定的披露准则。与监管准则和自律准则相比，其形式上的强制性较弱，但实际约束力往往极强。因为市场准则对从业机构拓展市场、吸引客户具有重要意义，其本身执行市场准则的主动性很强。

4．治理规则

治理准则即从业机构股东（大）会、董事会和监事会等治理层制定的披露准则。与市场规则不同，治理准则更多基于治理层了解和把握从业机构风险管理实际情况需要制定。当然，与市场规则相同，治理规则对从业机构管理层具有极强的约束力。

（三）披露原则

风险披露体系在进行风险信息披露时，须遵循如实、及时、全面等披露原则。

1．如实原则

如实原则即从业机构在应当根据客观实际情况据实披露风险信息，不得遗漏、歪曲甚至伪造风险信息。在实务中，也会存在从业机构基于自身判断形成的风险信息，此时应当标明该等风险信息为从业机构加工形成等内容。例如网络借贷机构或股权众筹机构，在开展业务过程后，会对融资人的信用情况进行评估，并对评估结果进行披露，此时应告知客户评估信息为两类机构加工形成，以便提示客户该等信息的参考意义。

2．及时原则

及时原则即从业机构应当按照监管机构、行业协会和治理层规定的时间进行信息披露或基于诚实信用原则确定的时间进行信息披露。相关规定已经明确了披露时间的，落实该原则通常比较容易，按披露时间进行披露即可。对于没有规定披露时间的，尤其是部分市场准则，则往往须站在信息接收方角度，基于城市信用原则确定披露时间。例如网络借贷机构和股权众筹机构对融资人在融资期间的持续风险信息披露，应当基于投资人对融资人经营状况等信息的了解需求，比照传统金融机构的类似做法，对融资人进行后续检查、评估并披露信息。

3．全面原则

全面原则即从业机构在进行风险信息披露时，要对风险信息进行全面披露，不得故意隐瞒、遗漏风险信息，既要披露对从业机构和客户有利的风险信息，也要披露不利的风险信息，既要披露主债权相关的风险信息，也要披露从债权相关的风险信息，既要披露宏观方面的风险信息，也要披露微观方面的风险信息。例如网络借贷机构和股权众筹机构对融资人信用状况的披露，在披露融资人信用状况良好的同时，若有导致其信用状况不好的信息，两类机构也应当予以披露；同时，还应当对融资人所在行业的行业状况等宏观信息进行适当披露，若有担保人或担保物的，担保人或担保物的相关情况也应一并披露。

（四）披露内容

风险信息披露的内容因披露依据不同而异，对于披露依据已经明确规定了的，从业机构按其规定进行披露即可，对于披露依据未明确的，则需要从业机构遵循一定原则进行确定。我们认为，至少需遵循如下原则：

1. 有用性

披露信息对信息接受者进行决策应当有用。对监管机构和行业协会披露的内容，应当有助于其开展监管和自律工作；对客户披露的内容应当有助于其进行相关使用或投资决策；对治理层披露的内容应当有助于其进行治理决策。例如网络借贷机构对监管机构和行业协会披露其信息科技系统拟采用的加解密机制，对其开展监管和自律作用有限，但对治理层而言，则恰恰有助于其进行安全性投入决策。又例如股权众筹机构在进行融资项目信息披露时，其披露的项目公司回购股东的征信状况通常有助于投资人决策，但若其仅仅披露项目公司回购股东的名称、注册资本等信息，除非回购股东具有相当知名度，否则通常无助于投资人决策。

2. 一致性

一致性即披露信息的内容在统计口径上要前后一致、横向一致，与行业规范保持一致，以便于信息接受者进行对比决策。前后一致即前后各期的信息披露口径应当保持一致。横向一致即同期披露的不同信息的统计口径尽量保持一致。与行业规范保持一致即凡是存在行业规范的，应当按行业规范口径进行披露。例如网络借贷机构在对有效投资客户进行披露时，关于有效投资客户的统计口径究竟是以最近一个月、三个月还是半年甚至更长期间发生过投资行为为标准，若有行业规范应采用行业规范，实现行业规范一致；若前期以三个月为标准，则后续披露也应当以三个月为标准，保证前后一致。若同期还披露了以有效投资客户为基数计算的平均有效投资额，则其“有效投资客户”与单独披露的有效投资客户也应当保持口径一致，维持横向一致。

3．最小化

最小化原则即从业机构在满足有用性前提下，尽量减少冗余信息的披露，避免信息过载；为保护信息主体的权益，在满足有用性前提下，尽量减少其身份信息等重要信息的披露。例如网络借贷机构在对融资人基本信息进行披露时，应将披露重点放在融资人自身方面，尽量淡化对其股东的信息披露，比如法人股东的征信状况信息通常为冗余信息，可减少披露，当然具有显著知名度的法人股东或法人股东担任担保人的除外。

以上，我们粗略介绍了风险披露体系。值得注意的是，风险披露体系往往是风险监察体系的后续环节，监察体系的相关内容通常需要向监管机构、行业协会和治理层披露。同时，报告系统的信用评分报告、期间报告、担保物报告等报告，实际上也是风险披露体系的披露内容。

第十一章 › 全面风险防控体系

在讨论了互联网金融从业机构的全面风险管理体系之后，本章，我们将结合监管机构和行业协会，继续讨论全面风险防控体系，其总体框架如图 11-1 所示。

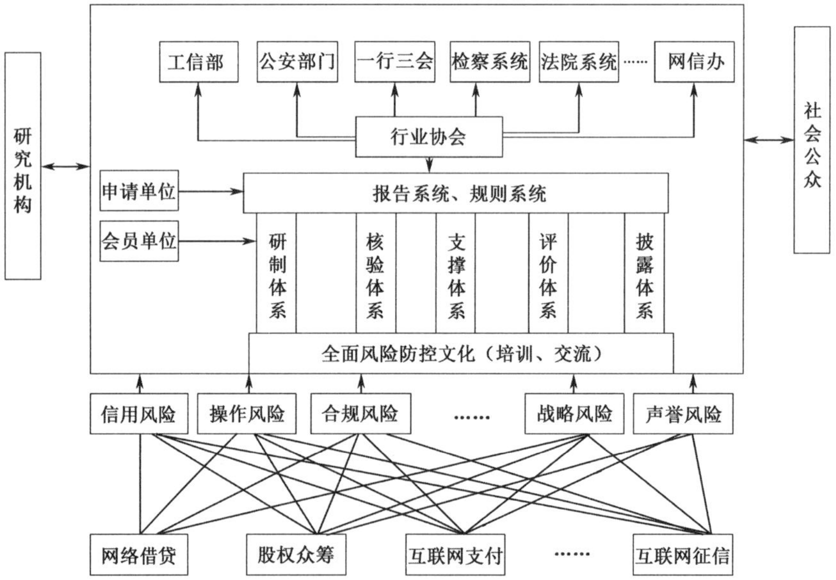

图 11-1 全面风险防控体系框架图

第一节 概述

一、体系目标

以服务监管、服务行业、服务社会为宗旨，以全面覆盖、区别对待、量性结合、分享开放、稳步推进为原则，研制、核验、支撑、评价和披露五马并进，构建国家层面的互联网金融全面风险防范及监控体系（简称“全面风险防控体系”），指导、督促从业机构实施全面风险管理，促进互联网金融健康发展。

二、遵循原则

（一）全面防控

全面风险防控体系要全面覆盖网络支付、网络借贷、股权众筹、消费金融等《关于促进互联网金融健康发展的指导意见》（银发〔2015〕221 号）所述各类从业机构；要全面覆盖信用风险、操作风险、合规风险、流动性风险、市场风险、洗钱风险、战略风险和声誉风险等风险；行业协会各相关部门均参与风险防控。

（二）区别对待

全面风险防控体系要区别网络支付、网络借贷、股权众筹、消费金融等不同业态设计不同的防控机制；要区别各类从业机构的体量和规模，设计相应的防控机制；要区别各类不同的风险设计不同的防控机制。

（三）量性结合

在全面防控体系设计和运营过程中，能够量化的尽量采用大数据、数理模型、经验值等进行量化，不能量化的采用科学合理的方法进行定性处理；同时，为从业机构全面风险管理体系提供量化所需数据支撑。

（四）分享开放

全面风险防控体系须构建共享互通机制，从业机构在风险防范措施、风险防范技术、风险事件及处置经验等方面实现共享，在风险应对方面实现互助互惠；同时防控机制也对新业态开放。

（五）稳步推进

全面风险防控体系建设是一个长期过程，是一项持续性工作。基于互联网金融发展现状，拟按稳步推进原则，首先针对风险暴露比较突出的网络借贷、网络支付和股权众筹等进行业态建设，再逐步扩展到其他业态。

（六）无缝对接

全面风险防控体系与工信部、公安部、一行三会、检察系统、法院系统、网信办等监管机构实现无缝对接；同时，与从业机构的全面风险管理体系实现无缝对接，构建从宏观层面到微观主体的全天候风险防控体系。

三、总体框架

全面风险防控体系框架如图 11-1 所示，其由参与主体、支撑机制、过程体系和输出系统等部分组成。

（一）参与主体

全面风险防控主体的参与主体包括监管主体、自律主体、受控主体和相关主体四个部分。监管主体即工信部、公安部、一行三会、检察系统、法院系统、网信办等国家机关（简称“监管机构”）。自律主体为相关行业协会，如中国互联网金融协会、中国支付清算协会等经国家批准的，对从业机构实行自律管理的机构。受控主体即被监管、被自律的主体，包括前面章节提及的网络借贷机构、股权众筹机构、互联网支付机构、互联网小额贷款机构、互联网消费金融机构、互联网保险机构、互联网征信机构以及互联网基金销售机构等。相关主体为受控主体的客户、对互联网金融风险管理感兴趣的专家学者等社会公众和与互联网金融风险管理相关的国内外研究机构。

（二）支撑机制

支撑机制包括行业协会与全面风险防控相关的组织架构、全面风险防控文化和从业机构全面风险管理体系。全面风险防控文化的建设由行业协会牵头实施，全面风险管理体系由从业机构在行业协会的指导下建设。下面，我们首先讨论行业协会组织架构，然后简要讨论文化建设，全面风险管理体系前面章节已论及，不再重复。

1. 组织架构

行业协会全面风险防控体系的组织架构如图 11-2 所示，监管机构下设全面风险防控委员会，牵头实施互联网金融行业全面风险防控工作。行业协会下设风险专家委员会，为全面风险防控委员会、行业协会提供咨询和建议。行业协会下设风险防控部具体负责全面风险防控工作的实施并负责信用风险、其他操作风险、洗钱风险等风险的防控，会员管理部负责全面风险防控文化建设并负责防控声誉风险，法律事务部负责防控合规风险，信息技术部负责防控信息科技系统所涉操作风险并参与技术相关的其他风险的防控工作，业务管理部负责防控市场风险、流动性风险和声誉风险等风险，研究发展部负责防控战略风险和风险评估、风险应对所涉数学模型研发，稽核审查部负责对会员单位的全面风险防控体系实施审计监督并对其他部门开展风险防控工作进行内部审计。大致情况如下：

（1）全面风险防控委员会

全面风险防控委员会由监管机构领导组成，其职责如下：

①对全面风险防控重大事项进行决策。

②对跨国务院部门、跨业态风险防控事项进行沟通协调。

③制定从业机构实施全面风险管理的指导意见。

④对互联网金融重大风险事件牵头进行调查，提出处理建议。

⑤其他需要其处理的事项。

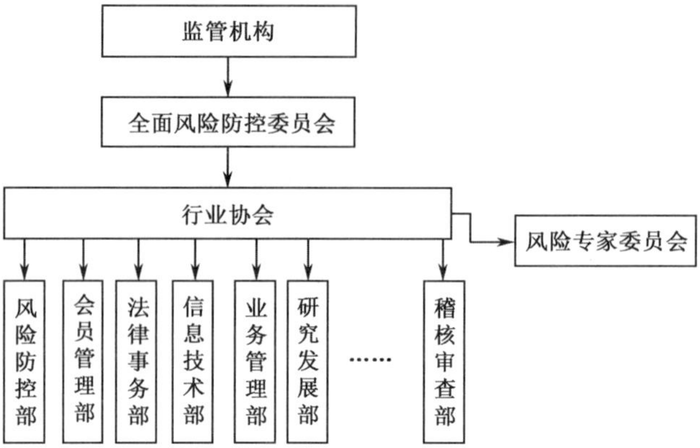

图 11-2　行业协会全面风险防控体系组织架构图

（2）风险专家委员会

风险专家委员会由互联网金融研究机构从事风险研究方面的专家、从业机构资深风险管理人员、资深技术专家、资深安全专家、资深律师和资深注册会计师等外部人员组成。其职责：

①就不同业态风险现状及特征提供咨询意见。

②就不同业态的不同风险防范、监测提供咨询意见。

③应风险防控委员会和行业协会要求，向其提供其他咨询意见。

（3）风险防控部

风险防控部为全面风险防控的责任部门，全面风险防控委员会办公室建议设置在风险防控部。其主要职责：

①牵头构建并运行全面风险防控体系。

②具体负责研制体系、评价体系等体系的设计和运行，牵头设计并运行支撑体系、参与核验体系和披露体系的设计和运行。

③在全面风险防控体系运行过程中，出具相关报告并经行业协会报送全

面风险防控委员会。

④具体负责信用风险、其他操作风险和洗钱风险等风险的防控，对会员单位前述风险的防范情况开展现场、非现场检查。

⑤具体负责对从业机构重大风险事件的调查和处置工作。

⑥行业协会规定的其他事项。

（4）会员管理部

会员管理部负责全面风险防控文化建设和声誉风险防控，其在风险防范方面的职责：

①制定全面风险防控文化建设方案，报经协会领导批准后实施。

②具体负责核验体系的设计和运行，参与其他体系的设计和运行。

③牵头组织外部专家，对从业机构声誉风险事件进行调查，出具独立调查报告，并及时向社会公众披露。

④对同业机构恶意行为诱发的声誉风险事件，依照行业协会相关规定提出初步处理意见。

⑤主持调解会员单位间的业务纠纷，防止其演化为声誉风险。

⑥行业协会规定的其他事项。

（5）法律事务部

法律事务部负责防控合规风险，其在风险防控方面的职责：

①负责对会员单位合规风险进行定期评估，出具定期评估报告，经风险防控部复核后报送协会领导，协会领导视情况提交全面风险防控委员会。

②参与研制体系、核验体系、支撑体系、评价体系和披露体系等体系的设计和运行。

③研究互联网金融行业相关法律、行政法规、部门规章和其他规范性文件，结合行业发展实际需求，提出改进建议。

④与监管机构相关部门积极沟通，力争提升部分现行监管规则的位阶，

促进行业健康发展。

⑤行业协会规定的其他事项。

（6）信息技术部

信息技术部负责防控部分操作风险，其在风险防控方面的职责：

①研究各业态信息科技系统方面的操作风险，指导从业机构开展与信息科技系统相关的操作风险防范工作。

②制定信息科技系统相关的技术标准，促进从业机构之间、从业机构与行业协会和监管机构之间的互联互通。

③加强对各业态相关的科技进步和科技发展方面的研究，为从业机构防范技术发展等导致的市场风险提供基础支撑。

④负责信息科技系统相关的支撑体系的设计和运行，并参与其他体系的设计和运行。

⑤行业协会规定的其他事项。

（7）业务管理部

业务管理部负责防控市场风险、流动性风险等风险，其风险防范职责：

①负责资产拆借市场等流动性相关的支撑体系的设计和运行，防控流动性风险。

②制定相关产品指导性价格区间，防止从业机构恶意竞争，防控市场风险。

③对从业机构信用风险实施定期监测，与风险防控部共同完成信用风险防控工作。

④负责统一认证机制等与市场份额相关的支撑体系的设计和运行，防控市场风险。

⑤行业协会规定的其他事项。

（8）研究发展部

研究发展部负责防控战略风险，研发相关数学模型，其风险防范职责：

①加强对各业态发展趋势、交易模式和交易结构等方面的研究，向会员单位发送相关研究报告，降低会员单位的战略风险。

②基于会员单位报送的样本数据，研发风险评估相关的逻辑回归模型等数学模型，供会员单位试用。

③基于行业数据，研发风险应对相关数学模型，供会员单位试用。

④研究影响互联网金融发展的宏观政策，出具研究报告，供会员单位参考。

⑤行业协会规定的其他事项。

（9）稽核审计部

稽核审计部负责对会员单位和其他部门实施审计监督，其风险防控职责：

①参与研制体系设计，制定对会员单位的审计监督规则。

②作为外部审计师，介入从业机构的风险监察体系，开展风险监察工作。

③在充分调研的基础上，指导会员单位风险监察体系的设计。

④对协会其他部门参与全面风险防控体系运行的实际情况进行审计监督，就全面风险防控体系的有效性提出审计意见。

⑤行业协会规定的其他事项。

2. 文化建设

在行业协会层面，全面风险防控文化建设主要通过培训、考核和交流等形式进行，下面做简要讨论。

（1）责任部门

会员管理部为文化建设的责任部门，其主要职责：

①建立全面风险防控培训交流体系，就风险管理相关的培训内容、培训讲师、培训对象、培训形式、交流主体、交流主题和交流形式等形成科学合理的体系。

②制定会员单位内部培训指引，指导会员单位员工培训工作，向监管机

构报告会员单位实施培训的总体情况。

③拟定年度培训计划、季度培训计划和月度培训计划，按计划实施风险管理培训。

④拟定年度交流计划、季度交流计划和月度交流计划，按计划组织风险管理交流活动。

⑤研究从业机构高级管理人员、风险管理人员等从业人员的任职资格条件，择机实施任职资格考试。

（2）培训讲师

①监管机构研究部门专家、学者和其他研究人员（如最高人民法院研究室研究专家学者、中国人民银行研究局专家学者）。

②监管机构监管司局领导（如银监会普惠金融部领导、中国人民银行支付结算司领导、公安部经侦部门领导）。

③行业协会专职领导、部门负责人、业务骨干等协会领导。

④互联网金融研究机构专家学者。

⑤从业机构资深风险管理人员以及对互联网金融风险管理具有相当研究的其他人员。

（3）培训交流人员

①从业机构董事、监事、高级管理人员和其他风险管理从业人员和内部审计人员。

②为互联网金融从业机构提供法律、审计等中介服务的从业人员。

（4）培训交流内容

①互联网金融风险相关知识（如八类风险的含义、特征、风险事项等）。

②全面风险管理相关知识（如 COSO 委员会全面风险管理理念、《企业内部控制基本规范》和《企业内部控制应用指引》等）。

③风险管理方法（如风险识别方法、风险评估方法、常见风险的风险应

对措施、风险管理过程中常用的 IT 知识和法律知识等）。

④风险管理案例分析交流（如信用风险事件分析交流、合规风险事件分析交流和操作风险分析交流等）。

⑤互联网金融内部审计、外部审计相关知识（如 IT 审计、债权了结审计、内控有效性审计等）。

⑥互联网金融客户资金流向及管理要求等相关知识（如支付机构客户备付金出入金过程及收付余钩稽关系）。

⑦监管机构发布的部门规章以及其他规范性文件。

⑧行业协会发布的行业规范和行业标准。

（三）过程体系

全面风险防控体系的过程体系包括研制体系、核验体系、支撑体系、评价体系和披露体系五大体系。研制体系负责研究和制定相关行业标准、业务规范和风险指引。核验体系负责核实会员单位和申请入会单位对相关行业标准、业务规范和风险指引的落实情况。支撑体系为会员单位业务发展和风险管理提供工具支撑，提升会员单位风险管理水平。评价体系对会员单位实施全面风险管理的绩效、落实相关风险指引的情况等进行定期评价。披露体系则向监管机构、社会公众和会员单位披露相关评价报告。五大体系具体情况将在后续做详细介绍。

（四）输出系统

全面风险防控体系的输出系统包括报告系统和规则系统，报告系统由前述五大体系运行过程中形成的报告组成，规则系统则由前述五大体系运行过程中形成的规则组成。

第二节　研制体系

一、体系目标

研制体系的目标：

（1）研究互联网金融各业态的风险现状（含风险种类、特征及风险事项）。

（2）根据各业态的风险现状，制定并发布全面风险管理指引、具体风险管理指引和业务流程参考指引。

（3）在相关业务数据基础上，研究风险模型（如逻辑回归模型、大数据模型），建立风险监控云平台。

（4）研究不同业态、不同产品风险特征，制定并发布具体产品类型的风险信息披露指引。

（5）研究各业态技术系统主要风险点，分析技术系统风险管理需求，制定并发布技术系统风险防范指引。

（6）研究并发布各业态从业机构技术标准，供从业机构引用。

（7）研究风险管理从业人员资质，开展从业考试和持续培训。

二、研制小组

研制小组由风险防控部牵头，参与部门包括会员管理部、法律事务部、信息技术部、业务管理部、研究发展部和稽核审计部。同时，还须包括部分会员单位风险管理总监、安全专家、IT 专家、资深律师和资深注册会计师等。为加强研制工作管理，解决相关争议，我们建议由行业协会分管风险防控工作的领导担任研制小组组长，研制小组的职责分工大致如下：

（一）风险防控部

就研制内容、完成标准、推进计划、责任部门、参与人员等拟定研制体系建设方案草案，经小组组长审核并报经协会领导批准后，牵头组织实施；收集研制小组在研制体系建设过程中的争议，提出初步处理意见，报小组组长决策；对其他部门完成的研制内容向外部专家征求意见，对外部意见提出初步处理意见后报小组组长决策；分业态研究信用风险、其他操作风险和洗钱风险等风险的现状，经研制小组讨论并征求相关外部专家意见后定稿；收集其他部门对其他风险的现状的定稿研究报告；分业态研究不同产品的风险信息，据此草拟分业态分产品风险信息披露指引；分业态草拟全面风险管理指引、信用风险管理指引、洗钱风险管理指引和操作风险管理指引等指引，指导从业机构建设全面风险管理体系。

（二）会员管理部

分业态研究声誉风险的现状，经研制小组讨论并征求相关外部专家意见后定稿；草拟分业态声誉风险管理指引；分业态草拟从业机构风险管理文化建设指引等指引；分业态研究风险管理从业人员资质要求，探索从业人员任职资格考试。

（三）法律事务部

分业态研究合规风险的现状，经研制小组讨论并征求相关外部专家意见后定稿；分业态草拟合规风险管理指引等指引。

（四）信息技术部

分业态研究信息科技系统相关的操作风险现状，经研制小组讨论并征求相关外部专家意见后定稿；分业态草拟操作风险（信息科技系统）管理指引等指引；分业态草拟技术标准。

（五）业务管理部

分业态研究市场风险和流动性风险现状，经研制小组讨论并征求相关外部专家意见后定稿；分业态草拟市场风险管理指引和流动性风险管理指引等指引。

（六）研究发展部

分业态研究战略风险现状，经研制小组讨论并征求相关外部专家意见后定稿；分业态草拟战略风险管理指引等指引。

（七）稽核审查部

分业态研究内部审计现状，经研制小组讨论并定稿；分业态草拟内部审计指引、客户资金管理审计指引等指引。

三、建设过程

研制体系建设可分为设立研制小组、摸清风险现状、确定建设方案、制定年度计划、形成规则草案、公开征求意见、发布实施和持续改进等步骤。

（一）设立研制小组

风险防控部按研制小组构成要求，提出研制小组成员名单报经小组组长确定研制小组正式成员。为顺利推进研制工作，建议协会部门负责人亲自参加研制小组，便于协调调动本部门资源。外部专家建议由风险防控部提出初步名单后由小组组长确定。

（二）摸清风险现状

按第二部分职责分工，相关部门分业态完成风险现状研究报告，厘清各种风险的概念界定，厘清不同业态不同风险种类的特征、风险事项及相关影响等，在从业机构和研制小组中形成初步共识，一来为后续研制工作奠定现状基础，二来统一从业机构对风险的认识。相关部门的风险研究报告须报风险防控部汇总，并报小组组长审阅定稿，之后发送各部门和各从业机构以供后续工作参考。

（三）确定建设方案

风险防控部在风险现状研究报告基础上，草拟研制体系建设方案，落实相关研制内容、完成标准、推进计划、责任部门、参与人员，在与责任部门达成初步意见后，由研制小组对方案的可行性、完整性和一致性等进行讨论，达成一致后报小组组长确定。

（四）制定年度计划

研制体系建设是一个长期过程，部分研制内容很可能会跨多个年度，为提高对研制过程的管控能力，风险防控部应对建设方案进行进一步分解，形成年度计划，按年执行建设工作。

（五）形成规则草案

在按年分解建设方案之后，各责任部门按年度计划开展研制工作，小组组长按年实施研制绩效考核。各责任部门草拟完成相关指引、模型或标准后，由小组组长主持召开小组会议，邀请外部专家讨论相关草案，产生的争议由小组组长决策。草案在小组内部达成一致后，由小组组长报协会领导决定是否提交风险防控委员会决策（对于跨部门、跨业态的指引或标准，通常需报风险防控委员会决策，反之直接征求相关业态主管部门意见即可），之后形成征求意见稿。

（六）公开征求意见

指引和标准征求意见稿形成之后，需公开征求意见。征求意见的范围分两种情况：若仅约束行业协会会员单位的，向会员单位公开征求意见即可，否则需面向全社会公开征求意见。鉴于数学模型的科学性，通常无须公开征求意见。

（七）发布实施

指引和标准完成公开征求意见之后，责任部门负责汇总反馈意见，会同风险防控部提出初步处理意见，报小组组长审核，之后，经会长办公会等会议审核通过后，发布实施。

（八）持续改进

指引、模型和标准等发布实施后，风险防控部须定期跟踪其实施情况，评价实施效果，收集实施中出现的问题，根据风险防控实效，定期启动改进工作，制定改进工作计划，报小组组长批准后实施。

四、研制内容

（一）规则清单

研制体系规则清单如表 11-1 所示，规则名称仅作参考，具体情况由责任部门确定；分业态栏目列示该项规则是否分业态制定，修订周期为我们建议的规则持续改进的时间周期。值得注意的是，部分规则在实际制定时可以合并，也有部分规则在制定时还需要分立，例如行业技术标准，至少可分立出 PC 客户端、手机客户端、电视客户端、清算服务器、交易服务器、应用服务器、存管接口、交互模型、交互安全、存储安全、数据校验等部分。

表 11-1　研制体系规则清单

序号	规则名称	分业态	修订周期
1	内部审计指引	否	三年
2	资金管理审计指引	是	一年
3	信息科技系统审计指引	否	三年
4	外部审计指引	否	三年
5	全面风险管理指引	是	三年
6	信用风险监测规则	是	三年
7	信用风险管理指引（人保）	是	三年
8	信用风险管理指引（不动产）	是	三年
9	信用风险管理指引（动产）	是	三年
10	信用风险管理指引（其他权利）	是	三年
11	操作风险管理指引（技术）	否	三年
12	行业技术标准	是	三年
13	操作风险管理指引（非技术）	是	一年
14	账户信息及交易数据安全管理指引	否	三年
15	清算风险管理指引	是	一年
16	合规风险管理指引	是	三年
17	市场风险管理指引	是	三年
18	产品定价指导原则	是	三年
19	流动性风险管理指引	是	三年
20	流动性风险监测规则	是	三年

续表

序号	规则名称	分业态	修订周期
21	洗钱风险管理指引	是	三年
22	战略风险管理指引	是	三年
23	声誉风险管理指引	是	三年
24	风险信息披露指引第 1 号——基本规范	否	三年
25	风险信息披露指引第 2 号——信用	否	一年
26	风险信息披露指引第 3 号——担保	是	一年
27	风险信息披露指引第 4 号——人保	是	一年
28	风险信息披露指引第 5 号——车辆	是	一年
29	风险信息披露指引第 6 号——房产	是	一年
30	风险信息披露指引第 7 号——票据	是	一年
31	风险信息披露指引第 8 号——债权	是	一年
32	风险信息披露指引第 9 号——股权	是	一年

（二）大致内容

在介绍规则清单的基础上，本部分我们将简要讨论部分规则的大致内容。

1．内部审计指引

根据从业机构全面风险管理体系建设需要，从风险监察体系审计条线角度，对监察措施设计方法、风险防范措施评价、内部审计范围、内部审计独立性要求、审计工作底稿、内部审计报告以及审计档案保存要求等方面，做出相关规定，以指导从业机构内部审计部门开展审计监察工作，提升从业机构风险管理水平。

2．资金管理审计指引

分业态为客户资金存管审计监督工作提供方向性指引，从重要性水平确定规则、审计依据（如部门规章、其他规范性文件等）、审计范围（如存管方账户、收付余明细、出入金时差等）、分析程序等审计方法、审计报告用途、审计人员资质等方面做出规定，指导从业机构内部审计人员和外部审计师开展客户资金存管审计工作。

3．信息科技系统审计指引

从信息科技系统操作风险相关的风险监察角度，对信息科技系统的审计范围（如开发、测试、上线和运行维护等环节）、审计方法、抽样规则以及审计重点等内容，做出相关规定，指导从业机构内部审计人员和外部审计师开展信息科技系统审计工作。

4．外部审计指引

从监察措施抽样原则、外部审计范围、重点审计内容（如相关风险管理制度）、风险管理绩效审计事项、审计工作底稿、外部审计报告以及审计档案保存要求等方面，做出相关规定，以指导外部审计师对从业机构开展风险监察审计工作，提升从业机构风险管理水平。

5．全面风险管理指引

分业态从全面风险管理体系建设的责任、风险识别体系、风险应对体系、风险监察体系、风险披露体系、产品系统、事件系统、业务循环系统、数据库系统、管理制度系统、报告系统和基础支撑系统等方面，对从业机构实施全面风险管理做出原则性和方向性规定，指导从业机构开展全面风险管理，提升其风险管理水平，促进行业健康发展。

6．信用风险监测规则

分业态从数据报送（报送频率、报送格式、数据指标）、监测对象、监测指标、指标权重、监测指数、结果应用等角度，对行业协会和会员单位共同实施信用风险监测相关事宜做出规定，及时监测从业机构信用风险状况，尽早发现信用风险事件苗头，采取措施化解风险。

7．信用风险管理指引（人保）

对网络借贷机构、股权众筹机构等涉及公众利益的从业机构业务平台上发布的由保证人提供保证的产品，从保证担保人准入条件、保证担保人总额度、担保人单笔担保额度、担保人多平台担保的最高额度等方面，做出原则性和方向性规定，防范次债务人信用风险。

8．信用风险管理指引（不动产）

对网络借贷机构、股权众筹机构等涉及公众利益的从业机构业务平台上发布的由债务人或担保人提供不动产抵押担保的产品，从担保比例、估值原则、资产权属、后续管理、抵押登记时限等方面，做出原则性和方向性规定，防范次债务人信用风险。

9．信用风险管理指引（动产）

对网络借贷机构、股权众筹机构等涉及公众利益的从业机构业务平台上发布的由债务人或担保人提供动产抵押担保或质押担保的产品，从担保比例、估值原则、质物保管、质物使用限制、抵押物后续管理、抵押登记时限等方面，做出原则性和方向性规定，防范次债务信用风险。

10．信用风险管理指引（其他权利）

对网络借贷机构、股权众筹机构等涉及公众利益的从业机构业务平台上发布的由债务人或担保人提供股权、债权、票据和知识产权等质押的产品，从担保比例、估值原则、权属关系、质押登记时限等方面，做出原则性和方向性规定，防范次债务信用风险。

11．操作风险管理指引（技术）

对从业机构信息科技系统产生的操作风险，从风险事项（如数据一致性、数据完整性、数据唯一性等）、常见风险点、常用防范措施（如入库校验机制等）、常规监察措施等方面，做出比较详细和全面的规定，提升从业机构操作风险管理水平。

12．账户信息及交易数据安全管理指引

从概念界定、保护原则、保护措施、使用限制、管理机制、责任部门、监管查询和档案管理等角度，对从业机构客户账户信息和交易数据保密及安全管理做出明确和具体的规定，保护客户敏感信息，促进行业健康发展。

13．清算风险管理指引

分业态对从业机构在资金清算中所涉对账报表、对账周期、划账周期、差异账处理机制、不平账核定核销流程、清算风险事项、常见清算风险防范措施等相关事项做出明确和具体规定，提升从业机构清算风险管理水平，保护客户资金安全。

14．合规风险管理指引

分业态对从业机构落实法律、行政法规、监管机构部门规章和其他规范性文件提供详细指引，分业态列示从业机构在开展业务过程中可能导致法律行为无效、效力待定、可变更和可撤销等情形，并给出操作指引，防范效力性风险事项。

15．产品定价指导原则

分业态制定从业机构产品定价指导原则，比照发改委关于银行卡刷卡手续费定价机制，规定分业态不同产品的价格区间，防止从业机构低于成本价竞争，维护行业公平竞争环境，促进从业机构可持续发展。

五、工作机制

在此，我们从研制体系与从业机构全面风险管理体系关系的角度，对研制体系的工作机制做简要讨论（见图 11-3）。

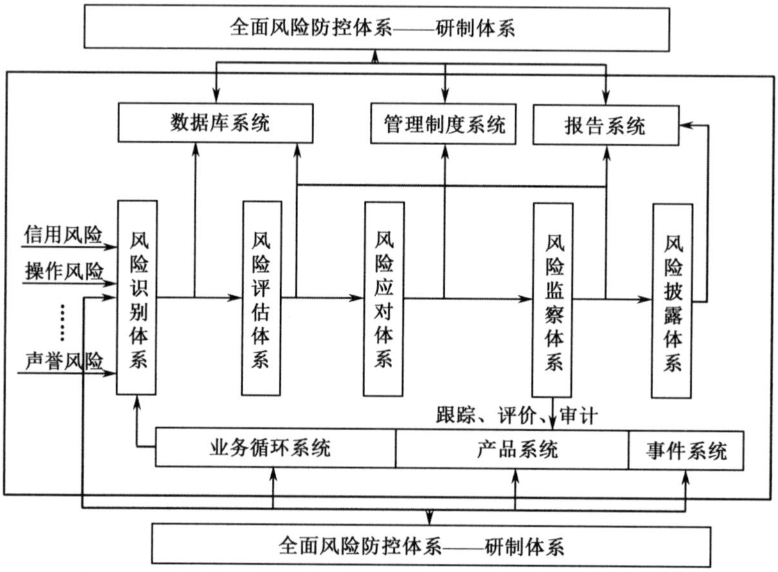

图 11-3　研制体系与会员单位全面风险管理体系关系图

第一，从业机构参照研制体系的相关指引、模型和标准，构建其业务循环系统、产品系统、事件系统、数据库系统、管理制度系统和报告系统。

第二，从业机构以研制体系相关指引为依据，结合自身实际情况，构建风险识别体系、风险评估体系、风险应对体系、风险监察体系和风险披露体系；随着研制体系输出成果的升级，从业机构前五大系统也将随之升级。

第三，研制体系的相关指引、模型和标准，部分内容可直接来源于部分优秀从业机构业务循环系统、产品系统、事件系统、数据库系统、管理制度系统和报告系统。

第四，部分优秀从业机构的风险识别体系、风险评估体系、风险应对体系、风险监察体系和风险披露体系五大系统升级，可为研制体系提供参考，促使研制体系输出成果升级。

第三节　核验体系

一、体系目标

核验体系的目标为厘清申请单位在信用风险、操作风险和合规风险等八种风险方面的具体表现，对其风险现状做出综合性评估；审核申请单位是否设计了符合行业协会风险管理要求和其风险现状的风险管理体系，对于完全符合者准予其入会，对于不完全符合者，给予一定辅导，以期尽快符合行业协会要求，并接纳其为正式会员。最终提升会员单位风险管理水平，保护社会公众合法权益，促进互联网金融行业健康发展。

二、核验小组

如前所述，核验体系由会员管理部牵头设计，风险防控部、法律事务部、信息技术部、业务管理部、研究发展部和稽核审计部等部门均为成员单位。另外，聘请外部中介机构进行适当的现场和非现场抽查，提升核验质量。与研制体系相同，我们建议，由行业协会分管入会申请相关事宜的协会领导担任核验小组组长，对核验过程中的重大事项和争议进行决策。在核验体系中各部门的职责分工大致如下：

（一）会员管理部

负责分业态就核验周期、每年定期核验时间、核验内容和核验标准等制定核验方案草案；草案提交核验小组讨论，报核验小组组长批准后实施；就核验工作制定协会管理制度，将核验工作和核验体系制度化、流程化；对申请单位的声誉风险现状及管理情况进行分析，并重点审核其声誉风险管理是否符合声誉风险管理指引等相关要求；对辅导期内的申请单位进行声誉风险管理辅导。

（二）风险防控部

参与核验小组核验方案拟订，对申请单位的信用风险、操作风险和洗钱风险现状及管理绩效进行分析；对申请单位全面风险管理体系建设情况进行分析评估；审核申请单位的风险管理体系是否符合全面风险管理指引；审核申请单位的信用风险、操作风险和洗钱风险等风险的管理是否符合信用风险管理指引、操作风险管理指引和洗钱风险管理指引；审核申请单位的信息披露是否符合披露指引；对辅导期内的申请单位进行全面风险管理建设指导，信用风险、操作风险和洗钱风险管理辅导。

（三）法律事务部

对申请单位现存产品的交易结构、交易流程和资金流转等进行全面分析，判断其产品是否符合监管要求；对申请单位的合规风险及管理情况进行分析；审核申请单位的合规风险管理是否符合合规风险管理指引；对辅导期内的申请单位进行合规风险管理辅导，就产品在合规方面存在的问题提出整改意见。

（四）信息技术部

对申请单位的信息科技系统相关的操作风险现状及管理情况进行分析；

审核申请单位信息科技系统相关的操作风险是否符合操作风险管理指引；审核申请单位的信息科技系统是否符合行业技术标准；对辅导期内的申请单位进行操作风险管理辅导和技术标准达标辅导。

（五）业务管理部

对申请单位市场风险和流动性风险现状及管理情况进行分析；审核申请单位市场风险和流动性风险管理是否符合市场风险管理指引、产品定价指导原则等。对辅导期内的申请单位进行市场风险和流动性风险管理辅导。

（六）研究发展部

审核申请单位的战略方向、经营方针是否违背国家产业政策；对申请单位战略风险及管理情况进行分析；审核申请单位战略风险管理是否符合战略风险管理指引；对辅导期内的申请单位进行战略风险管理辅导；对战略方向违背国家产业政策的申请单位要求其调整并审核其调整方案的可行性。

（七）稽核审计部

对申请单位内部审计体系的建立健全情况进行分析；审核申请单位的内部审计制度、资金管理审计制度等是否符合内部审计指引和资金管理审计指引；对辅导期内的申请单位的内部审计体系建设进行指导。

三、核验内容

核验体系的核验内容由两方面内容组成，一个方面为申请单位提交的风险管理相关资料（简称“申请资料”），另一方面为核验小组对申请材料进行审核的依据（简称“审核依据”）。

（一）申请资料

会员管理部就申请入会相关事项，牵头制定管理规则，申请单位根据相关规则向行业协会提交申请材料。在风险管理方面，我们认为，需提交申请单位风险现状分析报告、风险管理情况报告、技术标准符合性报告、披露情况报告、产品情况报告、战略发展报告。

1．风险现状分析报告

风险现状分析报告由所有申请单位提供，具体包括申请单位对信用风险、操作风险和合规风险等八大风险的界定，各项风险的风险特征分析，各项风险的风险事项描述（最好细化到风险点）及应对策略，对各项风险的影响描述等。

2．风险管理情况报告

风险管理情况报告由所有申请单位提供，为申请单位全面风险管理体系的详细介绍，应当包括风险识别体系、风险评估体系等五大体系的详细情况说明，以及业务循环系统（后附具体业务流程）、管理制度系统（后附具体管理制度）、报告系统、数据库系统、事件系统和产品系统等七大系统的详细情况说明。

3．技术标准符合性报告

对于已有国家标准、行业标准或行业协会团体标准的业态，申请单位应当提交技术标准符合性报告，详细列示其遵循的技术标准、各项技术标准的符合情况、符合情况的审核机构等项目。对于相关机构制定了技术标准符合性认证机构的，申请单位应当提交该类认证机构出具的报告。

4．披露情况报告

披露情况报告由网络借贷机构和股权众筹机构等涉及公众利益的投资类申请单位提供，报告内容应当包括申请单位递交申请前一年的所有产品的信息披露情况，包括是否符合披露指引，若不符合，须后附后续整改计划，若符合，则须提交详细披露说明。

5．产品情况报告

产品情况报告由所有申请单位提供，其内容应当包括所有产品的产品名称、设计时间、上线时间，涉及用户数量、交易规模、交易结构、交易流程、资金流向，以及产品的合规性分析。若产品相关的法律、行政法规、监管机构的部门规章和其他规范性文件、行业协会的规则等有禁止性规定的，应当就产品是否违反禁止性规定进行分析讨论。

6. 战略发展报告

战略发展报告由所有申请单位提供，应说明申请单位未来 5 年内的战略发展方向，申请单位所在行业的产业政策及趋势，应当重点分析其战略发展方向是否与国家产业政策向背离（如网络借贷机构以小额普惠为主，而非以大额借贷为主），并附加产业政策调整时，申请单位的具体应对措施。

（二）审核依据

审核小组的审核包括形式审查和实质审查两个方面。形式审查即审查申请单位提交的申请材料是否完整、一致，具体形式要求由会员管理部在相关管理制度中规定。实质审查为审核小组对申请材料的内容是否符合规定进行审查：对于符合性审查，其审核依据通常为法律、行政法规、监管机构部门规章和其他规范性文件、行业协会的规则等，相对清晰明确；对于相关报告内容（如风险现状报告）的审查，主要从真实性和完整性角度进行审查，需由审核小组成员自由裁量。

四、核验过程

核验体系的工作过程大致分为接收申请材料、成立核验小组、制定核验方案、开展核验工作、形成核验结论等步骤。

（一）接收申请材料

会员管理部牵头就申请时间、申请资料、资料标准、提交程序等制定会员申请入会相关管理规定，报经有权机构批准后，按规定接收申请单位的申请材料。会员管理部根据管理规定对申请单位的申请材料进行形式审查，形式审查通过者列入待核验名单，审查未通过者一次性告知审核结果（待补齐资料等）。

（二）成立核验小组

会员管理部牵头成立核验小组，其他部门可由部门负责人参与，也可委派其他人员参与、部门负责人负责把关。同时，对于部分重要事项或专业性较强、工作量较大的事项，可委派第三方中介机构参与核验，对于第三方中介机构，由会员管理部牵头采用招标等形式选定。

（三）制定核验方案

在形成待核验名单、成立审核小组之后，会员管理部负责牵头制定具体核验方案，明确审议小组成员的具体分工、各项任务完成时间，第三方中介机构参与的，还需要明确第三方中介机构提交最终审核意见的时间、格式以及其他要求。

（四）开展核验工作

审核小组成员按照核验方案分工，按计划开展核验工作。对于审核过程中需要申请单位补充说明情况的，应由会员管理部统一收集待补充说明的问题，由其一次性发送至申请单位，非经审核小组组长同意，审核小组成员不得到申请单位现场进行审核（第三方中介机构现场核验工作须在投标书中予以说明）。同时，为公平起见，审核小组成员不得擅自接受申请单位的补充说明。

（五）形成核验结论

审核小组成员完成核验工作后，就其负责部分得出初步审核意见，初步审核意见类型分为符合、基本符合和不符合三种。符合即申请单位的审核事项85%以上符合审核依据；基本符合即申请单位的审核事项有60%以上85%以下符合审核依据；不符合即申请单位的审核事项符合审核依据的不足60%。会员管理部在综合审核成员的初步审核意见后形成初步核验结论，结论类型与初步审核意见类型相同。初步核验结论经审核小组报协会全体领导审批后形成核验结论。

五、结论运用

如前所述，审核结论包括符合、基本符合和不符合三种情况。针对不同结论情况，对申请单位的入会申请采取如下不同措施：

（一）符合

直接接纳其为正式会员，由会员管理部按相关手续为其办理正式入会手续。同时，对于不符合事项，申请单位应当向会员管理部提交整改计划，原则上整改时间不得超过 6 个月，并且审核小组相关成员应当密切关注其不符合事项的整改情况，并将整改情况纳入评价体系的相关评价指标之中。

（二）基本符合

接纳其为观察会员，由会员管理部按相关手续为其办理观察会员相关手续。同时，审核小组为其设置期限不超过 6 个月的辅导期，由审核小组相关成员对其进行风险管理辅导。辅导期结束，相关审核小组成员对其进行再次审核，审核意见也分为符合、基本符合和不符合三种类型。会员管理部在综合相关审核小组成员和前期其他审核小组成员意见基础上，按流程形成核验结论。若核验结论为符合的，将其接纳为正式会员；如核验结论为基本符合或不符合的，告知申请单位自送达核验通知之日起 1 年后重新提交入会申请。

（三）不符合

核验结论为不符合的，根据申请单位意见为其设立为期不超过 1 年的辅导期或收到行业协会核验结论之日起 3 年后重新提交入会申请。对于选择辅导期的申请单位，由所有审核小组成员对其进行风险管理辅导。辅导期结束后由审核小组重新进行审核，由会员管理部综合审核小组成员初步审核意见后，按流程形成核验结论。核验结论为符合的，按（一）进行处理。若核验结论为基本符合的，由申请单位自行进行整改，并自收到核验结论之日起 1 年后重新提交入会申请。若核验结论为不符合的，也由申请单位自行整改，并自收到核验结论之日起 2 年后重新提交入会申请。

第四节　评价体系

一、体系目标

评价体系的目标为：对重点会员单位落实监管机构和行业协会各项规则情况进行检查，对非重点会员单位落实监管机构和行业协会各项规则情况进行抽查。根据检查和抽查情况，结合会员单位报送的相关数据，采用数据包络分析法、层次分析法等方法，对会员单位实施全面风险管理进行绩效评价，评价结果报送监管机构为其实施针对性监管提供决策支持。根据会员单位交易数据、客户数据和资产质量数据等数据信息，构建数学模型就互联网金融行业对金融稳定的影响进行综合评价，发布互联网金融稳定报告，供监管机构决策参考。

二、评价小组

评价小组由风险防控部牵头，参与部门包括监管机构确定委派的人员、会员管理部、法律事务部、信息技术部、业务管理部、研究发展部、稽核审计部。为增加评估模型的全面性和客观性，需邀请风险专家委员会相关专家参与评估模型的设计工作。同理，由行业协会分管风险防控工作的领导担任评价小组组长，评价小组的职责分工大致如下：

（一）风险防控部

负责拟定重点会员单位（检查年度新接纳的正式会员应当列为重点会员单位，以便对其整改情况进行复核）和非重点会员单位的划分标准草案，经评价小组组长报经行业协会全体领导批准后实施；与其他部门商定年度重点检查规则（可视情况细化到规则的具体条款），经评价小组组长报经行业协会全体领导批准后实施；采用随机抽样等抽样方法对非重点单位进行抽样，与重点单位名单一起形成年度检查会员单位名单，结合年度重点检查规则，形成年度检查方案草案，方案草案经评价小组报协会全体领导审核后报风险防控委员会审批；联合其他部门，在风险专家委员会相关委员参与下，牵头分业设计态会员单位评价指标体系（入会时不符合事项的后续整改情况应为评价指标之一）和评估模型，经评价小组组长报经协会全体领导批准后实施；根据批准后的评价指标体系和评估模型，对会员单位实施全面风险管理绩效进行综合评价，形成评价报告。

根据检查方案，对被检查单位信用风险、操作风险和洗钱风险等风险的管理情况进行检查；收集前述风险的相关指标数据，整理并录入评估模型；复核会员入会时不符合事项的整改情况。

（二）会员管理部

与风险防控部商讨确认声誉风险方面的重点检查规则；根据检查方案，参与被检查单位声誉风险管理方面的检查；设计声誉风险方面的评价指标或指标集并与风险防控部达成初步一致；按声誉风险评价指标收集整理相关数据，录入评估模型；对被检查单位在声誉风险方面的入会待整改事项进行复核。

（三）法律事务部

与风险防控部商讨确认合规风险方面的重点检查规则；根据检查方案，参与被检查单位合规风险管理方面的检查；设计合规风险方面的评价指标或指标集并与风险防控部达成初步一致；按合规风险评价指标收集整理相关数据，录入评估模型；对被检查单位在合规风险方面的入会待整改事项进行复核；就法律、行政法规、部门规章和其他规范性文件、行业协会的规则等，征求被检查单位的意见。

（四）信息技术部

与风险防控部商讨确认操作风险和技术标准方面的重点检查规则；根据检查方案，参与被检查单位操作风险管理和技术标准实施情况方面的检查；

设计操作风险和技术标准实施方面的评价指标或指标集，并与风险防控部达成初步一致；按操作风险和技术标准实施方面的评价指标收集整理相关数据，录入评估模型；对被检查单位在操作风险和技术标准实施的入会待整改事项进行复核。

（五）业务管理部

与风险防控部商讨确认市场风险、流动性风险和信用风险监测方面的重点检查规则；根据检查方案，参与被检查单位市场风险、流动性风险和信用风险监测实施情况方面的检查；设计市场风险、流动性风险和信用风险方面的评价指标或指标集，并与风险防控部达成初步一致；按市场风险、流动性风险和信用风险方面的评价指标收集整理相关数据，录入评估模型；对被检查单位在市场风险、流动性风险和信用风险方面的入会待整改事项进行复核；对被检查单位市场份额及变动情况、市场拓展过程遇到的问题进行调查。

（六）研究发展部

与风险防控部商讨确认战略方面的重点检查规则；根据检查方案，参与被检查单位战略风险管理实施情况方面的检查；设计战略风险方面的评价指标或指标集，并与风险防控部达成初步一致；按战略风险方面的评价指标收集整理相关数据，录入评估模型；对被检查单位在战略风险方面的入会待整改事项进行复核；对被检查单位战略调整情况、战略实施效果等进行调查。

（七）稽核审计部

与风险防控部商讨确认内部审计方面的重点检查规则；根据检查方案，参与被检查单位内部审计实施情况方面的检查；设计内部审计方面的评价指标或指标集，并与风险防控部达成初步一致；按内部审计方面的评价指标收集整理相关数据，录入评估模型；对被检查单位在内部审计方面的入会待整改事项进行复核；向被检查单位的外部审计机构调查审计工作中的难点和问题等情况。

三、评价过程

评价过程为对会员单位实施独立评价的大致过程，其主要包括成立评价小组、设立模型研究小组、确定评价模型、制定评价方案、开展现场检查、收集评价指标、得出评价结论等步骤。

（一）成立评价小组

评价小组由风险防控部牵头设立，鉴于评价工作影响面较广、须调动资源较多，行业协会各部门的负责人应参加评价小组。与核验过程相似，对评价过程中工作量过大、专业性过强的工作，可以招标等形式选择中介机构参与评价小组。值得注意的是，为防止不良影响，我们建议，同一中介机构不得连续两年参与评价小组。同时，凡检查规则涉及法律、行政法规、监管机构部门规章和其他规范性文件强制性规定的，应当邀请监管机构相关司局参加评价小组，一来提升评价工作的权威性，二来降低被检查单位的受监管成本，三来为监管提供信息交流与共享的平台，便于监管机构相关司局及时共享各业态的风险状况。

（二）设立模型研究小组

在评价小组成立之后，须在其下设立模型研究小组，模型研究小组的职责为与评价小组成员共同研究评价指标体系，重点研究分业态评估模型（主要是指标权重以及指标应用），以提升评价小组现场检查的针对性和评价指标数据值的可获得性。对于模型研究小组，一方面来自风险专家委员会和监管机构研究部门，另一方面尚需考虑从会员单位风险管理人员中选拔部分优秀人员。这样，一来增强评估模型的可操作性，二来有利于监管机构与从业机构之间积极交流沟通，增加信息透明度。

（三）确定评价模型

在评价小组成员与模型研究小组拟定评价指标体系，确定评估模型之后。由评价小组组长召集评价小组成员（中介机构除外）讨论评价模型，就评价模型的数据可获得性、科学性、合理性和公平性等进行充分交流讨论。由评价小组组长在听取小组成员意见后，确定评价模型。

（四）制定评价方案

风险防控部按前述分工拟定评价方案，并按前述流程确定评价方案。在制定评价方案时，风险防控部还应当根据评价模型，统一制作现场检查工作底稿，确定工作底稿复核机制；就评价指标采集事宜，统一制作采集模板，并对现场检查人员进行培训，以提高现场检查数据指标的质量。

（五）开展现场检查

评价小组成员根据检查方案，开展现场检查，填写检查工作底稿，采集现场指标值。同时，在现场检查过程中，评价小组部分成员需根据前述分工进行相关调查工作。对于中介机构开展的现场检查，须安排评价小组对其工作底稿进行抽查复核。值得注意的是，现场检查结束后，评价小组还应当就其检查部分撰写检查报告。

（六）收集评价指标

在评价小组完成现场检查之后，小组成员整理相关数据指标，按要求录入评估模型。同时，风险防控部应对录入指标值与现场记录值之间的一致性、录入指标值与工作底稿相关记录的一致性进行抽查复核。

（七）得出评价结论

风险防控部根据评价小组成员的录入指标值和预定评估模型，对被检查单位进行评价，得出初步评价结论。之后，结合检查小组撰写的检查报告，撰写分业态分机构分模块评估报告（简称“机构报告”）以及总体评价报告。

四、评估过程

与评价过程不同，评估过程为风险防控部根据现场检查数据和非现场数据，构建金融稳定监测评估模型，对互联网金融行业和各业态进行金融稳定评估，出具金融稳定监测评估报告的过程。评估过程基于评价过程采集的现场检查数据和非现场数据，其难点在于监测评估模型的设立。我们建议，由风险防控部牵头，组织监测评估模型开发专家组，进行专门研究开发。

五、评价报告

如前所述，评价过程中会产生评价报告，具体包括机构报告和总体报告两类报告。评估过程会产生金融稳定监测报告。总体评价报告和金融稳定监测报告相对概括和宏观，合称“总体报告”。

（一）机构报告

我们认为，机构报告至少应当包括机构名称、评价时间、总体结论、全面风险管理绩效得分、信用风险管理绩效得分、操作风险管理绩效得分、合规风险管理绩效得分、市场风险管理绩效得分、流动性风险管理绩效得分、洗钱风险管理绩效得分、战略风险管理绩效得分、声誉风险管理绩效得分、各类风险扣分点（存在不足）、各类风险扣分点改进方向、各类风险管理绩效得分在同业态中的排名情况等内容。

总体结论可分为优秀、良好、及格和不合格等四种类型。

（二）总体报告

总体报告清单见表 11-2，其中《全行业全面风险管理评估报告》和《互联网金融稳定监测评估报告》有分行业和不分行业两个版本，同时，有的报告需要专门评估模型计算相关数据，有的报告暂时可以不用专门评估模型计算相关数据（沿用其他模型数据或不用评估模型数据）。下面，我们对部分报告的大致内容做简要讨论。

表 11-2　总体报告清单

序号	报告名称	分业态	涉及模型
1	全行业全面风险管理评估报告	否	是
2	分业态全面风险管理评估报告	是	是
3	信用风险管理评估报告	是	否
4	操作风险管理评估报告	是	否
5	清算风险管理评估报告	是	否

续表

序号	报告名称	分业态	涉及模型
6	合规风险管理评估报告	是	否
7	流动性风险管理评估报告	是	否
8	市场风险管理评估报告	是	否
9	洗钱风险管理评估报告	是	否
10	战略风险管理评估报告	是	否
11	洗钱风险管理评估报告	是	否
12	信息披露评估报告	是	否
13	互联网金融稳定监测评估报告	否	是
14	分业态金融稳定监测评估报告	是	是
15	分地区金融稳定监测评估报告	是	是

1．全行业全面风险管理评估报告

根据现场检查、非现场监测结果，对网络借贷机构、股权众筹机构、互联网支付、互联网小额贷款机构等各业态各从业机构实施全面风险管理的绩效进行评估，包括全面风险管理体系（五大体系、七大系统）建设的完备性、科学性、运行绩效等内容。该报告由风险防控部负责编制，由于涉及多个业态诸多机构对信用风险、操作风险和合规风险等八大风险的管理，量化评价相对复杂，因此，需要研发专门评估模型进行评估。该报告以高度概括形式对互联网金融全行业全面风险管理的实施情况进行综合评估，报告内容可完全隐去从业机构相关细节内容，不涉及从业机构商业秘密，可对全社会公开披露。

2．分业态全面风险管理评估报告

分业态全面风险管理评估报告为风险防控部根据现场、非现场检查结果，分网络借贷、股权众筹、资产众筹和互联网支付等不同业态，对同一业态的不同从业机构实施全面风险管理的绩效进行量化和定性评估，具体内容包括全面风险管理体系五大体系、七大系统的建设情况、执行情况、实施效果以及同行业管理水平的变动情况，尤其是信用风险、合规风险和操作风险等八大风险相关风险事件发生的频率，应对措施的有效性等。由于同业态从业机构数量较多，且须综合评估八大风险相关情况，因此，也需要研发专门评估模型进行评估，由于业态差异较大，很难将全行业全面风险管理评估模型直接适用于分业态评估。与全行业风险管理评估报告类似，该报告也可对全社会公开披露。

3. 信用风险管理评估报告

信用风险管理评估报告由风险防控部联合业务管理部共同分业态编制，由于不同业态的信用风险表现差异较大，部分业态信用风险为其主要风险，部分业态则为其相对次要风险。出于人力成本和积累经验考虑，我们建议，可按从主到次顺序，首先针对网络借贷、股权众筹、资产众筹、互联网小额贷款、互联网消费金融等业态编制信用风险管理报告，再逐步将其拓展到互联网征信、互联网保险和互联网支付等其他业态。在内容方面，须包括同业态从业机构信用风险的识别、评估、应对、监察和披露等相关体系的建设情况，信用风险相关的业务循环系统、管理制度系统等系统的运行情况，信用风险管理的绩效情况（如不良率、不良额等）。在模型方面，可复用分业态全面风险管理评估模型，也可借鉴传统金融机构的相关评估模型，可无须专门设立评估模型。在公开方面，该报告可能涉及个别从业机构相关数据，我们建议，仅在协会内部、风险防控委员会委员、监管机构和同业态从业机构内部公开，值得注意的是，风险专家委员会委员也不在该报告的公开范围之内。当然对个别数据（如不良率）可向全社会公开同业态数据。

4. 操作风险管理评估报告

操作风险管理评估报告由风险防控部联合信息技术部共同分业态编制，各业态从业机构均存在操作风险。与信用风险不同，操作风险对所有从业机构而言，均为主要风险，因此，须各业态同步推进，同时编制各业态的操作风险评估报告。在内容方面，须包括同业态从业机构操作风险的识别、评估、应对、监察和披露等相关体系的建设情况，同业态不同从业机构识别的风险点数量，采取的防范措施数量，设置的监察措施数量、防范措施和监察措施的执行情况，同业态发生的操作风险事件数量、损失金额累计大小等内容。

在模型方面，与信用风险评估报告相似，也可复用分业态全面风险管理评估模型，可无须专门设立评估模型。在公开方面，与信用风险管理评估报告相似，仅在协会内部、风险防控委员会委员、监管机构和同业态从业机构内部公开，风险专家委员会委员也不在该报告的公开范围之内。同业态发生的操作风险数量和损失大小等统计数据可向全社会公开同业态数据。

5. 信息披露评估报告

信息披露评估报告由风险防控部负责分业态编制。各业态从业机构均有风险信息披露义务，但总体而言，各业态信息披露制度建设相对滞后，目前网络借贷机构的信息披露制度化工作已启动，其中涉及了少量风险信息，风险信息披露仍然相对滞后。就互联网支付机构而言，其支付工具所涉及的风险信息披露事宜尚未提上议事日程。鉴于风险信息披露制度供给滞后，我们建议该报告从网络借贷行业开始，逐步扩展到股权众筹、资产众筹等涉及社会公众大额资金的业态，最后再扩展至互联网征信、互联网保险、互联网支付等业态。在内容方面，该报告应当包括从业机构应当遵循的披露制度，制度要求披露的信息数量、质量要求和格式要求，从业机构实际披露的风险信息的数量、质量和格式要求，两者之间的差异程度等内容。在模型方面，该报告暂时无须借助评估模型进行评估。在公开性方面，鉴于风险信息披露的重要性和本身的公开性，该报告应对全社会公开。

6. 互联网金融稳定监测评估报告

互联网金融稳定监测评估报告由风险防控部根据现场检查、非现场监测结果，就网络借贷、股权众筹、资产众筹、互联网支付等涉及公众资金安全的从业机构的业务状况对全国金融稳定状态的影响进行评估。在内容方面应当包括资金规模，用户规模，资金流动性，资金安全性，机构可持续经营能力，机构全面风险管理绩效，各类风险事件发生数量、涉及用户数、造成的直接损失和间接损失、对传统金融机构的影响，八种风险在同业态机构之间、不同业态机构之间的传导情况，八种风险向传统金融机构的传导情况等内容。在模型方面，由于金融稳定监测评估专业性较强，除定性判断外，尚需开发专门评估模型进行评估，通常难以借鉴对传统金融机构的评估模型进行评估。在公开性方面，我们建议，该报告在协会内部、风险防控委员会委员、监管机构内部公开；同时，删除涉及个别机构相关商业秘密信息后，对全社会公开。

六、结果应用

如前所述，评价体系的输出结果包括机构报告和总体报告。总体报告提交监管机构等相关部门，供其制定政策参考。对于机构报告，由行业协会提交监管机构，监管机构可根据不同评价结论采取不同力度的监管措施。同时，在行业协会内部，根据不同评价结论给予奖惩。例如在支撑体系中，直接引用评价结论，对于部分支撑机制，其评价结论必须达到一定级别以上方可享受。又例如对评价结论为不合格者，可对其进行适当惩处。

第五节　支撑体系

支撑体系的目标：风险防控部牵头，联合其他部门和会员单位，在监管机构的大力支持下，以信用风险、操作风险、合规风险、市场风险、流动性风险、洗钱风险、战略风险和声誉风险八大风险为主线，建立统一风险数据库、综合名单共享机制、信用风险决策引擎、信息系统集中测试中心、合规研究交流论坛、反不正当竞争机制、资产拆借市场、流动性救助基金、可疑交易共享分析中心、从业机构重整基金和风险事件独立调查机制等支撑机制，为会员单位（甚至非会员单位）管理八大风险提供支持，防范行业风险，促进互联网金融健康发展。

一、统一风险数据库

统一风险数据库由风险防控部分业态分风险种类建设，并维持其运行。统一风险数据库中存放会员单位识别的各种风险的风险点、防范措施、监察措施等，在会员单位内部共享，提升会员单位的风险识别、评估、应对和监察水平。具体包括信用风险数据库、操作风险数据库、合规风险数据库、市场风险数据库、流动性风险数据库、洗钱风险数据库、战略风险数据库和声誉风险数据库。

（一）数据要素

各个风险数据库的数据要素大同小异，我们做简要讨论，不再逐一论述。风险数据库的数据要素应包括：风险点编号、报送编号、版本号、风险点名称、风险点描述、风险点可能性、可能性评估方法、风险点重要性（损失大小）、重要性评估方法、防范措施集合、监察措施集合、报送机构、报送人、报送时间、审核人员、审核时间等内容。

风险点编号为风险防控部对风险点进行的统一编号，而非报送机构对该风险点的编号。报送编号为报送机构对该风险点的编号，该编号通常为报送机构风险数据库中风险点表中的风险点编号。当风险点描述、风险点可能性等其他要素发生变化时，同一从业机构可以对同一风险点进行多次报送，为区分每次报送情况，设置版本号。因此，风险点编号和版本号两者方可唯一标示一条记录。风险点名称、风险点描述、风险点可能性、可能性评估方法、风险点重要性（损失大小）、重要性评估方法、防范措施集合、监察措施集合等与全面风险管理体系中的风险数据库相同，不再重复。报送机构为向统一风险数据库报送数据的会员单位名称，报送人为向统一风险数据库报送数据的会员单位的员工（原则上不接受非员工报送）。报送时间为统一风险数据库收到数据的时间，非提交时间。审核人员、审核时间为风险防控部对该数据进行审核的人员和审核通过的具体时间。

需注意的是，对于风险防控部等协会相关部门识别的风险点，其报送编号可以为空，报送机构为具体的部门名称，报送人为部门内部人员名称。

（二）报送机制

1. 报送机构

如前所述，统一风险数据库中的数据，由会员单位和协会相关部门报送。

对于会员单位，并非所有会员单位均可报送。我们认为，其评价结论为优秀或良好的方可向统一风险数据库报送数据。同时，为鼓励适格机构报送数据，风险防控部可将会员单位报送数据的情况纳入评价指标体系之中，并在相关评价报告中予以体现。

2．报送流程

为保证数据质量，数据报送应当遵循严格流程，总体而言，大致分为申请、审查、报送、审核等步骤。

（1）申请

拟报送机构向风险防控部提出报送申请，就拟报送的统一风险数据库类型（八种）、拟报送的风险点数量、风险点名称、报送版本、数据样本、拟报送机构最近一期评价结论等相关事项进行说明。

（2）审查

风险防控部根据拟报送机构的报送申请，审查其评价结论是否达到报送要求、数据样本等是否符合统一风险数据库格式要求等，并及时将审查结果告知拟报送机构，同意报送的，风险防控部为其开通报送权限。

（3）报送

拟报送单位收到风险防控部同意报送意见后，按统一风险数据库要求进行风险点报送。

（4）审核

报送机构报送完毕后，风险防控部组织人员对其报送的风险点进行审核，主要审核是否存在重复风险点、数据内容是否正确等事项，审核通过的数据，转入正式数据库，未通过者予以剔除。之后，将审核结果告知报送机构。

（三）查询机制

统一风险数据库的目的是为会员单位提供风险共享机制。因此，该数据库对所有正式会员单位和观察会员开放，提升其风险管理水平。具体查询权限由风险防控部负责授予和收回。在查询内容方面，风险点编号、报送编号、版本号、风险点名称、风险点描述、风险点可能性、可能性评估方法、风险点重要性（损失大小）、重要性评估方法等项目为必要查询项目；防范措施集和监察措施集可根据报送机构的要求开通，查询者可在向报送机构支付相关费用的情况下由报送机构为其开通。但对于风险防控部等协会部门，无须报送机构授权，即可查询防范措施集和监察措施集。

二、综合名单共享机制

综合共享名单为风险防控部牵头建立的信用风险黑名单、洗钱风险黑名单、操作风险黑名单、信用风险白名单和信用风险灰名单等多种名单构成的名单集合，由会员单位、风险防控部负责向相应名单中添加数据记录，供所有会员单位查询。其大致工作机制如下：

（一）名单简介

1. 信用风险黑名单

信用风险黑名单是记录第二章提及的“自始意愿不能型借款人”、“自始混合型不能借款人”、“嗣后能力型不能借款人”、“嗣后混合型不能借款人”、“蚀本型部分履行借款人”等恶意借款人相关信息的数据库。该数据库数据通常由会员单位提供，当然也可由行业协会出面与传统金融机构实现共享。该名单信息可在会员单位之间共享。

2. 洗钱风险黑名单

洗钱风险黑名单是记录存在洗钱风险或洗钱风险嫌疑的相关人员信息的数据库。名单数据既可能来自会员单位，也可能来自公安部、法院系统和检察系统等司法部门。该名单信息也可在会员单位之间共享。

3. 操作风险黑名单

操作风险黑名单是记录第三章提及的“未按流程执行业务操作诱发重大风险的责任人员”、“对发生人工型风险事项承担重大责任的具有主观故意的人员”、“故意行为造成重大不利影响的内部人员”等人员相关信息的数据库，该数据库只能由会员单位提供数据，并且只能在会员单位内部共享。

4. 信用风险白名单

信用风险白名单是在资产拆借市场运行过程中，由风险防控部记录优质借款人相关信息的数据库。该名单相关数据由会员单位在接入资产拆借市场过程中提供，仅对提供单位和风险防控部等协会内部部门开放，不对其他会员单位开放。

5. 信用风险灰名单

信用风险灰名单是记录第二章提及的部分“自始能力型不能借款人”、“嗣后意愿型不能借款人”、“非蚀本型部分履行借款人”和“损失型提前履行借款人”等借款人相关信息的数据库，该数据库由会员单位报送数据，对所有会员单位开放。

（二）名单要素

前述五种名单，因目的和用途不同，记录的要素往往不同，我们在此仅讨论其共同部分。五种名单须记录编号、名称或姓名、有效身份证件类型、有效身份证件号码、描述、支撑凭证、产生时间、报送时间、报送机构、报送人、审核人员、审核时间等要素。其中编号为风险防控部为不同名单数据库统一编制的唯一标示一条数据记录的编码。名称或姓名为名单记录的主体的名称（法人和非法人组织）或姓名（自然人）。描述为对名单主体的简要描述。支撑凭证为对描述提供支撑证明作用的材料，为加盖报送机构印章的影印件。产生时间为支撑凭证记录事项发生的具体时间。报送时间为报送机构报送该条记录的具体时间。其他要素显而易见，不再赘述。

（三）报送机制

名单数据的报送包括提交、审核、考评等过程，大致如下：

1. 提交

风险防控部为会员单位开通名单系统报送权限。会员单位在相关名单数据产生后，按要求制作支撑凭证，加盖单位印章并扫描为影印件，按要求提交数据，等待风险防控部审核。

2．审核

风险防控部对报送机构提交的名单数据，逐条审核其描述与支撑凭证之间的一致性、支撑凭证的有效性，审核通过后进入正式名单库，审核未通过者，由报送机构修正或补充相关材料，再行审核。

3．考评

为鼓励会员单位共享名单数据，风险防控部须针对名单共享机制设置评价指标，将名单数据报送情况纳入考评管理之中。

对于风险防控部等协会相关部门主动收集的名单数据，按行业协会内部审批流程完成审批后，由信息技术部门进行批量导入。

（四）查询机制

风险防控部按（一）提及的规则，为会员单位配置查询权限，会员单位可无限制查询名单信息。对于辅导期内的非正式会员单位，经风险防控部部门负责人批准后，可查询信用风险黑名单和操作风险黑名单等名单信息，但不能查询其他名单信息。同时，风险防控部须对所有查询记录日志，以便追究查询单位的泄密责任等相关法律责任。

三、信用风险决策引擎

信用风险决策引擎为风险防控部联合研究发展部等部门、征信机构等相关征信机构，向会员单位提供的用于信用审批的大数据决策引擎。

（一）引擎概述

目前，各互联网征信机构均采集了大量非信贷类数据，覆盖了大量的缺失征信记录的人群，对支撑互联网金融（尤其是网络借贷、股权众筹、互联网消费金融和互联网小额贷款）的快速发展起到了至关重要的作用。尽管部分征信机构接入了部分互联网金融从业机构，但权威性存在一定不足，数据量相对有限。行业协会可凭借其在互联网金融行业中的独特地位和国务院赋予的特殊职能，充分采集互联网金融从业机构的业务数据，结合征信机构收集的非信贷类数据，为从业机构提供决策引擎，提升其风险管理水平。

该引擎的总体思路为：从业机构与征信机构签订合约，建立业务合作关系，双方确认通过行业协会信用风险决策引擎查询数据；行业协会开发统一技术接口，征信机构接入决策引擎；从业机构基于行业协会统一技术接口完成技术系统调整开发；从业机构通过统一技术接口向征信机构发送查询请求；征信机构返回查询结果，行业协会基于反馈结果、自身采集的信贷类数据和决策模型，进行二次评估；行业协会向从业机构反馈征信机构查询结果和自身决策模型评估的结果。

（二）使用规则

该引擎除向正式会员开放外，还可向处于辅导期的从业机构开放。

对于行业协会评估结果部分，可按“先报送后使用、不报送不使用、多报送多使用、少报送少使用”原则由适格使用者使用。

对于征信机构反馈结果部分，行业协会主要起到请求/响应路由、提供统一入口的作用，该部分能否由从业机构使用取决于从业机构与后台征信机构之间是否建立了合作关系。

从业机构使用协会评估结果，发生损失的，由其自行承担，行业协会不承担相应责任。

（三）开通过程

决策引擎的开通大致分为申请、开发、上线三个步骤。

1. 申请

从业机构向风险防控部提出加入决策引擎申请，风险防控部根据行业协会相关规则进行审查（主要审查是否为适格使用者）。审查通过后，向其提供已接入后台征信机构的清单，申请者选择一家或多家机构作为其后台征信机构，并与征信机构签订合同。合同签订后，申请者将合同原件提交风险防控部，风险防控部与征信机构查证核实后，向其提供统一技术接口。

2．开发

申请者基于统一技术接口开发改造自身信息科技系统，完成开发后向风险防控部申请测试账号，风险防控部联合信息技术部审核通过后，为其提供测试账号，申请者进行联调测试。

3．上线

联调测试结束，申请者向风险防控部申请正式上线。风险防控部联合信息技术部对申请者进行上线前非现场验收。验收通过后，风险防控部联合信息技术部结合申请者申请开通的模块向其下发正式账号，申请者基于正式账号接入信用风险决策引擎。

四、信息系统集中测试中心

（一）中心概述

互联网金融从业机构高度依赖信息科技系统开展业务，并且系统升级比较频繁。不管是新系统开发还是原有系统升级，均面临测试用例不足问题，尤其是在开展数据型压力测试时，从业机构往往难以获得足够的测试数据。因此，我们建议，由信息技术部联合风险防控部等部门，构建信息系统集中测试中心，向会员单位收集脱敏后的业务数据和测试用例，并连接大型传统金融机构的测试环境（例如存管系统测试环境），向会员单位提供具有充分测试用例和相关环境数据的测试环境，供会员单位测试使用。

（二）建设过程

测试中心建设过程大致分为确定功能边界、建立数据模型、收集脱敏数据、连接外部测试环境、中心上线等步骤。

1．确定功能边界

由信息技术部联合风险防控部，分业态对从业机构进行调研，确定测试中心须具备的基本功能。例如模拟大规模清算数据的清算系统、大并发交易请求的交易系统、频繁入金请求的入金渠道、频繁出金的出金渠道等。

2．建立数据模型

根据功能边界，信息技术部联合风险防控部研究测试中心的数据模型，包括须采集哪些脱敏数据、脱敏数据的数据格式、模拟交易请求的请求报文格式、出金入金渠道的常规接口参数等。在数据模型建立之后，可启动数据采集和外部测试环境接入开发联调工作。

3．收集脱敏数据

信息技术部根据数据模型要求，向相关会员单位收集脱敏后的业务数据，并将业务数据装入数据库中。之后，信息技术部还需对脱敏后数据进行一致性和完整性校验，防止数据本身存在一致性和完整性问题，影响后续测试结果。

4．连接外部测试环境

信息技术部根据功能边界和数据模型，分业态选择具有较大市场份额的外部机构（如银行等传统金融机构），并与其测试环境进行对接，以便模拟出入金环境和相关交易环境。

5．中心上线

在收集脱敏数据和连接外部测试环境两项工作完成之后，信息技术部可邀请部分会员单位对测试中心进行试用，并根据试用情况，对其进行修正。试用完成之后，便可择机上线。

以上步骤为极其粗略的工作步骤，实际建设过程的复杂程度和工作量，要远远超过上述描述。

（三）使用规则

测试中心原则上，仅供正式会员使用，对处于辅导期内的从业机构，经风险防控部和信息技术部联合批准，可准予使用。同时，对提供了脱敏数据的机构，其可授权非会员每年使用一定次数（如 3 次），以鼓励会员单位提供脱敏数据。

使用者在使用之前，也需遵循申请、批准、使用和清除等环节。申请即拟使用者向信息技术部提出使用申请。批准为信息技术部联合风险防控部进行审查，对于会员单位授权使用者，无须进行其他审查，对其他申请者，主要审查其是否为协会会员。使用为使用者基于测试中心环节进行自有系统的测试。清除为使用完毕后，使用者应将测试环境恢复到使用前状态。

五、合规研究交流论坛

合规研究交流论坛由法律事务部牵头运作，由从业机构相关人员、外部专家学者组成研究交流小组，对从业机构开展业务过程中的相关合规问题进行研究讨论，研究报告报监管机构决策参考。

（一）研究小组

为使研究交流取得较好成果，我们建议，成立合规研究小组，由法律事务部负责人担任组长，各从业机构法务人员、外部资深执业律师和其他具有研究能力且对互联网金融合规工作兴趣的人员为小组成员。同时，邀请公安部门、法院系统、国务院法制办和检察系统研究部门人员作为特邀专家，指导研究小组工作。

（二）研究活动

（1）每年就从业机构开展业务活动中遇到的法律、行政法规、监管机构部门规章和其他规范性文件方面的问题，设立专项研究课题，由研究小组牵头开展课题研究，并由特邀专家对选题、课题研究和课题成果给予指导，出具法规研究报告。

（2）就互联网金融相关的法律、行政法规、监管机构部门规章和其他规范性文件等法律文件的社会效应、经济效应等进行评估，提出改进建议，出具法规评估报告。

（3）对新业态中存在的法律空白等问题，设立调查研究课题，由研究小组牵头开展课题研究，由特邀专家对调查研究的选题、调研提纲和政策建议方向给予指导，出具立法研究报告。

（4）就从业机构的合规风险事件进行深度剖析，从从业机构、制度设计和社会效应等方面，提出改进建议，出具事件研究报告。

（5）前述四类报告定稿后，报协会领导审阅，审阅通过后，报监管机构立法参考。

（6）应特邀专家要求，研究小组组长成立课题小组，对特邀专家交代的相关内容进行专题研究，研究结果报协会领导和特邀专家阅示。

（三）交流活动

（1）研究小组组长定期组织小组成员、特邀专家就各业态从业机构在执行法律、行政法规、监管机构部门规章和其他规范性文件过程中发现的，有待探讨交流的内容，进行交流探讨。厘清相关内容的立法原意，便于从业机构更好地执行规定。

（2）研究小组组长不定期组织小组成员、特邀专家对各业态从业机构在合规方面的热点问题进行交流探讨，积极回应社会关注，提升相关规定的社会认可度。

（3）研究小组组长应特邀专家要求，就其在本职工作中需要了解和交流的内容，召集小组成员，共同进行交流探讨，促进行业健康发展。

（四）组织形式

对于研究活动，研究小组组长每年设立多个课题，分别成立课题组，由特邀专家担任课题组组长，研究小组相关人员为课题组成员，同时，可指定一名课题组成员为副组长，具体负责推进研究工作。

对于交流活动，研究小组组长可根据交流内容灵活安排，但每次交流活动需指定专人负责会议记录，交流结束后应当出具会议纪要，会议纪要报协会领导和特邀专家阅示。

六、反不正当竞争机制

为维持公平合理的市场竞争环境，保障从业机构持续发展，保护消费者合法权益，促进行业健康发展，有必要对从业机构的不正当竞争行为进行制止和打击。为此，建议由风险防控部和会员管理部联合，设立反不正当竞争小组，调查和处理会员单位之间的不正当竞争行为，对非会员单位对会员单位的不正当竞争行为，在收集会员方相关资料后，协助会员单位提交相关部门处理。

（一）反不正当竞争小组

1．人员构成

为保证反不正当竞争的质量，反不正当竞争小组组长由行业协会分管风险管理工作的领导担任，由风险防控部和会员管理部负责人担任副组长，负责具体工作，成员包括业务管理部、法律事务部等部门人员。同时，为保证独立性和客观性，可邀请资深执业律师和执业注册会计师临时参与部分工作。

2．工作职责

（1）拟定《反不正当竞争管理办法》，分业态明确不正当竞争行为（并列示常见不正当竞争行为）、会员单位在反不正当竞争方面的权利和义务、会员单位受到非会员单位不正当竞争时行业协会给予的救济，按行业协会规定由有权机构决定。

（2）拟定反不正当竞争受理流程、立案流程、调查流程、处理流程和复议流程等工作流程，由行业协会全体领导批准后实施。

（3）受理会员单位的不正当竞争调查请求，按《反不正当竞争管理办法》和工作流程确定立案或不立案。

（4）对立案的请求，按规定开展调查、处理以及复议等相关工作。

（5）对于会员单位受到非会员单位不正当竞争的，邀请执业律师和执业注册会计师帮助其分析是否构成不正当竞争，固化相关证据，并协助会员单位实施维权行为。

（二）工作过程

反不正当竞争小组的工作过程大致可分为受理、审查、调查、处理、复议等步骤。

1. 受理

由受到不正当竞争行为损害的会员单位以书面形式向会员管理部提交不正当竞争调查申请，申请材料包括申请者对被申请者相关行为属于《反不正当竞争管理办法》规定的不正当竞争行为的初步分析、被申请者的基本情况、申请者认定被申请者构成不正当竞争的相关证据等。会员管理部收到申请材料后，就资料的完整性和一致性等进行形式审查，形式审查不通过者通知其修正，形式审查通过者，转入审查步骤。

2. 审查

会员管理部联合风险防控部，对申请材料进行实质审查。结合申请者提交的证据材料，对被申请者的行为是否属于《反不正当竞争管理办法》规定的不正当竞争行为进行初步审查判断。初步审查结果为构成不正当竞争的，对于被申请者为会员单位的转入调查步骤，对于被申请者为非会员单位的，会员管理部组成支持小组，协助申请者依据《反不正当竞争法》通过司法途径维权，支持小组应对申请者全程给予支持。初步审查结果为不构成不正当竞争的，告知申请者并终止流程；申请者不符的，向法律事务部提出复议申请，转入复议步骤。

3. 调查

会员管理部负责人联合风险防控部负责人，拟定调查小组名单，涉及重大法律问题或会计问题的，邀请资深执业律师或执业注册会计师参加调查小组，涉及技术方面问题的，邀请信息技术部人员或风险专家委员会技术方面的专家参与。对于调查小组组长人选，由会员管理部负责人和风险防控部负责人抽签决定组长人选，抽中者为调查小组组长，未抽中者担任复核负责人。

调查小组组长根据调查工作流程，组织小组成员拟定调查方案，调查方案报经反不正当竞争小组组长审批。调查方案审批同意后，调查小组组长以行业协会名义向被申请者发送协助调查通知，说明现场调查时间、拟准备资料和配合调查人员等事宜。随后，调查小组现场开展调查工作。在调查过程中，不管不正当竞争行为是否成立，调查小组成员均应当就调查情况制作工作底稿，并且工作底稿应当由调查小组成员进行现场复核。

调查工作结束后，复核负责人还应当对重要工作底稿（如直接支持不正当竞争行为成立或不成立的相关工作底稿）进行非现场复核，复核工作底稿之间、工作底稿与支持证据之间的一致性，以及工作底稿与结论之间的逻辑性、一致性和客观性等。

4. 处理

工作底稿经复核负责人非现场复核并按其意见进行补充完善后，调查小组组长根据《反不正当竞争管理办法》相关规定，提出初步处理意见，初步处理意见的原则为：构成不正当竞争的，应当停止不正当竞争行为，并对申请者进行公平合理补偿；不构成不正当竞争的，申请者应当视情况对被申请者给予适当补偿。初步处理意见提出并经调查小组讨论后，报反不正当竞争小组组长备案，并向申请者和被申请者发送初步处理意见：反馈意见一致或基本一致的，由调查小组组长进行适当调整后形成初步意见；反馈意见分歧较大的，由调查小组组织两者在执业律师的参与下，进行面对面交流，形成初步意见。之后，调查小组组长将初步意见报反不正当竞争小组组长初审，初审通过后由行业协会全体领导做出终审意见，形成处理结论。

调查小组组长以行业协会名义，向申请者和被申请者发送处理结论。两者对处理结论不服的，可在收到处理结论之日起 15 日内向法律事务部提出复议申请，转入复议步骤，否则应当严格执行处理结论。

5. 复议

对于申请者对初步审查结果不服提出的复议申请，由法律事务部结合申请者提交的证据材料，对被申请者的行为是否属于《反不正当竞争管理办法》规定的不正当竞争行为进行独立审查。独立审查结果为构成不正当竞争的，比照第 2 步处理；独立审查结果仍为不构成不正当竞争的，告知申请者并终止流程；申请者不符的，不得再行提出复议。对复议决定不服的，可按《反不正当竞争法》规定，通过司法途径解决。

对于处理结论不服的申请者或被申请者提起的复议申请，法律事务部组成复议小组，由法律事务部负责人担任小组组长，部门其他人员、风险专家委员会专家等为成员。由复议小组召集申请者和被申请者进行现场答辩，复议小组根据现场答辩情况，做出复议决定。申请者和被申请者均不得对复议决定再行复议。对复议决定不服的，可按《反不正当竞争法》规定，通过司法途径解决。

（三）结论执行

两者在前述期限内未提起复议的处理结论和经复议步骤做出的复议决定，申请者和被申请者均有义务执行。为保证执行质量，风险防控部、会员管理部和法律事务部组成联合小组，协调申请者和被申请就执行事项签订执行协议，双方按协议执行处理结论或复议决定。一方不执行者，另一方可通过司法途径等追究其违约责任，同时行业协会可按相关规定进行处理。对于不签订执行协议的，联合小组按照行业协会相关管理规定，对不执行者给予处理。

七、其他机制

（一）资产拆借市场

在流动性风险等相关章节，我们讨论分析了从业机构的流动性风险事宜，资产不足或资金不足通常为两种常见的流动性风险事项。在从业机构中，往往出现部分从业机构一段时间内资产不足，而另一部分从业机构则表现为资金不足。资产不足和资金不足均会给从业机构带来不利影响。因此，我们建议，由行业协会牵头，成立资产拆借市场，适格会员单位接入资产拆借市场，由接入者对接资产或资金，提高资金使用效率、满足融资需求，保护投资人和融资人的合法权益，最终促进行业健康发展。资产拆借市场的建立是一个相当复杂的过程，在此，我们仅就资产拆借市场的基本思路做如下粗略讨论：

由业务管理部牵头，风险防控部、法律事务部和信息技术部等部门参与，以某种组织形式组建资产拆借市场，其运转过程如下：

（1）会员单位申请接入资产拆借市场，业务管理部牵头对申请者进行审查。审查原则为：最近一次评价体系产生的评价结论为优秀者，原则上准予其进入；最近一次评价结论为良好者，审查小组对其信用风险管理进行重点审查，审查为优秀者，原则上准予其进入。最近一次评价结论为合格者，审查小组对其全面风险管理情况进行审查，审查为优秀者，原则上准予其进入。最近一次评价结论为不及格者，不允许其进入。对于尚未接受过评价的申请者，由审查小组对其全面风险管理情况审查，审查为优秀者，原则上准予其进入。

（2）资产需求富余的接入者向资产拆借市场提交资产信息（如借款人姓名、有效身份证件号码、借款期限、利率、金额等），资产拆借市场信息科技系统隐藏借款人姓名、有效身份证件号码和其他个人信息，并向其他接入者展示。

（3）平台资金富余的接入者（拆入者）获取资产信息，与资产需求富余者（拆出者）达成一致后，将其需求信息导入到自有业务平台，供业务平台上投资人投资。资金满额后按其业务流程进行后续操作。

（4）还款日前，拆出者协助拆入者催促借款人还款，发生逾期等信用风险事件时拆出者协助拆入者进行催收及后续风险处置。

（5）资产拆借市场信息科技系统记录该笔资产需求的还款信息等信息，视情况将借款人记入相关名单之中。

（二）流动性救助基金

对网络借贷机构、股权众筹机构和资产众筹机构等资产流动量较大的机构，往往存在债务人逾期履行、行使抵押权和质押权时间较长的情形（简称“从债权变现滞后”）。此种情形发生后，容易给平台带来不利影响。在抵押权和质押权具有相当保障的情况下，损失往往不大，但对平台影响可能很大。为此，业务管理部可会同风险防控部、法律事务部等部门，组建流动性救助基金，当会员单位发生从债权变现滞后情形时，由该基金对其进行救助，待从债权变现后再行归还。与资产拆借市场相似，我们仅就基本思路做如下简要讨论：

（1）会员单位申请加入流动性救助基金，业务管理部牵头对申请者进行审查，审查原则与资产拆借市场相同。审查通过者，成为适格求助方。

（2）业务管理部向国内流动资金比较充裕的资金方发出邀请函，邀请其作为救助基金的援助方，并从申请者中选择资金供给稳定充裕者作为适格援助方。

（3）适格求助方发生从债权变现滞后情形时，向业务管理部提出流动性救助申请，业务管理部向适格援助方发出援助邀请。

（4）适格援助方与适格求助方在业务管理部协调下，就临时资金使用期限、利率和金额达成一致，援助方对求助方提供资金，进行流动性救助，资金归还投资人。

（5）求助方或援助方实现抵押权和质押权等从债权，援助方收回资金及利息。

（三）可疑交易共享分析中心

对于中小型从业机构，其在履行反洗钱可疑交易分析时，往往由于交易记录较少（尤其是中小型网络借贷机构、股权众筹机构和资产众筹机构等类似机构），可疑交易分析难以有效开展。为提升洗钱风险管理水平，由风险防控部牵头，联合信息技术部等部门组建可疑交易共享分析中心，对会员单位和审查合格的非会员单位开放，发挥从业机构集体优势，实施反洗钱可疑交易分析，其总体思路如下：

（1）风险防控部分业态研究从业机构可疑交易分析数据需求，构建可疑交易分析数据模型。

（2）风险防控部联合信息技术部，分业态建设可疑交易分析数据库。

（3）会员单位和非会员单位向风险防控部提出加入申请，风险防控部联合信息技术部，对申请者的 IT 系统、洗钱风险管理等进行审查，审查通过者准予其加入共享中心，成为中心成员，向分析数据库上传前期所有交易数据。

（4）中心成员按要求向分析数据库定期上传交易数据，基于分析数据库中的数据，进行可疑交易分析。

（5）中心成员发现可疑交易，除向相关单位报送外，同时向风险防控部报告。

（四）从业机构重整基金

互联网金融发展时间较短，从业机构整体抗风险能力较弱，尤其是宏观经济形势下行期间，其抗风险能力更是受到严峻挑战，甚至威胁到其持续经营能力。为改善从业机构应对经济周期的风险能力，提升其持续经营能力，由风险防控部牵头，联合会员管理部、业务管理部和法律事务部，设立从业机构重整基金，当会员单位的持续经营能力受到严重威胁时，对其进行重整救助。其大致思路如下：

（1）风险防控部联合其他部门以行业协会名义发起设立重整基金。

（2）会员单位按底数+浮动原则缴纳重整基金，底数部分即会员单位按注册资本的一定比例缴纳重整基金，浮动部分为会员单位自愿缴纳的金额。

（3）重整基金委托适格管理者投资于国债、央行票据和大型金融及大额存单等低风险资产。

（4）每个会计年度，风险防控部核算基金收益情况，留存部分收益后，按缴纳金额向会员单位分配收益。

（5）会员单位的持续经营能力受到威胁时，向风险防控部发出重整请求。风险防控部联合相关部门审核后，报经行业协会领导批准，按其缴纳金额的100%～300%向申请者发放无息（或者低息）贷款。比例根据会员单位持续经营能力情况、最近一期评价结论和基金剩余金额确定，原则为持续经营能力越强、评价结论越好，比例越高。

（6）申请者持续经营能力恢复，向重整基金归还本金和利息（若有）。

在重整基金试点运行积累经验后，也可向非会员单位开放。

（五）风险事件独立调查机制

从业机构在开展业务过程中，难免发生信用风险事件、操作风险事件、流动性风险事件等事件，这些事件发生后，处理不当，后续披露不及时、不充分往往极易诱发声誉风险，严重者甚至威胁整个业态的声誉。因此，相关事件发生后，有必要由独立第三方介入事件调查，增加信息透明性，并提升披露信息的客观性，以尽量防范声誉风险的发生和不良影响的蔓延。为此，由会员管理部牵头，联合风险防控部、信息技术部和法律事务部等部门，设立风险事件独立调查机制，对会员单位和适格的非会员单位的风险事件进行调查、披露。其大致思路如下：

（1）会员管理部牵头设立常设调查小组，小组组长由分管会员管理工作的协会领导担任，相关部门负责人为成员。同时，应当邀请知名律师、注册会计师、安全专家等临时参与调查工作。

（2）会员单位和适格非会员单位发生风险事件，可能诱发声誉风险时，立即向会员管理部报告。会员管理部接到报告后，牵头成立临时调查小组。同时，会员管理部发现会员单位发生风险事件，可能诱发声誉风险时，应当立即牵头成立临时调查小组。临时调查小组成员中临时参与人员应当超过半数，临时调查小组名单经常设调查小组组长批准后，临时调查小组正式成立。

（3）会员管理部向涉事单位通知临时调查小组进场调查相关事宜，包括进场时间、需准备资料以及配合调查人员。

（4）临时调查小组进行现场调查，根据调查进展及时披露调查情况，调查结束由临时调查小组得出调查结论，调查结论经常设调查小组组长批准后，立即向全社会公布。

（5）涉事单位完成风险事件后续事项的处理。

关于披露体系，主要是相关部门向社会公众、监管机构、会员单位等披露评价报告和研究报告等报告的一个动态过程。对于披露内容，已在评价体系评价报告部分和本节合规研究交流论坛部分论及，不再重复。其他内容主要涉及披露责任部门、披露审批流程等事宜，相对简单，不再赘述。

主要参考文献

[1] 梁慧星. 中国民事立法评说（民法典、物权法、侵权责任法）[M]. 第一版. 北京：法律出版社，2010.

[2] 梁慧星，陈华彬. 物权法[M]. 第五版. 北京：法律出版社，2010.

[3] 梁慧星. 民事解答录[M]. 第一版. 北京：人民法院出版社，2015.

[4] 梁慧星. 民法总论[M]. 第四版. 北京：法律出版社，2011.

[5] 王泽鉴. 不当得利[M]. 第一版. 北京：北京大学出版社，2009.

[6] 王泽鉴. 民法学说与判例研究（第一册）[M]. 第一版. 北京：北京大学出版社，2009.

[7] 梅仲协. 民法要义[M]. 修订版. 北京：中国政法大学出版社，2004.

[8] 陈建. 信用评分模型 技术与应用[M]. 第一版. 北京：中国财政经济出版社，2005.

[9] 张友生. 系统分析师之路[M]. 北京：电子工业出版社，2006.

[10] 张乃杰，高德祥，田任翠. 小额贷款公司的洗钱风险[J]. 中国金融，2013（18）：81-82.

[11] http://wiki.mbalib.com/wiki.

图书在版编目（CIP）数据

从喧嚣到理性：互联网金融全面风险管理手册 / 陈小辉，陈富节，陈文著. —北京：电子工业出版社，2017.7
ISBN 978-7-121-31517-6

Ⅰ. ①从… Ⅱ. ①陈… ②陈… ③陈… Ⅲ. ①互联网络—应用—金融—风险管理—中国—手册 Ⅳ. ①F832.1-39

中国版本图书馆 CIP 数据核字（2017）第 103627 号

策划编辑：刘声峰
责任编辑：刘声峰　特约编辑：徐学锋　文字编辑：黄　菲
印　　刷：三河市鑫金马印装有限公司
装　　订：三河市鑫金马印装有限公司
出版发行：电子工业出版社
北京市海淀区万寿路 173 信箱　邮编 100036
开　　本：720×1 000　1/16　印张：32　字数：505 千字
版　　次：2017 年 7 月第 1 版
印　　次：2017 年 7 月第 1 次印刷
定　　价：78.00 元

凡所购买电子工业出版社图书有缺损问题，请向购买书店调换。若书店售缺，请与本社发行部联系，联系及邮购电话：（010）88254888，88258888。

质量投诉请发邮件至 zlts@phei.com.cn，盗版侵权举报请发邮件至 dbqq@phei.com.cn。

本书咨询联系方式：39852583（QQ）。